Cahiers libres

Du même auteur

Voleurs d'organes. Enquête sur un trafic, Bayard Éditions, Paris, 1996.

Les Cent Photos du siècle, Éditions du Chêne/ARTE éditions, Paris, 1999.

Le Sixième Sens. Science et paranormal (avec Mario Varvoglis), Éditions du Chêne, Paris, 2002.

Escadrons de la mort, l'école française, La Découverte, Paris, 2004.

L'École du soupçon. Les dérives de la lutte contre la pédophilie, La Découverte, Paris, 2006.

Marie-Monique Robin

Le monde selon Monsanto

De la dioxine aux OGM, une multinationale qui vous veut du bien

Préface de Nicolas Hulot

Éditions La Découverte
9 *bis*, rue Abel-Hovelacque
Paris XIIIe

ARTE Éditions
8, rue Marceau
Issy-les-Moulineaux

Pour plus d'informations sur ce livre et sur le documentaire du même titre diffusé sur Arte, voir . **www.arte.tv/lemondeselonmonsanto**.

Remerciements. Je tiens à remercier tous ceux et celles qui m'ont aidée à écrire ce livre, et en particulier : Bernard Vaillot et Agnès Ravoyard (Galaxie), qui m'ont permis de réaliser les trois premiers films qui ont déclenché l'enquête sur Monsanto (*Les Pirates du vivant* ; *Blé : chronique d'une mort annoncée ?* ; *Argentine : le soja de la faim*), diffusés sur Arte grâce à Annie-Claude Elkaim, Sylvie Jézéquel et Marco Nassivera ; Christilla Huillard-Kann, qui m'a permis de réaliser le documentaire *Le Monde selon Monsanto* avec Image et Compagnie ; Pierre Merle, Pierrette Ominetti et Thierry Garrel d'Arte, sans lesquels ce film n'aurait jamais vu le jour, et qui ont toujours su me manifester leur soutien bienveillant ; Françoise Boulègue, qui a monté les quatre films avec patience et conviction ; William Bourdon, pour ses conseils avisés ; François Gèze des Éditions La Découverte ; David Charrasse et nos trois filles, Fanny, Coline et Solène, qui m'ont toujours encouragée, même aux moments les plus difficiles de cette enquête.

Je remercie également les nombreux témoins qui, en acceptant de répondre à mes questions ou en m'ouvrant leurs archives, ont contribué de façon décisive à éclairer l'histoire de Monsanto.

ISBN 978-2-7071-4918-3

À mes parents agriculteurs,
Joël et Jeannette,
qui m'ont donné le goût
des belles choses de la terre,
et donc de la vie…

Préface

Un livre de salubrité publique

Nicolas Hulot

Au fur et à mesure que je progressais dans la lecture de l'ouvrage de Marie-Monique Robin, un flot d'interrogations lourdes de conséquences m'a pris à la gorge, jusqu'à me donner un véritable sentiment d'angoisse, que je résumerais en une question : comment est-ce possible ? Comment Monsanto, cette firme emblématique de la saga de l'agrochimie mondiale, a-t-elle pu commettre autant d'erreurs fatales et répandre sur le marché des produits aussi nuisibles à la santé humaine et à l'environnement ? Comment cette entreprise a-t-elle réussi à mener son business comme si de rien n'était, en étendant chaque fois un peu plus son influence (et sa fortune), alors que son histoire est jalonnée d'événements ô combien dramatiques ? Comment est-elle parvenue si tranquillement à dissimuler les faits, à tromper le monde ? Pourquoi a-t-elle pu poursuivre sans souci ses activités malgré les lourdes condamnations judiciaires qui l'ont frappée et en dépit des interdictions qui ont été apposées sur certains de ses produits (après, hélas, qu'ils eurent commis maints dégâts irréversibles) ?

Le livre de Marie-Monique Robin découvre une réalité qui fait mal aux yeux et qui serre le cœur, celle d'une entreprise à l'arrogance bien trempée, surfant avec désinvolture sur la douleur des victimes et la destruction des écosystèmes. Au fil des pages, le mystère se dévoile. On y voit prospérer une entreprise dont l'histoire « constitue un paradigme des aberrations dans lesquelles s'est engluée la société industrielle ». On se pince souvent pour y croire, mais la démonstration est limpide et on comprend d'où Monsanto tire sa puissance, comment ses mensonges l'ont emporté sur la vérité, pourquoi nombre de ses produits présentés comme miraculeux se sont au final souvent révélés des cauchemars. Autrement dit, au moment où la firme nord-américaine se dote d'une ambition encore plus « totalisante » que les précédentes – imposer les organismes génétiquement modifiés (OGM) à la paysannerie et à la consommation alimentaire mondiales –, ce livre indispensable autorise à se demander, tant qu'il est encore temps, s'il faut continuer à permettre à une société comme Monsanto de détenir l'avenir de l'humanité dans ses éprouvettes et d'imposer un nouvel ordre agricole mondial.

Je ne suis pas un adepte de la théorie du complot. Je ne crois pas que l'action des entreprises soit systématiquement machiavélique. On me dira que les risques inhérents au cheminement du progrès scientifique impliquent qu'il faille casser des œufs pour réussir l'omelette. Mais quand même ! Où est l'omelette ? Derrière la posture de bienfaiteur de l'humanité que revendique l'entreprise et les inévitables aléas de la recherche scientifique, le bilan est accablant.

Faisons le compte. Comment la société Monsanto est-elle devenue un des principaux empires industriels de la planète ? En inscrivant à son pedigree rien moins que la production à grande échelle de quelques-uns des produits les plus dangereux de l'ère moderne : les PCB (ou pyralène), qui servent de liquide réfrigérant et lubrifiant et dont la nocivité est dévastatrice pour la santé humaine et la chaîne alimentaire, interdits après constat de contamination massive ; la dioxine, dont quelques grammes seulement suffisent à empoisonner une grande ville et dont la fabrication sera aussi interdite, développée à partir d'un herbicide de la firme, lequel sera à la base du tristement célèbre agent orange, le défoliant déversé sur les forêts et les villages vietnamiens (ce qui permettra à Monsanto de décrocher au Pentagone le plus gros contrat de son histoire) ; les hormones de croissance laitière et bovine – premier banc d'essai des OGM –, dont l'objectif est de faire produire l'animal au-delà de ses capacités naturelles malgré les conséquences avérées sur la santé humaine ; le désherbant Roundup, présenté à longueur d'écrans publicitaires comme biodégradable et favorable à l'environnement, affirmation sèchement contredite par des décisions de justice aux États-Unis comme en Europe...

Nous avions des doutes sérieux par rapport à certaines pratiques de cette entreprise, en particulier ses méthodes de police à l'encontre des agriculteurs. Le livre de Marie-Monique Robin non seulement les confirme, mais il donne à voir une face cachée qui ne semble pas devoir être contestée : une entreprise mue par le seul moteur du business, ce qui n'étonnera guère, mais, plus inquiétant encore, une entreprise dont l'activité est sous-tendue par une incroyable prétention à n'en faire qu'à sa tête, une firme experte à passer à travers les gouttes et à persévérer dans ses méthodes envers et contre tous, convaincue sans doute qu'elle sait mieux que quiconque ce qui est bon pour l'humanité, persuadée de n'avoir de comptes à rendre à personne, s'appropriant la planète comme son terrain de jeux et de profit. Dans le positionnement hors du champ de la démocratie de Monsanto, on ne sait quoi l'emporte, de l'aveuglement mercantile, de l'orgueil scientiste ou du cynisme pur et simple.

L'enquête de Marie-Monique Robin est serrée, elle est conduite au laser, les faits sont là, indubitables, les témoignages nombreux et concordants, les écrits dévoilés, les archives décryptées. Son livre n'est pas un pamphlet nourri de fantasmes ou de ragots. Il fait surgir un réel terrifiant. Car, durant de longues années de commercialisation de ses produits – qu'il s'agisse des PCB, des herbicides à la dioxine, des hormones de croissance bovine ou du Roundup –, la société Monsanto n'ignorait rien de leur nocivité. Les documents que le livre révèle ne laissent planer aucun doute. L'entreprise a pris l'habitude d'affirmer publiquement le contraire des connaissances dont elle dispose en interne. Grâce à Marie-Monique Robin, nous savons désormais que Monsanto savait ! Oui, l'entreprise connaissait les conséquences toxiques de ses productions. Elle n'en a pas moins persévéré. Et on l'a laissée faire...

Voici maintenant que la firme Monsanto revient en force et prétend que les OGM, dont elle est le principal producteur de semences, sont développés par ses soins pour « aider les paysans du monde à produire des aliments plus sains tout en réduisant l'impact de l'agriculture sur l'environnement ». L'entreprise affirme qu'elle a changé et qu'elle a rompu avec son passé de chimiste irresponsable. Nous n'avons pas la compétence scientifique pour juger de la toxicité de certaines molécules ou des risques que les manipulations génétiques font courir. Nous savons seulement que la communauté scientifique est très partagée sur les effets de la transgenèse et que les retours d'expériences sur les OGM cultivés n'apportent la preuve ni de leur innocuité pour la santé et l'environnement ni de leur capacité à intensifier la production alimentaire pour vaincre la faim. Le bilan qu'en dresse Marie-Monique Robin au Mexique, en Argentine, au Paraguay, aux États-Unis, au Canada, en Inde, est en tout cas affligeant. Nous savons aussi que les semis du maïs 810 de Monsanto, le seul qui était cultivé en France à des fins commerciales, ont été sagement suspendus en janvier 2008 par le gouvernement après qu'une haute autorité, née du Grenelle de l'environnement, a relevé des faits scientifiques nouveaux et des interrogations troublantes. Plus généralement, nous savons, comme n'importe quel citoyen de la Terre disposant d'un zeste de sens commun, qu'il faut oser crier halte au feu quand, à l'évidence, les logiques industrielle et commerciale dépassent les limites des plus élémentaires précautions.

Aujourd'hui, alors qu'un vrai débat scientifique, économique et de société agite la France et l'Europe sur les conséquences sanitaires et environnementales des OGM, ainsi que sur leurs prolongements sur la condition paysanne et le brevetage du vivant, le livre de Marie-Monique Robin tombe à pic. Il doit être considéré comme un travail de salubrité publique et lu à ce titre.

La crise écologique globale appelle à une transformation de grande ampleur dans l'organisation économique et sociale des communautés humaines. Elle interroge en particulier gravement la capacité de l'agriculture mondiale de fournir des ressources alimentaires suffisantes aux futurs 9 milliards d'habitants de la planète. Nul doute que l'innovation scientifique et technologique puisse jouer un rôle dynamique. Mais pas dans n'importe quel sens, pas entre n'importe quelles mains !

Car ce serait quoi, le monde selon Monsanto ?

Introduction

La question Monsanto

« Vous devriez faire une enquête sur Monsanto. Nous avons tous besoin de savoir qui est réellement cette multinationale américaine qui est en train de mettre la main sur les semences et, donc, la nourriture du monde... » La scène se passe à l'aéroport de New Delhi, en décembre 2004. Yudhvir Singh, mon interlocuteur, est le porte-parole de la Bharatiya Kisan Union, un syndicat paysan du nord de l'Inde qui compte quelque 20 millions de membres. Avec lui, je viens de passer deux semaines à sillonner le Pendjab et l'Haryana, les deux États symboles de la « révolution verte », où est produite la quasi-totalité du blé indien.

Une enquête nécessaire

À l'époque, je réalise deux documentaires pour la chaîne de télévision franco-allemande Arte, dans le cadre d'une soirée « Thema » consacrée à la biodiversité, intitulée « Main basse sur la nature » [1] [a]. Dans le premier, *Les Pirates du vivant*[2], je raconte comment l'avènement des techniques de manipulation génétique a provoqué une véritable course aux gènes, où les géants de la biotechnologie n'hésitent pas à s'emparer des ressources naturelles des pays en voie de développement par une utilisation abusive du système des

a Toutes les notes de référence sont classées par chapitre, en fin de ce livre, p. 349.

brevets. C'est ainsi qu'un agriculteur du Colorado, qui se présente comme un « électron libre », a décroché un brevet sur le haricot jaune, cultivé au Mexique depuis la nuit des temps : prétendant en être l'« inventeur » américain, il réclame des royalties à tous les paysans mexicains qui désirent exporter leurs récoltes vers les États-Unis. C'est ainsi aussi qu'une firme américaine, du nom de Monsanto, a obtenu un brevet européen sur une variété indienne de blé utilisée pour fabriquer les célèbres « chapatis » (pains indiens sans levain)...

Dans le second documentaire, intitulé *Blé : chronique d'une mort annoncée ?*, je retrace l'histoire de la biodiversité et des menaces qui pèsent sur elle, à travers la grande saga de la céréale dorée, depuis sa domestication par l'homme il y a 10 000 ans, jusqu'à l'arrivée des organismes génétiquement modifiés (OGM), dont le leader mondial est... Monsanto. Dans le même temps, je réalise un troisième film pour Arte Reportage, intitulé *Argentine : le soja de la faim*, qui dresse un bilan (désastreux) des cultures transgéniques au pays de la vache et du lait. Or il se trouve que les OGM en question, qui recouvrent la moitié des surfaces cultivées du pays, concernent un soja dit « Roundup ready », parce qu'il a été manipulé par... Monsanto pour résister aux épandages de Roundup, l'herbicide le plus vendu au monde depuis les années 1970 et fabriqué par... Monsanto [3].

Pour ces trois films – qui présentent plusieurs facettes complémentaires d'une même problématique, à savoir les conséquences des biotechnologies sur l'agriculture mondiale et, au-delà, sur la production de l'alimentation humaine –, j'ai parcouru le monde pendant un an : Europe, États-Unis, Canada, Mexique, Argentine, Brésil, Israël, Inde... Et, partout, planait le spectre de la firme Monsanto, perçue comme le *Big Brother* du nouvel ordre agricole mondial et suscitant beaucoup d'inquiétudes...

Voilà pourquoi la recommandation de Yudhvir Singh, au moment où j'allais quitter l'Inde, est venue consacrer un sentiment diffus qu'il fallait effectivement que je m'intéresse de plus près à l'histoire de cette multinationale nord-américaine, créée en 1901 à Saint Louis, dans l'État du Missouri, à qui appartiennent aujourd'hui 90 % des OGM cultivés dans le monde et devenue en 2005 le premier semencier de la planète.

À peine rentrée de New Delhi, je me suis ruée sur mon ordinateur et j'ai tapé « Monsanto » dans mon moteur de recherche préféré. J'ai découvert plus de 7 millions de références, dessinant le portrait d'une entreprise qui, loin de faire l'unanimité, est considérée comme l'une des plus controversées de l'ère industrielle. De fait, si l'on ajoutait à « Monsanto » le mot « pollution » – qui s'écrit de la même manière en anglais et en français – on obtenait 343 000 occurrences... Avec « *criminal* » – mot à la fois anglais et espagnol –, le nombre était de 165 000. Pour « corruption », il était de 129 000 ; et si l'on tapait « *Monsanto falsified scientific data* » (Monsanto a manipulé des données scientifiques), on avait 115 000 réponses...

À partir de là, en bonne internaute, j'ai plongé dans la toile pendant des semaines, navigant d'un site à l'autre, consultant quantité de documents déclassifiés, de rapports ou d'articles de presse, qui m'ont permis d'assembler patiemment toutes les pièces d'un puzzle hautement polémique, que la firme préfère occulter sur son site Internet. En effet, quand on ouvre la page d'accueil de « Monsanto.com », on découvre que celle-ci se présente comme une « entreprise agricole » (*an agricultural company*), dont l'objectif est d'« aider les paysans du monde à produire des aliments plus sains, [...] tout en réduisant l'impact de l'agriculture sur l'environnement ». Mais ce qu'elle ne dit pas, c'est qu'avant de s'intéresser à l'agriculture, elle fut d'abord l'une des plus grandes entreprises chimiques du XXe siècle, spécialiste notamment des plastiques, polystyrènes et autres fibres synthétiques.

Dans sa rubrique « Qui sommes-nous/L'histoire de la société », on ne trouve pas un mot sur tous les produits extrêmement toxiques qui ont pourtant fait sa fortune pendant des décennies : les PCB (polychlorobiphényles), des huiles chimiques utilisées comme isolants dans les transformateurs électriques pendant plus de cinquante ans et vendues sous les marques d'Aroclor aux États-Unis, de Pyralène en France ou de Clophen en Allemagne, dont Monsanto a caché la nocivité jusqu'à leur interdiction au début des années 1980 ; le 2-4-5-T, un herbicide puissant comprenant de la dioxine, qui constituait la base de l'agent orange, le défoliant utilisé par l'armée américaine pendant la guerre du Viêt-nam, dont Monsanto a savamment nié la toxicité en présentant des études scientifiques truquées ; le 2-4-D (l'autre composant de l'agent orange) ; le DTT, aujourd'hui interdit ; l'aspartame, dont l'innocuité est loin d'avoir été établie ; les hormones de croissance laitière et bovine (interdites en Europe en raison des risques qu'elles font courir à la santé des animaux et des hommes).

Autant de produits hautement controversés qui ont tout simplement disparu de l'histoire officielle de la firme de Saint Louis (à l'exception de l'hormone de croissance laitière, sur laquelle je reviendrai longuement dans ce livre). Quand on épluche ses documents internes, on découvre pourtant que ce passé sulfureux continue de peser sur son activité, la contraignant à provisionner des sommes considérables pour faire face aux procès qui plombent régulièrement ses résultats.

100 millions d'hectares d'OGM

Ces découvertes, en tout cas, m'ont conduite à proposer à Arte un nouveau documentaire, intitulé *Le Monde selon Monsanto*, dont l'enquête constitue la base de ce livre. L'idée était de raconter l'histoire de la multinationale et de chercher à comprendre dans quelle mesure son passé pouvait éclairer ses pratiques actuelles et ce qu'elle prétend être aujourd'hui. En effet, avec 17 500 salariés, un chiffre d'affaires de 7,5 milliards de dollars en 2007 (dont un milliard de bénéfices) et une implantation dans quarante-six pays, l'entreprise de Saint Louis affirme s'être convertie aux vertus du développement durable, qu'elle entend promouvoir grâce à la commercialisation de semences transgéniques censées faire reculer les limites des écosystèmes pour le bien de l'humanité.

Depuis 1997, à grand renfort de publicité et avec un slogan efficace – « *Food, Health and Hope* » (Nourriture, santé et espoir) –, elle est parvenue à imposer ses OGM, principalement de soja, de maïs, de coton et de colza, dans de vastes territoires. En 2007, les cultures transgéniques (dont, je le rappelle, 90 % présentent des caractéristiques génétiques brevetées par Monsanto) couvraient 100 millions d'hectares : plus de la moitié se situent aux États-Unis (54,6 millions), suivis de l'Argentine (18 millions), du Brésil (11,5 millions), du Canada (6,1 millions), de l'Inde (3,8 millions), de la Chine (3,5 millions), du Paraguay (2 millions) et de l'Afrique du Sud (1,4 million). Cette « flambée des surfaces OGM [4] » a épargné l'Europe, à l'exception notoire de l'Espagne et de la Roumanie. À noter que 70 % des OGM cultivés dans le monde étaient alors résistants au Roundup, l'herbicide phare de Monsanto, dont la firme a toujours prétendu qu'il était « biodégradable et bon pour l'environnement » (ce qui lui a valu, comme nous le verrons, deux condamnations pour publicité mensongère) et 30 % ont été manipulés pour fabriquer une toxine insecticide, appelée « Bt ».

Bien évidemment, dès que j'ai commencé cette enquête au long cours, j'ai contacté les dirigeants de la multinationale, pour leur demander une série d'interviews. Le siège de Saint Louis m'a renvoyée sur Yann Fichet, agronome et directeur des affaires institutionnelles et industrielles de la filiale française, installée à Lyon. Le 20 juin 2006, celui-ci m'a donné un rendez-vous à Paris dans un hôtel proche du Palais du Luxembourg (siège du Sénat français), où il m'a avoué qu'il passait « beaucoup de temps ». Il m'a longuement écoutée et s'est engagé à transmettre ma demande au siège du Missouri. J'ai attendu trois mois, en relançant mon interlocuteur lyonnais, qui a fini par me dire que ma requête était rejetée. Lors de mon tournage à Saint Louis, j'ai donc appelé Christopher Horner, le responsable des relations publiques de la firme, qui m'a confirmé le refus lors d'un entretien téléphonique, le 9 octobre 2006 : « Nous apprécions votre insistance à demander une interview, mais nous avons eu plusieurs conversations internes et nous n'avons pas changé notre position. Nous n'avons aucune raison de participer à votre documentaire...

– Est-ce que vous avez peur des questions que je pourrais vous poser ?

– Non, non... Il ne s'agit pas de savoir si nous avons ou non les réponses à vos questions, mais de la légitimité que nous apporterions au produit final, dont nous suspectons qu'il ne sera pas positif pour nous. »

Face à ce refus, je n'ai pas renoncé pour autant à donner la parole à la firme, en me procurant toutes les archives écrites ou audiovisuelles disponibles où s'expriment ses représentants, mais aussi et surtout en me servant largement des documents qu'elle a mis en ligne, dans lesquels elle justifie les bienfaits que les OGM sont censés apporter au monde : « Les paysans qui ont planté des cultures issues des biotechnologies ont utilisé nettement moins de pesticides et réalisé des gains économiques significatifs en comparaison avec l'agriculture conventionnelle », pouvait-on lire par exemple en 2005 dans *The Pledge* (la promesse), une sorte de charte éthique que la multinationale publie régulièrement depuis 2000, où elle présente ses engagements et ses résultats [5].

Fille d'agriculteurs, très sensible aux difficultés que traverse le monde agricole depuis que je suis née, en 1960, dans une ferme du Poitou-Charentes, j'imagine sans mal l'impact que peut avoir un tel discours sur des paysans qui se battent chaque jour, en Europe et ailleurs, pour leur survie. D'ailleurs, si j'ai écrit ce livre, c'est d'abord pour eux, les travailleurs de la terre qui, à l'heure où la mondialisation paupérise les campagnes du Sud comme du Nord, ne savent plus à quel saint se vouer. Le génie de Saint Louis allait-il sauver leur vie ? J'ai voulu connaître la vérité, car l'enjeu nous concerne tous, puisqu'il s'agit de savoir qui produira, demain, la nourriture des hommes.

« La compagnie Monsanto aide les petits paysans partout dans le monde à être plus productifs et autosuffisants », dit aussi *The Pledge* [6]. Ou encore : « La bonne nouvelle, c'est que l'expérience pratique montre clairement que la coexistence entre les cultures transgéniques, conventionnelles et biologiques n'est pas seulement possible, mais qu'elle se déroule paisiblement partout dans le monde [7]. » Et enfin, cette phrase qui a particulièrement attiré mon attention, parce qu'elle touche l'une des questions majeures que posent les OGM, à savoir celle de leur éventuelle dangerosité pour la santé humaine : « Partout dans le monde, les consommateurs sont la preuve vivante de l'innocuité des cultures issues des biotechnologies. Pour la saison 2003-2004, ils ont acheté l'équivalent de 28 milliards de dollars en denrées transgéniques produites par des agriculteurs des États-Unis [8]. » En cherchant à vérifier cette belle affirmation, je pensais à tous les consommateurs qui se nourrissent du travail des agriculteurs et qui peuvent, par leurs choix éclairés, peser sur l'évolution des pratiques agricoles et, au-delà, du monde. À condition d'être informés. C'est donc aussi pour eux que j'ai écrit ce livre.

Toutes ces citations du *Pledge* de Monsanto sont au centre de la polémique qui oppose les défenseurs des biotechnologies à ceux qui les rejettent. Pour les premiers, la firme de Saint Louis a effectivement tourné la page de son passé de chimiste irresponsable, pour proposer des produits à même de résoudre les problèmes de la faim dans le monde et de la contamination environnementale, en suivant des « valeurs » qui guideraient son activité : « Intégrité, transparence, dialogue, partage et respect », ainsi que le proclame son *Pledge* de 2005 [9]. Pour les seconds, toutes ces promesses ne sont que de la poudre aux yeux, qui masque un vaste projet hégémonique menaçant la sécurité alimentaire du monde, mais aussi l'équilibre écologique de la planète, et qui s'inscrit dans la droite ligne de l'histoire sulfureuse de Monsanto, dont il constituerait même l'apogée.

J'ai donc voulu en avoir le cœur net. Et, pour cela, j'ai suivi une double démarche. D'abord, j'ai travaillé sur Internet pendant des jours et des nuits. Car, de fait, la grande majorité des documents que je cite dans ce livre sont disponibles sur la toile. Il suffit de les chercher et de les relier entre eux, ce que j'invite le lecteur à faire, car c'est vraiment fascinant : tout est là, et personne ne peut raisonnablement dire qu'on ne savait pas, encore moins ceux qui sont chargés d'écrire les lois qui nous gouvernent. Mais, bien sûr, cela ne suffit pas. Et c'est pourquoi j'ai repris mon bâton de pèlerin. Je me suis rendue aux États-Unis, au Canada, au Mexique, au Paraguay, en Inde, au Viêt-nam, en France, en Norvège, en Italie et en Grande-Bretagne. Partout, j'ai confronté la parole de Monsanto à la réalité du terrain, rencontrant des dizaines de témoins que j'avais préalablement identifiés sur la toile.

Nombreux sont en effet ceux qui, aux quatre coins du monde, ont tiré la sonnette d'alarme, dénonçant ici une manipulation, là un mensonge, ou encore des drames humains à répétition, souvent au prix de graves difficultés personnelles et professionnelles. Car – le lecteur le découvrira au fil de ces pages – il n'est pas simple d'opposer la vérité des faits à celle de Monsanto, qui vise effectivement à « mettre la main sur les semences et donc la nourriture du monde », comme me le disait Yudhvir Singh en 2004. Un objectif que la firme semblait bien en 2008 en passe d'atteindre. À moins que les paysans et les consommateurs européens en décident autrement, entraînant dans leur sillon le reste du monde...

I

Un des grands pollueurs de l'histoire industrielle

1

PCB : le crime en col blanc

« Nous ne pouvons pas nous permettre de perdre un dollar de business. »

« Pollution letter »,
document déclassifié de Monsanto,
16 février 1970.

Anniston (Alabama), 12 octobre 2006. D'une main tremblante, David Baker introduit la cassette dans son magnétoscope : « C'est un souvenir inoubliable, murmure-t-il, du haut de son mètre quatre-vingt-dix, en essuyant furtivement une larme. Le plus grand jour de ma vie, celui où les gens de ma communauté ont décidé de reconquérir leur dignité en faisant plier l'une des plus grandes multinationales du monde qui les avait toujours méprisés... » Sur l'écran de télévision défilent des images tournées le 14 août 2001, à Anniston, dans l'État de l'Alabama. Lumière dorée de fin de journée. Visiblement débordée, la caméra amateur ne sait plus où donner de l'objectif : de partout affluent des grappes d'Afro-Américains, qui, d'un pas décidé et silencieux, gagnent l'immense complexe culturel de la 22e Rue. « Ils étaient 5 000, rapportera, le lendemain, le *Anniston Star*. Ce fut le plus grand rassemblement de l'histoire de la ville. »

David contre Goliath

« Pourquoi venez-vous ?, interroge l'apprenti journaliste.

– Parce que mon mari et mon fils sont morts d'un cancer, explique une femme d'une cinquantaine d'années.

- Et vous ?

– Pour ma fille, répond un homme, en désignant une petite, juchée sur ses épaules. Elle a une tumeur au cerveau... Nous avions perdu l'espoir de faire payer Monsanto pour tout le mal que son usine nous a fait, mais si Johnnie Cochran s'occupe de nous, alors, c'est différent... »

« Johnnie Cochran » : le nom est sur toutes les lèvres. En 1995, ce ténor du barreau de Los Angeles avait tenu les États-Unis en haleine en défendant Orenthal James Simpson, l'ancienne star du football américain reconvertie dans le cinéma, accusé d'avoir assassiné son ex-femme et l'amant de celle-ci, un soir de 1994. À la suite d'un procès fleuve hypermédiatisé, O. J. Simpson avait été acquitté, grâce au talent de l'avocat, arrière-petit-fils d'un esclave noir, qui avait ferraillé pour présenter son client comme la victime d'une manipulation policière et raciste. Depuis, et jusqu'à sa mort en mars 2005, Johnnie Cochran était un héros de la communauté noire américaine : « Un Dieu, me dit David Baker, c'est pourquoi je savais qu'en le convainquant de faire le déplacement à Anniston, dont il ignorait jusqu'à l'existence, j'avais déjà quasiment gagné la partie... »

« Johnniiiiiie ! », a crié la foule, quand l'avocat est monté sur la tribune, très élégant dans son costume impeccable. Et Johnnie a parlé, dans un silence religieux. Il a su trouver les mots qui ont fait écho dans cette petite ville du sud des États-Unis, longtemps déchirée par le combat pour les droits civiques. Il a évoqué le rôle historique de Rosa Parks, une enfant de l'Alabama, dans la lutte contre la ségrégation raciale aux États-Unis [a]. Il a cité l'Évangile selon saint Mathieu : « Ce que vous avez fait pour le plus petit d'entre vous, c'est à moi que vous l'avez fait... » Puis, il a rappelé l'histoire de David et Goliath, en rendant hommage à David Baker, l'homme grâce à qui l'improbable rencontre avait pu se produire. « Je regarde cette assistance, et je vois plein de David, s'est-il enflammé. Je ne sais pas si vous savez le pouvoir que vous avez... Chaque citoyen a le droit de vivre libre de pollution, libre de PCB, de mercure ou de plomb, c'est un principe de la Constitution ! Vous allez vous lever

a Le 1er décembre 1955, Rosa Parks, une couturière noire de vingt-deux ans, refusa de céder sa place à un passager blanc dans un bus de Montgomery, dans l'État de l'Alabama. Elle devint la « mère du mouvement des droits civiques » aux côtés de Martin Luther King, qui avait lancé une campagne de boycottage des bus de la compagnie.

contre l'injustice qu'a commise contre vous Monsanto, car l'injustice commise ici constitue une menace pour la justice partout ailleurs ! C'est un service que vous rendrez au pays qui ne doit plus être gouverné par les intérêts privés des géants de l'industrie ! »

« Amen ! Alléluia ! », a exulté la foule, en applaudissant à tout rompre. Les jours suivants, 18 233 habitants de Anniston, dont 450 enfants souffrant d'une infirmité motrice cérébrale, défilaient dans le petit bureau du collectif « Community against Pollution », créé en 1997 par David Baker, pour porter plainte contre l'entreprise chimique. Ils s'ajoutaient à 3 516 autres plaignants, dont David Baker, déjà réunis dans une *class action* (action collective en justice) déposée quatre ans plus tôt. Après un demi-siècle de souffrances muettes, la quasi-totalité de la population noire de la ville défiait l'un des plus grands pollueurs de la planète, le contraignant bientôt à payer les plus gros dommages et intérêts jamais déboursés par une compagnie industrielle dans l'histoire des États-Unis : 700 millions de dollars !

« Ce fut une rude bataille, commente David Baker, encore secoué par l'émotion. Mais comment imaginer qu'une entreprise ait un comportement aussi criminel ? Vous comprenez ? Mon petit frère Terry est mort à dix-sept ans, d'une tumeur au cerveau et d'un cancer des poumons [1]... Il est mort parce qu'il mangeait les légumes de notre jardin et le poisson qu'il pêchait dans un cours d'eau hautement contaminé ! Monsanto a fait d'Anniston une ville fantôme. »

Aux origines de Monsanto

Anniston, pourtant, avait connu son heure de gloire. Longtemps surnommée la « cité modèle » ou la « capitale mondiale du tout-à-l'égout » pour la qualité de ses infrastructures municipales, la petite bourgade sudiste, riche en fer, fut longtemps considérée comme une ville phare de la révolution industrielle. Créée officiellement en 1879, en hommage à la femme du propriétaire d'une fonderie prospère, « Annie's Town » est célébrée comme la « ville magnifique de l'Alabama » dans la Constitution d'Atlanta de 1882. Dirigée par une minorité de Blancs industrieux qui savent réinvestir leur argent localement, favorisant ainsi la paix sociale, elle attire les entrepreneurs, au grand dam de Birmingham, la capitale de l'État, pourtant toute proche. C'est ainsi qu'en 1917, la Southern Manganese Corporation décide d'y ouvrir une usine, où elle fabrique des obus pour l'artillerie. En 1925, l'entreprise est rebaptisée Swann Chemical Company et se lance, quatre ans plus tard, dans la production des PCB, unanimement salués comme des « miracles chimiques » qui feront bientôt la fortune de Monsanto et le malheur d'Anniston.

Les PCB, ou polychlorobiphényles, sont des dérivés chimiques chlorés qui incarnent la grande aventure industrielle de la fin du XIXe siècle. C'est en perfectionnant les techniques de raffinage du pétrole brut, pour en extraire l'essence nécessaire à l'industrie automobile naissante, que des chimistes identifient les qualités du benzène, un hydrocarbure qui sera largement utilisé comme solvant pour la synthèse chimique de médicaments, de plastiques ou de colorants. Dans les laboratoires de la chimie conquérante, les apprentis sorciers s'emploient à le mélanger avec du chlore et obtiennent un nouveau produit qui se révèle présenter une stabilité thermique et une résistance au feu remarquables. Les PCB sont nés et, pendant cinquante ans, ils coloniseront la planète : ils serviront de liquides réfrigérants dans les transformateurs électriques et les appareils hydrauliques industriels, mais aussi de lubrifiants dans des applications aussi variées que les plastiques, les peintures, l'encre ou le papier.

En 1935, la Swann Chemical Company est rachetée par une entreprise montante, installée à Saint Louis, dans l'État du Missouri : la Monsanto Chemicals Company. Créée en 1901 par John Francis Queen, un chimiste autodidacte qui, lui aussi, voulut rendre hommage à sa femme, Olga Mendez Monsanto, la petite société, montée grâce à un emprunt personnel de 5 000 dollars, fabrique d'abord de la saccharine, le premier édulcorant de synthèse qu'elle vend alors exclusivement à une autre entreprise montante de Géorgie : Coca-Cola. Bientôt, elle la fournit aussi en vanille et caféine, avant de se lancer dans la production d'aspirine, dont elle restera le principal fournisseur aux États-Unis jusque dans les années 1980. En 1918, Monsanto effectue sa première acquisition, en rachetant une société de l'Illinois qui fabrique de l'acide sulfurique.

Ce virage vers les produits industriels de base conduit au rachat de plusieurs entreprises chimiques, aux États-Unis, mais aussi en Australie, après son introduction à la Bourse de New York, en 1929, un mois avant le grand krach de Wall Street, auquel survit la société de Saint Louis, rebaptisée « Monsanto Chemical Company ». Dans les années 1940, elle devient l'un des grands fabricants mondiaux de caoutchouc, puis de plastiques et de fibres synthétiques, comme le polystyrène, mais aussi de phosphates, tout en confortant son monopole sur le marché international des PCB, garanti par un brevet qui lui permet de vendre des licences un peu partout dans le monde : aux États-Unis, ainsi qu'au Royaume-Uni, où la firme possède une usine (dans le pays de Galles), les PCB sont commercialisés sous le nom d'Aroclor, tandis qu'on les connaît sous le nom de « Pyralène » en France, de « Clophen » en Allemagne ou de « Kanechlor » au Japon.

« Voilà comme Anniston est devenue la ville la plus polluée des États-Unis », m'explique David Baker, en m'embarquant dans sa voiture pour un petit tour des lieux. Le centre, d'abord, avec l'avenue Nobles, qui, dans les années 1960, constituait la fierté des habitants, avec ses nombreux commerces et ses deux cinémas, aujourd'hui fermés. Et puis, dans le prolongement, l'« *eastern side* », la partie orientale, parsemée de pavillons coquets où traditionnellement vit la minorité blanche. Enfin, de l'autre côté de la voie de chemin de fer, le « *western side* », la partie occidentale où sont confinés les pauvres de la ville, majoritairement noirs, en pleine zone industrielle. C'est là qu'est né David Baker, il y a cinquante-cinq ans.

Nous pénétrons dans ce qu'il avait appelé, à juste titre, une « ville fantôme ». « Toutes ces maisons sont abandonnées, commente-t-il en me montrant, de part et d'autre de la route, des masures en bois délabrées ou carrément en ruine. Les gens ont fini par partir, car les jardins potagers et l'eau sont hautement contaminés. » Soudain, au détour d'une ruelle défoncée, une grande route avec un panneau : « Monsanto Road ». Elle borde l'usine où la société a fabriqué les PCB jusqu'en 1971. Un grillage entoure le site, qui appartient aujourd'hui à Solutia (Applied Chemistry Creative Solutions) : une entreprise « indépendante », siégeant aussi à Saint Louis, à qui Monsanto a cédé sa division chimique en 1997, par un tour de passe-passe dont la firme a le secret, censé notamment la protéger de la tourmente qu'allaient bientôt déclencher ses agissements irresponsables à Anniston.

« Nous ne sommes pas dupes, grommelle David Baker, Solutia ou Monsanto, pour nous, c'est la même chose... Regardez ! Voici le canal de Snow Creek, dans lequel la société a déversé ses déchets pendant plus de quarante ans. Il partait de l'usine et traversait la ville, avant de se déverser dans les cours d'eau du coin. C'était de l'eau empoisonnée. Monsanto le savait, mais n'a jamais rien dit... »

Selon un rapport déclassifié, établi secrètement en mars 2005 par l'Environmental Protection Agency (EPA, l'agence américaine de protection de l'environnement, que j'aurai souvent l'occasion d'évoquer dans ce livre), 308 000 tonnes de PCB ont été fabriquées à Anniston de 1929 à 1971 [2]. Sur ce total, 27 tonnes ont été émises dans l'atmosphère, notamment lors du transfert des PCB brûlants dans des réservoirs divers, 810 tonnes ont été déversées dans des canalisations comme Snow Creek (après des opérations de nettoyage des installations) et 32 000 tonnes de déchets contaminés ont été déposées dans une décharge à ciel ouvert, située sur le site même, autant dire au cœur de la communauté noire de la ville.

500 000 pages de documents secrets

Alors que nous entreprenons de faire le tour du site à pied, nous croisons un corbillard qui klaxonne et s'arrête à notre hauteur. « C'est le révérend William, m'explique David Baker. Il dirige les pompes funèbres d'Anniston. Il a succédé à son oncle, qui est mort récemment d'un cancer très rare, caractéristique de la contamination aux PCB.

– Il n'est malheureusement pas le seul, intervient le révérend William : cette année, j'ai enterré au moins une centaine de personnes qui ont succombé à des cancers, beaucoup de jeunes de vingt à quarante ans...

– C'est grâce à son oncle que j'ai découvert le drame qui nous frappait tous, poursuit David Baker. Pendant des décennies, nous avons accepté la mort de nos proches comme une fatalité inexplicable... »

Quand Terry, son jeune frère de dix-sept ans, s'effondre, mort, devant la porte de la maison familiale, David Baker vit à New York, où il travaille comme permanent à la Fédération américaine des employés municipaux et territoriaux. Après vingt-cinq ans de bons et loyaux services, il décide en 1995 de « rentrer au pays », où son expérience de leader syndical lui sera bientôt d'un précieux secours. Le hasard veut qu'il soit embauché par... Monsanto, qui recrute alors des « techniciens de l'environnement », chargés de décontaminer le site de l'usine. « C'était au milieu des années 1990, raconte-t-il, nous n'étions pas encore informés des dangers de la pollution, mais l'entreprise commençait à faire discrètement le ménage. C'est là que j'ai entendu parler pour la première fois des PCB et que j'ai commencé à suspecter qu'il y avait anguille sous roche... »

Au même moment, Donald Stewart, un éphémère sénateur américain, installé comme avocat à Anniston, est contacté par un habitant noir du *western side*, qui lui demande de se rendre à l'église baptiste de Mars Hill, située juste en face de l'usine de PCB. Entouré de ses fidèles, le pasteur l'informe que Monsanto a proposé à la communauté de racheter le lieu de culte, ainsi que de nombreuses maisons du quartier. L'avocat comprend lui aussi qu'il y a anguille sous roche et il accepte de représenter les intérêts de la petite église. « En fait, commente David Baker, l'entreprise était en train de faire le vide autour d'elle, pour éviter d'avoir à dédommager les propriétaires, car elle sentait que, tôt ou tard, la pollution éclaterait au grand jour. »

En tout cas, à Anniston, les langues commencent à se délier. L'ancien syndicaliste de New York organise une première réunion dans les locaux des pompes funèbres de Tombstone William, l'oncle du révérend que nous avons croisé, à laquelle participent une cinquantaine de personnes. Jusque tard dans la nuit, on évoque enfin les morts et les maladies qui terrassent les familles, y compris les jeunes enfants, les fausses couches à répétition et les difficultés scolaires des plus jeunes, sur lesquelles on ne sait pas encore mettre un nom médical. De cette rencontre, naît l'idée de créer un collectif, baptisé « Community against pollution », que préside David Baker.

Entre-temps, l'affaire de l'église de Mars Hill a évolué : Monsanto a proposé un arrangement à l'amiable, en mettant sur la table un million de dollars. Lors d'une réunion avec la petite communauté baptiste, l'avocat Donald Stewart découvre que plusieurs de ses membres ont été approchés par des représentants de la firme, qui leur a proposé de racheter leurs maisons contre l'engagement de ne jamais la poursuivre en justice. L'avocat comprend que, sous la roche, l'anguille est très grosse. Et il suggère de monter une action judiciaire collective. Le comité de David Baker est chargé de recruter les plaignants, le nombre maximal ayant été fixé à environ 3 500 par Donald Stewart.

Celui-ci a flairé l'affaire de sa vie, mais il sait aussi que celle-ci risque d'être longue et coûteuse. Pour faire face aux frais de justice, il décide de contacter le cabinet new-yorkais Kasowitz et Benson, célèbre pour son action contre l'industrie du tabac. L'aventure commune durera plus de sept ans, représentant un investissement de quinze millions de dollars, avec des frais d'avocat qui s'élèveront parfois à 500 000 dollars par mois. La première étape consiste à organiser des analyses de sang et des tissus graisseux des 3 500 plaignants, pour mesurer leur taux de PCB. Or ces tests, qui ne peuvent être réalisés que par des laboratoires spécialisés, coûtent environ mille dollars l'unité...

Tandis que s'organise la plainte, baptisée « Abernathy *v.* Monsanto », Donald Stewart remue ciel et terre pour mettre la main sur des documents de l'entreprise de Saint Louis, prouvant qu'elle était au courant de la toxicité des PCB. Sans ces pièces à conviction, il sait que la bataille sera dure à gagner, car la compagnie pourra toujours se défendre en disant qu'elle ne savait pas. Intuitivement, il est convaincu qu'une multinationale peuplée de scientifiques à l'esprit carré et discipliné fonctionne selon un mode très bureaucratique, avec une hiérarchie qui contrôle tout grâce à une culture du document très sophistiquée : le moindre événement, pense-t-il, la moindre décision doivent laisser immanquablement des traces écrites. Il plonge alors dans les dépositions des représentants de Monsanto, qu'il épluche scrupuleusement. Et il tombe sur la perle : d'après un juriste de la société, une « montagne de documents » aurait été déposée dans la bibliothèque d'un cabinet conseil de Monsanto à New York. Soit 500 000 pages qui ont, comme par hasard, disparu des bureaux de Saint Louis...

Donald Stewart demande à les consulter, mais on lui répond que les documents sont inaccessibles parce que protégés par ce qu'on appelle aux

États-Unis la « *work product doctrine* » : instituée en 1947, cette spécificité du droit civil américain permet à un avocat de mettre sous embargo des documents jusqu'à l'ouverture du procès, pour éviter de fournir des munitions à la partie adverse. Stewart se tourne alors vers le juge Joel Laird du tribunal de Calhoun County, qui instruit la plainte Abernathy *v.* Monsanto : dans une décision capitale, celui-ci ordonne à Monsanto d'ouvrir ses archives internes.

Monsanto savait et n'a rien dit

La « montagne de documents » est depuis accessible sur le site Internet de l'Environmental Working Group [3], une organisation non gouvernementale spécialisée dans la protection de l'environnement et dirigée par Ken Cook, qui me reçoit en juillet 2006, dans son bureau de Washington. Avant de le rencontrer, j'ai littéralement plongé, pendant des nuits entières, dans cette masse de notes de service, courriers et comptes rendus rédigés pendant des décennies par des représentants de la firme de Saint Louis, avec une méticulosité et une froideur proprement kafkaïennes.

À dire vrai, il y a quelque chose que je comprends toujours mal et qui n'a cessé de me tarauder pendant toute mon enquête : comment des êtres humains comme moi peuvent-ils consciemment courir le risque d'empoisonner leurs clients et l'environnement, sans penser un instant qu'eux-mêmes, ou leurs enfants, seront peut-être victimes de leurs négligences (pour employer un terme mesuré) ? Je ne parle même pas d'éthique ni de morale, concepts abstraits étrangers à la logique capitaliste. Je pense tout simplement à l'instinct de survie : les responsables de Monsanto en seraient-ils dépourvus ?

« Une entreprise comme Monsanto est une planète à part, m'explique Ken Cook, qui avoue avoir été traversé par les mêmes questions. La recherche du profit à tout prix anesthésie les esprits tendus vers un seul objectif : faire de l'argent. » Et d'exhiber un document qui résume à lui seul ce mode de fonctionnement. Intitulé « Pollution Letter », il est daté du 16 février 1970. Rédigée par un certain N. Y. Johnson, qui travaille au siège de Saint Louis, cette note interne est adressée aux agents commerciaux de la firme pour leur expliquer comment répondre à leurs clients, alertés par les premières informations publiques sur la dangerosité potentielle des PCB : « Vous trouverez ci-joint une liste de questions et réponses qui peuvent être posées par nos clients qui recevront notre lettre concernant l'Aroclor et les PCB. Vous pouvez répondre oralement, mais ne donnez jamais de réponse écrite. Nous ne pouvons pas nous permettre de perdre un dollar de business. »

Ce qui est absolument vertigineux, c'est que Monsanto savait que les PCB représentaient un risque grave pour la santé dès 1937. Mais la société a fait comme si de rien n'était, jusqu'à l'interdiction définitive des produits en 1977, date de fermeture de son usine de Krummrich, à Sauget, dans l'Illinois (le deuxième site de production de PCB de Monsanto, situé dans la banlieue est de Saint Louis).

En effet, en 1937, le docteur Emett Kelly, qui dirige le service médical de Monsanto, est convié à une réunion à l'université de Harvard, à laquelle participent également des utilisateurs de PCB comme Halowax et General Electric, ainsi que des représentants du ministère de la Santé. Au cours de cette rencontre, Cecil K. Drinker, un scientifique de la vénérable institution, présente les résultats d'une étude qu'il a menée à la demande de Halowax : un an plus tôt, trois ouvriers de cette entreprise étaient morts après avoir été exposés à des vapeurs de PCB, et plusieurs avaient développé une maladie de peau extrêmement défigurante alors inconnue, que l'on baptisera plus tard la « chloracné ». Je reviendrai dans le chapitre suivant sur cette pathologie grave caractéristique d'une intoxication à la dioxine, qui se traduit par une éruption de pustules sur tout le corps et peut perdurer pendant plusieurs années, voire ne jamais disparaître.

Affolés, les dirigeants de Halowax avaient alors demandé à Cecil Drinker de tester les PCB sur des rats. Les résultats, publiés dans le *Journal of Industrial Hygiene and Toxicoloy*, furent sans appel : les cobayes avaient développé des lésions très sévères au foie. Le 11 octobre 1937, un compte rendu interne de Monsanto constate, laconique : « Des études expérimentales conduites sur des animaux montrent qu'une exposition prolongée aux vapeurs d'Aroclor provoque des effets toxiques sur tout l'organisme. Un contact physique répété avec le liquide Aroclor peut conduire à des éruptions cutanées de type acné. »

Dix-sept ans plus tard, le problème de la chloracné est l'objet d'un rapport interne d'une technicité qui fait froid dans le dos : « Sept ouvriers travaillant dans une usine qui utilise l'Aroclor ont développé la chloracné », rapporte un cadre de Monsanto, lequel, sans s'émouvoir, précise : « Des tests mesurant la qualité de l'air avaient détecté des quantités négligeables de PCB : apparemment, une exposition faible mais continue n'est pas inoffensive. »

Le 14 février 1963, le responsable de fabrication de Hexagon Laboratories, un autre client de Monsanto, adresse un courrier au docteur Kelly à Saint Louis : « Suite à notre conversation téléphonique, je vous confirme que les deux ouvriers de notre usine qui avaient été exposés à des vapeurs d'Aroclor 1248 lors de la rupture d'un tuyau ont développé les symptômes d'une hépatite, comme vous l'aviez prédit et ils ont dû être hospitalisés. [...] Il me semble qu'une description plus rigoureuse et claire des dangers que présente votre produit devrait figurer sur la notice d'emploi. »

Non seulement la compagnie de Saint Louis ne suivra pas la recommandation de son client, mais elle fera même de la résistance, quand, en 1958, est votée une loi visant à renforcer les précautions d'emploi des produits toxiques : « Notre désir est de respecter la nécessaire réglementation, mais en faisant juste le minimum et en ne donnant pas une information trop pointue qui pourrait causer un tort à notre position commerciale dans le domaine des fluides hydrauliques synthétiques. » Voilà qui a le mérite de la clarté.

Parfois, face aux questions pressantes de leurs clients, les responsables de Monsanto se perdent en circonvolutions qui pourraient prêter à sourire si on en oubliait l'enjeu. C'est ainsi qu'en août 1960, un certain M. Facini, fabricant de compresseurs à Chicago, s'inquiète des conséquences environnementales que pourrait entraîner le rejet de déchets contenant des PCB dans les rivières : « Je dirais que si une petite quantité de ces matériaux est déchargée accidentellement dans un cours d'eau, il n'y aura probablement pas d'effets graves, lui répond un cadre du département médical. En revanche, si une grande quantité était déversée, il s'ensuivrait probablement des dommages identifiables... » Voilà qui n'est guère explicite...

Au fil des années, cependant, le ton change, sans doute parce que le spectre d'une action en justice intentée par ses propres clients plane de plus en plus sur la firme du Missouri : en 1965, une note interne rapporte une conversation téléphonique avec le responsable d'une entreprise électrique qui utilise l'Aroclor 1242 comme refroidisseur dans ses moteurs. Apparemment, l'industriel a raconté qu'il arrivait que des jets de PCB brûlants inondent le sol de son usine. Commentaire : « J'ai été d'une franchise brutale en lui disant que cela devait cesser avant qu'il tue quelqu'un avec des dommages au foie ou aux reins... »

Un « comportement criminel »

Face aux informations alarmantes qui remontent du terrain, il arrive que de (rares) voix rompent avec l'inertie ambiante, comme celle du docteur J. W. Barrett, un scientifique de Monsanto basé à Londres, qui suggère, en 1955, que soient conduites des études pour évaluer de manière rigoureuse les effets toxiques de l'Aroclor : « Je ne vois pas quel avantage particulier tu pourrais tirer de faire davantage d'études », lui répond sèchement le docteur Kelly... Deux ans plus tard, c'est avec la même assurance que le responsable du département médical commente les résultats d'une expérience menée par la marine avec le Pydraul 150, un PCB utilisé comme fluide hydraulique dans les sous-marins : « L'application cutanée a provoqué la mort de tous les lapins testés. La marine a décidé de ne plus utiliser notre produit en raison de ses effets toxiques. Nous ne sommes pas parvenus à la faire changer d'avis. »

À la lecture de ces documents, on est surpris de voir à quel point rien ne peut ébranler la ligne que s'est fixée l'entreprise. Elle accumule consciencieusement les données alarmantes, qu'elle s'empresse d'enfermer dans un tiroir, les yeux rivés sur ses ventes : « 2,5 millions de livres par an » (soit un peu plus de 1 000 tonnes), se félicite l'auteur d'un document de 1952. Parfois, on se prend à rêver d'un possible changement de cap.

Ainsi, le 2 novembre 1966, arrive à Saint Louis le compte rendu d'une expérience menée, à la demande de Monsanto, par le professeur Denzel Ferguson, biologiste à l'université du Mississippi. Son équipe a plongé vingt-cinq poissons encagés dans l'eau du canal de Snow Creek, où sont déversés les déchets de la fabrication et qui, comme nous l'avons vu, traverse la ville d'Anniston. « Tous ont perdu l'équilibre et sont morts en trois minutes et demie en crachant du sang », constate le scientifique, qui précise qu'à certains endroits de la canalisation, l'eau est si polluée qu'elle « tue tous les poissons, même diluée trois cents fois ». S'ensuivent deux recommandations : « Ne rejetez plus de déchets non traités ! Nettoyez Snow Creek ! » Et une conclusion soulignée : « Snow Creek est une source potentielle de problèmes légaux futurs... Monsanto doit mesurer les effets biologiques de ses rejets pour se protéger d'éventuelles accusations... »

À la fin du même mois, les bureaux bruxellois de Monsanto Europe reçoivent un courrier d'un correspondant de Stockholm qui rend compte d'une rencontre scientifique consacrée aux recherches effectuées par un chercheur suédois, Soren Jensen. Publiées dans *The New Scientist*[4], celles-ci avaient provoqué une vive émotion en Suède : c'est en analysant le DDT dans des échantillons de sang humain que le docteur Jensen avait découvert fortuitement une nouvelle substance toxique, qui s'est révélée être du PCB. L'ironie de l'histoire, c'est que le DDT, un puissant insecticide découvert en Suisse en 1939, est aussi un produit chimique chloré que Monsanto a largement vendu, jusqu'à ce qu'il soit définitivement banni au début des années 1970, en raison notamment de ses effets sur la santé humaine... Toujours est-il que le docteur Jensen découvre que les PCB ont déjà largement contaminé l'environnement, alors même qu'ils ne sont pas fabriqués en Suède : il en a retrouvé des quantités importantes dans les saumons pêchés près des côtes et même... dans les cheveux de sa propre famille (chez ses deux enfants de trois et six ans, et surtout chez sa femme et son bébé de cinq mois, qui avait dû être contaminé par le lait maternel). Il en conclut que les « PCB s'accumulent tout au long de la chaîne alimentaire et notamment dans les organes et les tissus graisseux des animaux et mammifères et qu'ils sont au moins aussi toxiques que le DDT ».

Pour autant, la direction de Monsanto ne change pas d'attitude : un an plus tard, elle vote un crédit supplémentaire de 2,9 millions de dollars pour développer la gamme des produits Aroclor à Anniston et Sauget... « L'irresponsabilité de la firme est absolument hallucinante, commente Ken Cook. Elle a toutes les données en main, mais ne fait rien. C'est pourquoi je dis que son comportement est criminel. » De fait, aucune mesure spécifique n'est prise dans l'usine d'Anniston pour protéger les ouvriers : « Aucun vêtement de protection n'est fourni à nos opérateurs, note un document de 1955. C'était le cas avant la guerre, mais cette pratique a été interrompue. » La seule recommandation clairement émise, c'est de « ne pas manger dans l'atelier Aroclor »...

Pourtant, discrètement, la compagnie accumule les données, qui se retourneront contre elle vingt ans plus tard : « Les effets de l'exposition aux PCB sur nos ouvriers ont été analysés par notre département médical et un consultant indépendant de l'Institut Eppley, de l'université du Nebraska », explique William Papageorge, surnommé le « tsar des PCB » parce que c'est lui qui en supervisa la production pendant plusieurs décennies. « En résumé, il est prouvé que nos ouvriers ont été effectivement affectés par les PCB. » De même, les techniciens de Saint Louis confirment, avec des observations de première main, que les produits toxiques persistent dans l'environnement pendant au moins trente ans. En effet, en 1939, des PCB avaient été enterrés dans des parcelles de terrain pour tester leur efficacité comme antitermites : « La présence d'Aroclor est encore visible », note un « fonctionnaire » en... 1969.

« Le pire dans tout cela, soupire Ken Cook, c'est que Monsanto n'a jamais prévenu les habitants d'Anniston que l'eau, les sols et l'air de la partie occidentale de la ville étaient hautement contaminés. Quant aux autorités gouvernementales ou locales, elles ont non seulement fermé les yeux, mais elles ont couvert les agissements de la firme. C'est proprement scandaleux ! Je pense que l'une des explications de ce drame, c'est le racisme des dirigeants de l'époque : après tout ce n'étaient que des Noirs... »

Complicité et manipulation

Au printemps 1970, alors que l'administration de Washington vient d'annoncer en grande pompe la création (en juillet) de l'Agence de protection de l'environnement pour répondre à la « demande croissante du public d'avoir une eau, un air et des sols propres », ainsi que l'explique aujourd'hui le site Web de l'EPA, Monsanto prend les devants : une note classée « confidentiel » du 7 mai relate la visite effectuée par des cadres de la société auprès du directeur technique de l'Alabama Water Improvement Commission (AWIC), l'organisme public chargé de l'approvisionnement en eau dans l'État, un certain Joe Crockett. Le but de la démarche était d'« informer le représentant de l'AWIC de la situation » et de « *développer sa confiance*[a] que Monsanto essaie de collaborer avec les agences gouvernementales pour définir les effets des PCB sur l'environnement ». En somme, il s'agissait d'une opération de relations publiques, qui a d'ailleurs réussi, puisque Joe Crockett a recommandé de « ne pas porter ces informations à l'attention du public ». « Nous pouvons compter sur la collaboration totale de l'AWIC sur une base confidentielle », conclut la note.

Au même moment, la Food and Drug Administration (FDA), l'agence fédérale chargée de la sécurité des aliments et des médicaments – dont j'aurai souvent l'occasion d'évoquer le rôle –, effectuait un test sur des poissons pêchés à la confluence de Snow Creek et d'un autre cours d'eau (Choccolocco Creek) : elle concluait que leur taux de PCB s'élevait en moyenne à 277 ppm[b], alors que le niveau toléré pour leur consommation était de... 5 ppm. Curieusement, la FDA ne prit aucune mesure pour interdire la pêche dans les cours d'eau incriminés ni contre Monsanto, qui eut ainsi l'occasion de mettre à l'épreuve la « collaboration » de l'AWIC : « Nous déchargeons actuellement environ seize livres de PCB par jour (contre deux cent cinquante en 1969) dans Snow Creek », révèle un document d'août 1970, barré de la mention « Confidentiel, détruire après lecture ». « Joe Crockett, va essayer de régler ce problème discrètement, sans en informer le public. » Voilà comment les habitants d'Anniston ont continué de consommer les poissons pêchés dans les cours d'eau contaminés jusqu'en... 1993, date de la première interdiction de pêche émise par la FDA...

Mais le laxisme – d'aucuns diront le cynisme – de Monsanto ne s'arrête pas là. Comme nous l'avons vu, la firme déversait une partie de ses déchets dans une décharge à proximité de l'usine qui, par temps de pluie, ruisselait dans les jardins ouvriers environnants. En décembre 1970, un habitant du quartier promenait l'un de ses cochons sur un terrain vague jouxtant la décharge. Il fut alors abordé par un représentant de Monsanto, qui lui proposa

a Souligné par moi.

b Partie par million, soit 0,0001 % en poids. Cette unité est fréquemment utilisée par les toxicologues pour mesurer le taux de résidus d'un produit toxique dans les aliments ou l'environnement.

d'acheter son animal. Ainsi que l'atteste un document interne, la bête fut abattue, puis analysée : sa graisse contenait 19 000 ppm de PCB [5]... Mais, là encore, aucune information ne fut jamais communiquée aux habitants, qui continuèrent de faire paître leurs cochons sur le terrain vague pendant de nombreuses années...

En fait, tout indique que la seule et unique obsession de la compagnie de Saint Louis était de poursuivre son business, contre vents et marées. En août 1969, alors que les PCB attirent de plus en plus l'attention des médias, la direction décide de créer un comité *ad hoc*, chargé de faire le point sur la situation. Celui-ci publie un rapport, classé « confidentiel », qui commence par énumérer ses objectifs : « Protéger les ventes et les profits de l'Aroclor ainsi que l'image de la compagnie... » S'ensuit une longue énumération de tous les cas de contamination enregistrés dans le pays. C'est ainsi qu'on découvre qu'un chercheur de l'université de Californie a détecté des taux élevés de PCB dans les poissons, les oiseaux et les œufs de la région côtière [6] ; une étude réalisée par la FDA a révélé que des PCB avaient été retrouvés dans le lait provenant de troupeaux du Maryland et de Géorgie ; une autre conduite par le laboratoire du Bureau des pêches commerciales de Floride a montré que des bébés crevettes ne survivaient pas dans une eau contenant 5 ppm de PCB, etc. À lire le rapport, on comprend aussi que les PCB sont partout : ils servent de lubrifiants dans les turbines, les pompes ou les distributeurs d'aliments pour vaches, ils entrent dans la composition des peintures pour les parois des réservoirs d'eau, des silos à céréales, des piscines (notamment en Europe) et les marquages des autoroutes, ou dans la formation des huiles de coupe pour le traitement du métal, les soudures, les adhésifs, les papiers autocopiants sans carbone, etc.

« Au fur et à mesure que l'alerte monte concernant la pollution de l'environnement, il est quasiment sûr qu'un certain nombre de nos clients ou de leurs produits seront accusés. La compagnie pourrait être considérée comme délictueuse, moralement si ce n'est pas légalement, si elle n'informe pas TOUS ses clients de l'implication possible », note le comité qui conclut : « Face à cette situation d'urgence qui met en danger une ligne de produits très rentable, il faut dégager des moyens financiers et humains pour se protéger... »

En clair, ce que propose Monsanto, ce n'est pas de battre sa coulpe, en retirant purement et simplement sa gamme Aroclor du marché, mais au contraire de tout faire pour la maintenir en vente, grâce à un plan de bataille dont la première étape consiste à financer une étude toxicologique censée tester les PCB sur les rats. Pour cela, la firme passe un contrat avec les Industrial Bio-Test Labs (IBT) de Northbrook (Illinois), dont l'un des (nouveaux) dirigeants est le docteur Paul Wright, un toxicologue de... Monsanto, recruté pour l'occasion. Quelques mois plus tard, les premiers résultats de l'étude parviennent au siège de la compagnie : « Les PCB montrent un degré de toxicité encore plus élevé que prévu. [...] Nous avons d'autres résultats provisoires qui seront peut-être encore plus décourageants », commente l'un des représentants du département médical de Monsanto. S'ensuit un courrier à Joseph Calandra, le patron d'IBT : « Nous avons été déçus par les hauts niveaux de toxicité constatés. Nous espérons que le prochain échantillon donnera des effets moins élevés. » En juillet 1975, un rapport préliminaire est adressé au même département qui s'emploie à le corriger, en suggérant fortement que la conclusion « peut conduire à des tumeurs bénignes » soit remplacée par la formule « ne semble pas être cancérigène »...

Destiné à désamorcer la polémique qui ne cesse de grandir dans les années 1970, le « rapport » sera publié, puis relégué, trois ans plus tard, dans un placard de Monsanto : après une enquête menée conjointement par la FDA et l'EPA, les dirigeants d'IBT (dont Paul Wright, qui entre-temps avait rejoint son poste à Saint Louis) furent lourdement condamnés pour « fraude » au terme d'un procès fleuve qui fit couler beaucoup d'encre. Manifestement, ils avaient manipulé les résultats de centaines d'études pour satisfaire leurs clients. Curieusement, le procès n'aborde pas spécifiquement l'étude sur les PCB, mais, plus tard, on découvrira que 82 % des rats nourris avec des aliments contenant 10 ppm d'Aroclor avaient développé un cancer (pour 100 ppm, le résultat était de 100 %)...

Malgré tous leurs efforts, les dirigeants de Monsanto n'ont pas pu éviter l'« irréparable » : le 31 octobre 1977, la production des PCB était définitivement interdite aux États-Unis. Mais pas en Grande-Bretagne, où la multinationale possédait une filiale à Newport, dans le pays de Galles, ni en France où l'entreprise Prodelec n'arrêta la production qu'en 1987, ni en Allemagne (Bayer), ni en Espagne. Le 29 septembre 1976, les bureaux de Saint Louis adressent un courrier à Monsanto Europe, avec un modèle de questions-réponses censées donner le change dans le cas de demande d'interview. On peut notamment y lire : « Si une question est posée sur la cancérigénité des PCB, utilisez la réponse que vous attribuerez à George Roush, directeur du département Santé et Environnement de Monsanto : "Les études sanitaires préliminaires que nous avons conduites sur nos ouvriers fabriquant du PCB, de même que les études à long terme réalisées sur des animaux, ne nous permettent pas de penser que les PCB sont cancérigènes." »

Un poison aussi toxique que la dioxine

« Nous avons tous des PCB dans le corps, me dit le professeur David Carpenter, qui dirige l'Institut pour la santé et l'environnement à l'Université d'Albany, dans l'État de New York. Ils appartiennent à une catégorie de douze polluants chimiques très dangereux, appelés "polluants organiques persistants" (POP), car malheureusement ils résistent aux dégradations biologiques naturelles en s'accumulant dans les tissus vivants tout au long de la chaîne alimentaire.

« Les PCB ont contaminé la planète entière, de l'Arctique à l'Antarctique, et une exposition régulière peut conduire à des cancers, notamment du foie, du pancréas, des intestins, du sein, des poumons et du cerveau, à des maladies cardiovasculaires, de l'hypertension, du diabète, une réduction des défenses immunitaires, des dysfonctionnements de la thyroïde et des hormones sexuelles, des troubles de la reproduction ainsi qu'à des atteintes neurologiques graves, car certains PCB appartiennent à la famille des dioxines... »

Et de m'expliquer que les PCB sont des molécules de biphényles où un ou plusieurs des dix atomes d'hydrogène sont remplacés par des atomes de chlore. Il existe ainsi 209 combinaisons possibles, et donc 209 PCB différents – on parle de « congénères » –, dont la toxicité varie selon le degré de chloration liée à la place et au nombre d'atomes de chlore présents dans la molécule.

En écrivant ces lignes, je ne peux m'empêcher de feuilleter *Le Nouvel Observateur* du 23 août 2007, qui, après *Le Monde*, *Libération* ou *Le Figaro* a rendu compte de ce que le *Dauphiné libéré* a appelé un « Tchernobyl à la française[7] » : « Le Rhône est pollué jusqu'à la mer, écrit l'hebdomadaire. Il présente des taux de PCB de cinq à douze fois supérieurs aux normes sanitaires européennes[a] ! Analyse après analyse, les arrêtés préfectoraux sont tombés comme des couperets : l'interdiction de consommer ses poissons, décrétée d'abord au nord de Lyon puis appliquée jusqu'aux confins de la Drôme et de l'Ardèche, a été étendue le 7 août aux départements du Vaucluse, du Gard et des Bouches-du-Rhône. Elle pourrait bientôt frapper les étangs de Camargue, alimentés par l'eau du fleuve, voire la pêche côtière en Méditerranée et celle des coquillages et crustacés du bord de mer... »

L'alerte a été donnée fortuitement par un pêcheur professionnel piégé par sa bonne foi : « Fin 2004, on a retrouvé des oiseaux morts en amont de Lyon, explique celui-ci à mon confrère. Le temps des analyses, les services vétérinaires, par précaution, ont interdit toute consommation de la pêche.

---

a D'après *Le Monde* du 26 juin 2007, « le poisson le plus contaminé présentait une dose quarante fois supérieure à la dose acceptable quotidiennement ».

Ce n'était qu'un cas de botulisme strictement aviaire, mais plus personne ne voulait de mes poissons. J'ai demandé des analyses complètes pour prouver qu'ils étaient bons. Et là, bingo ! Ils étaient bourrés de PCB ! »

Depuis, les services de l'État s'acharnent à déterminer l'origine de la pollution qui affecterait des centaines de milliers de tonnes de sédiments du Rhône. Comme nous l'avons vu, la vente et l'acquisition de PCB ou d'appareils en contenant sont interdites en France, depuis 1987. Un décret du 18 janvier 2001 a transcrit en droit français une directive européenne du... 16 septembre 1996 [8] (cinq ans après !) concernant l'élimination des PCB existants, qui doivent avoir définitivement disparu au plus tard le 31 décembre 2010. Un plan national de décontamination et d'élimination des appareils contenant des PCB a été mis en place en... 2003. D'après l'ADEME, 545 610 appareils contenant plus de cinq litres de PCB auraient été inventoriés dans l'Hexagone au 30 juin 2002 (dont 450 000 appartenant à EDF), représentant un poids de 33 462 tonnes de PCB à éliminer. Mais, pour France Nature Environnement, on est certainement loin du compte, la déclaration des appareils à traiter étant volontaire. « Notre crainte a été de voir des pollutions diffuses de PCB dans l'environnement dues à des éliminations non maîtrisées de ces déchets, avec le risque de voir leur abandon sur des friches industrielles, ou des dépôts sauvages, ou lors de simple élimination par ferraillage », écrit l'association dans sa lettre d'information de février 2007 [9]

« Le problème, m'avait expliqué le professeur David Carpenter, c'est que les PCB sont très difficiles à détruire. Le seul moyen, c'est de les brûler à de très hautes températures dans des incinérateurs spécialisés capables aussi de traiter la dioxine que provoque leur combustion. » En France, deux usines sont homologuées pour conduire cette mission délicate : l'une est située à Saint-Auban, dans les Alpes-de-Haute-Provence, l'autre à Saint-Vulbas, dans l'Ain, au bord du Rhône. Or, d'après les informations recueillies par *Le Nouvel Observateur*, jusqu'en 1988, celle-ci était autorisée à déverser trois kilos de résidus de PCB quotidiennement dans le fleuve (aujourd'hui, la quantité maximale est de trois grammes par jour)... À cette source possible de contamination, s'ajoutent sans doute aussi les rejets effectués par les nombreuses entreprises utilisant le Pyralène dans le « couloir de la chimie », qui ont laissé leurs huiles aux PCB s'infiltrer dans les sols, puis dans les nappes phréatiques et les cours d'eau voisins. « Pendant des décennies, aux États-Unis comme partout dans le monde, les pouvoirs publics ont relayé le silence organisé par Monsanto sur la toxicité des PCB, commente le professeur Carpenter, tout le monde a fermé les yeux sur les effets de ce poison aussi dangereux que la dioxine. »

Il suffit de lire le document transmis au Congrès américain, en 1996, et rédigé par le ministère de la Santé et l'EPA, pour comprendre en effet que les « implications sanitaires de l'exposition aux PCB » sont gravissimes [10]. Comprenant une trentaine de pages, il présente rien moins que 159 études scientifiques, menées aux États-Unis, en Europe et au Japon, qui parviennent toutes à la même conclusion : les trois sources principales de la contamination humaine par les PCB sont l'exposition directe sur le lieu de travail, le fait de vivre à proximité d'un site pollué et, surtout, la chaîne alimentaire, la consommation de poissons étant de loin la plus risquée... De plus, tous les chercheurs ont constaté que les mères contaminées transmettaient les PCB par le lait maternel et que ceux-ci pouvaient provoquer des dommages neurologiques irréparables chez les nouveau-nés, qui seront affectés de ce que les médecins appellent un « désordre de l'attention » et un QI nettement plus bas que la moyenne.

La toxicité dévastatrice des PCB a pu être étudiée minutieusement à cause d'un accident survenu au Japon, en 1968 : 1 300 personnes de la région de Kyushu consommèrent de l'huile de riz contaminée par des PCB, à la suite d'une fuite survenue dans un système de réfrigération. Elles furent atteintes d'une maladie appelée dans un premier temps « Yusho » (ce qui signifie « maladie dermatologique provenant de l'huile »), caractérisée par des éruptions cutanées graves, une décoloration des lèvres et des ongles et un gonflement des articulations. Quand il s'avéra que l'origine de la mystérieuse maladie était les PCB, des chercheurs entreprirent d'effectuer un suivi médical des victimes à long terme. Les résultats montrent que les enfants nés de mères contaminées pendant leur grossesse présentaient un taux de mortalité précoce et/ou un retard mental et comportemental important ; de plus, le taux de cancer du foie était quinze fois plus élevé chez les victimes que dans la population normale, tandis que l'espérance de vie moyenne était considérablement réduite. Enfin, les PCB étaient toujours détectables dans le sang et le sébum des personnes contaminées vingt-six ans après l'accident.

Ces résultats furent confirmés par une étude portant sur 2 000 personnes de Taiwan, contaminées en 1979 dans les mêmes conditions que leurs voisins japonais (« accident de Yu-Cheng ») [11]. Ces deux événements dramatiques expliquent l'affolement qui s'est emparé des pouvoirs publics belges, quand, en janvier 1999, éclata l'affaire des « poulets à la dioxine ». L'origine était aussi le mélange accidentel de PCB avec des huiles de cuisson, qui furent ensuite introduites dans des aliments destinés aux poulets, mais aussi aux cochons et aux vaches d'élevages intensifs.

De la litanie d'études présentées dans le document de l'EPA, j'en retiendrai deux autres particulièrement dramatiques. L'une concerne 242 enfants nés de mères (d'origine amérindienne ou femmes de pêcheurs amateurs) qui avaient consommé régulièrement des poissons du lac Michigan, six ans avant et pendant leur grossesse : tous présentèrent une baisse de poids à la naissance et un déficit persistant de l'apprentissage cognitif. L'autre concerne les Inuits de la baie d'Hudson, particulièrement exposés : la contamination maximale a en effet été enregistrée, au sommet de la chaîne alimentaire, chez les mammifères marins comme les phoques, les ours polaires et les baleines – dont certaines espèces, comme les épaulards, sont menacées d'extinction par les PCB [12]...

Le déni encore et toujours

« Il n'y a pas de preuve consistante et convaincante que les PCB soient associés à des effets sanitaires sérieux à long terme [13] », déclarait John Hunter, le P-DG de Solutia, le 14 janvier 2002, dans une conférence où il avait invité des investisseurs et des représentants de la presse. Il cherchait ainsi à désamorcer l'impact d'un article du *Washington Post*, intitulé « Monsanto a caché la pollution pendant des décennies [14] » et publié le 2 janvier 2002, le jour de l'ouverture du procès Abernathy *v.* Monsanto. « Malgré l'épaisseur du dossier scientifique, les documents internes et les témoignages, les industriels de Saint Louis ont continué de nier la responsabilité de la firme dans le désastre écologique et sanitaire d'Anniston », commente le professeur Carpenter, cité comme expert scientifique lors du procès. « Ils n'ont jamais montré la moindre compassion pour les victimes, me confirme Ken Cook, pas un mot d'excuse ou un signe de regret, le déni encore et toujours ! Leur ligne de défense peut se résumer ainsi : nous ne savions pas que les PCB étaient dangereux avant la fin des années 1960, mais, dès que nous l'avons su, nous avons agi rapidement pour régler le problème avec les agences gouvernementales. »

Quand on feuillette le dossier du procès, on est proprement glacé par l'arrogance de certains représentants de la firme, qui sont loin effectivement de faire amende honorable. Voici, par exemple, un extrait de l'audition de William Papageorge, le « tsar des PCB », qui avait eu lieu dans le cadre de l'instruction, le 31 mars 1998, au tribunal de Calhoun County : « Est-ce que Monsanto a informé les habitants d'Anniston que, chaque jour, l'usine relâchait 27 livres de déchets provenant de la fabrication d'Aroclor ?, interroge le juge.

– Il n'y avait aucune raison de le faire, ces quantités étaient insignifiantes, répond William Papageorge.

– La réponse est donc non ?

– Exact.

– Est-ce que quelqu'un a informé les habitants que Monsanto testait Snow Creek et Choccolocco Creek pour déterminer les effets des PCB sur l'eau des canalisations provenant de l'usine ?

– C'est comme si vous demandiez à un garagiste d'informer ses voisins que sa station-service émet de l'huile de moteur sur le trottoir, ce serait complètement non productif...

– La réponse est non ?

– Ouais...

– Est-ce que Monsanto a fourni des informations aux habitants d'Anniston concernant les risques que posent les PCB pour la santé humaine ?

– Pourquoi aurions-nous dû le faire ? »

Le 23 février 2002, après cinq heures de délibéré, le jury rend son verdict : à l'unanimité, il déclare Monsanto et Solutia coupables d'avoir pollué « le territoire d'Anniston et le sang de sa population avec les PCB [15] ». Les motifs de la condamnation sont « négligence, abandon, fraude, atteinte aux personnes et aux biens, et nuisance ». Le verdict s'accompagne d'un jugement sévère sur le comportement de Monsanto, qui a « dépassé de façon extrême toutes les limites de la décence et qui peut être considéré comme atroce et absolument intolérable dans une société civilisée ». Aussitôt, la firme fait appel auprès de la Cour suprême de l'Alabama, en demandant que le juge Joel Laird soit dessaisi du dossier, mais sa requête est rejetée. Les jurés s'attellent alors à un difficile travail : évaluer les dommages et intérêts que touchera chacune des victimes, sur la base du taux de PCB mesuré dans son sang, ainsi que le montant du programme de décontamination du site. Quinze pour cent des 3 516 plaignants présentent un taux supérieur à 20 ppm dans le sang alors que le taux acceptable est de 2 ppm, avec des pics à 60, voire 100 ppm. David Baker, lui, a un taux de 341 ppm, et touchera à ce titre 33 000 dollars de dommages et intérêts, la plus haute indemnité s'élevant à 500 000 dollars.

Un mois après la décision de justice, l'Agence de protection de l'environnement, qui a brillé par son inaction depuis plus de vingt ans, annonce qu'elle a signé un accord avec Solutia pour décontaminer le site. Cette décision, très favorable au pollueur et qui réduit à néant le travail des jurés, provoque la colère de Richard Shelby, sénateur de l'Alabama, lequel saisit le comité chargé de la surveillance des agences gouvernementales. On découvre alors que la numéro deux de l'EPA, Linda Fisher, est une ancienne cadre de Monsanto...

Au même moment, le tribunal de Birmingham annonce que le procès Tolbert *v.* Monsanto, l'action collective menée par Johnnie Cochran, s'ouvrira en octobre 2002. À la Bourse de New York, le cours de Solutia s'effondre. Commence alors un long travail de persuasion de la juge fédérale

U. W. Clemon, qui veut éviter un procès coûteux en convainquant les parties de négocier un arrangement à l'amiable global, réunissant les deux affaires en cours, Abernathy *v.* Monsanto et Tolbert *v.* Monsanto. Jusqu'à présent, la firme de Saint Louis avait toujours refusé cette solution, espérant sans doute épuiser financièrement l'accusation en multipliant les recours techniques juridiques et les mesures dilatoires. « En fait, m'explique David Baker, la perspective d'un procès hypermédiatisé, avec à la barre Johnnie Cochran, a fait caler Monsanto qui a préféré négocier pour limiter la publicité. » Finalement, le pollueur propose 700 millions de dollars : 600 millions qui seront répartis en deux fonds égaux destinés à indemniser les victimes et 100 millions pour décontaminer le site et financer une clinique spécialisée [16].

« Qui va payer ? », s'interroge le *St. Louis Post-Dispatch,* le 7 février 2004. De fait, l'affaire constitue un véritable casse-tête : comme nous l'avons vu, Monsanto s'était débarrassée de sa division chimique en 1997, vendue à Solutia. Et, en décembre 1999, la firme, qui compte alors une branche pharmaceutique et une branche agroindustrielle (semences transgéniques et Roundup), annonçait sa fusion avec Pharmacia & Upjohn, pour former Pharmacia. À l'été 2002, Monsanto reprenait son indépendance en ne gardant que sa division agro-industrielle, tandis que Pharmacia était rachetée par le géant pharmaceutique Pfizer... Du coup, les 700 millions de dollars seront finalement payés par Solutia (50 millions), Monsanto (390 millions) et Pfizer (75 millions), le solde étant couvert par les assurances.

Les avocats empochent 40 % de la somme réservée aux victimes, ce qui provoque quelques grincements de dents. « C'est comme cela que fonctionne le système américain, m'explique David Baker. Dans ce genre d'affaire, les avocats ne sont payés que s'ils gagnent et Johnnie Cochran, par exemple, avait dépensé 7 millions de dollars pour préparer le procès. Ça veut dire que si vous ne trouvez pas un Johnnie Cochran, vous ne pouvez rien faire contre une compagnie comme Monsanto. Mais mon regret à moi, c'est qu'aucun dirigeant de la firme n'a été condamné à de la prison... »

De fait, aux États-Unis, le statut juridique de ce qu'on appelle une « corporation » en fait une personne morale à part entière, ce qui met à l'abri ses dirigeants de toute poursuite à titre individuel. « Dans le système juridique américain, commente Ken Cook, il est très rare que des cadres ou des dirigeants d'entreprise soient considérés comme pénalement responsables. En revanche, on a la possibilité d'attaquer les entreprises au civil. On les fait payer. En vérité, les dommages et intérêts payés des décennies plus tard par les sociétés ne représentent qu'une fraction de leurs profits. C'est donc rentable de garder le secret... On peut se demander quels secrets Monsanto garde actuellement. On ne peut jamais faire confiance à une grosse société comme

Monsanto pour nous dire la vérité, sur un produit ou un problème de pollution. Jamais... »

Les PCB sont partout

D'après des estimations concordantes, 1,5 million de tonnes de PCB ont été produites de 1929 à 1989, dont une partie importante aurait fini dans l'environnement. Combien exactement ? Difficile de le savoir. Toujours est-il que les PCB sont partout et qu'ils constituent un cauchemar pour les citoyens que nous sommes, mais aussi pour Monsanto (et son entreprise de paille Solutia, qui s'est déclarée en faillite en 2003, à cause notamment des litiges dont elle a hérité).

Petite revue non exhaustive : en janvier 2003, le département environnement d'Oslo infligeait une amende de 7 millions d'euros à Bayer, Kaneka et Solutia pour avoir contaminé le fjord où est installé le port avec des PCB, utilisés dans la peinture des bateaux. (Notons au passage que de nombreux experts, dont le professeur David Carpenter, déconseillent fortement de consommer des saumons d'élevage norvégiens et écossais...) En janvier 2006, 590 salariés d'une usine de General Electric de New York portaient plainte contre Monsanto pour contamination aux PCB [17].

En 2007, alors que la France découvrait que le Rhône était pollué par les PCB, le pays de Galles était secoué par un scandale qui avait été étouffé pendant plus de quarante ans [18]. Comme nous l'avons vu, Monsanto possédait à Newport une filiale qui produisit, jusqu'en 1978, 12 % des PCB fabriqués dans le monde. De 1965 à 1971, l'usine a fait décharger, à Brofiscin, dans une ancienne carrière de calcaire, extrêmement poreuse, quelque 800 000 tonnes de déchets contaminés aux PCB. L'affaire avait été dénoncée en son temps par des paysans qui avaient constaté que leur bétail mourait mystérieusement. La décontamination du site pourrait coûter plus de 200 millions d'euros. Pour l'heure, Monsanto et Solutia rejettent la faute sur l'entreprise avec qui l'usine de Newport avait passé un contrat pour transporter et décharger les déchets...

À l'heure où la préoccupation environnementale fait la une des journaux, il y a fort à parier que le spectre des PCB hante pour longtemps la firme de Saint Louis, tout comme d'ailleurs les dioxines, dont elle fut une productrice chevronnée...

2

Dioxine : un pollueur qui travaille avec le Pentagone

« Nous pensons qu'une politique des droits de l'homme doit guider notre comportement d'entreprise globale et citoyenne, afin de montrer l'importance que nous accordons au respect de nos salariés ainsi que des personnes qui ont été affectées par nos actions. »

MONSANTO, *The Pledge Report 2005* [la promesse], p. 25.

« La dioxine ? Ce poison hante mes nuits depuis vingt-cinq ans », soupire Marilyn Leistner, en garant sa voiture devant le « Musée de la Route 66 », à une trentaine de kilomètres de Saint Louis. « Regardez, maugrée-t-elle, il n'y a plus aucune trace de Times Beach. Qui penserait qu'il y avait ici une commune de 1 400 habitants où vivaient plus de 800 familles ? »

Difficile à imaginer, en effet. Devant nous, en ce mois d'octobre 2006, un bâtiment refait à neuf héberge un mémorial kitch dédié à l'histoire de la mythique « US Route 66 » que chantèrent les Rolling Stones et Eddy Mitchell. Première route goudronnée d'Amérique, la « *Mother Road* » partait de Chicago, dans l'Illinois, pour rejoindre, 4 000 kilomètres plus loin, Santa Monica en Californie, en traversant huit États dont celui du Missouri. À côté du musée, une pancarte en bois très Far West annonce « Route 66 State Park ». « Ils ont rayé Times Beach de la carte en créant un parc national sur l'emplacement du site décontaminé, pour faire oublier l'un des plus grands scandales à la dioxine des États-Unis », m'explique Marilyn Leistner, qui fut la dernière maire de la ville disparue.

Une ville rayée de la carte

« Times Beach » et « dioxine » : ces deux noms furent longtemps accolés à la une des journaux américains, pour le malheur des habitants de cette petite bourgade, créée en 1925, comme un lieu de villégiature pour les cadres et employés travaillant à Saint Louis. « Au début, personne n'habitait sur place, raconte Marilyn. Les gens avaient installé des caravanes ; ils venaient le week-end se baigner dans le fleuve Meramec, pêcher ou pique-niquer. » Surnommé « *Beach* » (la plage), l'endroit attire des résidents permanents qui construisent des maisons en bois sur pilotis, car la zone idyllique est régulièrement inondée. Petit à petit, Times Beach devient une « vraie ville » avec des commerces, un garage – tenu par le mari de Marilyn Leistner –, une église, treize *saloons* et un conseil municipal.

Au début des années 1970, la commune « pas très argentée » est confrontée à un « insoluble problème de poussière » qui recouvre ses rues non goudronnées et « empeste la vie » de ses habitants. Pour tenter de le résoudre, elle décide de faire appel aux services de la Bliss Waste Oil Company, une entreprise spécialisée dans la récupération d'huiles de vidange et de déchets industriels collectés auprès des garages et des usines chimiques de l'État du Missouri : afin d'éliminer la poussière, Russell Bliss, son patron, propose d'épandre des boues constituées d'huiles résiduelles sur les rues de Times Beach.

« Dès l'été 1971, nous avons constaté la mort de nombreux chats, chiens, oiseaux et même d'un raton laveur, raconte Marilyn. L'un des habitants a contacté l'EPA, qui lui a dit de congeler quelques animaux morts et qu'un agent passerait les chercher. Mais personne n'est jamais venu... » L'Agence de protection de l'environnement, pourtant, avait déjà été alertée. En mars 1971, la propriétaire d'un haras, situé au nord-ouest de Saint Louis, s'était inquiétée de la mort inexpliquée d'une cinquantaine de chevaux après l'intervention des hommes de Russell Bliss, qui avaient recouvert le sol de son manège de boues brunâtres. Quelques semaines plus tard, ses deux enfants, qui avaient l'habitude de jouer sur le manège, étaient tombés gravement malades et avaient dû être hospitalisés. Contacté, le Center for Disease Control avait effectué des prélèvements du revêtement suspect et relevé des taux très alarmants de produits toxiques : 1 590 ppm de PCB, 5 000 ppm de 2,4,5-T (un puissant herbicide) et 30 ppm de dioxine [1].

« Il y avait littéralement des paniers entiers d'oiseaux sauvages morts », rapportera au *New York Times* le docteur Patrick Phillips, un vétérinaire du Département de la santé du Missouri, sollicité à différents endroits de l'État où l'entreprise de Russell Bliss avait procédé à des épandages [2]. En 1975, le magazine *Science* publie un article sur cette mystérieuse pollution meurtrière [3], mais pendant des années les autorités ne bougent pas. Pourtant, l'EPA mène discrètement son enquête. Celle-ci concerne notamment les usines du Missouri, productrices de déchets toxiques, ainsi qu'en témoigne un échange de courriers, en septembre 1972, entre des officiels de l'agence et William Papageorge, le « tsar des PCB » de Monsanto : apparemment, des échantillons ont été prélevés dans les réservoirs d'huile de Russell Bliss et leur analyse communiquée à la firme de Saint Louis...

Arrive l'« automne noir » de 1982. « Un cauchemar, murmure Marilyn Leistner, qui était alors conseillère municipale. Le 10 novembre, j'ai été informée par un journaliste local que Times Beach faisait partie d'une liste de cent sites contaminés par la dioxine qui avaient été répertoriés par l'EPA. Le 3 décembre, des techniciens de l'agence sont venus prélever des échantillons des sols. Deux jours plus tard, la ville connaissait la plus grave inondation de son histoire et de nombreuses familles ont dû être évacuées. Le 23 décembre, alors que les habitants commençaient tout juste à réoccuper leurs maisons, l'EPA nous a informés que le taux de dioxine détecté dans les échantillons était trois cents fois supérieur au taux considéré comme acceptable [4]... »

À Times Beach, c'est la panique. Tandis que des hordes de techniciens de l'EPA, munis de combinaisons et de masques à gaz, investissent la ville, les journalistes affluent de tout le pays. « À l'époque, nous avions très peu d'informations sur la dioxine, se souvient Marilyn Leistner, et c'est en regardant les journaux télévisés que nous avons découvert qu'il s'agissait de la molécule la plus dangereuse jamais inventée par l'homme. Mais c'est tout. Personne n'était capable de nous dire ce que cela pouvait signifier pour notre santé. » Et pour cause, comme nous allons le voir, les effets hautement toxiques de la dioxine étaient alors sciemment étouffés par ceux qui la produisaient, et tout particulièrement par une certaine firme de Saint Louis...

En attendant, le Center for Disease Control organise une cellule d'urgence à Times Beach. Les habitants sont invités à se présenter pour un bilan de santé. Dans les journaux télévisés de l'époque que j'ai pu visionner, on voit l'angoisse qui cerne les visages. Les crises de larmes. La colère impuissante face au mutisme des médecins qui esquivent les questions. « Toute ma famille a été examinée, raconte Marilyn Leistner. Mon mari souffrait de "porphyrie cutanée tardive", une maladie de la peau persistante [a]. Deux de mes filles, mon fils et moi-même souffrions d'hyperthyroïdie. J'avais été opérée de

a Cette dermatose se traduit par des cloques, des croûtes et des cicatrices qui se forment principalement sur le dos des mains, les avant-bras et le visage. Elle peut être déclenchée par une exposition à la dioxine.

plusieurs tumeurs non cancéreuses. L'une de mes filles souffrait d'allergies graves qui entraînaient des crises d'urticaire sur tout le corps ; ma deuxième fille était extrêmement maigre, elle était victime de vertiges et perdait ses cheveux. Quand j'ai demandé aux représentants du CDC si c'était lié à la dioxine, ils m'ont répondu qu'ils ne savaient pas... »

À Times Beach en tout cas, la panique est à son comble. Victime d'une grave dépression, le maire démissionne. Au même moment, l'un de ses adjoints disparaît purement et simplement : « C'était un cadre de Monsanto qui travaillait au siège de Saint Louis, commente Marilyn Leistner. Quand il a su que l'EPA avait détecté des PCB, il a déménagé... » Voilà comment Marilyn se retrouve à la tête de la petite municipalité pour « affronter la tourmente ». Le 22 février 1983, Anne Burford, l'administratrice de l'EPA, annonce que le gouvernement a décidé d'« acheter Times Beach pour un montant de 30 millions de dollars ». Exceptionnel, le plan prévoit d'indemniser et de reloger tous les habitants, de raser la ville, puis de décontaminer le site, en brûlant les sols contaminés dans un incinérateur.

Monsanto échappe aux poursuites

« Regardez, c'est ici que sont enterrées nos maisons, me dit Marilyn Leistner en se recueillant quelques instants devant une énorme butte de terre recouverte d'une pelouse verdoyante. Tout ce que nous possédions a été broyé, les meubles, les appareils ménagers et y compris les jouets des enfants, car l'inondation avait dispersé la dioxine et les PCB partout. Nous sommes partis comme des réfugiés pestiférés, car personne ne voulait de nous : les gens étaient persuadés que nous étions contagieux.

– Vous n'avez pas porté plainte ?

– Bien sûr que si, mais nous avons été déboutés, car la justice a estimé que nous ne pouvions pas apporter la preuve que les maux dont nous souffrions étaient liés à la contamination par la dioxine.

– Et les PCB ?

– Ah ! Officiellement, l'EPA n'a jamais pu remonter à la source des PCB que Russell Bliss avait mélangés à ses boues... »

Il est pour le moins stupéfiant que l'Agence de protection de l'environnement n'ait « pas pu remonter à la source des PCB », alors que le seul et unique fabricant de ces produits disposait, comme nous l'avons vu, d'une usine de production à Sauget, dans la banlieue est de Saint Louis, à une trentaine de kilomètres de Times Beach... « En fait, m'explique Marilyn Leistner, nous avons appris par la suite que Rita Lavelle, qui était l'assistante d'Anne

Burford, la numéro un de l'EPA, avait détruit des documents qui auraient pu impliquer Monsanto. »

De fait, l'affaire a défrayé la chronique américaine en 1983. C'est en enquêtant sur un détournement du « Superfund Program », un budget alloué à l'EPA pour recenser et décontaminer les sites pollués par des déchets industriels, dont une partie avait servi à financer frauduleusement les campagnes électorales de candidats républicains, que le Congrès découvre alors que des documents compromettants pour les firmes avaient disparu. L'enquête prouvera que l'administration de Ronald Reagan, réputée pour son indéfectible soutien aux grands groupes industriels, avait ordonné à Anne Burford de « geler » le dossier de Times Beach. Nommée à la tête de l'EPA peu après l'arrivée à la Maison-Blanche de l'ancien second rôle d'Hollywood, celle-ci fut contrainte de démissionner à la suite du scandale, en mars 1983. Rita Lavelle, son adjointe, eut moins de chance : elle fut condamnée à six mois de prison pour « parjure et obstruction à une enquête du Congrès [5] ». L'enquête a révélé qu'elle avait passé au pilon un certain nombre de pièces à conviction et qu'elle déjeunait un peu trop souvent avec des représentants de Monsanto. Mais la firme de Saint Louis n'a pas tout perdu au change : en mai 1983, le nouveau patron de l'EPA est William Ruckelshaus, qui avait présidé à la création de l'agence en 1970, avant de devenir brièvement *acting director* au FBI en 1973, puis de rejoindre le conseil d'administration de Monsanto et de Solutia...

« Le problème, m'explique en octobre 2006 Gerson Smoger, un avocat de San Francisco spécialiste de l'environnement qui défendit certains habitants de Times Beach, c'est que nous n'avons jamais pu mettre la main sur les contrats qu'avait passés Russell Bliss avec Monsanto, qui avait deux usines dans le Missouri, l'une à Sauget, l'autre à Queeny, les deux dans la banlieue de Saint Louis. Il a toujours prétendu qu'il ne les avait pas...

– On dit qu'il a été payé pour les faire disparaître ?

– Tout est possible, admet Gerson Smoger. Ce qui est sûr, c'est qu'à plusieurs reprises, il a témoigné que Monsanto était l'un de ses clients, mais nous n'avons pas de preuves écrites. »

Et de m'énumérer les différentes pièces convergentes du dossier : le 21 avril 1977, Russell Bliss confirme dans une déposition sous serment que Monsanto est son principal fournisseur en déchets industriels ; le 30 octobre 1980, Scott Rollins, un camionneur de Bliss, atteste devant le procureur général du Missouri qu'il chargeait régulièrement des fûts provenant des usines de la firme, etc. « Monsanto a toujours nié avoir travaillé avec Russell Bliss, commente l'avocat. De plus, l'entreprise s'est défendue en disant que les PCB provenaient d'autres usines qui utilisaient ses fluides hydrauliques. Se pose alors le problème de la responsabilité : à l'époque, nous ne savions pas encore que Monsanto avait caché la toxicité des PCB à ses clients ; ces derniers étaient donc responsables de leurs déchets. Voilà comment, dans le dossier de Times Beach, les PCB sont tout simplement passés à l'as et les pouvoirs publics ne se sont intéressés qu'à la dioxine, en oubliant au passage que la plupart des produits de Monsanto étaient aussi contaminés par la dioxine... »

De fait, seule une entreprise endossera la responsabilité de la pollution : Syntex Agribusiness, installée à Verona, dans le Missouri. Cette filiale de la Northeastern Pharmaceutical and Chemical Company (NEPACCO) fabriquait de l'herbicide 2,4,5-T, un puissant désherbant contaminé par la dioxine, dont Monsanto était aussi un important producteur. Mais heureusement pour la firme de Saint Louis, elle ne fabriquait pas le défoliant dans l'État du Missouri. Au terme d'un accord avec l'EPA, Syntex a accepté de verser 10 millions de dollars pour participer à la décontamination de vingt-sept décharges toxiques de l'est du Missouri, dont Times Beach. « L'ironie de l'histoire, commente Gerson Smoger, c'est qu'au moment où Syntex était désignée comme coupable, Monsanto publiait des études falsifiées pour cacher les effets toxiques de son herbicide 2,4,5-T... »

L'herbicide 2,4,5-T et la dioxine

Pour comprendre l'« ironie » tragique de ce drame des temps modernes, il faut remonter aux origines de la dioxine, une substance toxique produite lors du processus de fabrication de certains composés chimiques chlorés ou lors de leur combustion à haute température. Le terme de « dioxine » recouvre une famille de 210 substances apparentées (comme pour les PCB, on parle de « congénères »), dont la plus toxique répond au nom savant de « tétrachloro-p-dibenzodioxine » ou « 2,3,7,8-TCDD », en bref « TCDD ». Longtemps ignorée par le grand public, l'existence de la dioxine est sortie du secret des laboratoires industriels et militaires, le 10 juillet 1976, lors de ce qui est resté dans l'histoire comme la « catastrophe de Seveso ».

Ce jour-là, un accident survenu dans l'usine chimique italienne d'Icmesa, appartenant à la multinationale suisse Hoffmann-La Roche, provoque la formation d'un nuage hautement nocif qui se répand sur la plaine de Lombardie, et tout particulièrement sur la commune de Seveso. Quelques jours plus tard, plus de 3 000 animaux domestiques meurent intoxiqués, tandis que des dizaines d'habitants développent la chloracné, cette maladie de la peau chronique et défigurante, dont les victimes bouleversent la planète entière. Devant l'ampleur de la catastrophe et l'émotion qu'elle suscite, les responsables d'Hoffmann-La Roche sont obligés de révéler l'agent responsable : il s'agit de la dioxine, produit dérivé de la fabrication de l'herbicide 2,4,5-T, le produit phare de l'usine d'Icmesa.

Or l'identification de cette molécule, pur produit de l'activité industrielle, est intimement liée à l'histoire du désherbant, inventé à peu près au même moment dans des laboratoires britanniques et américains, au cours de la Seconde Guerre mondiale. Au début des années 1940, plusieurs chercheurs parviennent en effet à isoler l'hormone qui contrôle la croissance des plantes, dont ils reproduisent la molécule de manière synthétique [a]. Ils constatent que, injectée à petite dose, l'hormone artificielle stimule fortement le développement végétal et que, à forte dose, elle provoque la mort des plantes. C'est ainsi que sont nés deux herbicides très efficaces, qui provoquent une véritable « révolution agricole et le début de la science des mauvaises herbes », pour reprendre les mots du botaniste américain James Troyer [6] : ce sont les acides 2,4-dichlorophénoxyacétique (2,4-D) et 2,4,5-trichlorophénxyacétique (2,4,5-T), qui, au côté des engrais et des insecticides comme le DDT, accompagnent la révolution verte au lendemain de la Seconde Guerre mondiale. Leur découverte simultanée par quatre laboratoires différents entraîne une guerre des brevets jamais résolue, qui explique que de nombreuses entreprises chimiques profitent de ce vide juridique pour se lancer dans leur production de part et d'autre de l'Atlantique. Car très vite la demande est énorme. Dits « sélectifs », ces herbicides présentent un avantage considérable pour les travaux des champs : correctement dosés, ils détruisent les mauvaises herbes (dicotes) et laissent intactes les céréales comme le maïs ou le blé (monocotes).

C'est ainsi qu'en 1948 Monsanto ouvre une usine de 2,4,5-T à Nitro, en Virginie occidentale. Le 8 mars 1949, une fuite sur la ligne de fabrication provoque une explosion, entraînant l'émission d'un matériau non identifié qui recouvre l'intérieur du bâtiment et s'échappe sous forme de nuage. Dans les semaines qui suivent, les ouvriers présents lors de l'accident ou mobilisés pour le nettoyage du site développent une maladie de peau alors totalement inconnue ; et ils sont pris de nausées, de vomissements et de maux de tête persistants. Les dirigeants de Monsanto demandent alors à Raymond Suskind, un médecin de l'Institut Kettering de l'université de Cincinnati (Ohio), d'effectuer discrètement un suivi médical du personnel affecté. Le 5 décembre 1949, celui-ci remet un rapport, qui ne sera dévoilé qu'au milieu des années 1980,

a Il s'agit, pour le Royaume-Uni, de William G. Templeman (Imperial Chemical Industries) et de Philip S. Nutman (Rothamsted Agricultural Experiment Station) ; et, pour les États-Unis, de Franklin D. Jones (American Chemical Paint Company) et de Ezra Kraus et John Mitchell (université de Chicago).

lors du procès Kemner *v.* Monsanto (dont je parlerai bientôt). « Soixante-dix-sept personnes employées dans l'usine ont développé des problèmes cutanés et d'autres symptômes probablement dus à l'accident », note le consciencieux docteur, qui joint une série de photos absolument bouleversantes : on y voit des hommes torse nu, le visage défiguré par des crevasses et pustules et le corps recouvert de kystes purulents.

En avril 1950, le docteur Suskind établit un deuxième rapport concernant six ouvriers particulièrement affectés, qui, un an après l'accident, continuent de souffrir de la mystérieuse maladie dermatologique, mais aussi de troubles des voies respiratoires, du système nerveux central, des tissus hépatiques ainsi que d'impuissance sexuelle. Le médecin va jusqu'à recommander un « traitement spécial » pour un ouvrier qui a développé une pathologie psychologique grave, parce que sa peau a tellement bruni qu'il « était pris pour un Nègre et donc obligé de s'adapter aux normes ségrégationnistes dans les bus ou les théâtres [7] ».

En 1953, Suskind élargit son étude à trente-six ouvriers, dont dix furent exposés lors de l'accident de 1949 et vingt-six travaillent dans l'unité de production. Il constate que trente et un d'entre eux présentent des lésions dermatologiques très sévères, qui s'accompagnent d'irritabilité, d'insomnie et de dépression. Vingt-trois ans plus tard, dans un rapport confidentiel révélé lors du procès Kemner *v.* Monsanto, il notera toujours avec le même détachement que, sur les trente-six ouvriers, treize sont déjà morts à une moyenne d'âge de cinquante-quatre ans...

Pendant toutes ces années, la firme de Saint Louis adopte la même attitude que pour les PCB : elle enferme les données dans un tiroir et ne dit rien aux autorités sanitaires et surtout pas à ses ouvriers. Pourtant, il semble très improbable que ses dirigeants n'aient pas eu vent d'une étude publiée en 1957 par Karl Heinz Schultz, un chercheur de Hambourg, qui avait suivi les ouvriers d'une usine de la firme allemande BASF fabriquant du 2,4,5-T, après un accident similaire à celui de Nitro, survenu le 17 novembre 1953 [8]. Ses travaux avaient permis d'identifier la molécule de la TCDD (dioxine) et de mettre un nom définitif sur la maladie qui la caractérise, à savoir la chloracné.

Vive la guerre !

Non seulement Monsanto ne remet pas en cause la fabrication du 2,4,5-T, mais la firme n'hésite pas à travailler étroitement avec les stratèges du Pentagone pour développer son utilisation comme arme chimique. Après une demande de déclassification adressée aux archives du Pentagone, en vertu du

Freedom of Information Act (loi qui autorise les citoyens, sous certaines conditions, a avoir accès aux archives d'État), la *St. Louis Journalism Review* a révélé en 1998 que, dès 1950, la firme de Saint Louis entretint une correspondance régulière avec le Chemical Warfare Service (Département de la guerre chimique) concernant l'usage militaire de l'herbicide [9]. D'après Cary Conn, le responsable des archives, le dossier compte 597 pages regroupées en quatre sections, dont le « développement en laboratoire » et une « démonstration pilote sur les plantes ». Cependant, par un « hasard » des plus curieux, ces documents, qui ne mettent pourtant pas en danger la sécurité immédiate des États-Unis, ne sont pas consultables car ils ont été classés « secret défense », à la suite d'une décision de l'armée du 4 mai 1983. Nous verrons que la date est loin d'être anodine...

Ainsi que le souligne Brian Tokar, cofondateur de l'Institute for Social Ecology et auteur d'un numéro spécial de *The Ecologist* consacré à l'histoire délictueuse de Monsanto [10], il n'est pas étonnant que les dirigeants de Saint Louis aient été en rapport avec les militaires du Pentagone. C'est le cas, en effet, de toutes les grandes entreprises chimiques du XXe siècle, qui ont largement profité des deux guerres mondiales. Dans un article intitulé « Agrobusiness, biotechnologie et guerre », Tokar écrivait en 2003 : « En fait, la poignée de multinationales qui dominent le marché des engrais et des pesticides chimiques ont fait fortune pendant la guerre. Ce sont les mêmes qui contrôlent aujourd'hui la biotechnologie et les semences, et donc la production d'aliments [11]. » Ainsi, pendant la Grande Guerre, DuPont (qui deviendra l'un des plus grands semenciers du monde) fournit les Alliés en poudre à canon et explosifs. À la même époque, Hoechst (qui fusionnera en 1999 avec le Français Rhône-Poulenc pour donner Aventis, un géant de la biotechnologie) approvisionna l'armée allemande en explosifs et gaz moutarde. Le même Hoechst forma, en 1925, avec BASF et Bayer, IG Farben, le plus grand conglomérat chimique du monde, qui produisit le gaz Zyklon (utilisé dans les camps de la mort pour exterminer les juifs). Quant à Monsanto, créée au début du siècle pour produire de la saccharine, elle multiplia ses profits par cent pendant la Première Guerre mondiale en vendant des produits chimiques utilisés dans la fabrication d'explosifs ou de gaz de combat.

Parfois, c'est la guerre elle-même qui permet de lancer de nouveaux produits qui feront ensuite les profits des multinationales de la chimie pendant des décennies. Ainsi le DDT, dont la molécule avait été synthétisée en 1874, sortit des oubliettes lors de la Seconde Guerre mondiale par la grâce de l'armée américaine, qui décida de se servir de cet insecticide, aujourd'hui interdit, pour venir à bout d'une épidémie de typhus qui se propageait par les poux et décimait ses troupes en Europe de l'Ouest, et pour éradiquer les moustiques porteurs du paludisme dans le Pacifique Sud.

Dès 1944, Monsanto se lance dans la production à grande échelle de DDT, à un moment où ses liens avec les stratèges du Pentagone sont devenus extrêmement privilégiés : en 1942, en effet, Charles Thomas, son directeur de la recherche, est approché par le général Leslie R. Groves pour participer à un projet ultrasecret qui conduira à l'une des plus grandes catastrophes humaines et écologiques de l'ère moderne. Baptisé « Manhattan Project », ce programme vise à fabriquer le plus vite possible la première bombe atomique de l'histoire, celle-là même qui sera lâchée sur Hiroshima, puis Nagasaki, en août 1945. Doté d'un budget de deux milliards de dollars, le Manhattan Project réunit les meilleurs physiciens américains dans le laboratoire des armes nucléaires du Pentagone, situé à Oak Ridge, dans le Tennessee, tandis que les chimistes de Monsanto, sous la houlette de Charles Thomas, sont chargés d'une mission délicate : isoler, puis purifier le plutonium et le polonium, qui serviront à alimenter le déclencheur des bombes atomiques. Jouissant de la confiance absolue du Pentagone, la firme obtient que ces travaux capitaux se déroulent dans son laboratoire de recherche, situé à Dayton, dans l'Ohio.

Au lendemain de la guerre, promu vice-président de Monsanto, Charles Thomas prendra la tête des laboratoires Clinton, où il sera chargé de développer les applications civiles du nucléaire pour le compte du gouvernement de Washington, tout en gardant ses bureaux à Saint Louis. Il finira sa carrière comme P-DG de Monsanto (1951-1960), à un moment où son entreprise, devenue l'un des groupes chimiques les plus puissants du monde, est sur le point de décrocher le plus gros contrat de son histoire : la production d'« agent orange » pour la guerre du Viêt-nam...

L'opération Ranch Hand et l'agent orange

« L'opération Ranch Hand a été unique dans l'histoire de l'armée américaine, et le restera probablement. En avril 1975, le président Ford renonça publiquement à l'emploi d'herbicides dans les guerres futures menées par les États-Unis. Tant que cette politique prévaudra, plus aucune opération comme Ranch Hand ne se reproduira [12]... » Voilà ce qu'écrit le major William Buckingham dans un ouvrage publié en 1982 par le service historique de l'armée de l'air américaine et consacré à l'usage des « herbicides dans le Sud-Est asiatique de 1961 à 1971 ».

L'avantage de ce livre, qui évite consciencieusement d'aborder les conséquences sanitaires et écologiques de l'épandage massif de défoliants dans le sud du Viêt-nam, c'est qu'il présente avec une technicité clinique la genèse de la guerre chimique menée par les États-Unis sous le nom pudique de « Ranch Hand » (mot à mot « ouvrier agricole »), pour le plus grand profit des multinationales comme Dow Chemicals et bien sûr Monsanto. On apprend ainsi que « les produits chimiques qui tuent les mauvaises herbes sont utilisés depuis longtemps dans l'agriculture américaine » et que le premier épandage de pesticides par voie aérienne a été expérimenté le 3 août 1921, près de Troy, dans l'Ohio. Son objectif était de lutter contre l'infestation d'une plantation de catalpas par des chenilles de sphinx. À noter que l'avion était piloté par le lieutenant John Macready, avec, à ses côtés, un entomologiste du nom de J. S. Houser. L'essai est répété l'année suivante, sur une plantation de coton de Louisiane, pour exterminer les vers des feuilles, dans les mêmes conditions : preuve, s'il en était besoin, que l'agriculture industrielle n'aurait jamais vu le jour sans la collaboration étroite de l'armée et de la science, dont les métiers respectifs ne sont pourtant pas de produire des aliments sains et respectueux de l'environnement...

Dans les années 1940, l'aviation met au point les réservoirs déverseurs qui, installés sur des avions militaires, serviront à épandre du DDT en Europe de l'Ouest et dans le Pacifique, « pour sauver des vies », souligne l'auteur du service historique de l'armée de l'air, qui précise : « Les Alliés et les puissances de l'Axe se sont abstenus de se servir de cette arme contre l'ennemi, en raison des restrictions légales ou pour éviter des mesures de représailles [13]. »

De fait, la levée des tabous semble être due à un double facteur : l'émergence de la guerre froide, qui justifie tous les moyens pour venir à bout de la menace communiste, et la découverte des herbicides révolutionnaires que sont le 2,4-D et le 2,4,5-T. Comme nous l'avons vu, ceux-ci ont été inventés simultanément par des laboratoires britanniques et américains. Aussitôt, les chercheurs se rendent compte du potentiel qu'ils représentent en temps de guerre, car ils permettent de détruire les cultures et donc d'affamer les armées et les populations ennemies. Dès 1943, le Conseil pour la recherche agricole du Royaume-Uni lance un programme secret d'essais qui servira dans les années 1950 en Malaisie où, pour la première fois de l'histoire, l'armée britannique utilisera des herbicides pour détruire les récoltes des insurgés communistes. Au même moment, aux États-Unis, le Centre de la guerre biologique de Fort Detrick, dans le Maryland, teste le dinoxol et le trinoxol, constitués d'un mélange de 2,4-D et de 2,4,5-D ancêtre de l'agent orange. Après la révélation des archives secrètes du Pentagone, il est raisonnable de penser que ces tests préliminaires furent conduits avec la collaboration étroite de la firme de Saint Louis.

Toujours est-il que les premiers essais grandeur nature ont lieu dans le sud du Viêt-nam, à partir de 1959. Apparemment, ils constituent une telle nouveauté que le service audiovisuel de l'armée américaine a cru bon de les filmer sur une période de deux ans. Sur ce document exceptionnel que j'ai pu consulter, on voit un avion militaire descendre à basse altitude au-dessus de la forêt vierge, puis larguer un nuage laiteux dessinant un couloir rectiligne au fur et à mesure de l'avancée de l'appareil. « Après deux semaines, il est évident que le traitement est efficace, note avec satisfaction le commentateur militaire : 90 % des arbres et buissons ont été détruits sur deux ans. » Des plans aériens montrent alors une trouée qui déchire la végétation luxuriante sur plusieurs kilomètres. L'image des épandages d'herbicides – avec celles des victimes du napalm, comme celle de la petite Kim Phuc courant nue sur une route du Viêt-nam – deviendra l'un des symboles de l'une des guerres les plus controversées du XXe siècle.

L'opération Ranch Hand commence officiellement le 13 janvier 1962, soit un an après l'arrivée de John F. Kennedy à la Maison-Blanche. D'après le livre du service historique de l'armée de l'air, c'est le président lui-même qui prit la décision, après d'âpres discussions entre les conseillers du Département de la défense, dirigé par Robert McNamara, qui poussent à l'utilisation de ces « techniques et gadgets [14] », et ceux du Département d'État, qui craignent les réactions internationales et le fait que le programme de défoliation soit utilisé par la « propagande communiste » pour retourner la population contre les États-Unis. À l'époque, l'engagement américain est encore limité : officiellement, il consiste à assister les efforts de l'armée du Sud-Viêt-nam, alors présidé par le dictateur Ngô Dinh Diêm, pour contenir la poussée des Viêt-Congs, appuyés par le Nord-Viêt-nam communiste de Hô Chi Minh. Le but de l'opération Ranch Hand est, d'abord, de « dégager » les routes principales, les voies d'eau et les frontières du Sud-Viêt-nam pour « contrôler plus facilement les mouvements des Viêt-Congs » ; et, dans un second temps, de « détruire les récoltes » censées approvisionner les « rebelles ».

En juillet 1961, les premières cargaisons de défoliants arrivent sur la base militaire de Saigon. Ceux-ci sont livrés dans des barils de deux cents litres, ceints d'une bande de couleur, issue de l'arc-en-ciel, destinée à faciliter la reconnaissance des produits : l'« agent rose » contient du 2,4,5-T pur, l'« agent blanc » du 2,4-D, l'« agent bleu » de l'arsenic, tandis que le plus toxique d'entre eux, l'« agent orange », introduit en 1965, est constitué pour moitié de 2,4,5-T et de 2,4-D.

Le 10 janvier 1962, un communiqué du gouvernement sud-vietnamien est repris par tous les journaux du pays : « La république du Viêt-nam a annoncé aujourd'hui des plans pour mener une expérience destinée à débarrasser certaines routes clés de la végétation tropicale épaisse. L'assistance américaine a été sollicitée pour que le personnel vietnamien réalise cette tâche. Des herbicides commerciaux, largement utilisés en Amérique du Nord, Europe, Afrique et URSS seront employés pour ces expériences. [...] Les produits chimiques seront fournis par les États-Unis à la demande du gouvernement vietnamien. Le gouvernement souligne qu'aucun des deux produits chimiques n'est toxique et ne constitue un danger pour la vie sauvage, les animaux domestiques, les êtres humains ni les sols [15]. » Ce que ne dit pas la propagande du président Diem, à qui la Maison-Blanche a demandé d'endosser la responsabilité de l'opération Ranch Hand, c'est que les doses d'herbicide utilisées à l'hectare par l'armée américaine seront jusqu'à trente fois supérieures à celles pratiquées aux États-Unis, où le 2,4,5-T et le 2,4-D étaient soigneusement dilués avant leur emploi dans l'agriculture.

Le 13 janvier 1962, un appareil Fairchild C-123 de l'US Air Force quitte la base militaire de Tan Son Nhut, avec une cargaison de plus de huit cents litres d'agent violet. De ce jour à 1971, on estime que 80 millions de litres de défoliants ont été déversés sur 3,3 millions d'hectares de forêts et de terres. Plus de 3 000 villages ont été contaminés et 60 % des défoliants utilisés étaient de l'agent orange, représentant l'équivalent de quatre cents kilos de dioxine pure [16]. Or, selon une étude de l'université Columbia (New York) publiée en 2003, la dissolution de 80 grammes de dioxine dans un réseau d'eau potable pourrait éliminer une ville de 8 millions d'habitants [17]...

La conspiration

L'homme qui me reçoit en ce jour d'octobre 2006 a le regard émacié des grands malades en fin de vie. À soixante-sept ans, il en paraît quinze de plus. Installé dans son fauteuil roulant, il me montre les deux jambes qu'il n'a plus. Alan Gibson est le vice-président de l'association Vietnam Veterans of America, qui compte 55 000 membres. « À mon retour du Viêt-nam, j'ai commencé à avoir des problèmes oculaires, m'explique-t-il. Et puis, trois ans plus tard, les premiers symptômes de ce que les médecins appellent une neuropathie périphérique. Mes os se sont mis à fossiliser et à sortir de mes orteils. Un jour, j'étais en train de me laver les pieds, et un bout d'os m'est resté dans la main.

– D'abord, ils ont dit que c'était la goutte, intervient sa femme Marcia. Ensuite, ils lui ont coupé les orteils, puis les pieds et, enfin, les deux jambes.

– Cette maladie est-elle courante chez les vétérans de la guerre du Viêt-nam ?, ai-je demandé.

– Oui, répond Marcia. Je suis infirmière à l'hôpital des vétérans, les maladies les plus courantes sont les cancers, notamment du poumon et du foie, les leucémies, les pathologies neurologiques. Dans notre association, il y a aussi de nombreux vétérans qui ont des enfants, voire des petits-enfants, atteints de handicaps physiques ou mentaux. »

Alan Gibson ne sait plus exactement quand et où il a vu pour la première fois un épandage de défoliants. « C'était tellement fréquent, dit-il. Nous étions dans la jungle et puis, soudain, une sensation de pluie... Un bruit de moteur... On nous disait que c'étaient les désherbants que nos agriculteurs utilisaient tous les jours... J'ai des camarades qui se lavaient dans les barils d'agent orange vides ou qui s'en servaient de barbecue. On ne nous a jamais dit que les herbicides contenaient de la dioxine. Pourtant, le gouvernement savait. »

Qui savait exactement et à partir de quand ? Plus de trente ans après la fin de la guerre du Viêt-nam, la question continue de diviser les experts. D'après un rapport établi par le General Accounting Office, le bureau d'investigation du Congrès, en novembre 1979, « le Département de la défense ne considérait pas l'agent orange comme toxique ou dangereux pour l'homme et pour cette raison a pris peu de précautions pour prévenir les effets de son exposition [18] ».

Un témoignage est cité régulièrement qui éclaire... l'aveuglement des autorités militaires. C'est celui du docteur James Clary, un scientifique qui travaillait dans un laboratoire appartenant au département armes chimiques de l'armée de l'air, en Floride. C'est lui qui a conçu le réservoir ADO 42 destiné à épandre l'agent orange : « Quand nous avons initié le programme des défoliants dans les années 1960, nous étions conscients des dommages potentiels dus à la contamination des herbicides par la dioxine, écrit-il dans un courrier destiné au sénateur Tom Daschle. Nous étions également conscients que la formulation "militaire" contenait un niveau de concentration en dioxine plus élevé que la formulation "civile", en raison de son coût réduit et des délais de fabrication très courts. Cependant, comme le matériel allait être utilisé contre l'"ennemi", aucun d'entre nous ne s'en est vraiment préoccupé. Nous n'avons jamais imaginé un scénario dans lequel notre propre personnel allait être contaminé par l'herbicide [19]. »

Un autre témoignage semble indiquer que les responsables militaires en poste au Viêt-nam n'étaient pas informés de l'extrême toxicité de la dioxine contenue dans l'agent orange : c'est celui de l'amiral Elmo Russell Zumwalt Jr, promu en septembre 1968 commandant des forces navales au Viêt-nam. Il dirigeait la flotte des bateaux qui patrouillaient dans le delta du Mékong. Pour protéger les *marines* des embuscades tendues par les Viêt-Congs dans cette zone stratégique, il ordonna d'arroser les côtes d'agent orange.

Il se trouve que le commandant de l'un des bateaux était son propre fils, Elmo Russell Zumwalt III, qui mourra d'un cancer et d'une leucémie, à quarante-deux ans, en laissant un orphelin atteint de divers handicaps. Dès lors, l'amiral Zumwalt remue ciel et terre pour que le secret qui entoure la dioxine soit enfin levé. Il sera nommé conseiller spécial auprès du secrétaire chargé des vétérans, Edward J. Derwinski, et se battra inlassablement pour la prise en charge des victimes de l'agent orange.

« Je pense que les autorités gouvernementales n'ont pas été informées de la nocivité de la dioxine avant la fin des années 1960, m'assure Gerson Smoger, avocat de nombreux vétérans de la guerre du Viêt-nam. Pour une raison très simple : les deux principaux fabricants, Dow Chemicals et Monsanto, ont délibérément caché les données qu'ils avaient, pour ne pas perdre un marché très juteux. Je n'ai pas peur de dire qu'il s'agit bel et bien d'une conspiration [a]. »

Installé dans la banlieue de San Francisco, Gerson Smoger s'est spécialisé dans les affaires de pollution environnementale – il défendit, on l'a vu, les habitants de Times Beach –, et il s'est aussi distingué dans des *class actions* intentées contre les géants de la pharmacie ou de l'industrie du tabac. Mais l'affaire de sa vie, c'est l'agent orange. Dans le sous-sol de son étude, il entrepose depuis des années des milliers de documents, soigneusement rangés dans des cartons numérotés qui donnent le vertige : « Il faut des mois pour tous les consulter, sourit-il devant ma mine déconfite. Mais j'ai pu établir la preuve que l'attitude de Dow Chemicals et de Monsanto fut criminelle : d'abord, contrairement à ce qu'affirmaient leurs dirigeants, ils testaient régulièrement la teneur en dioxine de leurs produits, mais ils n'ont jamais communiqué leurs résultats aux autorités sanitaires ou militaires. Le cas de Monsanto est particulièrement grave, parce que l'agent orange que la firme produisait dans son usine de Sauget contenait le taux le plus élevé de dioxine. »

Et l'avocat de citer un document datant du 22 février 1965 : il s'agit d'un mémorandum émanant de Dow Chemicals, qui relate une réunion entre treize dirigeants de la firme dans laquelle fut débattue la toxicité du 2,4,5-T. Ensemble, ils conviennent d'organiser une rencontre avec les autres fabricants de l'agent orange, dont Monsanto et Hercules, pour « discuter des problèmes toxicologiques causés par la présence de certaines impuretés hautement toxiques » dans les échantillons de 2,4,5-T. « La réunion a eu lieu dans le plus grand secret, commente Gerson Smoger. Dow a notamment parlé

---

a Sept sociétés produisaient de l'agent orange : Dow Chemicals, Monsanto, Diamond Shamrock, Hercules, T-H Agricultural & Nutrition, Thompson Chemicals et Uniroyal.

d'une étude interne qui montrait que des lapins exposés à la dioxine développaient de sévères lésions au foie. La question était de savoir s'il fallait informer le gouvernement. Ainsi que le prouve un courrier, dont j'ai également une copie, Monsanto reprocha à Dow de vouloir lever le secret. Et le secret fut gardé pendant au moins quatre années, celles où les épandages d'agent orange atteignirent un pic au Viêt-nam... »

Fin 1969, les autorités gouvernementales ne peuvent plus dire qu'elles ne sont pas informées : une étude réalisée par Diane Courtney pour l'Institut national de la santé révèle que des souris soumises à des doses importantes de 2,4,5-T développent des malformations fœtales et mettent au monde des bébés morts-nés [20]. La nouvelle suscite beaucoup d'émotion et d'inquiétudes. Le 15 avril 1970, le secrétaire à l'Agriculture annonce sur toutes les chaînes de télévision et de radio « la suspension de l'utilisation du 2,4,5-T autour des lacs, étangs, aires de récréation, maisons et sur les cultures destinées à la consommation humaine, en raison du danger que l'herbicide constitue pour la santé [21] ».

C'est la fin de l'agent orange et, pour les vétérans américains, le début d'un long combat pour la reconnaissance des préjudices qu'ils ont subis...

Monsanto organise son impunité

En 1978, Paul Reutershan, un vétéran atteint d'un cancer de l'intestin, porte plainte contre les fabricants de l'agent orange. Bientôt, des milliers de vétérans le rejoignent pour constituer la première *class action* jamais intentée contre Monsanto et consorts. Un an plus tard, le 10 janvier 1979, un train de marchandises transportant 70 000 litres de chlorophénol (une substance qui entre dans la fabrication de produits pour traiter le bois) déraille à Sturgeon, dans le Missouri, provoquant le déversement de toute la cargaison. Il s'avère que celle-ci provient de l'usine de Sauget, où jusqu'à il y a peu Monsanto fabriquait ses PCB. Des prélèvements effectués par l'EPA révèlent que le produit chimique contient de la dioxine... Soixante-cinq habitants de Surgeon, dont Frances Kemner qui donnera son nom à la *class action* (Kemner *v.* Monsanto), portent plainte contre Monsanto.

Pour la compagnie de Saint Louis, l'affaire est sérieuse, d'autant plus qu'après la catastrophe de Seveso (1976), la TCDD est l'objet d'une attention particulière du public et des médias. La firme comprend qu'elle doit réagir si elle ne veut pas se retrouver impliquée dans une multitude de procès où ne manqueront pas d'être abordés les effets à long terme de la dioxine sur la santé humaine, notamment en matière de cancers. Mais elle sait aussi qu'elle a deux atouts, dont elle ne cessera de jouer à partir de la fin des années 1970.

En premier lieu, comme le souligne Greenpeace – l'un de ses plus farouches opposants – dans un rapport rendu public en 1990, quelle qu'en soit l'origine, « la dioxine est omniprésente dans la population américaine, l'environnement et les aliments [22] ». Difficile, donc, de prouver que le taux de dioxine enregistré dans l'organisme d'un individu soit lié précisément à son exposition lors d'un accident comme celui de Surgeon ou lors d'un épandage au Viêt-nam. Pour se prémunir d'éventuelles accusations, les dirigeants de Monsanto ne reculent devant rien : grâce à la complicité du personnel de la morgue de Saint Louis, ils font effectuer secrètement des prélèvements sur les cadavres d'accidentés de la route, qu'ils font analyser. Bingo ! Les tissus graisseux des défunts contiennent de la dioxine... L'affaire, qui en dit long sur les pratiques de la maison, sera révélée lors du procès Kemner *v.* Monsanto [23] – sur lequel je reviendrai dans le chapitre suivant.

En second lieu, comme le reconnaît également Greenpeace, « étant donné l'omniprésence de la dioxine, il est difficile de mener une étude épidémiologique », car il est quasiment impossible de trouver un groupe contrôle (c'est-à-dire des gens dont on est sûr qu'ils n'ont jamais été exposés). En d'autres termes, « plutôt que de comparer un groupe exposé à un groupe non exposé, on ne peut que comparer un groupe plus exposé à un groupe moins exposé, à condition que les degrés d'exposition soient suffisamment différents et que la taille des groupes soit suffisamment grande pour que les effets sanitaires constatés soient statistiquement significatifs ». Et l'organisation écologique de conclure que les « populations humaines qui peuvent servir à une étude épidémiologique sont celles qui ont été exposées à une haute concentration de dioxine, comme :

– les communautés contaminées accidentellement ou pendant une longue durée comme à Seveso (Italie) et Times Beach ;

– les personnes exposées à des pesticides contaminés à la dioxine comme le 2,4,5-T, tels que les utilisateurs d'herbicides ou les vétérans de la guerre du Viêt-nam ;

– les ouvriers travaillant dans des usines qui produisent de la dioxine, comme celles de Monsanto ou BASF ».

Dès 1978, la multinationale de Saint Louis comprend que c'est précisément là qu'elle a une carte à jouer : elle est en effet la seule institution à disposer de données sanitaires remontant à 1949, date de l'accident de l'usine de Nitro. L'idée est simple : si la dioxine est cancérigène, alors il suffit, pour le vérifier, de retrouver les ouvriers qui avaient été examinés par le docteur Suskind et de comparer leur état de santé, trente ans plus tard, avec celui de personnes issues de la population normale. C'est ainsi que le docteur Suskind est chargé de superviser trois études épidémiologiques, avec l'aide de deux scientifiques de Monsanto. Ainsi que le révélera le procès Kemner *v.* Monsanto, c'est le docteur George Roush, le directeur médical de la société, qui en contrôlera le contenu, avant de les publier en 1980, 1983 et 1984 dans des revues scientifiques de référence [24]. Comme on s'en doute, les études concluront à l'absence de tout lien entre l'exposition au 2,4,5-T et le cancer. En d'autres termes : circulez, il n'y a rien à voir...

« Voilà comment les vétérans de la première *class action* ont été déboutés de leurs demandes de réparations, m'explique Gerson Smoger. Au moment de leur publication, ces études furent considérées comme la référence absolue. Et, devant leur incapacité à prouver que les cancers dont ils souffraient étaient liés à leur exposition à la dioxine, les vétérans ont été contraints d'accepter un règlement à l'amiable. »

De fait, le 7 mai 1984, à 4 heures du matin, alors que l'ouverture du procès initié en 1978 par Paul Reutershan est imminente, les fabricants d'agent orange mettent sur la table 180 millions de dollars, pour solde de tout compte. Le juge Jack Weinstein ordonne que 45,5 % de la somme soient payés par Monsanto, en raison de la forte teneur en dioxine de son 2,4,5-T [25]. Placé sur un fonds de compensation, l'argent est censé indemniser les vétérans qui apporteront la preuve d'une incapacité totale de travail non liée à des blessures de guerre, dans un délai maximum de dix ans. C'est ainsi que 40 000 vétérans recevront, selon les cas, une aide comprise entre 256 et 12 800 dollars. « Une broutille, commente Gerson Smoger. Jusqu'à ce qu'on découvre que les études de Monsanto avaient été manipulées... »

3

Dioxine : manipulations et corruption

« Toutes les preuves scientifiques dignes de foi montrent que l'agent orange ne provoque pas d'effets sanitaires à long terme. »

Jill Montgomery,
porte-parole de Monsanto, 2004.

Par un curieux hasard de calendrier, en février 1984, au moment où les vétérans de la guerre du Viêt-nam vont être contraints de renoncer à de véritables réparations, s'ouvre le procès Kemner *v.* Monsanto, dans l'Illinois. Pendant plus de trois ans, quatorze jurés écouteront cent trente témoins et tenteront d'apprécier le préjudice subi par les habitants de Surgeon, ainsi que la responsabilité de la firme de Saint Louis. Ce fut le « plus long procès de l'histoire nationale », écrit le *Wall Street Journal*, qui précise que « Monsanto est représenté par dix avocats, se relayant à la barre toutes les quatre heures pour pouvoir garder la forme. [...] Des observateurs du procès disent qu'en établissant une réputation d'adversaire intraitable et disposant apparemment d'un budget illimité, Monsanto vise à décourager d'autres plaintes similaires dans le futur [1] ».

Des études scientifiques falsifiées

Les moyens déployés par l'entreprise sont à la mesure de l'enjeu : si tous les utilisateurs de ses produits qui contiennent des traces de dioxine se retournent contre elle, elle sait qu'elle court tout droit à la faillite. C'est pourquoi elle n'hésite pas à utiliser toutes les techniques dilatoires, au risque d'exaspérer le juge. « La justice retardée est une justice déniée, lâche ainsi celui-ci lors de l'examen d'un ultime recours déposé par les avocats de Monsanto. Je pense que la cour devrait refuser d'être utilisée comme un pion dans une telle débauche de recours judiciaires [2]. »

Le 22 octobre 1987, après avoir délibéré pendant... huit semaines, les jurés rendent un drôle de verdict : les plaignants ne se voient attribuer qu'un dollar symbolique de dommages et intérêts, au motif qu'ils n'ont pas pu prouver le lien entre leurs problèmes de santé et l'accident, et 16 millions de dollars de « *punitive damages* » (dommages et intérêts punitifs) sont infligés à Monsanto parce que le jury a été outré par son comportement irresponsable dans sa gestion des risques sanitaires liés à la dioxine [a].

De fait, en trois ans, les jurés sont allés de découverte en découverte. Grâce au travail rigoureux de l'avocat des plaignants, Me Rex Carr, ils ont appris que la firme « savait qu'en distillant ses chlorophénols, elle pouvait éliminer ou réduire considérablement la présence de dioxine », mais qu'« elle ne l'a pas fait avant 1980 ». De plus, « elle aurait pu se débarrasser de la dioxine en testant chaque lot de ses produits et en retirant de la vente ceux qui étaient contaminés [3] ».

D'après le témoignage de Donald Edwards, ingénieur de l'entreprise, celle-ci a « déchargé trente à quarante livres de dioxine par jour (1970-1977) de son usine de Krummich (Sauget) dans le Mississippi, qui ont pu entrer dans la chaîne alimentaire », sans en informer les autorités. Pire : ainsi qu'il ressort de l'audition de trois cadres, dont un chimiste et le responsable du service marketing, elle savait que le Santophen, qui entrait dans la formulation du Lysol, un produit d'entretien recommandé pour nettoyer les jeux des enfants, était contaminé par la dioxine. Par crainte de perdre le marché, elle a préféré ne pas informer ses clients (les entreprises Lehn et Fink), quitte à leur mentir quand ils posaient des questions. Un courrier adressé par Clayton F. Callis, un cadre de Monsanto, à l'un de ses collègues confirme la désinvolture avec laquelle la firme traite le problème de la dioxine : « Dow fait des histoires à cause de la dioxine contenue dans le Penta, écrit-il le 3 mars 1978 à propos d'une gamme de produits de traitement du bois. Notre produit a un contenu en dioxine plus élevé que le sien. Ce serait donc à nous de montrer que les dioxines sont acceptables. Ce qui impliquerait de faire des études toxicologiques non pas sur une seule molécule, mais sur plusieurs. Autant dire que c'est une mission impossible. »

---

a Monsanto fera appel du jugement et... gagnera, la cour estimant qu'il n'est pas possible d'exiger des dommages et intérêts punitifs si les plaignants n'ont pas pu prouver que leurs maux étaient liés à l'exposition à la dioxine (*U.S. News*, 13 juin 1991).

On pourrait ainsi multiplier les exemples, mais le clou du procès fut la révélation que les trois études précitées supervisées par le docteur Suskind (publiées par Monsanto entre 1980 et 1984) avaient été truquées... Et que si elles avaient été conduites correctement, elles seraient parvenues à une conclusion diamétralement opposée, à savoir que la dioxine est un puissant cancérigène. Démontrée par l'avocat Rex Carr, la fraude sera plus tard confirmée par plusieurs organismes scientifiques, comme le National Institute for Occupational Safety and Health (NIOSH) [4] ou le National Research Council, lequel constatera que les études de Monsanto « souffraient d'erreurs de classification entre les personnes exposées et non exposées et qu'elles avaient été biaisées dans le but d'obtenir l'effet recherché [5] » ; ainsi que par Greenpeace, qui y consacrera en 1990 un dossier très détaillé, largement repris par la presse, alors que les révélations faites lors du procès Kemner *v.* Monsanto étaient passées quasiment inaperçues [6].

On découvre dans ce dossier que l'étude publiée en 1980 par Raymond Suskind et sa collègue de Monsanto, Judith Zack, pêchait pour le moins, pour dire les choses sobrement, par son manque de rigueur dans la définition des personnes considérées comme « exposées » ou « non exposées » (groupe contrôle). D'après les explications fournies par Raymond Suskind à la justice, les deux chercheurs avaient en effet retenu comme hypothèse de départ que « les ouvriers qui avaient été exposés lors de l'accident [de 1949] et qui avaient développé la chloracné constituaient probablement le groupe le plus exposé parmi la population travaillant à l'usine de Nitro [7] ». De ce fait, dans le groupe des « exposés », n'avaient été retenus que les ouvriers présents le jour de l'accident *et* ayant contracté la chloracné : ceux qui étaient présents mais qui n'avaient pas été victimes de la maladie ont donc été exclus du groupe, alors que le docteur Suskind savait pertinemment que l'absence de chloracné n'implique pas nécessairement une absence d'exposition.

À l'inverse, toute personne présentant des problèmes de peau (psoriasis, acné, etc.) a été incluse dans la cohorte des « exposés », tandis que les ouvriers travaillant sur la ligne de fabrication et absents le jour de l'accident ont systématiquement été placés dans le groupe contrôle des « non-exposés », même s'ils souffraient de chloracné. Dans une lettre envoyée à *Nature* en 1986, les toxicologues Alastair Hay et Ellen Silberberg notent que « tous ces ouvriers auraient dû faire partie de la seule et même cohorte, sans faire de distinction entre ceux exposés lors de l'accident et ceux travaillant sur la ligne de fabrication du 2,4,5,-T » ; d'autant plus que les données rassemblées par le docteur Suskind dans son étude de 1953 montraient que « l'incidence de la chloracné était à peu près similaire dans les deux groupes » et que « des maladies sérieuses présentant un temps de latence long comme le cancer peuvent être le résultat d'une exposition lente et chronique [8] ».

Quant à l'étude publiée en 1983 par Judith Zack et William Gaffey, deux employés de Monsanto, elle laisse tout simplement pantois... Elle était censée comparer l'état de santé de 884 salariés de l'usine, dont ceux travaillant sur la ligne de production de 2,4,5-T (groupe des « exposés ») et « tous les autres » (groupe contrôle), y compris « les employés ayant une responsabilité concernant l'unité de production avec une exposition potentielle, qui ne furent pas considérés comme exposés pour les besoins de l'étude », ainsi que le reconnaissent les deux auteurs [9]. Résultat : le taux de cancer était moins élevé dans le groupe des exposés que dans celui des non-exposés... L'astuce consista à ne faire entrer dans l'étude que les ouvriers travaillant dans l'usine et/ou décédés entre le 1er janvier 1955 et le 31 décembre 1977. En d'autres termes : ceux qui avaient travaillé à Nitro entre 1948 et 1955 furent exclus, tout comme ceux qui sont morts après 1977. Ce protocole arbitraire a permis d'exclure de l'étude vingt ouvriers dont Monsanto savait qu'ils avaient été exposés (notamment lors de l'accident de 1949), dont neuf étaient morts de cancer et onze de maladies cardiaques. De plus, quatre ouvriers morts d'un cancer et classés comme « exposés » dans l'étude publiée en 1980 se retrouvèrent dans le groupe contrôle dans celle de 1983 [10]...

Mais c'est la dernière étude, publiée en 1984 par Raymond Suskind et Vicki Hertzberg, une collègue à l'Institut Kettering, dans la prestigieuse revue *The Journal of the American Medical Association*, qui atteint tous les sommets. Lors d'une audition dans le cadre de l'affaire Kemner *v.* Monsanto, le docteur Roush, directeur médical de la firme, reconnaîtra qu'au lieu des quatre cancers recensés dans le groupe des exposés, il y en avait... vingt-huit (vingt-quatre cas furent donc délibérément omis) [11]. Auditionné à son tour, le docteur Suskind fut tellement confondu par l'évidence de sa « fraude qu'il refusa de retourner dans l'État de l'Illinois pour terminer son contre-interrogatoire [12] ».

La chasse aux « lanceurs d'alerte »

En attendant, Greenpeace transmet son dossier à Cate Jenkins, une chimiste qui travaille à l'Agence de protection de l'environnement depuis 1979. Cette scientifique de quarante-trois ans a alors pour mission de détecter les décharges industrielles toxiques et d'élaborer une réglementation pour les contrôler. Réputée pour son intransigeance à l'égard des pollueurs, cette spécialiste incontestée de la dioxine avait déjà eu maille à partir avec sa hiérarchie, qui trouvait qu'elle poussait un peu trop loin ses investigations sur le

Penta (pentachlorophénol), un produit de traitement du bois fabriqué comme on l'a vu par Dow et Monsanto. La production du Penta « libère soixante-quinze dioxines différentes, dont la TCDD et l'hexadioxine, 5 000 fois plus toxique que l'arsenic », explique-t-elle au magazine canadien *Harrowsmith* en 1990, au moment où la machine à broyer se met en marche [13].

Dès qu'elle prend connaissance du dossier établi par Me Rex Carr et repris par Greenpeace, Cate Jenkins mesure les implications que ces révélations peuvent avoir sur la réglementation américaine de la dioxine. En effet, se fondant sur les seules études épidémiologiques alors disponibles, à savoir celles réalisées par Monsanto, l'EPA avait conclu en 1988 que « la preuve humaine confirmant un lien entre la 2,3,7,8-TCDD et le cancer n'a pas été apportée [14] ». L'agence avait donc décidé de classer la dioxine comme un cancérigène de type B2, c'est-à-dire, pour reprendre le jargon de l'EPA, un « cancérigène humain probable » pour lequel il n'existe que des « preuves animales » [a]. Le résultat, c'est que la dioxine n'était pas considérée comme un polluant prioritaire et échappait ainsi à la réglementation sur les émissions atmosphériques prévue par le *Clean Air Act* (loi sur la qualité de l'air). Pour Cate Jenkins, il est évident que si les études de Monsanto n'avaient pas été manipulées, les conclusions de l'EPA (mais aussi du reste du monde, qui s'était calqué sur la position américaine) auraient été différentes.

Voilà pourquoi, en fonctionnaire consciencieuse, elle décide de rédiger un rapport confidentiel intitulé « Fraude de Monsanto révélée récemment concernant une étude épidémiologique utilisée par l'EPA pour évaluer les effets sanitaires des dioxines », qu'elle adresse, le 23 février 1990, au président du comité exécutif du conseil scientifique de l'agence, ainsi qu'au bureau de l'administrateur [15]. Elle y joint les pièces du procès Kemner, en demandant que soit mené un audit scientifique des études de Monsanto. Une initiative qui lui causera bientôt les plus grands tourments de sa carrière...

Malheureusement, je n'ai pas pu rencontrer Cate Jenkins, qui a refusé de m'accorder une interview. Lorsque je la contacte, en mai 2006, elle est chargée de coordonner l'action de l'EPA sur l'analyse des déchets toxiques dans les ruines de « Ground Zero », le site des deux tours jumelles du World Trade Center de New York, détruites dans l'attentat du 11 septembre 2001. « C'est un dossier très délicat, m'explique-t-elle dans un courriel un peu énigmatique, et je préfère

a La classification de l'EPA reprend celle recommandée par l'Agence internationale pour la recherche sur le cancer. Elle compte cinq groupes : groupe A (cancérigène pour l'homme) ; groupe B (probablement cancérigène pour l'homme), avec deux catégories : groupe B1 (preuves limitées chez l'homme) et groupe B2 (pas de preuves chez l'homme, mais preuves suffisantes chez les animaux), etc. ; jusqu'au groupe E (non cancérigène pour l'homme).

me concentrer là-dessus. » Elle me recommande chaudement de me mettre en rapport avec William Sanjour, qui fut l'un des cadres supérieurs les plus en vue de l'EPA, avant d'être « mis au placard » jusqu'à sa retraite en 2001. En septembre 2007, au moment où j'écris ces lignes, celui-ci fait la couverture du *Fraud Magazine*, car il vient d'obtenir le prix de l'Association of Certified Fraud Examiners, qui l'a consacré comme la « sentinelle de l'EPA [16] ».

« Cate a peur, me dit-il quand je le joins au téléphone au printemps 2006. Quand on sait ce qu'elle a vécu, on peut le comprendre... » William Sanjour, comme Cate Jenkins, est ce qu'on appelle aux États-Unis un « *whistleblower* ». Mot à mot un « souffleur de sifflet » – un « lanceur d'alerte », selon l'appellation française désormais reconnue depuis le « Grenelle de l'environnement » de l'automne 2007. Ils sont légion aux États-Unis, au point d'avoir créé une organisation, le National Whistleblowers Center, installé à Washington depuis 1988. Les *whistleblowers* sont des hommes et des femmes qui travaillent dans une institution publique ou dans une grande entreprise privée et qui, à un moment donné, constatent que leur employeur met en danger l'intérêt public en violant une loi ou une réglementation, un délit parfois doublé de fraude ou de corruption. Provoquant la foudre de leurs supérieurs, ils sont alors harcelés, placardisés, diffamés et bien souvent licenciés, pour avoir pris trop au sérieux le travail qu'on leur avait confié. Pour eux, la chute est d'autant plus rude qu'ils étaient réellement convaincus que leur métier avait un sens. Des « idéalistes », diront les pragmatiques ; pour des entreprises comme Monsanto, des empêcheurs-de-fabriquer-en-rond. De ce point de vue, l'histoire de William Sanjour est tout à fait exemplaire.

Après avoir étudié la physique à l'université Columbia, il rejoint l'EPA à sa création en 1970. Il y est bientôt nommé à la tête de la Hazardous Waste Management Division, le département chargé de superviser le traitement et le stockage des déchets industriels toxiques. Son action conduit le Congrès à voter, en 1976, le *Resource Conservation and Recovery Act* (RCRA), qu'il va s'employer à faire respecter, quitte à s'attirer les foudres des pollueurs, mais aussi de sa propre hiérarchie. « Malheureusement, dit-il aujourd'hui, l'EPA se préoccupe plus de protéger les intérêts des entreprises qu'elle est censée réguler que de défendre l'intérêt général. » De fait, William Sanjour sera sèchement contré par sa direction, qui ne supporte pas ses prises de parole au Congrès ou dans des réunions publiques, où il dénonce ouvertement la collusion de l'agence avec les grands groupes industriels.

Grand amateur de voile, William Sanjour m'a donné rendez-vous, le 14 juillet 2006, dans un petit port de plaisance, non loin de Washington. « Voilà comment l'EPA a concocté une loi spécialement pour moi ! », me raconte-t-il avec une satisfaction assumée. En effet, pour faire taire son mouton noir, avec la collaboration bienvenue de l'Office of Government Ethics, l'agence a édicté un règlement qui interdit à ses agents de se faire rembourser leurs frais de déplacement quand ils sont invités à s'exprimer, bénévolement et hors de leur temps de travail, par des organisations militantes ou citoyennes. « Mon expertise était régulièrement sollicitée aux quatre coins des États-Unis, commente William Sanjour. Du jour au lendemain, j'ai dû décliner toutes les invitations, car cela m'aurait coûté trop cher. » Il porte alors l'affaire en justice, avec l'aide du National Whistleblowers Center, qui obtient en 1995 l'annulation du « texte scélérat » et une jurisprudence qui affirme le droit des lanceurs d'alerte à dénoncer leur employeur quand celui-ci viole manifestement la loi [17].

Voilà comment, en juillet 1994, la « sentinelle de l'EPA » – qui occupe un placard doré depuis plusieurs années au poste de « *Policy Analyst* » – décide d'utiliser sa fonction au pied de la lettre pour rédiger un rapport sur l'affaire de Cate Jenkins et de la dioxine, intitulé *The Monsanto Investigation* [18]. C'est une implacable « analyse de l'échec de l'EPA à enquêter sur les allégations selon lesquelles la compagnie Monsanto a falsifié des études scientifiques sur la cancérigénité de la dioxine ».

« J'ai épluché tout le dossier, m'explique-t-il. Le voici ! » D'une mallette, il sort une liasse de documents d'au moins cinquante centimètres de haut, obtenus au cours de différentes procédures judiciaires contre Monsanto (comme Kemner *v.* Monsanto) ou l'EPA (plainte de Cate Jenkins auprès du secrétariat au Travail). Devant moi s'étalent des centaines de pièces à conviction, dont de nombreux courriers internes de Monsanto, qui montrent comment la firme a tout fait pour cacher la toxicité de l'un des produits les plus dangereux jamais émis sur la planète, quitte à chercher à écraser celle qui osait dénoncer ce scandale…

L'EPA obéit aux ordres

« Voici la preuve que l'EPA est infiltrée par Monsanto, me dit William Sanjour en me tendant une lettre de cinq pages, adressée par James H. Senger, vice-président de Monsanto, à Raymond C. Loehr, le président du conseil scientifique de l'EPA. Elle est datée du 9 mars 1990, tout juste deux semaines après que Cate a envoyé au conseil son rapport confidentiel. Comment la firme en a-t-elle été informée ? »

« Monsanto a appris que l'EPA a reçu des informations hautement provocatrices et erronées à propos d'études épidémiologiques qui concernent l'usine de Monsanto à Nitro, écrit le dirigeant de Saint Louis. […] Les allégations de fraude ne sont pas crédibles. [...] Nous sommes très perturbés par les accusations infondées contre Monsanto et le docteur Suskind. » Moins de trois semaines plus tard, c'est le P-DG de Monsanto en personne, Richard J. Mahoney, qui se fend d'un courrier auprès de William Reilly, l'administrateur de l'EPA, auquel il joint un article paru dans la *Carleston Gazette*[19] : « Malheureusement, ce mémorandum interne à l'EPA a fait son chemin dans les médias et est considéré comme la position officielle de l'agence, s'énerve-t-il. Vous comprendrez que cela cause à Monsanto un sérieux problème, que nous ne méritons pas. C'est pourquoi nous exigeons que votre bureau fasse rapidement une déclaration précisant que Mme Jenkins ne parle pas au nom de l'EPA, mais en son nom propre. » S'ensuit une réponse de Don R. Clay, l'administrateur adjoint dont le ton servile laisse perplexe : « Les opinions exprimées dans le rapport interne de l'EPA étaient celles du docteur Jenkins et non celles de l'EPA, s'excuse-t-il. Je regrette les problèmes que l'exploitation de ce mémorandum par les médias a pu causer à Monsanto. Si je puis vous être d'une quelconque aide, n'hésitez pas à me contacter. »

Il faut dire qu'en lanceuse d'alerte avisée, Cate Jenkins avait elle-même organisé la fuite de son rapport auprès des médias, pour qu'il y ait une trace au cas où l'EPA déciderait d'enterrer sa requête. L'affaire avait provoqué quelques remous, y compris à la tête du *Journal of the American Medical Association* (*JAMA*), l'hebdomadaire médical le plus lu au monde, qui avait publié sans sourciller, six ans plus tôt, la troisième étude de Monsanto. Je transcris ici un extrait d'une lettre très instructive du vice-président de l'American Medical Association, qui édite le très respecté *JAMA*, publiée le 13 avril 1990 en réponse aux interrogations d'un praticien qui s'inquiétait – à juste titre – de la fiabilité des études publiées par ce journal scientifique, considéré comme la bible de la recherche médicale : « *JAMA* est très concerné par la fiabilité des articles scientifiques que nous publions. Cependant, quand des allégations d'une fraude éventuelle sont soulevées, les éditeurs de journaux scientifiques n'ont pas les moyens de conduire les investigations nécessaires. *Nous n'avons pas accès aux données nécessaires ni aux individus impliqués*[a]. La conduite de telles investigations relève de la responsabilité des institutions qui emploient les auteurs des articles (généralement des universitaires), des organismes privés ou des agences gouvernementales qui ont financé leurs travaux, ou des deux à la fois[b]. »

En d'autres termes : *JAMA* publie ce qu'on lui envoie sans vérification de la validité des données, même quand l'auteur de l'article est payé par un grand

---

a Souligné par moi.

b Tous les documents internes cités dans cette partie proviennent du dossier que m'a remis William Sanjour.

groupe industriel. Pourtant, le fait que cet article soit publié dans le *must* de la recherche médicale constitue un gage de sérieux, dont n'hésite pas à se prévaloir le vice-président de Monsanto dans son courrier du 9 mars 1990, où, pour défendre le docteur Suskind, il souligne que ses conclusions ont été « *peer-reviewed* », à savoir examinées par des pairs indépendants avant publication... Voilà comment des mensonges sont propagés au sein de la communauté scientifique internationale grâce à un système vicié qui, nous le verrons, concerne tous les domaines de la recherche, y compris les biotechnologies...

En attendant, à l'EPA, le rapport de Cate Jenkins devient une patate chaude dont on ne sait plus comment se débarrasser. Curieusement, le conseil scientifique de l'agence, qui s'était pourtant servi des études de Monsanto pour recommander de classer la dioxine dans la catégorie B2 en 1988, s'avoue incompétent pour conduire l'audit scientifique demandé par Cate et refile le dossier à une autre institution, le National Institute for Occupational Safety and Health (NIOSH). Au même moment, sans doute pour faire bonne figure face à la pression des médias, la direction de l'agence demande à l'Office of Criminal Enforcement (OCE), son bureau chargé des enquêtes criminelles, d'évaluer la validité des accusations de fraude.

« C'était le meilleur moyen d'enterrer l'affaire, s'insurge William Sanjour, car qui va se risquer à se prononcer sur une éventuelle fraude, si personne ne réalise, au préalable, l'audit scientifique qu'avait réclamé Cate ? » Le 20 août 1990, l'enquête criminelle est officiellement ouverte, et deux détectives sont nommés, John West et Kevin Guarino, spécialement mandatés de Denver. Ils sont censés vérifier les « violations présumées des lois environnementales fédérales par la compagnie Monsanto Chemical, ses employés et cadres », qui auraient enfreint le *Toxic Substances Control Act*, la loi sur le contrôle des substances toxiques obligeant les industriels à informer l'EPA de la toxicité de leurs produits, et seraient coupables de « conspiration pour tromper l'EPA » et de « fausses déclarations » [20].

« L'enquête n'a jamais eu lieu, commente William Sanjour. Personne n'a jamais vérifié si la fraude de Monsanto était avérée, la seule enquête réalisée a porté sur Cate Jenkins, la *whistleblower*, qui a été harcelée, maltraitée et dont la vie est devenue un enfer ! » Grâce au dossier que m'a remis l'ancien cadre de l'EPA, j'ai pu consulter les rapports d'activité mensuels établis par les deux détectives de l'agence. La plupart consistent en une page blanche, avec cette mention : « Aucune activité d'investigation significative à rapporter pendant ce mois. » Un « rapport d'interview » de deux petites pages, daté du 14 novembre 1990, atteste que les deux pieds nickelés ont rencontré Cate à son bureau. Le lendemain, manifestement préoccupée par leur manque de curiosité, celle-ci leur adresse un second rapport circonstancié où elle étaye ses arguments sur la « fraude de Monsanto ». Et, pour que les choses soient bien claires, elle précise sur la dernière page qu'elle a envoyé une copie à seize organisations ou personnalités, comme Greenpeace, l'amiral Zumwalt ou la Coalition nationale des vétérans du Viêt-nam (CNVV), qui regroupe soixante-deux organisations de vétérans.

Trois jours plus tard, l'impénitente lanceuse d'alerte est conviée à une cérémonie de la CNVV, au cours de laquelle elle reçoit la médaille de l'association, honorant son courage et la qualité de son travail. Cate confirme publiquement que l'EPA mène une enquête criminelle sur les études frauduleuses de Monsanto, ce qui précipitera sa descente aux enfers. « À partir de ce moment-là, commente William Sanjour, Monsanto ne cessera d'intervenir auprès de l'EPA pour que l'enquête n'aboutisse pas et que Cate soit sanctionnée, voire licenciée. Tous ces documents internes le prouvent, dit-il en exhibant une liasse de courriers à en-tête de la firme de Saint Louis. Et ce n'est que la partie immergée de l'iceberg ! Monsanto est l'une des sociétés les plus puissantes des États-Unis : elle a ses entrées à la Maison-Blanche, au Congrès, dans la presse... Imaginez que non seulement l'enquête sera enterrée, mais qu'un avocat de Monsanto finira par rédiger un brouillon au nom de l'EPA où celle-ci présente ses excuses ! »

J'ai lu très attentivement les courriers en question et je dois dire que j'ai été sidérée par l'aplomb des dirigeants de Monsanto : loin de faire amende honorable, ils font preuve d'une morgue indéfectible en se posant comme victimes, avec un ton de vierges effarouchées, ou en laissant percer des menaces à peine voilées, comme s'ils s'adressaient à un vulgaire subalterne. « Monsanto reconnaît que l'agence a effectivement rendu publique une correction qui indiquait que [son] employée avait agi en son propre nom et que [...] son rapport ne reflétait pas la position officielle de l'Agence, écrit ainsi James Senger, le vice-président, le 1er octobre 1990, à Donald Clay, administrateur adjoint de l'EPA. Cependant, cette correction n'a pas mis fin aux problèmes causés par les allusions continuelles aux accusations répétées dans ce mémorandum préparé au sein de l'agence. [...] Étant donné les liens étroits de notre société avec la science, il est primordial pour notre business et nos opérations de recherche de préserver notre réputation concernant la qualité irréprochable des études scientifiques de haut niveau que nous conduisons... »

Et puis, à partir de 1991, entre en scène James Moore, l'avocat de Monsanto. Il n'a pas été choisi au hasard : celui-ci travaille en effet pour le cabinet Perkins & Cie, qui appartient à William Ruckelshaus, lequel fut, comme nous l'avons vu (voir *supra*, chapitre 1) deux fois administrateur de l'EPA, avec, entre les deux, un passage prolongé à la direction de Monsanto et de Solutia. « Pour tous les motifs que j'ai évoqués avec vous au téléphone, il n'y a aucune raison de penser qu'une fraude a été commise, insiste James Moore, le 12 mars 1992, auprès de Howard Berman, le directeur adjoint du bureau des enquêtes criminelles de l'EPA. L'enquête menée par vos services devrait être conclue dans les plus brefs délais pour que Monsanto puisse enfin laver son nom et que cesse toute allégation d'un comportement criminel. »

L'admonestation portera ses fruits : le 7 août 1992, un dernier « rapport d'investigation » conclut : « L'enquête est terminée. Les allégations selon lesquelles Monsanto aurait transmis des études frauduleuses à l'EPA ont été examinées. Le [mot effacé] Bureau de l'évaluation sanitaire et environnementale de l'EPA, [mot effacé] a conclu que même si les études avaient été falsifiées, celles-ci ont eu peu de conséquences, puisqu'elles n'ont pas été prises en compte lors de l'élaboration de la réglementation de la dioxine. » Une fois de plus : circulez, il n'y a rien à voir...

Mais, pour Monsanto, ce n'est toujours pas suffisant, ainsi que le prouve une note rédigée, le 26 août 1992, par un responsable de l'EPA (dont le nom est effacé) qui rend compte de sa dernière conversation téléphonique avec James Moore : « Maintenant, Jim Moore aimerait que l'on parle de ce que l'EPA devrait dire pour remettre les choses en ordre et redorer le blason de la compagnie, rapporte-t-il. Il comprend que sa demande est délicate. [...] Au minimum, je pense qu'il a le droit à une lettre où l'EPA annonce que l'investigation a été close faute de preuve suffisante pour fonder une poursuite criminelle, mais il est probable que cela ne lui suffise pas. [...] J'ai suggéré à Jim d'écrire un brouillon à [mot effacé] montrant ce que Monsanto veut ce qu'il soit dit et pourquoi... »

La collusion entre le gouvernement et les industriels

Tandis que Monsanto dicte ses ordres à l'EPA, Cate Jenkins subit les affres du lanceur d'alerte. Le 30 août 1990, elle est mise au placard, où elle restera enfermée jusqu'au 8 avril 1992, date de sa mutation d'office sur un poste administratif – « de gratte-papier », dira-t-elle – spécialement créé pour elle. En fait, son sort avait été scellé dès la fin février 1990, ainsi qu'il ressort d'un mémorandum rédigé par Edwin Abrams, son supérieur hiérarchique : « Cate ne devrait pas se voir confier des missions qui la mettent en contact avec la communauté chargée de la réglementation ni avec le public, recommande-t-il, car elle a des vues trop extrémistes sur la dioxine. [...] Si nous devons vraiment la garder, alors elle devrait être placée à un poste administratif ou hiérarchique (comme Bill Sanjour) et peu importe si elle est contente ou pas [21]. » L'allusion fait doucement rigoler William Sanjour, dont le regard se voile pourtant avec la rapidité d'un éclair : « Dans ce pays, nous avons beaucoup critiqué les méthodes soviétiques, dit-il sur un ton où perce la colère. Mais j'affirme qu'il règne au sein de l'EPA une ambiance de KGB... »

Le 21 avril 1992, Cate Jenkins porte plainte contre l'EPA auprès du Département du travail. Un mois plus tard, le juge ordonne sa réintégration dans son service d'origine, au motif que sa mutation d'office était discriminatoire et illégale. L'EPA fait appel. L'ordre de réintégration sera confirmé deux ans plus tard par le secrétaire au Travail, qui ne manquera pas au passage d'épingler le comportement de l'EPA qui, « en plus d'une occasion, a puni ses *whistleblowers* en les transférant sur des postes non désirables [22] »...

« Malgré le calvaire qu'elle a connu, Cate peut être fière de son travail, dit aujourd'hui William Sanjour. C'est grâce à elle que les vétérans de la guerre du Viêt-nam ont enfin été entendus et qu'on a découvert la collusion entre le gouvernement et Monsanto. » Et d'ajouter après un silence ému : « Malheureusement, c'était trop tard pour mon ami Cameron Appel, qui est mort d'un cancer en 1976, à tout juste trente ans, en laissant deux orphelins. Il était capitaine de l'US Air Force pendant la guerre du Viêt-nam. C'est à lui que j'ai dédié mon rapport sur la dioxine, car je pense que cette histoire a besoin d'être éclairée par des visages humains. Ce que semble oublier Monsanto, qui ne s'intéresse qu'aux dollars... »

Comme l'affirme la « sentinelle de l'EPA », le mémorandum courageux de Cate Jenkins a ouvert la boîte de Pandore et provoqué une cascade de révélations et décisions qui ont profité, en premier lieu, aux victimes américaines de l'agent orange. « C'est grâce à elle que nous avons obtenu une nouvelle législation en 1991, a ainsi témoigné John Thomas Burch, qui préside la Coalition nationale des vétérans et qui fut entendu par le juge du secrétariat au Travail, le 29 septembre 1992. L'étude de Monsanto nous bloquait, car elle était sans cesse citée comme la référence par ceux qui contrôlent la législation. Une fois que nous avons pu montrer que cette étude avait des défauts, l'obstacle est tombé et des milliers d'hommes ont pu obtenir une assistance médicale [23]. »

De fait, le premier à réagir au rapport de Cate a été l'amiral Elmo Zumwalt Jr. qui, comme nous l'avons vu, avait été nommé conseiller spécial auprès du secrétaire chargé des vétérans, Edward J. Derwinski, après la mort de son fils. Dans une interview au *Washington Post*, il se dit choqué par les « études malhonnêtes financées par l'industrie chimique » et par « l'incapacité du Center for Disease Control à mener une étude sur les vétérans qui ont souffert le plus de l'exposition à la dioxine [24] ». Et de conclure : « Je n'aurais jamais soupçonné à quel point il était difficile de connaître la vérité. » Le 5 mai 1990, l'amiral remet un rapport confidentiel dans lequel il affirme que la fraude de Monsanto fait partie d'une vaste machination gouvernementale destinée à empêcher le dédommagement des victimes de l'agent orange et, au-delà, de la dioxine [25].

On découvre ainsi qu'en 1982, le Congrès avait alloué une somme de 63 millions de dollars à l'Administration des vétérans (AV) pour qu'elle conduise une étude sur les effets de la dioxine sur les vétérans. S'estimant incapable de la réaliser, l'AV avait confié cette mission au Center for Disease Control (CDC), à qui le Pentagone était censé fournir les programmes d'épandage de l'aviation et les archives concernant le mouvement des troupes pendant la guerre du Viêt-nam. Or, quatre ans plus tard, le docteur Vernon Houk, directeur du CDC, annonce qu'il a annulé l'étude pour des « raisons purement scientifiques », car ses services n'ont pas pu trouver une « population exposée suffisamment importante » pour pouvoir la conduire [26] ! Dans son rapport, l'amiral Zumwalt dénonce un « effort intentionnel de saboter toute chance de mener une analyse sérieuse sur les effets de l'exposition à l'agent orange », avant d'ajouter : « Malheureusement, l'interférence politique dans les études financées par le gouvernement a été la norme et non l'exception. En effet, on peut constater un effort systématique pour supprimer des données critiques ou modifier des résultats afin de démontrer ce que les prétendues études scientifiques étaient censées trouver. »

Pour étayer sa critique, l'amiral Zumwalt cite un autre exemple de fraude manifeste qui avait été révélé en novembre 1989 par le sénateur Thomas Daschle, lors d'une audience au Congrès consacrée à l'agent orange [27]. On apprend ainsi que l'US Air Force a délibérément caché les résultats d'une étude qu'elle avait menée pour étudier les effets des épandages sur ses pilotes chargés de l'opération Ranch Hand : contrairement aux conclusions « rassurantes » qu'elle avait publiées en 1984, il apparaissait que les enfants des militaires concernés présentaient deux fois plus de malformations congénitales que dans le groupe contrôle.

Et l'ancien chef de la marine au Viêt-nam d'enfoncer le clou : « Malheureusement, la tromperie, la fraude et l'interférence politique qui ont caractérisé les études financées par le gouvernement [...] n'ont pas épargné non plus celles conduites par des chercheurs indépendants, ce qui n'a fait que renforcer les conclusions erronées fournies par les instances gouvernementales... » Il cite, bien sûr, les études de Monsanto, mais aussi celles menées par son alter ego, BASF, dont l'une des usines avait connu une explosion similaire à celle de Nitro en novembre 1953. En 1982, par un effet de mimétisme troublant, des scientifiques payés par la firme allemande avaient publié une recherche affirmant que les ouvriers présents lors de l'accident ne présentaient aucune pathologie particulière [28]. Sept ans plus tard, un article du *New Scientist* révélait que l'étude avait été falsifiée avec les mêmes grosses ficelles que celles de Monsanto : vingt cadres qui n'avaient pas été exposés au 2,4,5-T avaient été placés dans le groupe des exposés, masquant ainsi le taux élevé des cancers du poumon, de la trachée et du système digestif [29].

Last but not the least, au moment où l'amiral rédige son rapport accablant, deux études apportent de l'eau à son moulin : la première, publiée dans la revue *Cancer*, constate que des paysans du Missouri ayant utilisé des herbicides chlorés comme le 2,4,5-T ou le 2,4-D présentent un taux anormalement élevé de cancers (des lèvres, des os, des cavités nasales, des sinus, de la prostate) ainsi que de lymphomes non hodgkiniens (cancer du système lymphatique) et de myélomes (cancer de la peau) [30]. Ces résultats sont confirmés par une recherche similaire menée sur des agriculteurs canadiens et publiée au même moment [31].

Corruption : l'affaire Richard Doll

Face à cette avalanche de révélations apportées par l'un des officiers les plus prestigieux de l'armée américaine, l'administration républicaine de George Bush (père) ne peut que s'incliner. Le 2 février 1991, le Congrès vote une loi (Act PL 102-4) demandant à l'Académie nationale des sciences d'établir une liste des maladies pouvant être attribuées à une exposition à la dioxine. Seize ans plus tard, celle-ci compte treize pathologies graves, essentiellement des cancers (appareil respiratoire, prostate), dont certains très rares comme le sarcome des tissus mous ou le lymphome non hodgkinien, mais aussi la leucémie, le diabète (de type 2), la neuropathie périphérique (dont souffre Alan Gibson, le vétéran que j'ai rencontré) et la chloracné. Cette liste évolutive a permis au Département des anciens combattants d'indemniser et de prendre en charge médicalement des milliers de vétérans (sur les quelque 3,1 millions de soldats américains ayant servi pendant la guerre du Viêt-nam).

Ce changement de cap radical n'a pas épargné l'EPA, qui a dû revoir sa copie, au moment où la communauté internationale avait les yeux braqués sur une étude très attendue, concernant le premier bilan sanitaire de la catastrophe de Seveso. Dirigée par le docteur Pier Alberto Bertazzi, celle-ci confirmait un taux inhabituel de sarcomes des tissus mous, de lymphomes non hodgkiniens et de myélomes parmi la population exposée [32]. Cette nouvelle étude constitue « un clou de plus dans le cercueil de la dioxine » déclare sans peur du ridicule le docteur Linda Birnbaum, l'une des directrices de l'EPA qui annonce que l'agence est en train de réévaluer sa classification de la substance, susceptible de passer en catégorie A (cancérigène pour l'homme) au vu des « preuves écrasantes ». Comble de l'ironie : pour étayer son propos, Linda Birnbaum cite quatre études publiées par des scientifiques suédois entre 1979 et 1988 jusque-là consciencieusement ignorées par l'EPA pour le plus grand bonheur de Monsanto, qui, une fois de plus, tirait les ficelles dans les coulisses....

L'histoire est tellement incroyable qu'elle mérite qu'on s'y arrête, tant elle en dit long sur les pratiques de la firme, prête à tout pour garantir son impunité. C'est tout à fait par hasard qu'en 1973 un jeune chercheur suédois du nom de Lennart Hardell découvre l'existence de la dioxine et ses effets funestes sur la santé humaine. Il est en effet consulté par un homme de soixante-trois ans à l'hôpital universitaire de Umea : atteint d'un cancer du foie et du pancréas, celui-ci se présente comme un agent des forêts du nord de la Suède qui, pendant vingt ans, fut chargé de pulvériser un mélange de 2,4-D et de 2,4,5-T sur des bois de feuillus. Commence alors une longue recherche, en collaboration avec trois autres scientifiques suédois, qui conduira à la publication d'études soulignant notamment le lien entre les sarcomes des tissus mous et l'exposition à la dioxine [33].

En 1984, Lennart Hardell est invité à témoigner dans le cadre d'une commission d'enquête mise en place par le gouvernement australien, alors confronté aux demandes de réparations des militaires ayant participé à la guerre du Viêt-nam, aux côtés des Américains. La commission royale sur « l'usage et les effets des produits chimiques sur le personnel australien au Viêt-nam » rend son rapport en 1985, provoquant une vive polémique [34]. Dans un texte, publié dans la revue *Australian Society*, le professeur Brian Martin, qui enseigne au Département de science et technologie à l'université de Wollongong, dénonce les manipulations ayant conduit la commission à prononcer l'« acquittement de l'agent orange [35] ». En effet, affichant un optimisme sidérant, le rapport conclut qu'« aucun vétéran n'a souffert de l'exposition aux produits chimiques utilisés au Viêt-nam. C'est une bonne nouvelle et la commission émet le vœu fervent qu'elle soit criée sur tous les toits »...

Dans son article, le professeur Martin raconte comment les experts cités par l'association des vétérans du Viêt-nam ont été « vivement attaqués » par l'avocat de Monsanto Australia. « Dans son rapport, écrit-il, la commission a évalué le témoignage des experts dans les mêmes termes que Monsanto. Tous ceux qui n'excluaient pas la possibilité que les produits chimiques aient un effet toxique ont vu leurs contributions scientifiques et leurs réputations dénigrées. En revanche, les experts qui exonéraient les produits chimiques furent tous salués par la commission. » Les auteurs du rapport n'hésitèrent pas à recopier presque *in extenso* deux cents pages fournies par Monsanto pour démonter le résultat des études de Lennart Hardell et Olav Axelson [36]. « L'effet de ce plagiat est de présenter le point de vue de Monsanto comme étant celui de la commission », commente Brian Martin. Par exemple, dans le volume capital concernant les effets cancérigènes du 2,4-D et du 2,4,5-T, « quand le texte de Monsanto dit "il est suggéré" que, le rapport écrit "la commission a conclu", mais pour le reste tout a été tout simplement copié ».

Très durement mis en cause par le rapport, qui insinue qu'il a manipulé les données de ses études, Lennart Hardell épluche à son tour le fameux opus. Il découvre « avec surprise que le point de vue de la commission est soutenu par le professeur Richard Doll dans une lettre qu'il adresse le 4 décembre 1985 à l'honorable M. Justice Phillip Evatt, le président de la commission », dans laquelle il est écrit : « Les conclusions du docteur Hardell ne peuvent pas être défendues et à mon avis son travail ne devrait plus être cité comme une preuve scientifique. Il est clair [...] qu'il n'y a aucune raison de penser que le 2,4-D et le 2,4,5-T sont cancérigènes pour les animaux de laboratoire et que même la TCDD (dioxine) qui a été présentée comme un polluant dangereux contenu dans les herbicides est, au plus, faiblement cancérigène pour les animaux [37]. »

Or Richard Doll n'est pas n'importe qui : décédé en 2005, il fut même longtemps considéré comme l'un des plus grands cancérologues du monde. Anobli par la reine d'Angleterre, cet épidémiologiste britannique s'était distingué pour avoir montré les liens entre le tabagisme et la genèse du cancer des poumons. Ayant osé dénoncer les mensonges des industriels de la cigarette, il avait une réputation d'incorruptible. En 1981, Sir Richard Doll avait publié un article très cité sur l'épidémiologie du cancer, dans lequel il affirmait que les causes environnementales jouent un rôle très limité dans la progression de la maladie [38]... Seulement voilà : la légende a volé en éclats en 2006, lorsque *The Guardian* révéla que l'honorable Sir Doll avait travaillé secrètement pour Monsanto pendant vingt ans [39] ! Parmi les archives qu'il avait déposées en 2002 dans la bibliothèque du Welcome Trust, figurait une lettre, datée du 29 avril 1986, avec l'en-tête de la firme de Saint Louis. Rédigée par William Gaffey, l'un des auteurs des études controversées sur la dioxine, elle confirmait le renouvellement du contrat à raison de 1 500 dollars par jour. En fait, le (gros) lièvre avait été levé par Lennart Hardell et ses collègues, auteurs d'un article très instructif dans le *American Journal of Industrial Medecine,* intitulé « Les liens secrets de l'industrie et les conflits d'intérêts dans la recherche sur le cancer [40] »...

Mais mon enquête sur l'occultation des dégâts de l'agent orange et de la dioxine n'a pas épuisé son quota de surprises. Et aussi d'horreur pure, que je vais découvrir cette fois au Viêt-nam...

Les damnés du Viêt-nam

Vêtue d'un uniforme bleu ciel, l'infirmière sort un trousseau de clés de sa poche et ouvre la porte sans mot dire. Nous pénétrons dans une salle tapissée d'étagères sur lesquelles reposent des dizaines de bocaux sortis tout droit d'un film d'horreur. Ce sont des fœtus conservés dans du formol. Des fœtus monstrueux. Un cimetière de bébés déformés par la dioxine. Pénis au milieu du front. Frères siamois partageant une tête disproportionnée. Tronc à deux têtes. Masse informe rattachée à un petit corps sans membres. « Anencéphalie, 1979 » (absence de cerveau), dit une étiquette, « Microcéphalie » (petit cerveau), dit une autre, ou « Hydrocéphalie ». La plupart des bocaux n'ont pas d'étiquette, car les difformités sont tellement aberrantes qu'elles n'ont toujours pas de nom médical.

Nous sommes dans l'hôpital Tû Dû, à Hô-Chi-Minh-Ville (ex-Saigon), en décembre 2006. Le « musée des horreurs de la dioxine », comme le surnomment les Vietnamiens, a été constitué à la fin des années 1970 par le docteur Nguyen Thi Ngoc Phuong, une obstétricienne qui a longtemps dirigé la maternité de l'hôpital, la plus grande du pays, avant de prendre récemment sa retraite. Aujourd'hui, cette spécialiste reconnue de la dioxine continue de s'occuper du « Village de la paix », installé au premier étage de l'hôpital, qui représente l'un des douze centres ouverts par le Viêt-nam pour prendre en charge les enfants handicapés, victimes de l'agent orange. Petite femme fluette dans sa blouse immaculée, le docteur Phuong effectue sa visite hebdomadaire des petits patients qui occupent cinq salles à la propreté impeccable. Certains sont cloués sur leur lit, car ils sont nés sans jambes ni bras. D'autres crapahutent sur le carrelage, sous l'œil attentif d'une infirmière assise au milieu de jouets en plastique. Je suis profondément touchée par la sérénité qui émane de ces petits êtres estropiés, preuve qu'ils sont l'objet d'une attention médicale (et affective) d'une grande qualité. « La plupart souffrent de problèmes neurologiques et d'anomalies organiques graves », me dit le docteur Phuong, qui a pris sur ses genoux un garçonnet, né sans globes oculaires. J'ai du mal à détacher mon regard de cette tête de fœtus accrochée à un corps d'enfant qui vient se lover contre l'épaule de la gynécologue…

Le docteur Phuong était encore étudiante en médecine quand elle assista, pour la première fois, à la naissance d'un bébé malformé, dans la maternité de l'hôpital Tû Dû. « C'était en 1965, m'explique-t-elle dans un français honorable. À l'époque, je n'avais jamais entendu parler de la dioxine. Les années qui ont suivi, nous avons constaté une augmentation importante des enfants morts-nés, avec des malformations sévères, et d'enfants nés avec de graves handicaps. Et ça continue : en 2005, nous avons recensé près de huit cents enfants nés avec des malformations dans ce seul hôpital, ce qui est largement au-dessus de la moyenne internationale.

– Les épandages de défoliants ont cessé depuis près de quarante ans, comment la dioxine a-t-elle pu affecter ces enfants ?, ai-je demandé.

– Nous savons que la dioxine s'accumule dans la chaîne alimentaire et qu'elle est lipophile, c'est-à-dire qu'elle se fixe dans les graisses, me répond la gynécologue. Les mères de ces enfants ont pu être contaminées par des aliments ou par le lait maternel de leur propre mère. On sait aussi que la dioxine peut provoquer des anomalies dans les chromosomes ce qui peut aussi expliquer qu'elle se transmette de génération en génération.

– Avez-vous vérifié si les parents de ces enfants ont de la dioxine dans leur organisme ?

– D'après les feuilles d'admission, 70 % des enfants accueillis ici ont des parents qui vivent dans des zones ayant été aspergées par les défoliants. Malheureusement, les tests pour dépister la dioxine coûtent très cher – environ 1 000 euros – et, au Viêt-nam, il n'y a pas de laboratoires capables de les faire. La seule fois où nous avons organisé un tel test, c'est pour la maman de Viet et Duc, deux enfants siamois, qui avaient trois jambes, un bassin, un anus et un pénis communs, et que nous avons opérés avec succès pour les séparer. Nous avons trouvé un taux de dioxine assez élevé dans sa graisse. Les autorités médicales de mon pays estiment que 150 000 enfants souffrent aujourd'hui de malformations dues à l'agent orange et que 800 000 personnes sont malades.

– Y a-t-il des malformations congénitales caractéristiques de la dioxine ?

– Non, mais la dioxine agit à l'intérieur des cellules comme une hormone qui favorise le développement de malformations et de maladies existant par ailleurs.

– Comment expliquez-vous qu'une firme comme Monsanto et même certains scientifiques américains continuent de nier l'existence d'un lien entre l'exposition à la dioxine et les malformations génétiques ?

– C'est l'histoire qui se répète, s'insurge le docteur Phuong. D'abord, ils ont nié le lien avec le cancer, maintenant, pour échapper à leurs responsabilités, ils nient le lien avec les malformations congénitales... »

Pour l'heure, en effet, parmi les treize maladies reconnues par les États-Unis comme étant liées à la dioxine, une seule concerne une malformation congénitale, à savoir le spina bifida [41]. « Le problème, m'explique le professeur Arnold Schecter, présent à Hô-Chi-Minh-Ville lors de ma visite, c'est que nous manquons de données scientifiques. Les seules études réalisées concernent des animaux : elles montrent que lorsqu'une femelle est exposée à la dioxine, la probabilité qu'elle donne naissance à des petits atteints de handicaps ou de malformations graves, y compris cérébrales, augmente considérablement. » Professeur à l'université du Texas, Arnold Schecter est l'un des meilleurs spécialistes mondiaux de la dioxine. Au début des années 1980, il avait bravé l'embargo américain contre le Viêt-nam et pris contact avec des scientifiques de Hanoi, avec qui il a conduit une recherche au long cours sur la dissémination de la dioxine dans l'environnement.

Parmi eux, le professeur Hoang Trong Quynh, un ancien colonel de l'armée vietnamienne qui participa « aux deux guerres de libération, d'abord contre la France, puis contre les États-Unis », me précise-t-il dans un français impeccable. Depuis trente ans, les deux chercheurs battent ensemble la campagne vietnamienne pour prélever des échantillons de sang ou de tissus graisseux sur des hommes ou des animaux, afin d'étudier leur taux de dioxine. Leurs travaux ont conduit à de nombreuses publications, dont la dernière concerne quarante-trois habitants de la ville de Biên Hoa, une ville du Sud-Viêt-nam située à proximité d'une ancienne base aérienne utilisée pour les missions d'épandage de l'agent orange [42]. Les résultats ont montré des taux sanguins de dioxine élevés, supérieurs à 5 parties par trillion (ppt), avec des pointes allant jusqu'à 413 ppt, y compris chez de jeunes enfants [a]. De plus, certains échantillons de sol ou de sédiments prélevés dans la région de Biên Hoa, notamment près du lac Biên Hung, ont révélé des concentrations de TCDD exceptionnelles, supérieures à un million de ppt...

« Au Viêt-nam, m'explique le professeur Schecter, l'urgence est de décontaminer ce que nous appelons des *hots spots*, c'est-à-dire des lieux présentant une très forte concentration de dioxine, comme l'ancienne base aérienne de Biên Hoa. Car, si la dioxine ne s'accumule pas dans les végétaux, elle pénètre en revanche dans les sols, où sa demi-vie [le temps nécessaire pour que la moitié d'une substance disparaisse] pourrait aller jusqu'à cent ans. Lessivée par les pluies, elle rejoint ensuite les nappes phréatiques, les lacs et les rivières. Là, elle reste attachée aux sédiments, contaminant phytoplancton, zooplancton, les poissons, les volailles et les êtres humains, par la chaîne alimentaire. Une fois dans le sang, elle est distribuée dans les cellules où elle s'accroche aux graisses. Sa demi-vie est alors en moyenne de sept années dans le corps humain. Elle ne peut être excrétée que par amaigrissement ou par le lait maternel. Le problème est que, dans ce dernier cas, elle contamine aussi le bébé. »

En ce jour de décembre 2006, les deux octogénaires effectuent un voyage dans la province de Binh Duong, située à une centaine de kilomètres de Hô-Chi-Minh-Ville, qui fut l'une des régions les plus arrosées par l'agent orange.

---

a Contrairement à d'autres produits toxiques, la dioxine se mesure généralement en partie par trillion. Dans les pays occidentaux, le taux moyen de dioxine enregistré chez les humains est de 2 ppt.

Ils ont rendez-vous dans une famille, dont les trois enfants, âgés d'une vingtaine d'années, sont handicapés mentaux. Le père a vécu à Biên Hoa de 1962 à 1975. La mère n'a jamais quitté la province de Binh Duong.

« Avez-vous vu des épandages d'agent orange, demande le professeur Schecter.

– Oui, répond le père. Ça avait l'odeur des goyaves mûres... »

« Dans le cas de cette famille, commente le scientifique américain, si le taux de dioxine des parents se révélait élevé, on pourrait dire qu'il y a une forte probabilité pour que les handicaps des enfants soient liés à l'agent orange. Sinon, on ne sait pas. Aucune enquête épidémiologique n'a jamais été menée sur les liens entre la dioxine et les malformations congénitales.

– Ce n'est pas vrai, intervient le professeur Quynh. Des études ont été publiées par des confrères vietnamiens qui montrent que, dans les villages arrosés par l'agent orange, le taux de fausses couches et de malformations congénitales est beaucoup plus important que dans les villages qui n'ont pas été arrosés. Mais comme ces études n'ont pas été chapeautées par des Occidentaux, les scientifiques américains ne veulent pas en tenir compte [43].

– Comment l'expliquez-vous ?, dis-je, consciente que la conversation est entrée sur un terrain délicat.

– La dioxine est devenue un sujet éminemment politique, répond l'éminent professeur américain sur un ton manifestement embarrassé. C'est bien dommage, car finalement nous sommes tous concernés : nous avons tous de la dioxine dans le corps et il est important de connaître précisément quels sont les effets de cette molécule sur les organismes humains. Malheureusement, les scientifiques sont prisonniers d'enjeux qui les dépassent... »

En attendant, une chose est sûre : le 20 mars 2005, l'administration Bush annonçait l'annulation d'un programme de recherche binational, qui avait été décidé deux ans plus tôt au terme d'un accord entre les États-Unis et le Viêt-nam [44]. Dotée d'un budget de plusieurs millions de dollars, cette étude devait être dirigée par le professeur David Carpenter, de l'université d'Albany, que j'ai rencontré pour mon enquête sur les PCB (voir *supra*, chapitre 1). « Cette étude devait porter sur les populations vietnamiennes, et principalement sur le lien entre l'exposition à la dioxine et les malformations congénitales, m'explique-t-il. Officiellement, elle a été annulée à cause du manque de collaboration du gouvernement vietnamien. C'est vrai qu'on peut reprocher à celui-ci sa lenteur bureaucratique, mais je pense que la décision arrangeait surtout les fabricants d'agent orange contre qui de nouvelles plaintes avaient été déposées... »

De fait, le 9 juin 2003, la Cour suprême des États-Unis tranchait en faveur de Daniel Stephenson et Joe Isaacson, deux vétérans de la guerre du Viêt-nam, atteints respectivement d'un cancer de la moelle épinière et d'un lymphome non hodgkinien qui s'étaient déclenchés à la fin des années 1990. Estimant qu'ils n'étaient pas concernés par l'arrangement à l'amiable de 1983, ils avaient décidé de poursuivre Monsanto et consorts. Les firmes avaient fait appel, mais la Cour suprême les a déboutées, ouvrant ainsi la voie à une nouvelle *class action* où l'on retrouve Alan Gibson (comme plaignant) et Gerson Smoger (comme avocat). Quatre ans plus tard, le procès n'avait toujours pas eu lieu.

En février 2004, pour la première fois, l'Association vietnamienne des victimes de l'agent orange déposait à son tour une plainte auprès de la Cour fédérale de New York. Mais celle-ci a été rejetée, en mars 2005, par le juge Jack B. Weinstein, celui-là même qui avait négocié l'arrangement à l'amiable de 1983, au motif que l'usage militaire d'herbicides n'était interdit par aucune loi internationale et ne pouvait donc être considéré comme un crime de guerre. Citant un traité de 1925 qui interdit l'usage de gaz pendant la guerre, connus pour leurs « effets asphyxiants et toxiques sur l'homme », le vieux juge (quatre-vingts ans) précise que ce texte ne concerne pas « les herbicides conçus pour affecter les plantes et qui peuvent avoir des effets secondaires sur les êtres humains »... Avant de conclure par cette phrase sidérante : « Si le fait de vendre des herbicides constituait un crime de guerre, alors les compagnies chimiques auraient pu refuser de les fournir. Nous sommes une nation d'hommes et de femmes libres, habitués à se lever dès que le gouvernement dépasse les bornes que lui confère son autorité [45]... »

La phrase a dû réjouir Monsanto, qui, pour sa part, n'a pas varié sa défense d'un iota : « Nous éprouvons de la compassion pour les personnes qui pensent avoir été blessées et comprenons qu'elles essaient d'en connaître la cause, déclare ainsi en 2004 Jill Montgomery, l'un des porte-parole de la firme. Mais toutes les preuves scientifiques dignes de foi montrent que l'agent orange ne provoque pas d'effets sanitaires à long terme [46]. »

Le déni, encore et toujours. Le même déni qui caractérise aujourd'hui la posture de la firme par rapport au Roundup, l'herbicide qu'elle lança sur le marché au moment même où, au milieu des années 1970, le 2,4,5-T était définitivement interdit aux États-Unis (puis dans le reste du monde)...

4

Roundup : une vaste opération d'intoxication

« Le glyphosate est moins toxique pour les rats que du sel de table ingéré en grande quantité. »

Publicité de Monsanto.

« Si, comme Rex, vous détestez les mauvaises herbes dans votre jardin, voici Roundup, le premier désherbant biodégradable. Il détruit les mauvaises herbes de l'intérieur jusqu'aux racines et ne pollue ni la terre ni l'os de Rex. Roundup, le désherbant qui donne envie de désherber ! » Les amateurs de journaux télévisés se souviennent certainement de ce spot publicitaire guilleret où l'on voit un chien pulvériser allégrement du Roundup sur des mauvaises herbes au beau milieu d'une pelouse, avant de déterrer l'os qu'il avait caché à l'endroit même où l'herbicide a ratatiné les racines des plantes. On ne voit pas la suite, mais les aboiements enthousiastes de Rex suggèrent qu'il va déguster son os, en toute tranquillité, car le Roundup, on s'en doute, est absolument inoffensif. Tout juste si on n'imagine pas le gentil toutou arroser son festin en vidant goulûment les restes de son bidon de « désherbant biodégradable »...

L'herbicide le plus vendu au monde

Diffusée trois cent quatre-vingt et une fois, du 20 mars au 28 mai 2000, sur les principales chaînes de télévision françaises, cette campagne publicitaire a coûté à Monsanto la bagatelle de 20 millions de francs. Au même moment, des spots similaires étaient diffusés un peu partout dans le monde car, pour la firme de Saint Louis, l'heure était grave : cette même année expirait son brevet sur le Roundup, ce qui mettait fin à son monopole sur l'herbicide le plus vendu au monde et ouvrait la porte à la fabrication de génériques et donc à la concurrence. De quoi donner des sueurs froides à Monsanto, qui, comme nous le verrons (voir *infra*, chapitre 7), misait alors son avenir sur le développement des cultures transgéniques, baptisées « Roundup ready », parce qu'elles ont été manipulées génétiquement pour résister précisément aux épandages de Roundup. Autant dire que, pour la multinationale, l'enjeu était colossal et qu'elle allait défendre son produit phare bec et ongles.

Le Roundup – un mot qui signifie « rafle » en anglais – est le nom commercial donné par Monsanto au glyphosate, un herbicide dérivé d'un acide aminé (la glycine) que les chimistes de Saint Louis ont découvert à la fin des années 1960. La particularité de ce désherbant dit « non sélectif » ou « total » – à la différence du 2,4-D ou du 2,4,5-T –, c'est qu'il vient à bout de toutes les formes de végétation grâce à son mode de fonctionnement : il est absorbé par la plante au niveau des feuilles et transporté rapidement par la sève jusqu'aux racines et rhizomes, en affectant une enzyme essentielle à la synthèse des acides aminés aromatiques, ce qui entraîne une diminution de l'activité de la chlorophylle ainsi que de certaines hormones. Son action bloque la croissance végétale, provoquant une nécrose des tissus qui aboutit à la mort de la plante.

Dès sa mise sur le marché en 1974, d'abord aux États-Unis, puis en Europe, le Roundup connaît un « succès spectaculaire », pour reprendre les termes d'un site Web publicitaire de Monsanto et du groupe Scotts, qui distribue le produit en France [1]. De fait, alors qu'elle est empêtrée dans le scandale écologique et sanitaire du 2,4,5-T, la firme de Saint Louis a trouvé la parade avec cette nouvelle innovation dont les cartons d'emballage vantent les mérites : « Respecte l'environnement », « 100 % biodégradable » et « Ne laisse pas de résidus dans le sol ».

« La matière active de Roundup est inactivée au contact du sol, ce qui préserve les plantations environnantes et permet de semer ou de replanter une semaine après application », précise la publicité sur Internet. Ces promesses alléchantes expliquent que le glyphosate soit devenu le chouchou des agriculteurs, qui l'utilisent massivement pour nettoyer leurs champs des mauvaises herbes avant de semer leurs prochaines cultures. Auréolé de sa réputation écologique, le Roundup est également devenu la coqueluche des gestionnaires d'espaces publics (espaces verts, golfs, autoroutes, trains « désherbeurs » de la SNCF, etc.). Qui n'a pas vu, au printemps, ces équipes de techniciens habillés comme des cosmonautes – combinaison étanche les couvrant de la tête aux pieds, masque à gaz et bottes de protection – en train d'arpenter les rues de nos villes, un bidon sur le dos ?

J'ai accompagné, un jour de mai 2006 dans le sud de la région parisienne, l'une de ces équipes chargées d'éradiquer les malheureuses « adventices » – le terme que les professionnels emploient pour désigner les « mauvaises herbes ». J'avais été impressionnée par la couleur verdâtre et peu ragoûtante des bottes des « désherbeurs », qui m'avaient expliqué qu'ils devaient en changer « tous les deux mois », car le « caoutchouc est dévoré par le Roundup ». « Je suis très vigilant sur l'équipement de mes agents, avait acquiescé le patron de l'entreprise, en précisant qu'il préférait garder l'anonymat. J'exige aussi qu'ils respectent scrupuleusement les doses prescrites par le fabricant, ce que nous n'avons malheureusement pas toujours fait... » Et d'ajouter avec un air entendu : « Il semblerait que le produit ne soit pas aussi propre qu'on a bien voulu nous le faire croire... » Le chef n'en dira pas plus, se contentant de rappeler les publicités récurrentes sur le petit écran, où l'on voit des gamins en train de jouer sur une pelouse, pendant que papa, en short et sandales, s'acharne sur les mauvaises herbes, un bidon de « Roundup allées et terrasses » à la main.

« En 1988, explique le site promotionnel précité, Monsanto crée sa division Jardin pour élargir l'accès de Roundup au jardinier amateur. Une nouvelle gamme Roundup destinée au grand public voit le jour. » Le glyphosate fait ainsi son entrée dans tous les jardins de France et de Navarre, où on l'utilise abondamment, sans protection aucune, avant de semer les légumes et salades qui feront le bonheur des familles. « Nous l'utilisons tous », m'a ainsi expliqué le locataire d'un jardin ouvrier, situé à proximité du Stade de France, à Saint-Denis, au nord de Paris. Installé dans sa cabane de jardin, le jeune retraité était en train de préparer la « mixture » qu'il allait pulvériser sur son bout de terrain pour préparer ses semis. « Regardez ! », avait-il insisté en exhibant son bidon de Roundup, à la couleur vert tendre avec pour logo un oiseau censé approuver ce que dit la notice du produit : « Utilisé selon le mode d'emploi, Roundup ne présente pas de risque pour l'homme, les animaux et leur environnement. »

Aux États-Unis, l'engouement pour le sympathique herbicide est tel qu'en 1993, quinze villes acceptent de participer à un programme d'« embellissement de la cité » sponsorisé par Monsanto. Recrutés par la firme, des volontaires se retrouvent dans des Spontaneous Weed Attack Team (SWAT), des « équipes spontanées de lutte contre les mauvaises herbes » pour sillonner les rues et.. désherber. « L'idée est de développer une phobie des mauvaises herbes et de positionner le Roundup comme une marque socialement responsable[2] », explique Tracy Frish, l'une des dirigeantes de la coalition de New York pour une alternative aux pesticides, qui mène alors une campagne pour dénoncer la « publicité mensongère » de Monsanto.

Une double affaire de fraude

De fait, très tôt, de graves soupçons pèsent sur le nouveau chouchou de la firme de Saint Louis. Et, une fois de plus, elle parviendra à passer à travers les mailles du filet, grâce au laxisme de l'incorrigible Agence américaine de protection de l'environnement. À dire vrai, la « constance » de l'EPA n'a rien de surprenant : tous les faits que je rapporte dans ce livre – qu'ils concernent les PCB, la dioxine ou le Roundup – couvrent la même période, qui s'étend grosso modo de 1975 à 1995. Rien d'étonnant donc à ce que, d'un produit à l'autre, on retrouve le même autisme protecteur...

On se souvient qu'au début des années 1980 (voir *supra*, chapitre 1), un procès avait défrayé la chronique qui concernait les Industrial Bio-Test Labs (IBT) de Northbrook, un laboratoire privé dont l'un des dirigeants était le docteur Paul Wright, un toxicologue de Monsanto recruté pour superviser une étude sur les effets sanitaires du PCB. Or l'EPA connaissait bien IBT, puisque c'était l'un des principaux laboratoires nord-américains chargés de réaliser des tests sur les pesticides pour le compte des entreprises chimiques, afin d'obtenir l'homologation de leurs produits. C'est ainsi qu'en fouillant dans les archives du laboratoire, les agents de l'EPA ont découvert que des dizaines d'études avaient été « bidonnées » et présentaient de « sérieuses déficiences et incorrections », pour reprendre le langage prudent de la maison. Ils ont notamment constaté une « falsification routinière des données », destinée à cacher un « nombre infini de morts chez les rats et souris » testés[3].

Or il se trouve que, parmi les études incriminées, se trouvaient trente tests conduits sur le glyphosate[4]. « Il est difficile de ne pas douter de l'intégrité scientifique de l'étude, notait ainsi en 1978 un toxicologue de l'EPA, notamment quand les chercheurs d'IBT expliquent qu'ils ont conduit un examen histologique des utérus prélevés sur des... lapins mâles[5]. »

En 1991, rebelote ! Cette fois-ci, ce sont les laboratoires Craven qui sont accusés d'avoir falsifié des études censées évaluer les résidus de pesticides, dont le Roundup, sur des prunes, pommes de terre, raisins et betteraves à sucre, ainsi que dans l'eau et les sols[6]. « L'EPA a expliqué que ces études étaient importantes pour déterminer les niveaux de pesticide autorisés dans les aliments frais ou transformés, écrit le *New York Times*. Le résultat de la manipulation, c'est que l'EPA a déclaré sains des pesticides dont il n'a jamais été prouvé qu'ils l'étaient véritablement [7]. » La fraude généralisée a valu au propriétaire des laboratoires une condamnation à cinq ans de prison, alors que Monsanto et les autres entreprises chimiques qui avaient profité des études complaisantes n'ont jamais été inquiétées. Il faut dire qu'une fois de plus, l'EPA avait choisi la politique de l'autruche : « Nous ne pensons pas qu'il y ait un problème environnemental ou sanitaire, a ainsi déclaré Linda Fisher, la directrice adjointe de la Division des pesticides et des substances toxiques. Bien que ce ne soient que des allégations, nous allons prendre dès maintenant des mesures préventives. C'est un grand défi pour moi [8] ! »

Et pour cause : après dix ans de bons et loyaux services à l'EPA, Linda Fisher sera embauchée en 1995 par Monsanto, pour qui elle dirigera le bureau de Washington, chargé du lobbying auprès des décideurs politiques, avant de retourner à l'EPA en mai 2001, où elle occupera le poste de numéro deux... Un bel exemple de ce qu'on appelle aux États-Unis les « *revolving doors* » (les « portes tournantes »), qui illustre la collusion entre les grandes entreprises et les autorités du pays (j'y reviendrai ultérieurement)...

En attendant, Monsanto a bien mesuré l'impact que pouvait avoir cette double affaire de fraude sur son image. En juin 2005, quatorze ans après la mise en accusation des laboratoires Craven, la firme publiait une note où elle affirmait avec son aplomb habituel : « Les dommages causés à la réputation de Monsanto à la suite du traitement de ce sujet par les médias et de son utilisation par des activistes qui s'en sont servis pour mettre en doute l'intégrité des données fournies par Monsanto, sont difficiles à estimer. Toutes les études sur les résidus qui avaient été mises en cause ont été depuis répétées et leurs résultats sont fiables, mis à jour et acceptés par l'EPA [9]. »

Certes. Après le double scandale, l'Agence de protection de l'environnement avait en effet exigé que les tests incriminés soient « répétés », mais comme le soulignait en 1998 Caroline Cox dans le *Journal of Pesticide Reform*, cette « fraude jette une ombre sur tout le processus d'homologation des pesticides [10] ». En revanche, ce qui est étonnant, c'est que cette « ombre » n'a en rien affecté Monsanto, qui a poursuivi, comme si de rien n'était, ses opérations de promotion vantant le Roundup comme un herbicide « biodégradable et bon pour l'environnement »...

« Messages publicitaires trompeurs »

Pourtant, en 1996, des plaintes déposées auprès du Bureau de la répression des fraudes et de la protection du consommateur de New York avaient contraint la firme à négocier un arrangement à l'amiable avec le ministère de la Justice de l'État, qui avait ouvert une enquête pour « publicité mensongère concernant la sécurité de l'herbicide Roundup (glyphosate) ». Dans un jugement très détaillé [11], le ministère, sous la plume de Dennis C. Vacco, passait en revue les nombreuses publicités payées par Monsanto dans les journaux ou à la télévision. Certaines sont édifiantes : « Le glyphosate est moins toxique pour les rats que du sel de table ingéré en grande quantité » ; « Le Roundup peut être utilisé dans des endroits où jouent des enfants et des animaux de compagnie, car il se décompose en matières naturelles. »

Ce sont des « messages trompeurs », tranche Dennis Vacco, qui interdit à Monsanto, sous peine d'amende, de proclamer que son herbicide est « biodégradable, bon pour l'environnement, non toxique, inoffensif et connu pour ses caractéristiques environnementales ». Deux ans plus tard, la firme est condamnée à payer 75 000 dollars pour avoir suggéré dans une nouvelle publicité mettant en scène un horticulteur californien que l'herbicide pouvait être pulvérisé près des ressources en eau [12].

Curieusement, ces décisions judiciaires américaines n'ont jamais inquiété la Commission européenne et encore moins les autorités françaises, lesquelles ont toléré sans broncher la campagne publicitaire lancée au printemps 2000 par Monsanto. Mais l'image du sympathique Rex, prêt à déguster un os imbibé de Roundup, a fait bondir l'association Eau et Rivières de Bretagne, qui a assigné en janvier 2001 la filiale française du géant américain pour publicité mensongère.

« Des études scientifiques ont montré qu'on retrouvait dans les eaux des rivières bretonnes une présence massive de glyphosate », m'explique Gilles Huet, le délégué de l'association bretonne, lors d'une conversation téléphonique au printemps 2006, en citant un rapport publié en janvier 2001 par l'Observatoire régional de santé de Bretagne [13]. De fait, des prélèvements effectués en 1998 dans les eaux bretonnes ont révélé que 95 % des échantillons présentaient un taux de glyphosate supérieur au seuil légal de 0,1 microgramme/litre, avec des pointes à 3,4 microgrammes/litre dans la Seiche, un affluent de la Vilaine. « Or, précise Gilles Huet, en 2001, la Commission européenne, qui a rehomologué le glyphosate, l'a classé "toxique pour les organismes aquatiques" et "pouvant entraîner des effets néfastes à long terme pour l'environnement". Nous demandons un minimum de cohérence : un produit "biodégradable" et "respectueux de l'environnement" ne peut pas finir "toxique et néfaste" dans les eaux bretonnes ! »

En effet... Le 4 novembre 2004, le tribunal correctionnel de Lyon, où siège la filiale française de Monsanto, ouvre le procès pour « publicité mensongère ou de nature à induire en erreur ». Jusqu'en 2003, profitant de la lenteur de l'instruction de la plainte de l'association bretonne, l'entreprise agrochimique avait pu continuer à diffuser sa campagne publicitaire. Et, à l'occasion du procès de Lyon, elle va même gagner deux ans de sursis, en optant tout simplement pour la politique de la chaise vide... À l'audience, en effet, les représentants de l'entreprise brillent par leur absence : ils prétendront n'avoir jamais reçu le courrier « faute d'une adresse dans l'Hexagone », pour reprendre les termes du parquet, qui décide de repousser le procès à juin 2005. « Erreur administrative ou manœuvre de la firme pour échapper à une condamnation infamante en termes d'image de marque ? », s'interroge alors l'association de consommateurs UFC-Que Choisir, qui s'était jointe en 2001 à la plainte d'Eau et Rivières de Bretagne. Les mauvaises langues susurrent que le renvoi permettait à l'entreprise de sauver la campagne de désherbage de printemps, capitale pour son chiffre d'affaires : en 2004, Monsanto France détenait 60 % du marché du glyphosate, ce qui représentait une vente annuelle de 3 200 tonnes de Roundup, la consommation de l'herbicide ayant été multipliée par deux entre 1997 et 2002.

Finalement, l'audience du tribunal correctionnel de Lyon s'est tenue le 26 janvier 2007, exactement six ans après le dépôt des plaintes... Les dirigeants des sociétés Scotts France et de Monsanto ont été condamnés à 15 000 euros d'amende, ce qui somme toute valait bien quelques manœuvres dilatoires. Dans son jugement, le tribunal a estimé que « l'utilisation combinée sur les étiquettes et emballages [des herbicides de la gamme Roundup] des termes et expressions "biodégradable" et "laisse le sol propre" [...] pouvait laisser faussement croire au consommateur à l'innocuité totale et immédiate desdits produits par suite d'une dégradation biologique rapide après usage, [...] alors qu'ils peuvent au contraire demeurer durablement dans le sol, voire se répandre dans les eaux souterraines ».

Plus gênant encore pour Monsanto, qui a fait appel, la justice française a considéré que l'industriel savait, « préalablement à la diffusion des messages publicitaires litigieux, que les produits visés présentaient un caractère écotoxique », puisque « selon les études effectuées par le groupe Monsanto lui-même, un niveau de dégradation biologique de 2 % seulement peut être obtenu après vingt-huit jours ». Une fois de plus, la firme disposait de données contraires à ce qu'elle affirmait publiquement, mais elle s'est bien gardée de les communiquer. Pourquoi l'aurait-elle fait, d'ailleurs ? Comme me l'a dit Ken Cook, le directeur de l'Environmental Working Group de Washington, à propos des PCB (voir *supra*, chapitre 1), « c'est donc rentable de garder le secret, puisqu'au bout du compte les sanctions sont très légères »...

Le très problématique processus d'homologation des pesticides

« Nous tenons à rappeler que l'ensemble des mentions portées sur nos étiquettes s'appuie sur des études scientifiques publiées ou communiquées aux instances réglementaires du ministère de l'Agriculture en charge de la délivrance des autorisations de mise sur le marché », écrivait, le 8 juin 2000, un cadre de Monsanto France à la Direction générale de la concurrence de la consommation et de la répression des fraudes. Et, sur ce point, on doit donner raison au représentant de la firme : en se défendant de la sorte, il met le doigt sur le nœud du problème, à savoir le processus d'homologation des produits chimiques en France (mais aussi dans nombre de pays développés), dont il faut bien dire qu'il ouvre la porte à tous les abus et fraudes, au grand dam des consommateurs.

Pour être plus précise, je dirai même que le fameux « processus d'homologation » constitue une véritable imposture : contrairement à ce que les autorités réglementaires voudraient faire croire, il repose en fait entièrement sur le bon vouloir des entreprises chimiques qui fournissent les données des études qu'elles sont censées avoir réalisées pour prouver l'innocuité de leurs produits. Lesdites données sont ensuite examinées par des « experts » plus ou moins compétents, plus ou moins courageux et plus ou moins indépendants. Il suffit de lire le livre *Trust us, we're experts !* (Faites-nous confiance, nous sommes des experts !) des Britanniques Sheldon Rampton et John Stauber [14], ou celui des Français Fabrice Nicolino et François Veillerette, *Pesticides, révélations sur un scandale français* [15], pour se rendre compte que nombre de produits toxiques ont fait une longue carrière après avoir été dûment approuvés par les fameux « experts », dont les noms sont couverts par des procédures bureaucratiques d'une opacité fort peu démocratique.

En ce sens, l'histoire de Monsanto constitue un paradigme des aberrations dans lesquelles s'est engluée la société industrielle, contrainte de gérer comme elle le peut – c'est-à-dire forcément mal – la prolifération des substances chimiques toxiques qui ont envahi la planète depuis la fin de la Seconde Guerre mondiale. La solution raisonnable serait d'interdire purement et simplement toute molécule qui présente un quelconque danger pour l'homme et l'environnement. Mais, au lieu de cela, pour satisfaire les intérêts des grands groupes chimiques – et d'aucuns diront des consommateurs de la vie « moderne » –, on s'évertue à réglementer des substances dangereuses pour en limiter les dégâts immédiats les plus apparents. Pour le reste, après nous le déluge...

L'histoire des pesticides constitue une parfaite illustration de ce mécanisme très tordu, dont il faut chercher à comprendre le fonctionnement, quitte à entrer dans des détails un peu arides, pour mieux en mesurer l'absurdité. Comme le souligne Julie Marc, dans une thèse de doctorat de biologie soutenue en 2004 à l'université de Rennes [16], « l'emploi des pesticides remonte à l'Antiquité », mais jusqu'au XXe siècle, les « tueurs de fléau » étaient d'origine naturelle : les paysans et jardiniers utilisaient des dérivés minéraux, comme le cuivre de la bonne vieille « bouillie bordelaise », pour traiter les plantes affectées par certaines maladies ou parasites. Le développement de l'agriculture industrielle s'est accompagné de l'usage massif de pesticides chimiques, qui appartiennent, comme on l'a vu, à la famille des organochlorés, le premier d'entre eux étant le DDT. Baptisés « produits phytosanitaires » – belle prouesse rhétorique, qui remplace la notion de « tueur » par celle euphémisante de « médicament » –, ceux-ci recouvrent trois catégories : les fongicides (pour lutter contre les champignons), les insecticides (pour venir à bout des parasites) et les herbicides (pour éliminer les concurrentes herbacées des cultures).

Chaque pesticide est constitué d'une « matière active » – dans le cas du Roundup, il s'agit du glyphosate – et de nombreux adjuvants, encore appelés « substances inertes », comme les solvants, dispersants, émulateurs et surfactants, dont le but est d'améliorer les propriétés physicochimiques et l'efficacité biologique des matières actives, et qui n'ont pas d'activité pesticide propre. C'est ainsi que les différents produits de la gamme Roundup sont constitués de 14,5 % à 75 % de sels de glyphosate, le reste de la formulation comptant une douzaine d'adjuvants principaux dont « la composition est souvent maintenue secrète », ainsi que le souligne Julie Marc. Le rôle de ces adjuvants est de permettre la pénétration du glyphosate dans la plante, comme le polyoxyéthylène (POEA), un détergent qui favorise la propagation des gouttelettes pulvérisées sur les feuilles.

En France, troisième utilisateur mondial de pesticides (après les États-Unis et le Japon), avec 100 000 tonnes vendues chaque année, dont 40 % d'herbicides, 30 % de fongicides et 30 % d'insecticides, on estime que 550 matières actives et 2 700 formulations commerciales sont actuellement homologuées. À l'instar de ce qui se pratique dans le reste du monde, et notamment en Europe, tout produit phytosanitaire nouveau doit faire l'objet d'une homologation avant sa mise sur le marché, qui correspond à une autorisation de vente pour dix ans, accordée par le ministère de l'Agriculture. Pour l'obtenir, l'entreprise doit prouver l'efficacité et l'innocuité de sa formulation, grâce à un dossier technique qui comprend des essais en laboratoire sur les propriétés chimiques, physiques et biologiques du produit, mais aussi sur sa toxicité éventuelle pour l'homme, les animaux et l'environnement. Quand on lit, sous la plume de Julie Marc, la liste des essais censés constituer ce « dossier toxicologique », on se dit que tout est pour le mieux dans le meilleur des mondes industriels et qu'*a priori* on n'a aucune raison de s'inquiéter.

De fait, les tests exigés par les autorités réglementaires, en France comme dans le reste de l'Union européenne, sont multiples : ils visent d'abord à évaluer sur des rats (et parfois d'autres animaux) les effets de la substance, lorsqu'elle est assimilée par voie orale, cutanée ou par inhalation. On mesure notamment l'absorption, la distribution, le métabolisme et l'élimination de la molécule par l'organisme, et on calcule ce qu'on appelle la « dose létale », à savoir la quantité ou la concentration du produit nécessaire pour provoquer la mort de 50 % d'un lot de cobayes (« DL50 » ou « CL50 »), dans le but d'éviter des accidents graves lors des manipulations. Ensuite, on évalue ce qu'on appelle la « toxicité subchronique », c'est-à-dire les effets d'une absorption répétée du produit sur les organes, principalement le foie et les reins. Conduites en général sur quatre-vingt-dix jours ou un an (voire deux ans si un problème apparaît), ces études permettent d'établir ce que les experts appellent la DSE (dose sans effet observé), à savoir la quantité maximale de substance dont l'absorption quotidienne n'entraîne aucun effet sur les animaux testés. La DSE est exprimée soit en milligrammes de substance active par kilogramme de poids corporel de l'animal testé et par jour, soit en milligrammes de substance par kilogramme de nourriture (la fameuse « ppm ») s'il s'agit d'un composant alimentaire. Enfin, des tests doivent vérifier si le produit présente un « potentiel oncogénique » (cancérigène), « tératogène » (capable de provoquer des malformations congénitales) ou « mutagène » (capable de modifier de manière permanente et transmissible l'ADN des sujets exposés).

L'ensemble du dossier toxicologique permet d'établir des valeurs réglementaires, comme la dose journalière acceptable (DJA), qui désigne la quantité de substance que l'utilisateur ou le consommateur est censé pouvoir ingérer quotidiennement et pendant toute sa vie sans que sa santé en soit affectée. En d'autres termes, pour que l'absurdité du processus soit bien claire : on sait qu'une substance est toxique pour les mammifères et on calcule la dose qu'on peut leur infliger quotidiennement avant qu'ils tombent malades, voire qu'ils en meurent... Ensuite, on extrapole à l'homme. Mais d'où sait-on que la dose calculée pour un rat ou un lapin nous protège effectivement d'un empoisonnement ? Mystère... Et *quid* de l'accumulation et de l'interaction entre les différentes substances toxiques que nous ingurgitons quotidiennement, car la fameuse DJA (la « dose journalière acceptable » de poison) concerne non seulement les (nombreux) pesticides, mais aussi les additifs alimentaires, comme les colorants ou les conservateurs ? La question est ignorée... Dans tous les cas, il est troublant de savoir que le calcul de cette inquiétante DJA repose sur des études conduites par les fabricants, dont l'objectif est avant tout de vendre leurs produits...

Aux tests de toxicité visant à évaluer le danger que peut constituer une nouvelle molécule pour l'homme, s'ajoutent des essais qui apprécient son comportement dans l'environnement (comme sa persistance, sa mobilité, son absorption par la chaîne alimentaire ou sa capacité à se biodégrader), ainsi que son potentiel écotoxique (pour les oiseaux, les abeilles, les poissons ou les plantes aquatiques).

Au final, le dossier toxicologique est examiné par la « Commission d'étude de la toxicité des produits antiparasitaires à usage agricole », qui transmet un avis au ministère de l'Agriculture. En général, celui-ci est conforme aux décisions prises au niveau européen par le « Comité phytosanitaire permanent », chargé de l'inscription sur une liste évolutive des substances actives autorisées, en les classant selon leur degré de toxicité (irritant, corrosif, nocif, toxique et très toxique), avec une obligation d'étiquetage. « Selon les instances françaises et internationales, le glyphosate est considéré comme irritant, pouvant provoquer des lésions oculaires graves, et toxique pour les organismes aquatiques, rapporte Julie Marc. Selon l'Organisation mondiale de la santé, l'Agence de protection de l'environnement des États-Unis, et la Communauté européenne, l'utilisation du glyphosate en accord avec les instructions du fabricant ne pose donc aucun problème en matière de santé humaine. [...] Cependant plusieurs études épidémiologiques démontrent une corrélation entre l'exposition au glyphosate et la présence de cancers... »

« Le Roundup déclenche la première étape qui conduit au cancer »

De fait, alors que les agences réglementaires continuent de classer les herbicides à base de glyphosate comme « non cancérigènes pour l'homme », une série d'enquêtes épidémiologiques tend à prouver exactement le contraire. C'est ainsi qu'une étude canadienne, publiée en 2001 par l'université du Saskatchewan, montre que des hommes exposés à du glyphosate plus de deux jours par an ont deux fois plus de « chances » de développer un lymphome non hodgkinien que des hommes jamais exposés [17]. Ces résultats sont confirmés par une étude suédoise, publiée en 2002 par Lennart Hardell (le spécialiste de la dioxine) et ses collègues, qui ont comparé l'état de santé de 442 utilisateurs d'herbicides à base de glyphosate avec un groupe contrôle de

741 non-utilisateurs [18], ainsi que par une enquête épidémiologique menée sur des paysans du Midwest américain par le National Cancer Institute [19]. Par ailleurs, une étude épidémiologique menée dans les États de l'Iowa et de la Caroline du Nord, aux États-Unis, sur plus de 54 315 utilisateurs privés et professionnels de pesticides, suggère un lien entre l'utilisation de glyphosate et le myélome multiple [20].

En France, l'équipe du professeur Robert Bellé, de la station biologique de Roscoff, qui dépend du CNRS et de l'Institut Pierre-et-Marie-Curie, a étudié l'impact des formulations au glyphosate sur des cellules d'oursin. « Le développement précoce de l'oursin fait partie des modèles reconnus pour l'étude des cycles cellulaires », explique Julie Marc, qui a écrit sa thèse de doctorat sur les travaux du laboratoire breton. De fait, la découverte du « modèle de l'oursin », capitale pour la compréhension des phases précoces de la cancérogenèse, a valu en 2001 le prix Nobel de physiologie et de médecine aux Britanniques Tim Hunt et Paul Nurse et à l'Américain Leyland Hartwell.

Au début des années 2000, le professeur Robert Bellé décide de l'utiliser pour tester les effets sanitaires des pesticides Son souci est alors motivé par le niveau de pollution constaté dans les eaux françaises ainsi que dans les aliments : « Les données concernant la qualité des eaux souterraines font état en France d'une contamination considérée comme suspecte dans 35 % des cas, note Julie Marc, qui a consulté toutes les études disponibles. Les eaux marines font elles aussi état d'une contamination généralisée et pérenne par les herbicides. [...] L'ingestion des fruits et légumes contribue également aux apports en pesticides pour les humains. Les chiffres à ce sujet sont inquiétants, puisque 8,3 % des échantillons d'aliments végétaux d'origine française analysés contiennent des résidus de pesticides supérieurs aux limites maximales et que 49,5 % en contiennent [21]. »

Dans ce panorama peu rassurant, la région Bretagne affiche un taux de contamination record, qui affecte particulièrement les eaux destinées à la consommation humaine, poursuit Julie Marc : « Dans 75 % des cas, la norme réglementaire pour le cumul des substances est dépassée et plus de dix substances sont parfois décelées dans le même échantillon, avec des concentrations respectives dépassant le 0,1 microgramme/litre réglementaire. Cette pollution a pour origine des usages agricoles, mais aussi l'utilisation de pesticides sur les zones non cultivées. » Et de noter, elle aussi, l'une des aberrations de la réglementation : celle-ci a fixé le taux acceptable de résidu dans les eaux à 0,1 microgramme/litre, mais elle ne concerne qu'un seul herbicide, et ne dit rien sur l'effet cumulé de différents pesticides – ce qui est très courant – ni de leur interaction...

C'est ainsi que le professeur Bellé propose au début des années 2000 au conseil régional de Bretagne de conduire une étude visant à évaluer l'impact des herbicides sur la division cellulaire. « L'ironie de l'histoire, m'explique le chercheur, que je rencontre dans son laboratoire de Roscoff, le 28 septembre 2006, c'est que nous avions décidé de prendre le Roundup comme contrôle dans les expériences, car nous étions persuadés que ce produit était totalement inoffensif, ainsi que le suggérait la publicité du chien avec son os ! Et évidemment, la très grosse surprise a été que cet herbicide nous donnait des effets bien plus importants que les produits que l'on testait. C'est comme cela que nous avons changé l'objet de notre recherche, en nous consacrant uniquement aux effets du Roundup.

– Comment avez-vous procédé ?, ai-je demandé.

– Concrètement, nous avons fait "pondre" des oursins, dont la caractéristique est de produire de grandes quantités d'ovules ; nous avons mis ces ovocytes en présence de spermatozoïdes, et placé les œufs fécondés dans une dilution de Roundup. Je précise que la concentration était bien inférieure à celle pratiquée généralement dans l'agriculture. Et puis, nous avons observé les effets du produit sur des millions de divisions cellulaires. Très vite, nous nous sommes rendu compte que le Roundup affectait un point clé de la division des cellules, non pas les mécanismes de la division elle-même, mais ceux qui la contrôlent. Pour comprendre l'importance de cette découverte, il faut rappeler le mécanisme de la division cellulaire : lorsqu'une cellule se divise en deux cellules filles, la copie en deux exemplaires du patrimoine héréditaire, sous forme d'ADN, donne lieu à de très nombreuses erreurs. Jusqu'à 50 000 par cellule. Normalement, un processus de réparation ou de mort naturelle de la cellule atypique (ce qu'on appelle l'"apoptose") s'enclenche automatiquement. Mais il arrive que celle-ci échappe à cette alternative (mort ou réparation), parce que le point de contrôle des dommages de l'ADN est affecté. C'est précisément ce "*checkpoint*" qui est endommagé par le Roundup. Et c'est pour ça que nous disons que le Roundup induit les premières étapes qui conduisent au cancer. En effet, en échappant aux mécanismes de réparation, la cellule affectée va pouvoir se perpétuer, sous une forme génétiquement instable ; et nous savons aujourd'hui qu'elle peut constituer l'origine d'un cancer qui se développera trente ou quarante plus tard.

– Avez-vous pu déterminer ce qui, dans le Roundup, affectait la division cellulaire ?

– C'est une question capitale ! En effet, nous avons également conduit l'expérience avec du glyphosate pur, c'est-à-dire sans les adjuvants qui constituent le Roundup, et nous n'avons pas constaté d'effets : c'est donc le Roundup lui-même qui est toxique et non son principe actif. Or, quand nous avons examiné les tests qui ont servi à l'homologation du Roundup, nous avons découvert avec surprise qu'ils avaient été conduits avec du glyphosate seul... En fait, le glyphosate pur n'a aucune fonction, même pas herbicide, puisque tout seul il ne parvient pas à pénétrer dans les cellules et donc à les affecter. C'est pourquoi je pense qu'il y a un vrai problème avec le processus d'homologation du Roundup et qu'il faudrait s'intéresser de plus près aux nombreux adjuvants qui le composent ainsi qu'à leur interaction. »

Parmi les adjuvants suspectés, il y a notamment le polyoxyéthylène (POEA), dont la toxicité aiguë a été confirmée par de nombreuses études, mais aussi les substances inertes dont on ne peut rien dire, car leur identité n'est pas communiquée par le fabricant, au nom du « secret commercial »[22] ; sans oublier le principal produit de la biodégradation du glyphosate, l'acide aminométhylphosphonique (AMPA), dont la demi-vie est élevée.

Face à ces dysfonctionnements manifestes du processus d'homologation, certains scientifiques courageux, comme le docteur Mae-Wan Ho (Royaume-Uni) et le professeur Joe Cummins (Canada), membres de l'Institute of Science in Society, réclament une révision urgente de la réglementation relative à l'herbicide le plus utilisé dans le monde[23]. Je dis « courageux », car l'histoire du professeur Bellé prouve, s'il en était besoin, qu'on ne touche pas impunément au produit phare d'une maison comme Monsanto...

« Évidemment, nous avons tout de suite compris l'importance que pouvaient avoir nos résultats pour les utilisateurs de Roundup, explique-t-il, puisque la concentration de l'herbicide à l'origine des premiers dysfonctionnements est 2 500 fois inférieure à celle recommandée en pulvérisation. En fait, il suffit d'une gouttelette pour affecter le processus de la division cellulaire. Concrètement, cela veut dire que, pour utiliser l'herbicide sans risque, il faut non seulement porter une combinaison et un masque, mais aussi s'assurer qu'il n'y a personne à cinq cents mètres à la ronde... Un peu naïvement, nous nous sommes dit que Monsanto ne devait pas être au courant, car sinon ces recommandations figureraient sur la notice d'emploi et nous leur avons communiqué nos résultats avant même de publier l'étude[24]. Il faut dire que nous avons été très surpris par leur réaction : au lieu de se pencher sérieusement sur nos résultats, ils ont répondu un peu agressivement que toutes les agences réglementaires avaient conclu que le produit n'était pas cancérigène pour l'homme et que, de toute façon, le cancer de l'oursin n'intéressait personne ! C'est tout sauf un argument scientifique ! On dirait qu'ils ne savent même pas que si le "modèle de l'oursin" a valu un prix Nobel à ses découvreurs, c'est précisément parce qu'on sait que les effets mesurés sur une cellule d'oursin sont parfaitement transposables à l'homme...

– Et comment ont réagi vos organismes de tutelle, le CNRS et l'Institut Pierre-et-Marie-Curie ?

– À dire vrai, leur réaction fut encore plus surprenante, répond le professeur Bellé, après un silence. Certains représentants se sont déplacés jusqu'à Roscoff pour nous demander instamment de ne pas communiquer avec les médias grand public, sous prétexte que cela allait créer une psychose...

– Comment l'expliquez-vous ?

– Cette question m'a longtemps obsédé... Aujourd'hui, je pense qu'on ne voulait pas faire de vagues pour ne pas porter préjudice au développement des OGM, qui, comme vous le savez, ont été manipulés pour résister au Roundup...

– N'avez-vous pas peur pour votre carrière ?

– Je ne crains plus rien, murmure le chercheur. Je vais bientôt partir à la retraite et je ne dirige plus le laboratoire. C'est pour cela qu'aujourd'hui je peux me permettre de parler... »

Un « tueur d'embryons »

« Ne pas gêner le développement des OGM » : c'est aussi le seul argument qu'a trouvé Gilles-Éric Séralini pour expliquer l'inertie des pouvoirs publics face à la toxicité du Roundup. Professeur à l'université de Caen, ce biochimiste est membre de la Commission du génie biomoléculaire française, chargée d'instruire les dossiers de demande d'essais en plein champ des organismes génétiquement modifiés, ainsi que du CRII-GEN, le Comité de recherche et d'information indépendantes sur le génie génétique, qui ne cesse de réclamer des études plus poussées sur l'impact sanitaire des OGM.

Le professeur Séralini a conduit plusieurs études pour évaluer l'impact du Roundup et ses effets sur la santé humaine, comme il me l'explique quand je le rencontre, le 10 novembre 2006, dans son laboratoire à Caen : « Si je me suis intéressé au Roundup, c'est parce qu'avec les OGM, qui ont été manipulés pour pouvoir l'absorber sans succomber, il est devenu un produit alimentaire, puisqu'on en trouve des résidus sur les grains de soja ou de maïs transgéniques. De plus, j'avais lu des études épidémiologiques réalisées au Canada qui montraient qu'il y avait plus de fausses couches et d'accouchements prématurés chez les couples d'agriculteurs utilisant le Roundup que dans la population générale. »

De fait, une étude publiée par l'université de Carleton, portant sur des familles de paysans de l'Ontario, a révélé que l'usage de glyphosate dans les trois mois précédant la conception d'un enfant était associé à un risque accru de fausses couches tardives (entre la douzième et la dix-neuvième semaine)[25]. Il est intéressant de noter que, d'après une autre étude réalisée sur des familles paysannes d'Amérique du Nord, 70 % des agriculteurs présentaient une urine contaminée par le Roundup, le jour de l'application du produit dans leurs champs, avec une concentration moyenne de 3 microgrammes/litre et des pointes à 233 mg/l[26].

De même, un laboratoire de l'université Tech du Texas a établi que l'exposition au Roundup des cellules de Leydig, logées dans les testicules et qui jouent un rôle capital dans le fonctionnement de l'appareil génital masculin, réduisait de 94 % leur production d'hormones sexuelles[27]. Enfin, des chercheurs brésiliens ont constaté que des femelles de rats enceintes au moment de l'exposition au Roundup donnaient plus souvent naissance à des bébés atteints de malformations du squelette[28].

Tous ces résultats ont été confirmés par les deux études menées par le professeur Séralini et son équipe, qui ont mesuré l'effet toxique du Roundup, d'abord sur des cellules de placenta humain, puis sur des cellules d'embryons[29], « issues, tient-il à préciser, d'une lignée de cellules de reins d'embryon cultivée au laboratoire, ce qui ne nécessite aucune destruction d'embryon ».

« Comment avez-vous procédé ?, lui ai-je demandé.

– Nous avons placé les cellules dans des solutions de Roundup, en variant la concentration du produit, de la plus infime, c'est-à-dire 0,001 %, jusqu'aux doses qu'on utilise en agriculture, à savoir le Roundup dilué à 1 % ou 2 %, me répond le biologiste. Nous avons aussi varié le taux d'exposition, pour déterminer à quel moment l'herbicide produisait un effet sur ce que nous appelons la "respiration des cellules", qui conditionne leur production d'hormones sexuelles. Nous avons constaté qu'à des taux qui sont admis par la réglementation comme des niveaux de résidus acceptables sur les produits alimentaires comme les plantes transgéniques, le Roundup tuait littéralement les cellules de placenta humain, en quelques heures, et de manière encore plus sensible, les cellules issues d'embryons humains. »

Et le professeur d'ouvrir son ordinateur portable pour me montrer les clichés que son équipe a réalisés des essais. On y voit, au début, une kyrielle de cellules bien distinctes et transparentes avec au centre de chacune d'elles, une petite tache sombre qui est le noyau. Après une journée d'exposition au Roundup, elles se sont dissoutes pour constituer un amas sombre informe, une « sorte de purée », pour reprendre les termes de Gilles-Éric Séralini. « En fait, m'explique-t-il, sous l'effet du produit, les cellules commencent à se contracter, puis, n'arrivant plus à respirer correctement, elles meurent asphyxiées. Et je précise que ce résultat est obtenu à des doses nettement inférieures à celles utilisées dans l'agriculture, puisque, par exemple, pour ce cliché, la concentration était de 0,05 %. C'est pourquoi je dis que le Roundup est un tueur d'embryons. Quand on utilise une concentration encore plus faible – en diluant le produit acheté dans le magasin 10 000 ou même 100 000 fois –, on constate qu'il ne tue plus les cellules mais bloque leur production d'hormones sexuelles, ce qui est aussi très grave, car c'est grâce à ces hormones que le fœtus peut développer ses os ou former son futur système de reproduction. On peut donc en conclure que le Roundup est aussi un perturbateur endocrinien.

– Avez-vous comparé les effets du Roundup à ceux du glyphosate seul ?

– Bien sûr ! Et nous avons constaté que le Roundup est beaucoup plus toxique que le glyphosate, alors que les essais qui fondent l'homologation du Roundup ont été réalisés avec la matière active seule. Nous avons donc contacté le commissaire européen chargé de l'agriculture, qui a reconnu que c'était un problème, mais depuis il ne s'est rien passé…

– Et qu'ont dit les autorités françaises ?

– Ah !, soupire le biologiste. D'abord, il faut savoir qu'il est impossible d'obtenir des crédits institutionnels pour conduire ce genre de recherche. En France, comme dans la plupart des pays industrialisés, il n'y a pas d'intérêt et donc pas d'argent pour que les laboratoires conduisent des études épidémiologiques ou des contre-expertises scientifiques sur la toxicité des produits chimiques qui ont envahi notre quotidien. Pourtant, il me semble que du point de vue de la santé publique il y a une vraie urgence, car nos organismes sont devenus de véritables éponges à polluants. On trouve collés sur tout le génome des fœtus humains, comme j'ai pu le constater, plusieurs centaines de substances toxiques comme des hydrocarbures, dioxines, des pesticides, résidus de plastique ou de colles… Ces produits, qui ont été conçus pour ne pas être solubles dans l'eau, s'amassent et se concentrent dans nos graisses, et personne ne sait quels sont leurs effets à long terme. Le problème c'est que les pouvoirs publics n'ont pas du tout envie de savoir. Ils sont prêts à financer une étude pour améliorer les paillettes qui serviront à inséminer des porcs *in vitro*, mais pas sur les effets toxiques de l'herbicide le plus vendu au monde. Dans mon cas, j'ai dû trouver des financements privés, notamment de la Fondation pour une terre humaine, mais quel jeune scientifique va se lancer dans une telle aventure, en sachant qu'il va se mettre à dos ses tutelles institutionnelles ? »

D'ailleurs, le jour où je me suis déplacée à Caen pour interviewer et filmer le professeur Séralini, ses laboratoires étaient étrangement vides : « Aucun de mes étudiants en doctorat ne veut apparaître à mes côtés, m'a-t-il expliqué, car ils ont peur d'être associés à mes déclarations et de mettre leur carrière en danger... »

Bienvenue au royaume de la science indépendante ! « L'atmosphère de KGB » qu'avait dénoncée William Sanjour, le lanceur d'alerte de l'EPA, ne concerne manifestement pas que la vénérable agence nord-américaine... Pour preuve aussi, la réaction qu'a suscitée, dans les rangs de l'Assemblée nationale française, la publication de l'article du professeur Séralini dans la revue *Environmental Health Perspectives* en février 2005. Elle est sèchement critiquée par le rapporteur de la « Mission d'information sur les enjeux des essais et de l'utilisation des OGM », Christian Ménard, médecin et député du Finistère, dans son rapport rendu public en avril 2005 : « S'agissant plus particulièrement du caractère toxique du glyphosate et des produits formulés à base de glyphosate, les récentes conclusions de l'étude menée par le professeur Gilles-Éric Séralini doivent être nuancées. [...] La démarche poursuivie et les conclusions de cette étude sont très controversées. [...] Le concept même de perturbateur endocrinien est particulièrement flou et la communauté scientifique internationale s'accorde actuellement pour constater le manque de preuves expérimentales pour établir des liens de cause à effet entre certaines molécules suspectées d'être des perturbateurs endocriniens et la survenue d'atteintes chez l'homme [30]... »

Même si, par ailleurs, le rapporteur « souligne [...] la nécessité de mener des études épidémiologiques, en particulier sur l'emploi des herbicides, afin d'établir des comparaisons entre les différents herbicides », c'est en quelque sorte le serpent qui se mord la queue : les pouvoirs publics n'encouragent pas les laboratoires à mener des études sur les effets toxiques des « molécules suspectées », donc il y a effectivement peu de « preuves expérimentales » (et, quand il y en a, on les conteste), ce qui permet de conclure qu'« il n'y a pas de problème »...

L'agent orange de la Colombie

En attendant, grâce à l'indéfectible collusion entre les hommes politiques, les géants de la chimie et la communauté scientifique internationale, l'usage des pesticides ne cesse de progresser un peu partout dans le monde : on estime que 2,5 millions de tonnes de « produits phytosanitaires » sont épandues chaque année sur les cultures de la planète et que seulement « 0,3 % entre en contact avec les organismes cibles, ce qui veut dire que 99,7 % des substances déversées s'en vont "ailleurs", dans l'environnement, dans le sol et les eaux », note Julie Marc dans sa thèse de doctorat [31]. C'est ainsi que la contamination des rivières et points d'eau par l'herbicide le plus utilisé au monde pourrait être à l'origine de l'effondrement des populations de grenouilles, ainsi que le révèle une étude publiée en 2005 par Rick Relyea, un chercheur de l'université de Pittsburgh (Pennsylvanie)[32]. Celui-ci a observé les effets de deux insecticides (le sevin et le malathion) et de deux herbicides (le Roundup et le 2,4-D) sur une population de vingt-cinq espèces animales provenant d'une mare (escargots, têtards, crustacés et insectes), qui furent placées dans quatre bassins avec leur eau d'origine. Dans chaque bassin fut ajoutée une dose de pesticide, en suivant la concentration recommandée par les fabricants. Les résultats furent spectaculaires : « Dans le bassin où nous avions mis du Roundup, nous avons constaté, dès le lendemain, qu'il y avait des têtards morts un peu partout à la surface de l'eau, rapporte Rick Relyea. C'était choquant de voir que le Roundup, qui a été conçu pour tuer des plantes, était à ce point létal pour les amphibiens[33]. » À noter que le 2-4 D et les deux insecticides ne produisirent aucun effet sur les petits habitants des mares...

Mais il n'y a pas que les animaux qui souffrent des conséquences de la pollution due aux « produits phytosanitaires ». « Le nombre d'intoxications accidentelles par pesticides est estimé à plus d'un million par an dans le monde et à 20 000 celui des cas mortels, relève Julie Marc. En y ajoutant les cas de suicide, le chiffre de trois millions d'empoisonnements est atteint, dont 220 000 morts. » Dans ce sombre tableau, le Roundup occupe une place de choix, puisqu'il est l'herbicide favori des candidats au suicide par intoxication. Selon une étude réalisée à Taiwan sur 131 cas de suicide par absorption de Roundup, la majorité des suppliciés étaient morts après des souffrances atroces, se traduisant par des œdèmes, doublés de détresse respiratoire, de violents vomissements et diarrhées[34]. Une étude similaire conduite au Japon a permis d'évaluer la dose létale de l'herbicide : environ 200 millilitres, ce qui représente les trois quarts d'une tasse...

D'une manière plus générale, le Roundup représente la cause la plus courante des plaintes pour empoisonnement enregistrées, par exemple, au Royaume-Uni ou en Californie, ainsi que le rapportait en 1996 le magazine *Pesticides News*[35]. De sources concordantes, les symptômes de l'intoxication sont toujours les mêmes : irritation des yeux, troubles oculaires, maux de tête, irruption dermatologique, irritation de la peau, nausées, sensation de gorge sèche, asthme, difficultés respiratoires, saignements de nez et vertige.

En écrivant ces lignes, je ne peux m'empêcher de penser au calvaire que vivent chaque jour les communautés indiennes et paysannes de Colombie, soumises à ce que les stratèges de Washington appellent le « Plan Colombie ». Élaboré en juin 2000, avec le soutien actif du gouvernement de Bogota, ce programme vise à éradiquer les cultures de coca, qui approvisionnent le marché international de la cocaïne et servent, en partie, à financer les mouvements de guérilla. Principal moyen de cette éradication : des épandages aériens de... Roundup. De 2000 à 2006, on estime que près de 300 000 hectares ont ainsi été arrosés, principalement dans les départements du Cauca, de Nariño et Putumayo (qui s'étendent jusqu'à la frontière de l'Équateur), dont les populations sont également affectées par ce que d'aucuns appellent l'« agent orange de la Colombie ». Dans le seul département de Putumayo, où vivent plusieurs communautés indiennes, 300 000 personnes ont été intoxiquées.

La situation est si dramatique qu'en janvier 2002, une ONG états-unienne, Earthjustice Legal Defence Fund, a saisi la Commission des droits de l'homme et le Conseil économique et social de l'ONU. Dans son rapport, l'ONG dressait la liste de tous les maux qu'elle avait pu constater sur le terrain : « Troubles gastro-intestinaux (saignements sévères, nausées, vomissements), inflammation des testicules, fièvres élevées, vertiges, insuffisance respiratoire, irruptions cutanées et sévères irritations oculaires. Les épandages auraient aussi causé des fausses couches et des malformations à la naissance [36]. » De plus, « les épandages ont détruit plus de 1 500 hectares de cultures alimentaires (manioc, maïs, bananes plantains, tomates, canne à sucre, prairies) et d'arbres fruitiers et provoqué la mort d'animaux (vaches et volailles). [...] En résumé, la situation illustre clairement le lien entre environnement et droits de l'homme, car les épandages qui causent des dégâts sévères pour l'air, l'eau, la terre et la biodiversité constituent une violation des droits de l'homme ».

Dans ce rapport, on apprend que l'herbicide utilisé est du Roundup Ultra, auquel ont été ajoutés deux surfactants, fabriqués en Colombie, le Cosmos flux-411f et le Cosmo-in-D, dont la fonction est de multiplier par quatre l'« efficacité » du produit livré par la firme de Saint Louis. De plus, les concentrations utilisées dans les préparations effectuées par l'armée colombienne, sous la houlette de collègues nord-américains, sont « cinq fois plus élevées que celles recommandées par l'Agence de protection de l'environnement des États-Unis pour les pulvérisations aériennes ». Enfin, « les méthodes d'application ne respectent pas les recommandations du fabricant qui déconseille d'épandre le produit à plus de trois mètres au-dessus de la cime des plantes les plus hautes, alors que, d'après la police antidrogue colombienne, les avions volent à dix ou quinze mètres ». Ce qui entraîne, bien sûr, une dérive de l'herbicide sur plusieurs centaines de mètres...

Que dire face à ce nouveau scandale dont profite, une fois de plus, la firme de Saint Louis ? Rien, si ce n'est rappeler la notice d'emploi du Roundup

Ultra, telle qu'elle apparaît, aujourd'hui, sur les bidons vendus aux États-Unis : « Le Roundup tuera presque toutes les plantes vertes qui sont en phase de croissance. Le Roundup ne devrait pas être appliqué sur des réserves d'eau, comme les mares, les lacs ou les rivières, parce que le Roundup peut être toxique pour les organismes aquatiques. Les personnes et animaux domestiques (chats et chiens) devraient rester hors de la zone où le Roundup a été appliqué, tant que celle-ci n'est pas complètement sèche. Nous recommandons que le bétail, tels que les chevaux, les vaches, les moutons, chèvres, lapins, tortues, ne soit pas autorisé à paître dans les ères traitées pendant deux semaines. Si le Roundup est utilisé pour contrôler des plantes indésirables situées près d'arbres fruitiers ou à noix, ainsi que des vignes, nous conseillons de ne pas manger les fruits ou noix avant vingt et un jours. »

Arrachés grâce à la vigilance d'organisations de consommateurs nord-américaines, ces avertissements ne valent pas, bien évidemment, pour les petits paysans et Indiens colombiens. Et on pourrait en conclure, un peu hâtivement, que la firme de Saint Louis a tiré les leçons de son passé peu glorieux et qu'elle est, aujourd'hui, plus précautionneuse, dès qu'il s'agit de la santé de ses concitoyens. Mais nous allons voir, avec l'histoire de l'hormone de croissance bovine, qu'il n'en est rien...

5

L'affaire de l'hormone de croissance bovine (1) : la Food and Drug Administration sous influence

« Comme la composition chimique du lait n'est pas altérée par l'usage du Posilac, ses propriétés et son goût ne changent pas. »

Site Web de Monsanto.

« Cette affaire fut une véritable descente aux enfers... J'étais entré à la Food and Drug Administration [FDA] en pensant œuvrer pour le bien de mes compatriotes, et j'ai découvert que l'agence avait trahi son rôle de gardien de la santé publique pour devenir le protecteur des intérêts des firmes industrielles. » Quand je le rencontre à New York, le 21 juillet 2006, près de vingt ans après l'« affaire », le docteur Richard Burroughs a toujours du mal à en parler. « Trop douloureux, lâche-t-il, la gorge serrée, à chaque fois que je l'évoque, c'est comme si le sol se dérobait à nouveau sous mes pieds et que j'allais disparaître avec lui. C'est très difficile d'admettre encore aujourd'hui que j'ai été licencié de la célèbre FDA, parce que je m'opposais à la mise sur le marché d'un produit que j'estimais dangereux ! C'était pourtant cela ma mission ! »

À observer le désarroi du docteur Burroughs, je repense à Cate Jenkins, la scientifique de l'EPA qui avait rédigé un rapport questionnant la validité des études de Monsanto sur la dioxine, à William Sanjour (voir *supra*, chapitre 2) et à tous ceux que nous allons rencontrer au fil de ces pages : Shiv Chopra, de Health Canada, Arpad Pusztai du Rowett Institute, Ignacio Chapela de l'université de Berkeley, ou les journalistes Jane Akre et Steve Wilson. Tous ont en commun cette voix qui s'étrangle, dès qu'ils commencent à évoquer leur expérience de *whistleblower*. À ce titre, l'histoire de Richard Burroughs constitue un cas d'école.

« *Viré pour incompétence* »

Ce vétérinaire, diplômé de l'université Cornell, a d'abord travaillé comme praticien libéral dans l'État de New York, où ses parents exploitaient un troupeau de vaches laitières. « J'adore les vaches, dit-il, avec un sourire qui illumine subitement son visage de sexagénaire. C'est pour elles que j'ai choisi ce métier ! » En 1979, il est recruté par la Food and Drug Administration, qui lui propose une formation en toxicologie. « J'ai accepté de quitter ma campagne natale pour Washington, car pour moi c'était vraiment le *must* ! » Pour lui, et pour le reste du monde. Qui n'a pas entendu, au moins une fois dans sa vie : « Le produit a été autorisé aux États-Unis, c'est donc qu'il n'y a pas de problème. » Autorisé par qui ? Par la FDA justement.

Créée officiellement en 1930, l'agence est chargée de l'autorisation de mise sur le marché des produits alimentaires ou pharmaceutiques destinés à la consommation humaine ou animale. Sa bible, c'est le *Food Drug and Cosmetic Act*, signé par le président Theodore Roosevelt en 1938. Un texte contraignant, où la FDA puise son autorité, qui se voulait une réponse à un drame national : un an plus tôt, une centaine de personnes étaient décédées après avoir ingéré de l'élixir de sulfanilamide, un médicament fabriqué avec un solvant qui se révéla mortel. Le *Food Drug and Cosmetic Act* exigeait que tout produit contenant des substances nouvelles soit à l'avenir préalablement testé par les entreprises et soumis à une autorisation préalable de la FDA, avant sa mise sur le marché. En 1958, le texte a été complété par l'« amendement Delaney [a] » qui stipule que si un produit présente le moindre risque cancérigène, celui-ci ne doit pas être homologué. Dans tous les cas, il est important de noter que l'agence ne réalise pas elle-même d'études toxicologiques, comme des essais sur les animaux, mais qu'elle se contente d'examiner les données fournies par les fabricants.

C'est ainsi qu'en 1985, le docteur Burroughs, qui travaille dans le Centre de médecine vétérinaire (CVM) de la FDA, reçoit la mission d'analyser la demande d'autorisation de mise sur le marché d'une hormone de croissance bovine, la somatotropine (BST), fabriquée par manipulation génétique par

---

a Du nom du député démocrate de New York James Delaney (1901-1987), lequel se retournerait à coup sûr dans sa tombe s'il pouvait lire ces pages...

Monsanto [a] et destinée à être injectée aux vaches deux fois par mois pour augmenter leur production laitière d'au moins 15 %. « Pour le CVM, c'était un produit tout à fait révolutionnaire, explique Richard Burroughs, car c'était le premier médicament transgénique que nous avions à étudier. »

La somatotropine est une hormone naturelle que sécrète abondamment l'hypophyse des vaches après un vêlage et qui stimule la lactation, en permettant la mobilisation des réserves corporelles de l'animal grâce à une action sur ses tissus. Depuis que sa fonction avait été décrite par des scientifiques soviétiques en 1936, les laboratoires liés à l'agro-industrie avaient essayé de la reproduire pour accroître le rendement des cheptels. En vain : il fallait sacrifier vingt vaches par jour afin de composer à partir de leurs hypophyses la dose journalière d'hormone laitière requise pour un seul animal... À la fin des années 1970, des chercheurs financés par Monsanto sont parvenus à isoler le gène qui produit l'hormone. Ils l'ont introduit par manipulation génétique dans une bactérie *Escherichia coli* (ou « colibacille », bactérie commune qui peuple la flore intestinale des mammifères, y compris de l'homme), permettant ainsi sa fabrication à grande échelle. Cette hormone transgénique a été baptisée par Monsanto recombinant Bovine Somatotropin (rBST), ou recombinant Bovine Growth Hormone (rBGH) [b]. Dès le début des années 1980, la firme organise des essais dans des fermes expérimentales lui appartenant ou en collaboration avec des universités comme celle du Vermont ou de Cornell.

« Le dossier fourni par Monsanto était aussi haut que moi, m'explique Richard Burroughs, lequel mesure un bon mètre quatre-vingts... Or le règlement de la FDA nous impose de ne pas dépasser un délai de cent quatre-vingts jours pour analyser les données. En fait, c'est une technique des entreprises pour décourager un examen minutieux : elles envoient des tonnes de papier en espérant que vous vous contenterez de les survoler. J'ai très vite compris que les données ne visaient qu'à prouver que la rBGH dopait effectivement la production laitière. Les scientifiques travaillant pour Monsanto ne s'étaient pas du tout intéressés à des questions cruciales : qu'est-ce que cela signifie physiologiquement pour les vaches de produire du lait au-delà de leur capacité naturelle ? Comment va-t-il falloir les nourrir pour qu'elles survivent à cet exploit ? Quelles maladies cela peut-il provoquer ? Ils n'avaient même pas pensé que les vaches

---

a Dans les années 1970, trois autres sociétés ont réussi à fabriquer l'hormone transgénique : Elanco, une filiale d'Eli Lilly, UpJohn et American Cyanamid. Mais finalement seule Monsanto restera en course.

b Aujourd'hui, les deux termes sont utilisés, mais pas par les mêmes personnes : soucieuse de gommer le fait que son produit est une hormone artificielle, Monsanto parle exclusivement de « rBST » ; quant aux opposants, ils emploient « rBGH »...

allaient à coup sûr développer des mammites, c'est-à-dire des inflammations des pis, une pathologie courante dans les troupeaux à haut rendement.

– Et la mammite constitue aussi un problème pour le consommateur ?

– Bien sûr, car elle se traduit par une augmentation des globules blancs, c'est-à-dire qu'il y a du pus dans le lait ! Il faut traiter les vaches avec des antibiotiques, qui peuvent rester sous forme de résidus dans le lait. Donc, tout cela est très sérieux... De plus, il faut comprendre que l'hormone transgénique bouleverse le cycle naturel de la vache. Normalement, celle-ci se met à produire de la somatotropine, après un vêlage, ce qui lui permet de nourrir son petit. Au fur et à mesure que le veau grandit, la sécrétion de l'hormone ralentit, pour s'arrêter définitivement. Pour relancer la production laitière, il faut donc que la vache ait un nouveau veau. La rBGH permet de maintenir artificiellement la fabrication de lait au-delà du cycle naturel. C'est pourquoi elle peut poser des problèmes de reproduction pour la vache, et donc entraîner un préjudice financier pour l'éleveur. Quand j'ai vu que toutes ces données manquaient, j'ai demandé à Monsanto de revoir sa copie, ce qui a pris deux à trois ans, car pour que l'étude soit valable, il fallait suivre l'évolution des vaches sur au moins trois cycles...

– Et quels furent les résultats des nouvelles études ?

– D'abord, je dois dire qu'elles étaient d'une très faible qualité scientifique ! Par exemple, si vous voulez mesurer l'impact de l'hormone transgénique sur les mammites, il faut déterminer dans chaque élevage un groupe de vaches traitées avec l'hormone, et un groupe contrôle sans traitement qui sera strictement élevé dans les mêmes conditions que le premier. Or Monsanto avait dispersé les vaches traitées et non traitées entre différents sites expérimentaux, en mélangeant ensuite tous les résultats. J'ai été obligé encore une fois de corriger le tir. De même, je me souviens d'une visite surprise que j'avais effectuée dans l'un de leurs laboratoires censé analyser l'effet de l'hormone sur les organes et les tissus des vaches : j'ai découvert que des reins avaient disparu ! Malgré tous ces défauts techniques, il ressortait clairement des études que la fréquence des mammites était beaucoup plus élevée...

– Avez-vous averti vos supérieurs de la FDA ?

– Oui, me répond le docteur Burroughs, dans un premier temps, ils ont réagi correctement... »

De fait, un document daté du 4 mars 1988 atteste que Richard P. Lehmann, directeur de la Division de la production de médicaments au CVM, a transmis les inquiétudes de son agent à Terrence Harvey, de Monsanto [a] :

a Terrence Harvey a fait toute sa carrière à la FDA, où il dirigea notamment le CVM, avant de partir pantoufler chez... Monsanto, comme directeur des affaires réglementaires

« Nous avons examiné votre demande et la trouvons incomplète, écrit-il. Les tests sont insuffisants. [...] Vous n'avez pas clairement identifié l'incidence clinique des mammites dans les troupeaux testés. [...] Vous devriez clarifier quels traitements vous allez utiliser pour soigner les mammites. [...] Nous vous rappelons que l'usage de la gentamicine et de la tétracycline n'est pas autorisé pour le traitement des mammites dans les troupeaux laitiers. [...] Vous avez compromis l'utilité de vos données sur la reproduction en utilisant de la progestérone et des prostaglandines. Il n'est pas possible d'évaluer les effets de la somatotropine bovine sur la reproduction si simultanément des essais avec d'autres hormones reproductives masquent ou altèrent les effets du médicament. » Enfin, concernant l'étude toxicologique conduite sur des rats, le responsable du CVM est cinglant : les rats étudiés sont trop peu nombreux (sept), il n'y a que des femelles, la durée de l'étude est trop courte (sept jours) et les doses ingérées par les cobayes trop faibles...

C'est à partir de ce courrier que commence la descente aux enfers du docteur Burroughs. « Subitement, j'ai été mis sur la touche, raconte-t-il. On m'a bloqué l'accès aux données que j'avais moi-même demandées, jusqu'à ce que je sois complètement dépossédé du dossier. Et puis, le 3 novembre 1989, mon chef m'a raccompagné à la porte, c'était fini pour moi...

– Vous avez été licencié ?

– Oui, pour incompétence », murmure Richard Burroughs.

Le vétérinaire porte plainte contre la FDA pour licenciement abusif. Il gagne en première instance, l'agence fait appel, mais elle est finalement condamnée à réintégrer son agent. « J'ai été muté à la division porcine, commente-t-il. Je ne connaissais rien aux cochons ! À tout moment, je pouvais commettre une faute grave, alors j'ai préféré démissionner. Ce fut une période très noire... Je ne comprenais pas ce qui m'arrivait. J'étais ruiné, car les procès m'avaient coûté très cher et je n'avais pas de travail. Heureusement qu'il y avait ma femme et mes deux enfants...

– Est-ce que vous avez été menacé ?

– Euh... Physiquement ? Je ne préfère pas en parler... Moralement, oui. Lors de mon procès en appel, les avocats de Monsanto ont menacé de me poursuivre si je révélais des informations confidentielles concernant la rBGH. C'est typique de Monsanto...

– Pensez-vous que la FDA a été trompée par Monsanto ?

– "Trompée" n'est pas le mot juste, car il signifie que cela se serait passé à son insu. Non, l'agence a sciemment fermé les yeux sur des données dérangeantes, parce qu'elle voulait protéger les intérêts de la société, en favorisant au plus vite la mise sur le marché de l'hormone transgénique... »

Les données secrètes de Monsanto et de la FDA

Au moment où le docteur Burroughs amorce sa descente aux enfers, un scientifique réputé pour son courage iconoclaste tombe incidemment sur le sujet qui deviendra l'un des combats de sa vie. Il s'agit de Samuel Epstein, aujourd'hui professeur émérite en médecine environnementale de l'université de l'Illinois. Auteur de nombreuses publications et de livres remarqués, notamment sur le cancer – dont il affirme que la recrudescence est liée à la pollution environnementale [a] –, il reçoit, un jour du printemps 1989, un coup de téléphone d'un fermier qui a accepté de tester la rBGH sur son troupeau.

« Il s'est mis en colère quand il a compris que je n'avais jamais entendu parler de l'hormone transgénique, me raconte-t-il le 4 octobre 2006, dans son bureau de Chicago. Il m'a dit : "Vous devriez vous en occuper, c'est votre job ! Cette hormone rend mes vaches malades et j'ai peur que les gens qui boiront mon lait le soient aussi." » C'est ainsi que le professeur Epstein plonge dans les éditions de 1987 et 1988 du magazine professionnel *The Journal of Dairy Science*, où il découvre de nombreux « articles promotionnels » publiés par des chercheurs américains, mais aussi européens, qui ont testé la rBGH pour le compte de Monsanto [b]. « Toute cette littérature affirmait que l'hormone ne posait pas de problèmes de santé majeurs, se souvient Samuel Epstein, mais il y avait très peu de données sérieuses qui fondaient cette affirmation. Les essais étaient conduits sur des cohortes réduites d'une dizaine de vaches, ce qui réduisait leur valeur statistique, et puis surtout ils étaient d'une durée très courte. Malgré ces biais, ils révélaient une augmentation significative des mammites et une baisse de la fertilité des vaches traitées, ainsi que des changements majeurs dans la qualité nutritionnelle et la composition du lait. »

Le professeur Epstein découvre alors que le lait et la viande issus des élevages expérimentaux américains sont intégrés dans la chaîne alimentaire, alors qu'officiellement l'hormone n'est toujours pas autorisée. Le 19 juillet 1989, il écrit un courrier au docteur Frank Young, l'administrateur (*commissioner*) de la FDA [c], pour lui faire part de ses inquiétudes, qu'il révèle peu après dans un article publié dans *The Los Angeles Times* [1]. Le 11 août 1989, l'agence

---

a En 1994, le professeur Epstein a créé la Coalition pour la prévention du cancer. Il a reçu en 1998 le Right Livehood Award (le « prix Nobel alternatif ») et, en 2000, le Project Censored Award (le « prix Pulitzer alternatif ») ; ainsi que, en 2005, la Albert Schweitzer Golden Grand Medal pour sa « contribution internationale à la prévention du cancer ».

b En France, l'hormone transgénique a été testée à l'Institut technique de l'élevage bovin (situé à Le Rheu, près de Rennes), ainsi que dans des élevages de l'Institut national de la recherche agronomique (*Le Monde*, 30 décembre 1988 et 30 août 1990).

c Nommé par le gouvernement américain, le *commissioner* de la FDA joue un rôle capital se fend d'un droit de réponse, signé par Gerard B. Guest, le directeur du CVM, et donc le chef du docteur Burroughs : « Les essais approfondis de la BST autorisent l'agence à affirmer que la viande et le lait provenant de vaches traitées avec la rBST ne sont pas nocifs pour la santé humaine, écrit-il dans une langue de bois exemplaire. Les scientifiques de la FDA font partie des mieux informés et des plus compétents du monde en ce qui concerne l'évaluation des médicaments vétérinaires, et nous prenons grand soin des personnes que nous servons, à savoir les consommateurs de viande, de lait et d'œufs. »

Quelques semaines plus tard, « vers la fin octobre », le professeur Epstein reçoit ce qu'il appelle un « cadeau du ciel » : un inconnu, travaillant à la FDA, lui fait parvenir un carton contenant toutes les données vétérinaires enregistrées dans une ferme expérimentale de Monsanto, située près du siège de la société, à Saint Louis dans le Missouri. « Ce n'était pas la première fois que cela m'arrivait, m'explique-t-il avec un large sourire. Au cours des trente dernières années, j'ai reçu régulièrement des archives internes provenant d'agences de réglementation ou d'entreprises industrielles, envoyées par des salariés qui préféraient garder l'anonymat par peur de représailles. Mais là, c'était vraiment du pain bénit ! »

Le cancérologue contacte aussitôt Pete Hardin, le directeur de *The Milkweed*, un mensuel spécialiste de la production laitière et très respecté pour la rigueur et l'indépendance de sa ligne éditoriale. Ensemble, ils passent des heures à éplucher, recouper et interpréter des centaines de pages, truffées de chiffres et de données brutes. « C'était vertigineux de pouvoir travailler sur les documents originaux de Monsanto », s'enthousiasme encore aujourd'hui Pete Hardin, qui me reçoit le 6 octobre 2006 dans sa maison de Brooklyn, dans le Wisconsin. « Regardez, la plupart sont classés "confidentiel" : ce document appartient à la société Monsanto. [...] Il contient des informations confidentielles qui ne peuvent être reproduites, révélées à des personnes non autorisées ni être envoyées à l'extérieur de la société sans son autorisation explicite. » C'est exactement ce qu'un journaliste d'investigation aime publier !

Les deux compères s'attellent à la rédaction d'un article, publié dans *The Milkweed* de janvier 1990, qui fait grand bruit [2]. On y découvre que l'étude de Monsanto a porté sur quatre-vingt-deux vaches, suivies pendant une période de lactation, soit quarante semaines. Le cheptel a été divisé en quatre groupes : un groupe contrôle (non traité), un autre ayant été piqué tous les

dans la politique de l'agence. Frank Young a occupé ce poste d'août 1984 à décembre 1989. Il sera remplacé par David Kessler (1990-1997), qui mettra en place la (non-)réglementation des OGM...

quinze jours avec une dose normale de l'hormone, un troisième avec trois fois la dose, et le dernier avec cinq fois la dose. À la fin de l'expérience, la moitié des vaches ont été abattues et leurs organes et tissus ont été analysés. Les résultats sont édifiants :

– les organes et glandes des animaux piqués (thyroïde, foie, cœur, reins, ovaires, etc.) sont beaucoup plus gros que dans le groupe contrôle, alors que le poids total de ces vaches au moment de l'abattage est significativement plus bas. Par exemple, l'ovaire droit est en moyenne 44 % plus lourd dans le groupe ayant reçu cinq fois la dose que dans le groupe contrôle ;

– les vaches traitées présentent d'importants problèmes de reproduction : alors que 93 % des vaches du groupe contrôle ont pu être inséminées pendant la période, seulement 52 % des groupes injectés l'ont été ;

– d'un animal à l'autre, le niveau de l'hormone présent dans le sang varie considérablement, le taux le plus élevé étant jusqu'à 1 000 fois supérieur à celui enregistré dans le groupe contrôle.

Curieusement, les scientifiques de Monsanto ne fournissent aucune donnée statistique sur les mammites. En revanche, il ressort des documents que les vaches piquées ont été traitées beaucoup plus souvent que celles du groupe contrôle avec des antibiotiques, dont certains ne sont pas autorisés par la FDA dans les troupeaux laitiers [a]. Une malheureuse bête (n° 85704) a ainsi reçu... cent vingt traitements différents... Enfin, le lait produit dans les groupes expérimentaux a été vendu au réseau de distribution de Saint Louis. Il n'y a pas de petits profits...

« Regardez, me dit Pete Hardin, en exhibant un document d'une épaisse chemise : ce sont des photos des carcasses des vaches après avoir été dépiautées. On voit ici des zones noirâtres : ce sont des tissus morts qui correspondent aux points d'injection. C'est un produit très puissant ! Je me souviens avoir fait un reportage dans un abattoir où l'on s'inquiétait de transformer ces morceaux peu ragoûtants en viande à hamburger... »

Un article manipulé dans le magazine Science

À ce stade de l'histoire, on imagine fort naïvement que les contre-pouvoirs américains vont jouer leur rôle et finalement contraindre Monsanto à remballer son produit. Que nenni ! Mais le professeur Epstein ne lâche pas prise. Il contacte John Conyers, président du House Committee on

a Sont cités les antibiotiques suivants : Banamine, Di-trim, Gentamycin, Ivomec, Piperallin, Rompun et Vetislud.

Government Operations, qui lui avait demandé en 1979 de témoigner au Congrès, dans le cadre d'un projet de loi sur le « crime en col blanc ». « J'avais évoqué le cas de Monsanto, qui avait caché des données sanitaires sur l'acide nitrilotriacétique, qu'elle fabriquait comme substitut aux détergents à base de phosphate, se souvient le cancérologue. Les travaux de la commission avait finalement défini deux catégories de sociétés coupables de crime en col blanc : celles qui dissimulent intentionnellement des données, comme les effets cancérigènes d'un produit, en continuant de le vendre comme si de rien n'était, et celles qui cachent ou détruisent des informations et qui, de surcroît, communiquent en affirmant que le produit est sain [3]. Monsanto relève des deux catégories : de la première pour les PCB, et de la seconde pour la dioxine et la rBGH ! »

Le 8 mai 1990, John Conyers demande officiellement à Richard Kusserov, l'inspecteur général du Department of Health and Human Services, d'ouvrir une enquête sur l'hormone de croissance laitière, en arguant que « Monsanto et la FDA ont supprimé et manipulé les données résultant de tests vétérinaires pour faire approuver l'usage commercial de la rBGH ». La demande déclenche une enquête du General Account Office (GAO), le bureau d'investigation du Congrès. Les membres du GAO auditionnent des témoins comme le docteur Richard Burroughs, dont l'affaire vient d'être révélée dans le *New York Times* [4], ou le professeur Samuel Epstein.

Mais, très vite, la FDA et Monsanto organisent des contre-feux. En août 1990, l'agence décide de rompre le devoir de réserve auquel elle est pourtant statutairement astreinte. Pour la première fois de son histoire, elle prend publiquement position pour un produit qu'elle n'a pas encore autorisé, en publiant un article dans la fameuse revue *Science*, où elle affirme que le lait provenant de vaches traitées avec la rBGH est « sain pour la consommation humaine [5] ». Officiellement, cette publication de dix pages a été rédigée par deux scientifiques de la maison, Judith Juskevich et Creg Guyer, qui ne manquent pas de préciser en préambule : « La FDA exige des entreprises pharmaceutiques de communiquer toutes les études conduites sur le produit en cours d'homologation. [...] Les entreprises fournissent également toutes les données brutes des études sur l'impact sur la santé qui constituent la base pour l'autorisation du produit. » En l'occurrence, les auteurs font référence à deux études toxicologiques conduites par Monsanto : dans la première, des rats ont reçu des injections de l'hormone transgénique sur une période de vingt-huit jours ; dans la seconde, d'une durée de quatre-vingt-dix jours, les cobayes ont ingéré de la rBGH, pour tester les effets de la molécule notamment sur le système gastro-intestinal. Dans les deux cas, la conclusion est la même : « Pas de changement significatif. »

« Cette publication est tout simplement de la manipulation », s'énerve le docteur Michael Hansen, que je rencontre en juillet 2006 à New York. Le docteur Hansen est un expert qui travaille pour le Consumer Policy Institute [a] et qui est devenu, avec Samuel Epstein, l'une des bêtes noires de Monsanto. « D'abord, m'explique-t-il, le principal relecteur de cet article était le docteur Dale Bauman, de l'université Cornell, qui avait été payé par Monsanto pour tester la rBGH sur les vaches. Il est clair qu'il y avait là un véritable conflit d'intérêts que *Science* n'aurait jamais dû laisser passer. »

Pour le néophyte, cette histoire de « relecteur » peut paraître anecdotique, mais elle est capitale. Dans toutes les revues scientifiques de renom, le mode de fonctionnement est le même : quand un chercheur soumet un article pour publication, le comité éditorial nomme un panel de *reviewers* (au minimum deux) choisis pour leurs compétences scientifiques, qui sont chargés d'évaluer la qualité du papier. Non rémunérés, ces relecteurs peuvent demander à consulter les données brutes qui fondent la recherche, s'ils l'estiment nécessaire. Si leur avis est positif, l'éditeur donne alors son feu vert pour la publication. Il est important de noter que l'identité des *reviewers* mais aussi le contenu de l'article sont maintenus secrets jusqu'au jour de la parution, pour éviter les pressions en tous genres, un principe qui, comme nous le verrons, n'est pas toujours respecté... En attendant, la mention *peer-reviewed* (relu par les pairs) constitue un gage de qualité et d'indépendance [b].

« Le deuxième point, poursuit le docteur Hansen, c'est que la FDA a tronqué les résultats de l'étude de quatre-vingt-dix jours. Contrairement à ce qu'elle affirme, l'absorption de la rBGH par les rats a bien eu un effet significatif, puisque 20 % à 30 % d'entre eux ont développé des anticorps, ce qui signifie que leur système immunitaire s'est mobilisé pour détecter et neutraliser des agents pathogènes. » Rendue publique en 1998, grâce à des révélations faites au Canada (voir chapitre suivant), cette information a contraint un représentant de l'agence, John Scheid du CVM, à reconnaître que celle-ci n'avait jamais eu accès aux données brutes de l'étude, mais qu'elle s'était contentée d'évaluer un résumé fourni par Monsanto [6]... « Ces résultats auraient dû entraîner d'autres études à long terme sur l'effet de l'hormone de croissance, et surtout de l'IGF1, sur la qualité et la composition du lait issu de

---

a Le Consumer Policy Institute est une division de la Consumers Union, créée en 1936, qui publie le magazine *Consumer Reports*, le deuxième magazine des consommateurs américain (4,5 millions d'abonnés).

b La semaine qui a suivi la parution de l'article de *Science*, le docteur Jean-Yves Nau, en charge de la page scientifique du *Monde*, y a consacré un papier : « Les chercheurs de la FDA estiment que l'utilisation de cette hormone ne présente pas de danger pour le consommateur », *Le Monde*, 30 août 1990.

vaches traitées, commente Michael Hansen, mais la FDA a préféré fermer les yeux. »

L'IGF1 (pour *Insulin-like Growth factor 1*, encore appelée « facteur de croissance tissulaire ») est au cœur de la polémique sur la rBGH. Cette substance hormonale est produite par le foie sous l'effet de l'hormone de croissance, chez tous les mammifères. Chez l'humain, elle est présente en grande quantité dans le colostrum du lait maternel, ce qui permet au bébé de grandir. Sa production atteint un pic à la puberté, puis décline avec l'âge. L'IGF1 produite par l'hormone de croissance humaine est strictement identique à celle produite par l'hormone de croissance bovine, alors que les deux hormones sont sensiblement différentes... C'est bien cela le problème et aussi l'origine de l'un des tours de passe-passe scientifiques utilisés par les promoteurs de la rBGH pour accréditer son innocuité. Dit d'une autre manière, et pour que ce soit bien clair : l'hypophyse de la vache et celle de l'homme produisent, chacune, une hormone de croissance spécifique, lesquelles, pourtant, entraînent la production de la même substance, l'IGF1, dont la fonction est de stimuler la prolifération des cellules pour faire croître les organismes. Quand, par exemple, Jean-Yves Nau écrit dans *Le Monde* : « Cette hormone est spécifique de l'espèce animale dont elle provient et ne peut donc avoir d'effet sur le métabolisme humain, qu'elle soit présente dans le lait ou dans la viande consommée [7] », eh bien, il se trompe...

Le « détail » est d'autant plus important qu'il est une donnée sur laquelle tout le monde s'accorde : le niveau d'IGF1 est nettement plus élevé dans le lait produit par des vaches traitées avec l'hormone de croissance transgénique que dans le lait naturel. D'après l'article publié dans *Science*, cette augmentation peut atteindre 75 % [8] ! Mais la FDA d'ajouter : « La rBGH est biologiquement et oralement inactive chez les humains », car elle « ne peut pas être absorbée dans le sang » et « on peut s'attendre à ce qu'une fois ingérée, elle soit détruite dans le système gastro-intestinal humain comme les autres protéines. » « C'est complètement faux, assènent à l'unisson Samuel Epstein et Michael Hansen. Plusieurs études ont confirmé que l'IGF1 n'est pas détruite par la digestion, car elle est protégée par la caséine, la principale protéine du lait [9]. »

Manifestement bien conscients des enjeux, les scientifiques de la FDA hasardent un dernier argument : « Il a aussi été prouvé que 90 % de l'activité de la rBGH est détruite par la pasteurisation du lait. C'est pourquoi, les résidus de rBGH ne présentent pas de problème pour la santé humaine. » « C'est le comble de la mauvaise foi », soupire le journaliste Pete Hardin, qui me montre l'étude sur laquelle cette affirmation est censée s'appuyer. Elle a été conduite par un certain Paul Groenewegen, un doctorant canadien, en service commandé pour Monsanto, qui a chauffé du lait d'origine transgénique à

162° Fahrenheit (environ 90° Celsius) pendant trente minutes ! « Le temps normal de pasteurisation est de quinze secondes, ironise Pete Hardin. Le lait pasteurisé dans ces conditions n'a plus aucune valeur nutritive, et pourtant 10 % de l'IGF1 n'a pas été détruite ! »

Un grave problème de santé publique

Qu'on ne s'y trompe pas : la guéguerre autour de l'IGF1 représente plus qu'une simple bataille d'experts, particulièrement aux États-Unis, troisième consommateur de lait au monde [a]. Quand on sait, de surcroît, que les plus grands buveurs de lait sont les enfants, alors on comprend les inquiétudes des opposants à la rBGH. Au-delà, cette affaire est symptomatique d'une évolution de l'administration américaine qui laisse pantois et qui, par ricochet, interroge également les pratiques des Européens : combien de produits douteux ont fini sur le marché du vieux monde, grâce à un processus d'homologation aussi opaque qu'expéditif ?

En ce qui concerne la rBGH, le dossier est tout simplement accablant : « Nous savons depuis plusieurs décennies, m'explique le professeur Epstein, qu'un taux élevé d'IGF1 dans l'organisme peut entraîner une maladie qu'on appelle l'acromégalie ou le gigantisme. Ces malades ont une espérance de vie très courte et, en général, ils meurent autour de trente ans d'un cancer. Il n'y a rien d'étonnant à cela : l'IGF1 est un facteur de croissance qui stimule la prolifération de toutes les cellules, les bonnes comme les mauvaises... Voilà pourquoi la rBGH représente un vrai danger pour la santé publique : une soixantaine d'études ont prouvé qu'un taux élevé d'IGF1 augmente de manière substantielle les risques de cancer du sein, du côlon et de la prostate. »

Et le cancérologue de me montrer la pile de publications soigneusement classées sur les étagères de sa bibliothèque. Les études les plus anciennes datent des années 1960 : la FDA ne pouvait donc pas les ignorer et aurait dû, au minimum, appliquer le principe de précaution prévu par l'« amendement Delaney ». Les plus récentes ont été publiées dans les années 1990. L'une d'entre elles, conduite par une équipe de chercheurs de Harvard, a suivi une cohorte de 15 000 hommes et a conclu qu'un taux élevé d'IGF1 dans le sang multipliait par quatre le risque d'avoir un cancer de la prostate [10]. De même, une étude publiée dans *The Lancet* a révélé que les femmes en préménopause

---

a En 2004, la consommation annuelle était de 89,1 litres par personne. Si on y ajoute les produits laitiers (yoghourts, glaces, crèmes, fromage, etc.), on atteint les 270 litres par an.

de moins de cinquante ans présentant une concentration élevée d'IGF1 avaient sept fois plus de « chances » de développer un cancer du sein que celles ayant un taux normal [11].

« Regardez, me dit de son côté Pete Hardin, j'ai publié récemment deux études qui confirment nos inquiétudes. La première a été réalisée par Paris Reidhead, qui a épluché les statistiques nationales et a constaté que le taux de cancer du sein chez les femmes américaines de plus de cinquante ans a augmenté de 55,3 % entre 1994, l'année où la rBGH a été mise sur le marché, et 2002 [12]. De même, une étude conduite par le docteur Gary Steinman, du Albert Einstein College of Medicine de New York, a montré que les Américaines qui consomment quotidiennement des produits laitiers ont cinq fois plus de chances de donner naissance à des jumeaux que celles qui n'en consomment pas, et que le taux de grossesses gémellaires a augmenté de 31,9 % entre 1992 et 2002. Tout cela, c'est l'œuvre de l'IGF1 [13]... »

« D'accord, dis-je, passablement interloquée, mais le GAO, le bureau d'investigation du Congrès, a mené une enquête. Qu'est-ce qu'elle a donné ?

– Pas grand-chose, sourit Pete Hardin, pour rester sobre, je dirai qu'il a fini par capituler devant l'absence de collaboration de la FDA et surtout de Monsanto... »

De fait, à l'instigation du GAO, le Congrès a demandé au National Institute of Health (NIH) d'évaluer le dossier scientifique de la rBGH. Du 5 au 7 décembre 1990, le vénérable institut a tenu une conférence *ad hoc*, dont les conclusions sont très prudentes, mais qui n'en recommande pas moins de « conduire davantage de recherches » sur les « effets d'un taux accru d'IGF1 sur le système gastro-intestinal [14] ». Trois mois plus tard, c'était au tour de l'American Medical Association (AMA) de publier un article : « Des études supplémentaires sont nécessaires pour déterminer si l'ingestion d'une concentration plus élevée d'IGF1 ne présente pas de danger pour les enfants, les adolescents et les adultes », écrit le Conseil des affaires scientifiques de l'AMA [15].

« La FDA et Monsanto ont complètement ignoré ces recommandations, s'emporte le professeur Epstein. C'est pourquoi je dis que leur attitude est criminelle. Pire : concernant le problème des résidus d'antibiotiques, tout a été fait pour obstruer la recherche de la vérité. » On se souvient, en effet, que l'une des inquiétudes principales du docteur Richard Burroughs concernait l'incidence de l'hormone transgénique sur la fréquence des mammites. Or qui dit « mammite » dit « infection », et donc traitement avec des antibiotiques, lesquels passent dans le lait sous forme de résidus. Le buveur de lait ingurgite ces résidus qui, à leur tour, sont absorbés par les bactéries peuplant sa flore intestinale. Si l'on ajoute à cela le fait que ce même buveur de lait est un grand consommateur d'antibiotiques, prescrits bien souvent de manière excessive, on comprend pourquoi bon nombre de bactéries qu'on avait cru dompter depuis qu'Arthur Fleming a découvert la pénicilline, en 1928, sont devenues résistantes aux antibiotiques. Le résultat, c'est bien sûr la recrudescence de maladies que la médecine pensait pourtant avoir éradiquées. C'est ainsi que, dès 1983, trois cents scientifiques de renom adressaient une pétition à la... FDA pour qu'elle contrôle plus rigoureusement l'usage des antibiotiques dans les élevages [16].

Depuis, les publications se sont multipliées sur les méfaits de la résistance aux antibiotiques : en 1992, alors que la polémique sur la rBGH faisait rage, deux scientifiques écrivaient dans *Science* : « Après un siècle de déclin aux États-Unis, la tuberculose est en pleine recrudescence. [...] Un tiers des cas détectés dans la ville de New York, en 1991, sont dus à des souches résistantes à un ou plusieurs médicaments [17]. » La même année, le Center for Disease Control constatait que 13 300 patients hospitalisés dans le pays étaient décédés à la suite d'infections provoquées par des bactéries résistantes aux antibiotiques que les médecins leur avaient prescrits [18].

Pressions tous azimuts

Voilà pourquoi le GAO a pris très au sérieux le problème des mammites [19]. Ayant eu vent d'une étude réalisée par l'université du Vermont, qui avait été payée par Monsanto pour tester l'hormone transgénique sur quarante-six vaches, le bras investigateur du Congrès a demandé qu'on lui communique les résultats. Mais les scientifiques ont refusé... Relayée par le Vermont Public Interest Research Group, une organisation de consommateurs du Vermont (premier État américain pour la production de fromage), l'affaire a fait grand bruit, contraignant la FDA à rompre le silence : on découvrit alors que 40 % des vaches traitées avaient dû être soignées pour une mammite, contre moins de 10 % dans le groupe contrôle...

Au même moment, Monsanto engageait un bras de fer avec cinq scientifiques britanniques, dont le professeur Eric Millstone, de l'université du Sussex, qui, contrairement à d'autres, n'ont pas plié. L'histoire mérite qu'on s'y attarde, car elle illustre parfaitement l'attitude de la firme de Saint Louis face à la recherche indépendante. L'enjeu, ce sont toujours les mammites, dont la gravité se mesure par ce qu'on appelle la « numération cellulaire » (en anglais « *somatic cells count* » ou « SCC »). Pour évaluer l'état inflammatoire des pis, on dénombre les leucocytes ou globules blancs contenus dans le sang des vaches : si la numération cellulaire est élevée, c'est qu'il y a du pus dans le lait. Il faut savoir aussi qu'au moment où la FDA planchait sur l'autorisation de mise sur le marché de la rBGH, Monsanto avait saisi les pays européens d'une demande similaire. C'est ainsi que la société avait associé vingt-six centres de recherche internationaux aux essais sur l'hormone transgénique. Le 4 octobre 1989, le professeur Millstone rencontre Neil Craven, le représentant de Monsanto à Bruxelles, qui accepte de lui transmettre les données brutes des tests réalisés dans huit centres situés aux États-Unis, en Hollande, en Grande-Bretagne, en Allemagne et en France (où l'essai a été conduit par l'Institut technique de l'élevage bovin). Une semaine plus tard, un courrier – qui constituera bientôt le nœud de l'« affaire » – précise le cadre de l'accord : « Nous sommes très intéressés de connaître votre point de vue sur les données quand vous les aurez analysées, écrit Neil Craven. Comme vous le savez, nous demandons que ces données brutes soient maintenues confidentielles et espérons que vous discuterez leur interprétation avec nous avant de les révéler à un tiers... »

Le professeur Millstone décortique alors les données transmises par les huit centres internationaux, qui concernent 620 vaches, dont 309 ont été piquées à l'hormone. Il découvre qu'un certain nombre d'animaux ont été « prématurément retirés des statistiques », ce qui biaise bien sûr les résultats. Par exemple, à Dardenne (États-Unis), c'est le cas de la vache « 321 », trouvée morte le 28 mars 1986 : virée de l'essai ! Ou la « 391 » : retirée de l'essai à cause d'une mammite. En Arizona, même chose pour la « 4320 », morte d'une péritonite ; dans l'Utah, la « 5586 » a succombé à un lymphosarcome ; ou en Hollande, la « 701 », éliminée à cause d'une anémie aiguë provoquée par la rupture de vaisseaux sanguins dans les glandes mammaires, etc. En faisant une méta-analyse des données, le scientifique britannique conclut que le taux de SCC est en moyenne 19 % plus élevé chez les vaches traitées que dans les groupes contrôles. Sachant que le Comité des produits vétérinaires du ministère britannique de l'Agriculture, de la Pêche et de l'Alimentation est en train d'étudier la demande de mise sur le marché de la rBGH, il lui envoie un compte rendu de ses résultats en soulignant que « certains des chiffres publiés par Monsanto ne coïncident pas avec ceux qui nous ont été directement fournis » et que « l'usage commercial de la rBST pourrait être responsable d'une baisse de la qualité du lait ».

Puis, le 5 décembre 1991, il contacte Doug Hard, le nouveau représentant de la société à Bruxelles, pour lui demander l'autorisation de publier un article dans une revue scientifique, dont il joint un brouillon, conformément à l'accord préalable. « Toutes les données brutes sont confidentielles et donc leur analyse également », répond un mois plus tard Doug Hard, lequel se montre pourtant conciliant : il conditionne la publication éventuelle à la parution imminente et prioritaire d'un papier signé par les consultants de Monsanto dans le *Journal of Dairy Science.* Deux ans passent, pas de nouvelles... Le professeur Millstone écrit alors au *Journal of Dairy Science* pour lui suggérer de publier conjointement son papier et celui de Monsanto. Il découvre qu'aucun article n'a jamais été soumis par la compagnie sur la rBGH et les SCC[a] !

Lassé par ces manœuvres, le chercheur britannique entame alors un véritable parcours du combattant, qui en dit long sur la fameuse « indépendance » des journaux scientifiques... Il contacte le *Veterinary Record,* qui accepte de publier son article, à condition qu'il obtienne le consentement de Monsanto. Eric Millstone se tourne donc vers le *British Food Journal,* lequel donne son feu vert, sans le consentement préalable de Monsanto ; mais finalement l'éditeur renonce, car la société menace de l'attaquer pour « plagiat ». « Quand vous prenez les données de quelqu'un et que vous les utilisez sans l'accord de cette personne, c'est du plagiat », argumente Robert Collier, le « Monsieur rBGH » de Monsanto. Finalement, l'article du professeur Millstone, cosigné par Eric Brunner, du University College de Londres, et Ian White, de la London School of Tropical Medecine, sera publié le 20 octobre 1994 dans *Nature,* le concurrent britannique de *Science,* où il révélera toute l'affaire[20]. La parution s'accompagne d'une mise au point où le chercheur explique que la multinationale n'a aucun droit sur les analyses conduites par son laboratoire, mais seulement sur les données brutes qu'il a gardées confidentielles, conformément à son engagement. Il est intéressant de noter que, pour bloquer la diffusion d'un article mettant en cause ses résultats, Monsanto n'hésite pas à brandir ses droits de propriété intellectuelle sur des données dont l'enjeu est, je le rappelle, la santé des consommateurs...

Bienvenue au pays des « portes tournantes » !

Mais revenons aux États-Unis et aux travaux du GAO. Le 2 mars 1993, ses membres écrivent à Donna Shala, secrétaire à la Santé : « L'autorisation de la rBGH ne devrait pas intervenir avant que les risques liés aux antibiotiques soient sérieusement évalués. Les recommandations que nous avons faites à ce sujet à la FDA n'ont toujours pas été suivies d'effet. » Et elles ne le seront jamais... Le 5 novembre 1993, la FDA donne son feu vert à la mise sur le marché de Posilac, le nom commercial de la rBGH. Seule petite « restriction ».

---

a L'affaire s'ébruitant, Monsanto finira par publier un article dans le *Journal of Dairy Science* pendant l'été 1994.

la notice d'emploi doit indiquer que le produit peut entraîner vingt-deux effets secondaires sur les vaches ! Parmi eux : un taux de reproduction réduit, des kystes sur les ovaires et un désordre de l'utérus, une réduction du temps de gestation et du poids des veaux, un taux plus élevé de jumeaux, une augmentation des mammites et des SCC, des abcès de 3 à 5 cm, pouvant aller jusqu'à 10 cm, à l'emplacement des injections. Excusez du peu...

« La rBGH représente le produit le plus controversé jamais autorisé par la FDA, m'explique Michael Hansen, du Consumer Policy Institute. Il faut bien comprendre que l'hormone transgénique n'est pas un médicament destiné à soigner une quelconque maladie du bétail, mais que c'est un produit à visée strictement économique qui ne présente aucun bénéfice pour les animaux ni pour le consommateur. L'agence aurait donc dû exiger son innocuité totale avant d'approuver sa mise sur le marché. Au lieu de cela, elle reconnaît qu'il peut poser d'innombrables problèmes de santé, en créant un nouveau critère, qui viole le *Food Drug and Cosmetic Act* : celui de "risque gérable" [*manageable risk*]. » De fait, un document interne de la FDA révèle que lors d'une réunion tenue le 31 mars 1993, le CVM a conclu que les risques que faisait courir l'hormone transgénique à la santé humaine et animale étaient « gérables » et que l'agence devait donc procéder à son homologation. « En fait, reprend Michael Hansen, l'agence a subrepticement modifié ses critères de réglementation pour satisfaire les besoins de Monsanto, qui a su très bien manœuvrer en plaçant à des postes clés de l'agence certains de ses représentants. »

C'est ce qu'on appelle aux États-Unis les *revolving doors*, les « portes tournantes », une version américaine des « chaises musicales » ou du bon vieux « pantouflage », qui désigne le recrutement de salariés issus de l'industrie privée par les agences gouvernementales, et *vice versa*. Nous reviendrons plus longuement sur ce sport national où excelle incontestablement la société de Saint Louis, pour n'évoquer ici que le cas de la rBGH. C'est ainsi qu'on découvre que l'un des auteurs cachés de l'article controversé publié par la FDA dans *Science* était Susan Sechen, une ancienne étudiante du professeur Dale Bauman (le principal relecteur du fameux article) – lequel avait, je le rappelle, été payé par Monsanto pour tester l'hormone transgénique à l'université Cornell. Après avoir fait sa thèse sur la rBGH, Sechen avait été recrutée par le CVM pour évaluer les données fournies par la firme. Sa supérieure hiérarchique était Margaret Miller, qui avait travaillé chez Monsanto de 1985 à 1989, avant de devenir l'adjointe du docteur Robert Livingston, le directeur du bureau de l'évaluation des nouveaux médicaments au CVM.

La présence de cette dernière à un poste aussi stratégique avait d'ailleurs provoqué quelques remous, puisque, le 16 mars 1994 – au moment où le

Posilac arrivait sur le marché –, des agents du CVM écrivaient une lettre anonyme au docteur David Kessler, l'administrateur de la FDA, avec copie à l'inspecteur du GAO et à l'Union des consommateurs : « Nous avons peur de parler ouvertement à cause des représailles du directeur, le docteur Robert Livingston, qui harcèle toute personne exprimant une opinion opposée à la sienne, préviennent les *whistleblowers*. L'origine de notre inquiétude, c'est que le docteur Livingston a fait écrire au docteur Miller une réglementation sur l'usage des antibiotiques dans le lait. Celle-ci a fixé, de manière arbitraire et sans base scientifique, le taux de résidu permis à 1 ppm [partie par million], sans aucun test préalable pour la santé du consommateur. Ce taux serait valable pour un antibiotique. Mais une vache peut être traitée avec plusieurs antibiotiques et chacun d'entre eux serait donc autorisé à un taux de 1 ppm sans test supplémentaire. Les effets des différents antibiotiques peuvent s'ajouter, mais cela n'est pas pris en compte. »

« Dès que nous avons eu connaissance de cette lettre, nous avons repris espoir », m'explique Jeremy Rifkin, le très médiatique président de la Foundation on Economic Trends, qui me reçoit en juillet 2006 dans son bureau de Bethesda, dans la banlieue de Washington. Auteur du livre à succès *Le Siècle biotech*[21], cet économiste fut sans conteste l'intellectuel américain qui a mesuré le plus tôt les enjeux de la rBGH, le premier produit OGM mis sur le marché par Monsanto. En février 1994, il lance une campagne nationale baptisée « Pure Food Campaign ». Sur des archives audiovisuelles, on le voit déversant des bidons de lait dans les caniveaux de New York, tandis qu'une jeune activiste alpague les passants, avec un mégaphone : « L'hormone de croissance transgénique est un test pour nous faire accepter les OGM », s'époumone-t-elle, en brandissant une pancarte : « Non au lait transgénique ! » S'appuyant sur la lettre anonyme des lanceurs d'alerte du CVM, Jeremy Rifkin parvient à convaincre trois membres du Congrès de demander l'ouverture d'une enquête au... GAO. Le bureau d'investigation du Congrès, qui vient piteusement d'enterrer sa première enquête sur les dangers sanitaires de la rBGH[a], en ouvre une seconde, cette fois-ci, sur un possible « conflit d'intérêts » entachant le traitement du dossier par la FDA. Sont visés Susan Sechen, Margaret Miller et surtout un certain Michael Taylor...

Je dois reconnaître que j'ai bien failli renoncer à retrouver celui qui incarne à lui tout seul le système des *revolving doors* et, au-delà, les liens entre Monsanto et les agences de réglementation américaines. Sa double casquette

---

a Le 15 avril 1994, les trois membres du Congrès écrivent à l'inspecteur général du GAO, en expliquant que la première enquête a capoté « à cause du refus de la société Monsanto de communiquer toutes les données cliniques disponibles sur la rBGH »...

a en effet fait couler beaucoup d'encre. D'après son curriculum vitae, cet avocat né en 1949 a d'abord travaillé à la FDA (de 1976 à 1980), où il participait à la rédaction des documents concernant la sécurité alimentaire pour le *Federal Register* (c'est en quelque sorte le *Journal officiel* de la FDA, où sont publiés tous les textes réglementaires produits par l'agence ; il est aujourd'hui accessible sur son site Web). En 1981, il rejoint le prestigieux cabinet King et Spalding d'Atlanta, dont les clients ont pour nom Coca-Cola et... Monsanto. Le 17 juillet 1991, il est nommé numéro deux de la FDA, qui crée pour lui un poste taillé sur mesure : administrateur adjoint, chargé de la politique de l'agence (Deputy Commissioner for Policy). Il y restera trois ans, le temps de superviser la rédaction des textes fondamentaux concernant la réglementation de la rBGH et au-delà des OGM – nous y reviendrons longuement –, avant de faire un petit séjour à l'USDA, le ministère de l'Agriculture, puis d'être recruté à la fin des années 1990 comme vice-président de Monsanto...

Quand, enfin, j'arrive à le localiser en juillet 2006, il est directeur de Ressources for the Future, un « institut indépendant » basé à Washington et dédié à l'« analyse des ressources naturelles, environnementales et énergétiques ». Cet homme de l'ombre, à la discrétion légendaire, n'a jamais accepté de me rencontrer, « avec ou sans caméra ». Mais, curieusement, il m'a donné un rendez-vous téléphonique dans ma chambre d'hôtel, à Washington, ce qui m'a permis d'enregistrer notre conversation. Je me souviens que, prise d'un accès de paranoïa, je m'étais dit qu'il avait dû faire de même de son côté... C'était l'époque où j'attendais une réponse de Monsanto pour des interviews à Saint Louis, et je savais que la société enquêtait à mon sujet, en pesant consciencieusement le pour et le contre..

« Le fait que vous ayez travaillé pendant sept ans comme conseil de Monsanto et que vous supervisiez ensuite le processus d'homologation de l'un de ses produits les plus controversés ne vous a jamais posé de problème d'éthique ?, ai-je prudemment demandé.

– Non, non, me répond Michael Taylor, il y a des règles et je les ai respectées...

– Vous ne pensez pas qu'il y avait un conflit d'intérêts ?

– Absolument pas, d'ailleurs le GAO a mené une enquête très poussée et il m'a totalement blanchi... »

De fait, au grand dam de Jeremy Rifkin, le GAO conclura son enquête en niant l'existence d'un conflit d'intérêts. « Bienvenue à Washington !, s'amuse l'essayiste américain. Lors de leur audition, Michael Taylor et Margaret Miller ont affirmé qu'ils s'étaient volontairement retirés de toutes les réunions qui concernaient la rBGH ! En vertu de quoi, circulez, il n'y a rien à voir ! »

Un des grands pollueurs de l'histoire industrielle

« L'enquête du GAO fut une mascarade, renchérit le professeur Samuel Epstein. Comment a-t-il pu prendre pour argent comptant un tel alibi, alors que c'est Michael Taylor qui a signé une directive de la FDA recommandant de ne pas étiqueter le lait naturel comme étant "sans rBGH" ou "sans hormone" ? Vous comprenez ce que cela signifie ? L'agence chargée de la sécurité alimentaire a publié un texte absolument sans précédent qui empêche les consommateurs de choisir le lait qu'ils désirent boire et, surtout, permet à Monsanto de poursuivre en justice tous les vendeurs de produits laitiers qui rejettent publiquement le lait aux hormones. Vous ne trouvez pas qu'on marche sur la tête dans ce pays [22] ? »

6

L'affaire de l'hormone de croissance bovine (2) : l'art de faire taire les voix discordantes

« La rBGH est le produit le plus étudié de l'histoire de la FDA. »
Film promotionnel de Monsanto.

Samuel Epstein a raison : plus on avance dans cette incroyable histoire, plus il faut se pincer pour être sûr de ne pas rêver, tant elle semble sortie tout droit de l'imagination d'un auteur de science-fiction... Le 5 novembre 1993, la FDA accordait donc l'autorisation de mise sur le marché du Posilac. Quatre-vingt-dix jours plus tard – le délai légal –, très exactement le 4 février 1994, les camionnettes de Federal Express sillonnaient les campagnes américaines pour livrer les premières doses de l'hormone transgénique. En effet – et c'est une autre curiosité –, la rBGH ne s'achète pas dans les pharmacies vétérinaires, mais se commande directement auprès de Monsanto, grâce à un numéro vert.

Interdit d'étiqueter sous peine de poursuites !

Six jours plus tard, le *Federal Register* publiait un texte, intitulé « Directive sur l'étiquetage volontaire du lait et des produits laitiers provenant de vaches qui n'ont pas été traitées avec la rBST », dont l'objectif est de « prévenir des informations fausses ou induisant en erreur au sujet de la rBST [1] ». Passe encore pour la première partie où l'« auteur » constate sans sourciller :

« L'agence a trouvé qu'il n'y avait pas de différence significative entre le lait provenant de vaches traitées et non traitées », et c'est pourquoi elle « n'a aucune autorité pour exiger l'étiquetage du lait provenant de vaches traitées à la rBST ». En d'autres termes : la FDA n'exigera pas des producteurs de lait qui utilisent l'hormone de croissance transgénique qu'ils le signalent aux coopératives ou aux distributeurs de produits laitiers ; le lait issu de la rBGH sera donc mélangé au lait naturel, sans aucune mention spéciale. Et *quid* de ceux qui tiennent absolument à boire du lait naturel ? Eh bien, leurs fournisseurs n'auront pas le droit d'apposer une simple étiquette « sans rBST ». L'argumentaire développé par la FDA ne manque pas de surprendre : « Étant donné que le lait contient naturellement de la BST, aucun lait ne peut être déclaré "sans BST" et donc un étiquetage indiquant "sans BST" serait erroné. De plus, la FDA considère que le terme "sans BST" implique que le lait provenant de vaches non traitées est plus sain et de meilleure qualité que celui provenant de vaches traitées. Ce qui est faux et trompeur. »

Certes, cette directive n'a pas valeur de loi, et l'agence n'interdit pas formellement le label « sans rBST », mais elle suggère fortement qu'il soit accompagné d'une petite phrase censée « informer le consommateur » qu'elle appelle une « déclaration contextuelle » (*contextual statement*) : « La FDA n'a constaté aucune différence significative entre le lait dérivé de vaches traitées à la rBST et les vaches non traitées. »

Et qui signa la directive ? Michael Taylor[2]... « Bien sûr que c'est moi qui ai signé le texte, c'était mon rôle de signer tous les documents que publiait la FDA, mais ce n'est pas moi qui l'ai écrit, m'a assuré lors de notre entretien téléphonique l'intéressé, que le sujet semble embarrasser. Et pourquoi revenir sans cesse sur cette histoire vieille de quinze ans ? » Pourquoi ? Parce qu'elle éclaire sur la manière dont *in fine* les OGM seront imposés à la planète entière sous l'emprise d'une multinationale qui a tout planifié avec une logique implacable. Voilà pourquoi nous nous intéresserons aux « petits détails », car ladite multinationale, elle, n'a rien laissé de côté.

Soyons donc précis : c'est vrai, ce n'est pas Michael Taylor lui-même qui a écrit la directive. Et on le comprend sans mal : en tant que numéro deux de la FDA, il avait autre chose à faire. Comme il l'a reconnu lors de notre entretien, sa mission était d'« encadrer le processus réglementaire ». La personne qui a rédigé le texte, c'est... Margaret Miller, l'ancienne salariée de Monsanto, devenue l'une des chefs du CVM. C'est en tout cas ce qu'affirmaient les *whis tleblowers* du CVM dans leur lettre anonyme de 1994 : « Nous nous inquiétons de la récente décision de la FDA de ne pas étiqueter le lait traité avec la BST Or cet avis a été rédigé par le docteur Margaret Miller, l'assistante du directeur. [...] Cependant, avant de venir à la FDA, le docteur Miller travaillait pour la compagnie Monsanto, comme chercheuse sur la BST. Au moment où elle rédigeait l'avis de la FDA sur l'étiquetage, elle continuait de publier des articles avec des scientifiques de Monsanto sur la BST. Il nous semble que c'est un cas flagrant de conflit d'intérêts. Comme vous savez, si le lait est étiqueté comme provenant de vaches traitées avec la BST, les consommateurs ne l'achèteront pas et Monsanto perdra beaucoup d'argent. »

Si Michael Taylor n'a pas rédigé la directive, en revanche, c'est lui qui en a inspiré le contenu : il suffit pour s'en convaincre de lire attentivement un document confidentiel adressé le 28 avril 1993 à la FDA par le cabinet King et Spalding. On se souvient que Michael Taylor y avait officié pendant sept ans comme conseil de Monsanto, à propos – *dixit* son CV – de *food labelling*, c'est-à-dire justement de l'étiquetage des aliments, notamment d'origine transgénique (nous y reviendrons). Intitulé « L'étiquetage du lait et des aliments provenant de vaches laitières traitées avec la somatotropine serait illégal et imprudent », le mémorandum de King et Spalding, qui a été « soumis à la demande de Monsanto à la FDA », développe des arguments que l'on retrouve textuellement dans la fameuse directive : « En plus d'être illégal, l'étiquetage induirait les consommateurs en erreur, puisqu'il suggérerait qu'il y a une différence entre le lait provenant des troupeaux laitiers traités avec la BST et celui provenant d'animaux non traités, alors qu'il n'y a pas de différence significative[3]... »

« Cette directive de la FDA est un comble, s'étrangle Michael Hansen, l'expert du Consumer Policy Institute qui avait adressé une critique circonstanciée à l'agence, dès le 14 mars 1994. D'abord – et la FDA le sait très bien –, le lait provenant de vaches traitées n'est pas identique au lait naturel ; deuxièmement, cela fait longtemps qu'elle autorise des labels comme "produit biologique", "fromage du Wisconsin", "produit par des Amish" ou "Angus beef", et elle n'a jamais considéré que cela pouvait induire les consommateurs en erreur en impliquant une différence en termes de qualité ou de sécurité alimentaire ! Pourquoi serait-ce différent pour le lait étiqueté "sans rBST" ? Encore une fois, ce texte a été taillé sur mesure pour Monsanto, qui sait très bien que, si le lait est étiqueté, les consommateurs feront tout pour éviter les produits issus de l'hormone transgénique. » Et de citer onze sondages réalisés dans les années 1990 : tous confirment que l'immense majorité des consommateurs préféreraient acheter du lait sans rBGH, s'ils en avaient le choix[a].

En attendant, la directive a bel et bien servi la société de Saint Louis, qui l'a brandie pour traîner en justice tous ceux qui osaient apposer le label « sans

---

a Ces sondages ont été réalisés pour le ministère de l'Agriculture, l'université Cornell, l'université du Wisconsin, le journal *The Dairy Today*, etc.

rBGH ». La première victime, en 1994, fut la Swiss Valley Farms de Davenport, une coopérative laitière de l'Iowa qui a informé ses 2 500 éleveurs qu'elle n'achèterait pas leur lait s'ils utilisaient la rBGH. « Si de telles choses se reproduisent, cela causera des dommages irréparables à Monsanto », a justifié Tom McDermott, le porte-parole de la société [4]. Finalement, l'affaire se terminera par un arrangement à l'amiable, exigé par la justice et autorisant la coopérative à étiqueter son lait, à condition qu'elle y ajoute la petite « déclaration contextuelle » vivement « recommandée » par la directive de Michael Taylor : « La FDA n'a constaté aucune différence significative entre le lait dérivé de vaches traitées à la rBST et les vaches non traitées. » « Tous les professionnels du lait sont terrifiés », déclarait peu après un directeur d'une coopérative du nord-est des États-Unis, exigeant l'anonymat par peur des représailles [5].

En 2003, c'était au tour de Oakhurst Dairy Inc., la plus grande compagnie laitière de la Nouvelle-Angleterre, de se retrouver sur le banc des accusés. Cette entreprise familiale avait nettement augmenté ses ventes (85 millions de dollars) en étiquetant ses produits avec la mention : « Nos fermiers s'engagent à ne pas utiliser d'hormone de croissance artificielle. » En contrepartie, elle payait un bonus à ses producteurs. Monsanto n'a pas hésité à la poursuivre, au motif que le label constituait un « dénigrement de l'usage des hormones de croissance dans les troupeaux ». « Nous ne céderons pas, avait déclaré Stanley T. Bennett, le président de Oakhurst Dairy, car nous estimons que nos clients ont le droit de savoir ce qu'il y a dans leur lait [6]. » Comme pour sa collègue de Davenport, l'entreprise a dû pourtant transiger en rajoutant la fameuse petite phrase [7].

En février 2005, Tillamook, l'un des plus grands producteurs américains de fromage, s'attirait à son tour les foudres de la multinationale. Face à la demande grandissante de ses clients de fournir du lait naturel, la coopérative laitière avait demandé à ses cent quarante-sept éleveurs de cesser d'utiliser l'hormone transgénique. Aussitôt, Monsanto avait dépêché à Oregon un avocat de... King et Spalding pour convaincre une partie du conseil d'administration de revenir sur sa décision. Dans un communiqué, la coopérative s'étonnait de ces « méthodes spécialement vigoureuses » visant à « semer la zizanie » parmi ses membres [8]...

À dire vrai, on ne voit pas pourquoi la firme se priverait de ce genre de pratique, puisqu'elle peut se targuer d'avoir toujours reçu le soutien sans faille de la FDA. Pour preuve, ce courrier du docteur Lester Crawford, administrateur adjoint de l'agence, adressé en 2003 à Brian Lowry – longtemps en charge du dossier rBST à Monsanto, avant de devenir le responsable de la politique des droits de l'homme de la firme –, que le site de l'International Dairy Food

Association (IDFA), un puissant lobby laitier pro-rBGH [a], s'est empressé de mettre en ligne : « Vous avez attiré mon attention sur ces pratiques trompeuses qui fourvoient les consommateurs sur la qualité et la sécurité du lait provenant de l'usage de la rBST. Nous partageons votre inquiétude et examinons actuellement les labels rédigés d'une manière fausse et trompeuse. »

Propagande illégale

« Regardez, à votre gauche, vous avez l'une des plus grosses exploitations laitières de la région, qui utilise à coup sûr l'hormone de croissance transgénique, me dit John Peck, le secrétaire de l'association Family Farm Defenders. Si vous voulez la filmer, soyez discret, on ne sait jamais... » Le jeune agriculteur gare prudemment sa voiture sur le bas-côté. Son inquiétude nous a gagnés et nous exécutons les trois plans aussi vite qu'il se peut. Devant nous, une énorme installation laitière abritant plusieurs centaines de vaches, alignées le long de travées rectilignes. Les bêtes ne sortent jamais, elles sont exclusivement nourries de compléments alimentaires, tourteaux de soja (OGM) ou farines. Des ouvriers basanés circulent sur le site. « Ce sont des Mexicains sans papiers, m'explique John Peck, ce genre d'exploitation fonctionne comme une usine qui emploie une main-d'œuvre bon marché et corvéable à merci. »

En ce mois d'octobre 2006, nous sommes dans l'État du Wisconsin, au nord-est de Chicago, qui fut longtemps le premier État laitier des États-Unis, avant d'être devancé par la Californie où les fermes du type de celle que nous avons sous les yeux se sont multipliées au cours des dix dernières années, grâce à la rBGH. « Aujourd'hui, m'explique John Peck, les fermes du Wisconsin comptent en moyenne cinquante vaches contre quatre cents en Californie, mais nous représentons le premier État pour la production de lait biologique. »

Nous avons repris la route et traversons un paysage vallonné et verdoyant, parsemé de fermes proprettes, devant lesquelles trône régulièrement une pancarte : « produit amish ». Le Wisconsin héberge en effet la quatrième communauté amish du pays, qui continue d'être fidèle aux règles de vie prescrites par l'ordre ancien (*old order*), inchangées depuis l'installation de cette

a <www.idfa.org>. On peut notamment y lire . « Monsanto est un fournisseur de produits agricoles qui augmentent la productivité de la ferme et la qualité des aliments. La compagnie fabrique et commercialise Posilac, une technologie qui a prouvé sa rentabilité en permettant aux éleveurs de produire 8 à 12 litres supplémentaires par vache et par jour. »

secte religieuse d'origine alsacienne aux États-Unis, à la fin du XVIIe siècle barbes pour les hommes et coiffes pour les femmes, tous vêtus de vêtements traditionnels, et surtout rejet de toutes les techniques issues du « progrès », à commencer par l'électricité. Les amish s'éclairent à la bougie, se déplacent en carrioles tirées par des chevaux et labourent leurs terres avec une paire de bœufs.

« Les produits agricoles amish connaissent aujourd'hui un grand succès, car ils sont nécessairement biologiques, m'explique John Kinsman, le président de Family Farm Defenders, que nous venons de rejoindre dans sa maison. Ils vendent leur lait directement à la ferme, ce qui leur permet d'éviter les foudres de Monsanto. » La soixantaine volubile, John Kinsman est l'une des figures de l'opposition à l'hormone transgénique, contre laquelle il s'est mobilisé très tôt, d'abord pour des raisons économiques et sociales. « La rBGH représente une véritable aberration, assène-t-il, en déballant un épais dossier sur la table de sa cuisine. Au moment où Monsanto la soumettait à la FDA, le gouvernement américain payait les éleveurs pour abattre leurs vaches, car nous étions en surproduction de lait depuis déjà un quart de siècle ! » De fait, en 1985, pour en finir avec les surplus laitiers, qui coûtaient chaque année au budget fédéral la bagatelle de deux milliards de dollars, le Congrès a voté le *Food Security Act*, censé réduire la facture du programme de soutien des prix en diminuant le nombre des exploitations laitières. Quelque 14 000 fermiers ont accepté d'être subventionnés pour envoyer à l'abattoir plus de 1,5 million de vaches (ce programme a coûté 1,8 milliard de dollars)... « L'hormone de croissance s'inscrit dans la logique industrielle de l'agriculture qui pousse à la concentration de la production et donc à la disparition de nombreuses unités agricoles incapables de faire face aux frais qu'engendre ce modèle d'exploitation intensive, m'explique John Kinsman. Nous estimons que ce modèle va à l'encontre du développement durable et de la production d'une nourriture de qualité, que seule l'agriculture familiale et biologique peut fournir. »

Nous reprenons la route pour rencontrer un paysan qui a utilisé la rBGH pendant quelque temps avant d'y renoncer en raison de graves problèmes vétérinaires. « C'est très difficile de trouver un fermier qui accepte de témoigner de ses déboires, commente John Kinsman. D'abord, parce que la plupart ont honte d'avoir infligé de tels sévices à leurs bêtes tout en menaçant la santé de leurs clients ; et puis, pour pouvoir se procurer l'hormone, il faut signer un contrat qui comprend une clause de confidentialité en cas de problème. J'ai connu des paysans qui ont été poursuivis par Monsanto parce qu'ils s'étaient exprimés publiquement. . »

Le fermier qui nous reçoit s'appelle Terry et il exploite un troupeau d'une quarantaine de vaches Holstein qui paissent tranquillement non loin de sa maison. Les bêtes à la robe pie noir sont gardées par deux... lamas péruviens. « Ils sont excellents, meilleurs que des chiens ! », explique-t-il, amusé de mon étonnement. Puis, prenant soudain un ton grave, il prévient d'emblée : « J'ai accepté de vous recevoir, parce que John m'a convaincu de votre bonne foi et qu'il faut bien que quelqu'un témoigne pour que des sociétés comme Monsanto cessent d'étendre leur empire sur l'agriculture de ce pays. Mon histoire est malheureusement tout à fait banale : un jour, vers 1992 ou 1993, mon vétérinaire m'a parlé d'un médicament miracle qui allait arriver bientôt sur le marché et qui, disait-il, allait considérablement augmenter mes revenus. Comme nous faisons un métier où nous sommes financièrement souvent sur le fil du rasoir, j'ai accepté de l'essayer dès que ce serait possible.

– C'était courant que des vétérinaires fassent de la publicité pour la rBGH ?, ai-je demandé, un brin surprise.

– Oui, répond John Kinsman, Monsanto n'a pas cessé de faire de la propagande pour son produit, alors qu'il n'était pas encore autorisé ! La compagnie proposait une prime de 300 dollars à chaque vétérinaire qui convaincrait un paysan de l'utiliser. De plus, elle organisait des banquets promotionnels dans tous les États laitiers où elle distribuait une vidéo vantant les mérites de l'hormone de croissance. »

C'est exact. Je me suis procuré l'une de ces vidéos, produites par Monsanto. On y voit un gentleman à l'air très professoral qui déambule dans une exploitation laitière tout en devisant sur les avantages de la rBGH, « le produit le plus étudié de l'histoire de la FDA ». « Le médicament a été testé pendant des années, et ça marche ! », assure-t-il, tandis qu'à ses côtés un homme pique consciencieusement une rangée de vaches étonnamment dociles. Cette vidéo a été distribuée auprès des agriculteurs dès la fin des années 1980, provoquant l'ire de la... FDA ! C'est ainsi que le 9 janvier 1991, Gerald B. Guest, le directeur du CVM, adressait un courrier à David Kowalczyk, de Monsanto : « Au cours des dernières années, votre compagnie a organisé un nombre important d'événements, comprenant des brochures, vidéos et des réunions sponsorisées qui promouvaient la BST comme étant saine et/ou efficace pour augmenter la production laitière, [...] bien qu'elle soit encore à l'étude pour déterminer si elle peut être légalement commercialisée aux États-Unis, écrit le représentant de la FDA. L'article 21 CFR.1 (b) (8) (iv) n'autorise pas ce genre d'activité tant qu'un médicament n'est pas encore autorisé. » Un peu plus loin, on apprend que parmi les festivités figuraient des « cocktails dînatoires » organisés pour les vétérinaires et le « personnel du CVM », qui a « toujours refusé d'y participer ». L'honneur est sauf ! En attendant, le représentant de la FDA ordonnait poliment à Monsanto de cesser ces pratiques publicitaires illégales, sous peine de sanction...

Hécatombe sur les fermes

« Regardez, me dit John Kinsman », j'ai conservé un tract publicitaire de Monsanto chantant les louanges du Posilac. Et le leader paysan de lire : « Les vaches traitées avec Posilac sont en très bonne santé. [...] La performance des veaux nés de vaches traitées est excellente. » « C'est faux !, s'insurge Terry. J'ai utilisé l'hormone de croissance sur douze vaches de mon troupeau. Très vite, je me suis aperçu qu'elles perdaient énormément de poids. Je n'arrêtais pas d'augmenter leurs rations alimentaires, mais il n'y avait rien à faire, elles maigrissaient à vue d'œil. En fin de période de lactation, j'ai voulu les faire inséminer, je m'y suis repris à quatre ou cinq fois, mais ça n'a jamais marché. Aucune des vaches que j'ai piquées ne m'a donné de veau. À la fin, je les ai vendues à l'abattoir. Heureusement que j'avais épargné le reste du troupeau, sinon j'aurais tout perdu...

– C'est ce qui est arrivé à plusieurs fermiers du Wisconsin », commente John Kinsman, qui me renvoie à une étude publiée en 1995 par Mark Kastel, un consultant indépendant qui travaillait alors pour la Wisconsin Farmers Union [9]. À la fin de l'été 1994, c'est-à-dire six mois après la mise sur le marché de Posilac, l'organisation paysanne, en collaboration avec la National Farmers Union de Denver (Colorado), décide d'ouvrir un numéro vert destiné aux utilisateurs de l'hormone. À l'origine de cette initiative : le témoignage de John Shumway, un fermier de l'État de New York, qui avait raconté ses déboires à un hebdomadaire local [10]. Après à peine deux mois d'injections, celui-ci avait dû sacrifier un quart de son troupeau, soit une cinquantaine de vaches à cause de problèmes aigus de mammites. Recontacté un an plus tard, en septembre 1995, le fermier avouera que la rBGH avait décimé 135 vaches sur 200 et qu'elle lui avait coûté 100 000 dollars, entre les pertes dues à la chute de sa production laitière et le rachat de nouvelles bêtes.

Très vite, le numéro vert est débordé : des éleveurs appellent de tous les États-Unis. Par exemple, Melvin Van Heel – 70 vaches dans le Minnesota – rapporte qu'il ne sait plus comment soigner ses bêtes qui souffrent de mammites et d'abcès énormes aux points d'injection ; Al Core – 150 vaches en Floride – constate que ses vaches ne peuvent plus marcher sous le poids des pis devenus énormes et qu'elles boitent à cause de blessures aux pattes et aux sabots ; de plus, trois vaches traitées ont donné naissance à des veaux monstrueux (pattes par-dessus la tête ou estomac à l'extérieur) ; Jay Livingston

– 200 vaches dans l'État de New York – raconte qu'il a dû remplacer 50 bêtes – certaines étant brutalement décédées – et qu'après avoir cessé les injections, il a fait inséminer le reste du troupeau : 35 vaches ont donné naissance à des jumeaux, la plupart de très faible constitution « absolument bons à rien »...

En lisant ce rapport apocalyptique, je me souviens de la réflexion émue qu'avait faite le docteur Richard Burroughs, le vétérinaire licencié de la FDA. « C'est terrible ce qu'on inflige aux vaches, avait-il murmuré. Pour pouvoir se transformer en usine à lait, elles sont obligées de pomper en permanence sur leurs réserves, ce qui provoque des fragilités osseuses. Encombrées par des pis monstrueux, elles boitent et tiennent à peine debout... »

Tous les fermiers cités dans l'étude de Mark Kastel ont adressé des rapports à Monsanto, ainsi que le prévoit le contrat qu'ils avaient signé, mais la société n'a jamais donné signe de vie. Pire : alors qu'elle est légalement tenue de rendre compte des effets secondaires que son produit provoque sur le terrain, elle n'aurait, selon Kastel, jamais transmis certains des rapports à la FDA... Et de toute façon, à quoi bon ? Le 15 mars 1995, alors qu'il est assailli d'informations alarmantes, Stephen Sundlof, le nouveau directeur du CVM, constate froidement : « Après lecture des rapports, la FDA considère qu'il n'y a aucune raison de s'inquiéter [11] .. »

Aujourd'hui, alors que les principaux distributeurs agroalimentaires cherchent à se fournir en lait sinon biologique, du moins naturel, pour satisfaire la demande croissante des consommateurs [a], aucun bilan officiel n'a jamais été tiré de l'usage de l'hormone transgénique. « La FDA continue sa politique de l'autruche, soupire John Kinsman, mais sans le vouloir, son comportement irresponsable a en fait favorisé le développement de l'agriculture biologique. En cherchant à tout prix à éviter le lait issu de la rBGH, les consommateurs se sont rabattus sur les produits laitiers biologiques et, du coup, ont commencé à s'interroger sur la qualité de leurs aliments. Je pense qu'aucune décision officielle n'interdira jamais l'usage de l'hormone, mais, à terme, ce sont les consommateurs qui la feront disparaître de nos fermes. Et là ce sera un massacre...

– Pourquoi un massacre ?, dis-je, interdite.

– Parce que la rBGH est une véritable drogue, répond le vieux routier de l'activisme paysan. Quand les vaches arrêtent d'être piquées, elles sont en manque et s'effondrent littéralement. C'est ce qu'on appelle le "crack de la vache". Le jour où les grands éleveurs seront contraints d'arrêter les

---

a Le 6 juin 2006, *The Dairy & Food Market Analyst* rapportait que les chaînes comme Dean Foods, Wal-Mart et Kroger, pourtant peu enclines à soutenir l'agriculture biologique, s'engageaient à ne vendre que du lait sans rBST.

injections, parce que personne ne voudra plus de leur lait, ils devront envoyer leurs troupeaux à l'abattoir, ce qui représente, d'après nos estimations, un tiers des vaches laitières du pays...

– C'est effarant, murmuré-je, mais comment a-t-on pu arriver à une telle folie ?

– La puissance de l'argent aveugle, me répond John Kinsman. Monsanto a su s'appuyer sur une véritable machine de guerre pour faire taire toutes les voix discordantes... »

Lobbying et contrôle de la presse

« Ce petit mot pour vous remercier de vos efforts pour me tenir informé ainsi que l'AMA du progrès de la BST et du climat public l'entourant. L'ampleur de la communication réalisée par Monsanto au sujet de ce produit est impressionnante. [...] Je ne vois aucune raison pour laquelle la communauté médicale ne serait pas convaincue de la sécurité du produit pour les gens et le lait (*sic*). Restons en contact au sujet de la BST et bonne chance chez Monsanto ! » Cette charmante missive a été adressée, le 30 juin 1989, par le docteur Roy Schwartz, l'un des vice-présidents de l'American Medical Association, au docteur Virginia Meldon, vice-présidente de Monsanto, en charge des affaires scientifiques. Elle illustre très bien la « machine de guerre », faite d'entregent et d'influence, qu'a montée la firme de Saint Louis pour étouffer dans l'œuf toute critique de ses produits.

Car l'AMA, ce n'est pas rien ! Créée en 1847, cette association regroupe quelque 250 000 médecins américains, soit un tiers des praticiens du pays. Pour « aider les médecins à aider les patients » – son mot d'ordre officiel –, elle publie the *Journal of the American Medical Association*, l'hebdomadaire médical le plus lu au monde. « L'AMA a toujours milité en faveur de la rBGH, explique le professeur Samuel Epstein, tout comme d'ailleurs l'American Cancer Society [a] ou l'American Dietetic Association, qui font partie des alibis scientifiques de la Dairy Coalition, un puissant lobby laitier, créé comme par hasard en 1993, au moment où la FDA a homologué le Posilac, qui regroupe des représentants de l'industrie laitière, des grandes chaînes de la distribution alimentaire, l'association des secrétaires à l'Agriculture des cinquante États américains, des scientifiques sponsorisés par Monsanto, etc. S'appuyant sur tous ces réseaux, la Dairy Coalition a inondé la presse d'informations mensongères

a C'est précisément pour dénoncer la collusion entre l'American Cancer Society et les multinationales pharmaceutiques que Samuel Epstein a créé la Coalition against Cancer.

concernant la rBGH et a organisé des campagnes de diffamation contre tous ceux qui, comme moi, n'ont cessé d'alerter sur les dangers de l'hormone transgénique.

– Et la presse dans tout cela, ai-je demandé, comment s'est-elle comportée ?

– Ah, la presse !, sourit le professeur Epstein. Elle s'est très peu mouillée, soit parce qu'elle ne comprenait rien à cette histoire d'hormone transgénique, soit parce qu'elle était aveuglée par l'auréole de respectabilité qui entoure la FDA : comment imaginer, il est vrai, que la célèbre agence ait à ce point trahi sa mission ? Enfin, les rares journalistes qui ont vraiment fait leur travail ont été durement sanctionnés, comme par exemple Jane Akre et Steve Wilson. »

Devenu l'un des symboles de la censure de la presse outre-Atlantique [12], ce couple de reporters a été embauché, le 18 novembre 1996, par Channel 13, qui appartient au groupe WTVT (New World communication of Tampa), pour travailler sur un magazine d'investigation annoncé à grand renfort de publicité comme la nouvelle émission choc de la chaîne : « Les enquêteurs. Ils dévoilent la vérité ! Ils vous protègent ! », promet ainsi une bande-annonce, diffusée en boucle. Jane Akre et Steve Wilson sont des figures du journalisme d'investigation qui leur a valu, à l'un ou à l'autre, plusieurs prix prestigieux comme trois Emmy Awards et une récompense du National Press Club.

« Nous étions ravis de pouvoir travailler ensemble sur un magazine qui nous donnait carte blanche pour enquêter sur les sujets de notre choix, m'explique Jane Akre, qui me reçoit en juillet 2006 dans leur maison de Jacksonville, en Floride. Le premier thème que nous avons proposé portait sur la rBGH, car nous avions entendu parler de la polémique qui entourait le produit. J'étais en charge de l'enquête journalistique et Steve de la production. Je me souviendrai toujours du premier reportage que j'ai réalisé : j'avais réussi à filmer chez un fermier au moment où il piquait ses vaches ; celles-ci tressautaient violemment, à chaque fois que l'aiguille de neuf centimètres pénétrait dans leur flanc. » Jane me montre les images dont elle garde une copie dans un carton entreposé dans sa cave : on y voit le fermier presser l'énorme pis d'une vache ; un jet de liquide épais et brunâtre gicle dans sa main : « Vous voyez ces petits grumeaux, dit-il, en tendant sa paume vers la caméra, c'est ce qu'on appelle la mammite ! » Quelques minutes plus tard, un long panoramique balaye une étagère où sont entassés toutes sortes d'antibiotiques...

Jane Akre filme pendant un mois : elle rencontre les défenseurs de l'hormone transgénique comme un scientifique de l'université de Floride ou Robert Collier, un représentant de Monsanto, mais aussi des opposants comme Samuel Epstein ou Michael Hansen, elle interroge le représentant d'une petite laiterie poursuivie par la compagnie pour avoir étiqueté son lait

« sans BST » ; en revanche, la FDA refuse de lui accorder une interview : « À l'époque, j'étais encore très naïve, sourit-elle, et ce refus m'avait surprise tant j'étais persuadée que l'agence avait sûrement de bonnes raisons d'avoir homologué un médicament qui semblait pourtant très dangereux au point qu'avec Steve, nous avions décidé de ne donner que du lait biologique à notre fille Alix. »

Entre-temps, « détail » important, le groupe New World Communication of Tampa, et donc Channel 13, a été racheté par Fox News, qui appartient à Rupert Murdoch, le magnat de la presse australo-américain, célèbre pour sa conception, disons, très mercantile (et très conservatrice) du journalisme...

Le montage terminé, le couple montre le reportage à Daniel Webster, le directeur de l'information, qui, emballé, décide de le diffuser en quatre parties et de l'annoncer par une campagne publicitaire radiophonique chèrement payée. La première diffusion est fixée pour le lundi 24 février 1997, en *prime time*...

« Le vendredi précédant la diffusion, nous avons été convoqués dans le bureau de Daniel Webster, qui nous a tendu une lettre », envoyée par fax, raconte Jane. Elle était signée par John Walsh, le représentant d'un cabinet d'avocats très en vue de New York (Cadwalader, Wickersham & Taft) et adressée à Roger Ailes, le P-DG de Fox News : « Je vous écris pour attirer votre attention sur une situation qui préoccupe grandement Monsanto concernant votre station de Tampa, commence l'avocat, qui n'a pourtant jamais vu le reportage. De sérieux doutes existent quant à l'objectivité de vos reporters et leur capacité à faire un reportage sur un sujet scientifique aussi complexe que la rBST. [...] Le fait est que tous les organismes scientifiques ou médicaux qui ont examiné et homologué ce produit, comme la FDA ou l'Organisation mondiale de la santé, sont arrivés à la même conclusion : le lait provenant de vaches traitées avec la rBST ne comporte pas de risques pour la santé humaine. [...] L'enjeu de ce qui se joue en Floride est important, non seulement pour Monsanto, mais aussi pour Fox News et son propriétaire, ainsi que pour le peuple américain qui peut profiter largement de l'usage de la rBST et d'autres produits issus de l'agriculture biotechnologique. » Puis, connaissant les points sensibles de son interlocuteur, l'avocat de la multinationale rappelle que le comportement des deux journalistes de Tampa est d'autant plus regrettable qu'il intervient « au lendemain du jugement de l'affaire Food Lion ». Sous-entendu : faites attention, parce qu'il pourrait vous arriver les mêmes déboires [a].

---

a En 1992, l'émission *Prime Time* d'ABC News avait diffusé un reportage où l'on voyait des employés de la chaîne Food Lion, filmés en caméra cachée, mélanger de la viande hachée

Bob Franklin, le directeur général de la chaîne, demande à visionner le reportage : « Il l'a trouvé très bien, se souvient Jane Akre, et d'un commun accord nous avons décidé de proposer à Monsanto une nouvelle interview. La compagnie nous a demandé de lui adresser au préalable la liste des questions, ce que nous avons fait, mais finalement elle a refusé de me recevoir. »

Quelques jours plus tard, une nouvelle lettre parvient au siège de Fox News. Cette fois-ci, le ton est carrément menaçant : « Je suis très surpris de voir qu'une semaine après ma première lettre détaillée concernant les inquiétudes de mon client Monsanto [...], je sois obligé de vous écrire une seconde fois pour vous avertir que la situation ne s'est pas améliorée, et qu'elle s'est même clairement détériorée, étant donné l'approche irresponsable de Mme Akre », écrit l'avocat, qui vilipende les huit questions soumises par la journaliste, en particulier une sur le « crack des vaches ». « Ces points sont diffamatoires, poursuit-il, et s'ils étaient divulgués à la télévision, ils pourraient causer un grave préjudice à mon client et avoir de sérieuses conséquences pour Fox News. »

« Que pouvait craindre Fox News ?, dis-je après avoir lu attentivement les deux courriers.

– De perdre de la publicité !, me répond Jane. Monsanto est un gros annonceur, notamment pour le Roundup et Nutrasweet, ses deux produits phares, ce qui représente un budget conséquent.

– C'est comme cela qu'avec Steve vous êtes devenus des *whistleblowers* ?

– Oui !, soupire Jane. Jamais nous n'aurions imaginé vivre une telle expérience dans un pays qui se targue d'être la première démocratie du monde... »

Désormais la guerre est ouverte. À Tampa, elle est conduite par Dave Boylan, qui, à la faveur du rachat de Channel 13, vient d'être nommé au poste de directeur général. Il demande aux deux journalistes de revoir leur copie et de proposer une nouvelle version du reportage dont la diffusion a été annulée et repoussée *sine die*. « Nous avons réécrit le script quatre-vingt-trois fois !, s'amuse Jane, qui a conservé le brouillon de toutes les versions [13]. Mais cela ne convenait jamais. Par exemple, nous ne pouvions pas utiliser le mot "cancérigène", mais devions le remplacer par "de possibles implications pour la santé". Ou nous devions minimiser les compétences scientifiques du docteur Samuel Epstein, etc. Par la suite, nous avons découvert que la Dairy Coalition

---

périmée avec de la viande fraîche. À la suite de la diffusion, le cours de Food Lion s'était effondré en Bourse et près d'une centaine de magasins avaient dû fermer. La firme avait attaqué ABC News en justice et obtenu, en première instance, des dommages et intérêts conséquents : 5,5 millions de dollars ! Le jugement avait provoqué une vive inquiétude dans les salles de rédaction du pays...

avait inondé Fox News de documents censés prouver l'innocuité de la rBGH. Chaque version était revue attentivement par Carolyn Forrest, l'avocate de Fox News, qui, un jour, exaspérée, a lâché : "Vous ne comprenez pas ? Ce n'est pas la véracité des faits qui importe ! Ce reportage ne vaut pas que nous risquions de dépenser plusieurs centaines de milliers de dollars dans un procès face à Monsanto..." »

Le 16 avril 1997, Dave Boylan menace de licencier les deux journalistes pour « insubordination » s'ils refusent de remonter le reportage en suivant au pied de la lettre les « recommandations » de Fox News : « Nous avons payé trois milliards de dollars pour racheter ces télévisions, s'emporte-t-il. C'est nous qui décidons ce que doit être le contenu d'une information ! » Steve Wilson réplique que si le reportage est diffusé sans leur consentement, ils porteront plainte auprès de la Federal Communication Commission, pour violation du *Communication Act* de 1934 [a].

Le 6 mai, le nouveau directeur de Channel 13 change de tactique : il propose aux deux journalistes de leur payer un an de salaire intégral, avantages compris (soit 200 000 dollars), en les nommant à des postes fictifs de consultants. En échange de ce « placard doré », ils doivent s'engager à ne jamais raconter comment Fox a censuré le reportage ni ce qu'ils ont découvert au sujet de la rBGH. « Mettez votre proposition par écrit, et nous l'examinerons ! », répond Steve au grand étonnement de Jane, qui ne tardera pas à comprendre...

Le précieux document constituera une pièce à conviction lors de la plainte que déposera le couple contre Fox News, après son licenciement « sans motif officiel », le 2 décembre 1997. Pour fonder leur action en justice, Jane et Steve invoquent une récente loi de Floride sur les *whistleblowers* [b], en faisant valoir que les divers mensonges que leur employeur a voulu les contraindre à intégrer dans leur reportage vont à l'encontre de l'intérêt général et qu'ils violent la réglementation de la Federal Communication Commission. C'est la première fois que des journalistes ont recours à cette loi et Fox News prend l'affaire très au sérieux, en recrutant une dizaine d'avocats,

---

a La Commission fédérale des communications est une agence fédérale chargée d'allouer les fréquences hertziennes aux opérateurs de radiodiffusion et de surveiller le fonctionnement des médias audiovisuels (égalité de temps de parole en période de campagne électorale, droits de réponse, etc.). À l'instar du Conseil supérieur de l'audiovisuel (CSA), en France, elle peut prendre des mesures disciplinaires à l'encontre des contrevenants.

b Aux termes de cette loi, un *whistleblower* est un salarié victime de mesures de rétorsion pour avoir refusé de se prêter à une activité illégale commise par son entreprise ou avoir menacé de dénoncer ladite activité aux autorités.

dont ceux du cabinet Williams & Connolly, qui furent les défenseurs de Bill Clinton dans l'affaire Monica Lewinsky...

Pendant deux ans, ils multiplient les requêtes en nullité pour empêcher la tenue d'un procès. Jane et Steve sont contraints de vendre leur maison pour assurer leur défense, mais ils obtiennent une première victoire : l'affaire sera jugée par un tribunal de Tampa, en juillet 2000. Après cinq semaines d'audience, les jurés doivent répondre à une question : « Estimez-vous que la plaignante, Jane Akre, a démontré en apportant des preuves suffisantes et convaincantes que le défendeur [...] a mis fin à son contrat de travail parce qu'elle a menacé de révéler sous serment et par écrit à la Federal Communication Commission la diffusion d'un reportage d'information falsifié, déformé ou tendancieux... » La réponse du tribunal est positive et Jane obtient 425 000 dollars de dommages et intérêts [a].

« Est-ce que vous avez été soutenus par la presse ? » La question manifestement attriste Jane, qui murmure : « Non ! Les grands médias nationaux ont ignoré le procès. *60 Minutes*, le magazine de CBS, et le *New York Times* avaient promis de faire quelque chose, mais nous n'avons plus jamais eu de leurs nouvelles. Il y eut même des manipulations incroyables ! Par exemple, nous avions rencontré longuement la journaliste du *Saint Petersburg Times*, un journal très respecté de Floride. Elle avait suivi le procès avec assiduité. Quand nous avons lu son article, nous sommes tombés des nues ! Il y avait une petite phrase qui disait : "Le jury n'a pas cru aux allégations du couple, qui prétendait que la chaîne avait cédé aux pressions de Monsanto pour falsifier un reportage." En fait, cette phrase avait été rajoutée par le rédacteur en chef, à l'insu de la journaliste ! Elle a ensuite été reprise texto dans le journal de CNN, qui n'a jamais voulu nous accorder de droit de réponse... Mais le pire, c'est que nous n'étions pas au bout de nos peines... »

En effet, Fox News fait appel. Le 14 février 2003, coup de théâtre : la cour d'appel de Floride renverse la décision ! Les juges estiment qu'aucune loi n'interdit à une chaîne de télé ou à un groupe de presse de mentir au public... Certes, les règles fixées par la Federal Communication Commission le proscrivent, mais elles n'ont pas force de loi. En conséquence, la cour estime que la loi sur les *whistleblowers* ne peut s'appliquer dans le cas de Jane et de Steve. Au terme d'un arrêt très technique, qui n'aborde pas la question de fond – à savoir la malhonnêteté de Fox News par rapport à ses téléspectateurs –, les deux journalistes sont donc condamnés à rembourser à la chaîne ses frais d'avocats qui s'élèvent à au moins deux millions de dollars !

---

a Steve avait décidé d'assurer lui-même sa défense, ce qu'il a fait avec le brio d'un avocat chevronné, mais les jurés ont considéré que la principale victime était Jane...

« En fait, insiste Jane, la cour a suivi les arguments des avocats du groupe, qui n'ont eu aucune gêne à clamer qu'aucune loi n'interdit de déformer une information… Nous avons fait appel, et finalement la cour suprême de Floride a débouté Fox News de sa demande de remboursement des frais de justice. Mais, bon, avec ce qui nous est arrivé, on comprend que le journalisme d'investigation soit mort dans ce pays, et qu'aucun journaliste n'essaie de se mettre sur le chemin de Monsanto [a]… »

Tentative de corruption au Canada

J'ai quitté la Floride passablement chamboulée par le témoignage de ma consœur. Naïvement, je pensais avoir fait le tour des méthodes pour le moins « spéciales » que la société de Saint Louis n'hésite pas à utiliser pour imposer ses produits. En fait, je n'étais pas au bout de mes surprises. Tandis que mon avion s'envole pour Ottawa, je replonge dans le dossier de presse que j'ai constitué sur le processus d'homologation de la rBGH au Canada. « Des scientifiques de Santé Canada accusent une firme de corruption pour faire approuver un produit vétérinaire douteux », titre ainsi *The Ottawa Citizen*, le 23 octobre 1998. « Le témoignage des scientifiques devant le comité sénatorial ressemblait à une scène de la série télévisée *The X Files* », renchérit *Globe and Mail*, le 11 novembre 1998.

Je découvre ainsi que Monsanto a déposé une demande d'autorisation de mise sur le marché de son hormone transgénique auprès de Health Canada (Santé Canada), l'homologue canadien de la FDA, en 1985. Généralement Health Canada calque ses décisions sur celles de l'agence américaine, mais cette fois-ci la machine, pourtant bien huilée, s'est grippée… Trois scientifiques du Bureau des médicaments vétérinaires (BVD) ont endossé le rôle peu confortable du lanceur d'alerte, en dénonçant publiquement l'autorisation imminente de la rBGH. En juin 1998, ils ont été convoqués pour témoigner devant une commission sénatoriale qui s'est réunie pendant plusieurs mois, avant de publier un rapport demandant que le produit de Monsanto ne soit pas autorisé au Canada. Je me suis procuré une transcription ainsi qu'un enregistrement audiovisuel des auditions de la commission, dont l'atmosphère rappelle effectivement celle d'un épisode de *X Files*…

---

a Depuis, Jane Akre et Steve Wilson ont accumulé les récompenses prestigieuses : prix de la déontologie de la Society for Professional Journalism ; prix Joe A. Callaway du courage civique ; prix de l'héroïsme en journalisme remis par l'Alliance pour la démocratie et Goldman Environmental Prize pour l'Amérique du Nord. Ainsi va l'Amérique…

La séance d'ouverture prend tout de suite un tour très solennel, puisque les trois *whistleblowers* demandent à prêter serment sur la Bible ou la Constitution canadienne. Il s'agit des docteurs Shiv Chopra, Gérard Lambert et Margaret Haydon, qui travaillent à Health Canada respectivement depuis trente ans, vingt-cinq ans et quinze ans. L'un après l'autre, ils se lèvent, visiblement émus, tendent la main, et jurent de dire « la vérité, toute la vérité, rien que la vérité »...

Un long silence s'installe dans l'assistance un peu guindée, où se mêlent la gêne et l'étonnement, puis le sénateur Stratton prend la parole : « Vous avez demandé à prêter serment, dit-il, mais êtes-vous sûrs que votre vie professionnelle n'est pas en danger ? En d'autres termes, craignez-vous que des actions soient entreprises contre vous ? [...] Le ministre a envoyé une lettre à la commission assurant que votre groupe pouvait témoigner honnêtement et directement sans peur de représailles. Êtes-vous rassurés ?

– Si je parle sous serment, en présence de Dieu, je suis donc censé dire la vérité, toute la vérité et rien que la vérité, répond le docteur Shiv Chopra. Mais mon problème, c'est de savoir quelle vérité je dois dire, celle que je connais ou celle que le ministre me dit de dire ? Voilà mon conflit. [...] On nous a garanti qu'il n'y aurait pas de répercussions, mais nous demandons à voir. En ce qui me concerne, j'ai reçu l'ordre de me taire, au point que je n'ai pas le droit de participer à aucune réunion sur la rBST. Si je m'exprime lors d'un dîner et que quelqu'un rapporte ce que je dis à la Division [a], je peux avoir des problèmes...

– Finalement, je n'ai pas l'impression que vous ayez confiance dans la procédure en cours, reprend le sénateur Stratton. Je voudrais que vous sachiez que, si vous avez un quelconque problème ou des menaces de votre direction, cette commission sera ravie d'en être informée...

– La Division ne cesse de dire que maintenant le client – et c'est écrit –, c'est l'industrie et que nous devons servir le client, explique Shiv Chopra. Le conflit qui nous préoccupait au BVD, particulièrement dans la Division de la sécurité humaine, venait du fait que nous subissions des pressions et de la coercition pour autoriser des produits vétérinaires d'une sécurité douteuse, comme la rBST. [...] J'ai finalement décidé d'écrire au ministre de la Santé actuel et à son prédécesseur ainsi qu'au ministre adjoint pour me plaindre d'un problème sérieux de secret et de conspiration et demander que quelque chose soit entrepris. Je les ai pressés d'intervenir pour sauvegarder l'intérêt public. Je n'ai jamais reçu de réponse... En novembre 1997, nous avons rencontré le docteur Paterson, l'un des cadres supérieurs de Health Canada, et

---

a Il s'agit de la Division de la sécurité humaine du Bureau des médicaments vétérinaires (BVD) de Santé Canada.

nous lui avons dit que nous voulions que soit réalisée une analyse scientifique poussée du dossier. [...] Quand on nous a transmis celui-ci, nous avons constaté qu'il ne s'agissait que de résumés fournis par la FDA ou la Commission européenne, mais pas des données brutes. [...] Celles-ci sont verrouillées et placées sous la garde exclusive du docteur Ian Alexander, qui a été désigné comme l'examinateur référent de la rBST. Personne d'autre que lui n'a le droit de les consulter... »

Est alors interrogée Margaret Haydon, à qui avait été confié l'examen de la demande d'autorisation de 1985 à 1994, avant qu'elle en soit dépossédée... « Mes documents ont été volés dans mon bureau, pourtant fermé à clé, en mai 1994, raconte-t-elle d'une voix fluette. J'ai découvert que beaucoup de choses manquaient. J'étais très choquée. [...] La plus grande part du travail que j'avais réalisé depuis dix ans sur la rBST avait disparu. J'ai décidé de faire un rapport et de l'envoyer à mon supérieur. Quand je suis rentrée, après le week-end, certains documents avaient réapparu. [...] Une enquête a été conduite par le groupe de sécurité de Health Canada. Le sergent Fiegenwald a pris quelques documents pour vérifier les empreintes digitales. Il m'a demandé de rédiger un mémorandum sur tout ce qui avait disparu et d'écrire tout ce qui me semblait expliquer cet événement. Je lui ai donné l'original du mémorandum et j'ai gardé une copie. [...] Quelques mois plus tard, en novembre 1997, j'étais en congé maladie à la maison quand un membre de la sécurité m'a appelée, et est venu chez moi pour me demander la copie de mon mémorandum. Depuis, je n'ai plus jamais revu mon texte et il n'y a jamais eu de suite. C'était très surprenant...

– Les documents qui ont été volés étaient pro ou anti rBST ?, demande le sénateur Taylor.

– Il y avait beaucoup de questions que je soulevais, répond Margaret Haydon, et ce que nous appelons des "lettres additionnelles" qui demandaient au fabricant de fournir des informations complémentaires. Disons qu'à l'époque, je ne recommandais pas d'autoriser le produit à cause des problèmes de sécurité et d'efficacité qu'il posait...

– Je suppose que si quelqu'un vous avait offert un verre de lait traité à la rBST, vous ne l'auriez pas bu ?, interroge le sénateur Taylor.

– Personnellement, j'aurais décliné l'offre, oui.

– À vous entendre tous, j'ai du mal à croire que nous sommes au Canada !, intervient le sénateur Eugen Wheelan. Dans quel système sommes-nous ? J'ai été ministre de l'Agriculture pendant onze ans, et la recherche était mon sujet favori. [...] J'ai toutes les raisons d'être sceptique alors qu'il y a de moins en moins de recherche publique et que nous sommes de plus en plus dépendants de sociétés comme Monsanto, qui réalisent les études pour nous et dont l'unique souci est de faire de l'argent. Je voudrais demander, à chacun d'entre vous : avez-vous été approchés par Monsanto ?

– Voici ce que j'ai vécu, raconte Margaret Haydon. Je ne sais pas si le mot "lobbying" est le bon, mais j'ai assisté à une réunion, en 1989 ou 1990, où il y avait des représentants de Monsanto, mon superviseur, le docteur Drennan, et mon directeur, le docteur Messier. Lors de cette réunion, la société a proposé un à deux millions de dollars. Je ne sais pas ce qui s'est passé après, mais mon directeur m'avait dit qu'il allait en référer à ses supérieurs...

– Le docteur Haydon a parlé des un à deux millions offerts par Monsanto lors de cette réunion, renchérit Shiv Chopra. La chaîne Fifth Estate a fait une émission de télévision à ce sujet. Ils ont rencontré le docteur Drennan, aujourd'hui retraité. Ils lui ont demandé : est-ce que cette offre a vraiment eu lieu ? Il a répondu : "Oui." Ils ont demandé : "Considérez-vous que c'était une tentative de corruption ?" Il a dit : "Je dirais que oui." Ils ont demandé : "Qu'est-ce que vous avez fait après ?" Il a répondu : "J'ai rigolé." Ils ont demandé : "Et après avoir ri, qu'avez-vous fait ? Avez-vous fait un rapport ?" Il a répondu : "Oui." "Et après, que s'est-il passé ?" "Je ne sais pas"... »

Dans la salle d'audience, la tension est à son comble. Un long silence parcourt les membres de la commission, finalement rompu par le sénateur Spivak, qui met le doigt sur un sujet éminemment important : « Aux États-Unis, la FDA a autorisé le produit sur la base de résumés qui se sont révélés incorrects, car les données brutes n'étaient pas disponibles ou n'avaient pas été transmises. Aujourd'hui, le JECFA, qui est le comité commun de l'OMS et de la FAO, dit qu'il n'y a pas de problème avec la rBST. Mais, apparemment, le JECFA s'est également prononcé sur la base de résumés, ce qui n'a rien à voir avec les données brutes. Doit-on lui faire confiance ? »

Pour comprendre l'importance de cette question, il faut savoir que le JEFCA (Joint Expert Committee on Food Additives) est un comité scientifique consultatif créé en 1955 par l'Organisation mondiale de la santé (OMS) et la Food and Agriculture Organization (FAO), deux organismes onusiens. Ce comité se réunit régulièrement pour examiner la demande de mise sur le marché de nouveaux produits alimentaires. Pour cela, il fait appel à des experts *ad hoc*, censés être choisis pour leurs compétences et leur impartialité par les pays membres. Les avis du JEFCA sont transmis à la commission du *Codex alimentarius* – nous en reparlerons –, dépendant elle aussi de l'OMS et de la FAO et créée en 1962 pour uniformiser les normes des produits alimentaires et émettre des recommandations internationales en matière d'hygiène et de sécurité des pratiques technologiques liées à la nourriture. Les textes publiés par le *Codex* sont auréolés d'une expertise scientifique internationale, avec l'imprimatur des Nations unies...

Concernant le mode de fonctionnement du JEFCA et du *Codex alimentarius*, les travaux de la commission sénatoriale canadienne ont été fort instructifs, car ils ont permis de confirmer ce que d'aucuns subodoraient, à savoir le verrouillage des travaux par Monsanto. En effet, le 7 décembre 1998 au matin, les sénateurs ont auditionné Michael Hansen, l'expert du Consumer Policy Institute, qui connaît bien les arcanes des organismes onusiens pour avoir participé à plusieurs réunions comme représentant des organisations de consommateurs. Celui-ci a révélé que le premier panel de scientifiques réuni par le JEFCA en 1992, pour évaluer l'hormone de croissance transgénique, comprenait six représentants de la FDA, dont Margaret Miller – la transfuge de Monsanto – et les docteurs Greg Guyer et Judith Juskewitch, les auteurs de l'article controversé publié dans *Science*. En 1998, le rapporteur du second panel n'était autre que... Margaret Miller. On comprend, dans ces conditions, que le JEFCA ait émis un avis favorable sur la rBGH, comme n'a pas manqué de le souligner, avec toute l'emphase requise, Ray Mowling, le vice-président de Monsanto, en charge des affaires gouvernementales et publiques, auditionné peu après Michael Hansen : « Le rapport de l'ONU a réaffirmé que le traitement des vaches avec la BST ne pose pas de problème de santé. Il a conclu qu'il n'y a aucun problème de sécurité ou de santé lié aux résidus de BST dans les produits, tels que la viande ou le lait, provenant d'animaux traités », etc.

Un banc d'essai pour les OGM

Seulement voilà, ce même après-midi du 7 décembre 1998, était aussi entendu David Kowalcyk, en charge des affaires réglementaires chez Monsanto, qui s'est fait prendre la main dans le sac... « Nous avons obtenu des rapports où vous suggérez à Health Canada qui devrait aller dans le panel du JECFA, déclare le sénateur Spinak, en fixant droit dans les yeux son interlocuteur. Ne pensez-vous pas que vous dépassez les limites de votre relation avec Health Canada en suggérant qui devrait représenter le Canada dans le panel du JECFA ?

– C'est la première fois que j'entends parler de cela. Je n'ai jamais recommandé personne pour le JECFA, bredouille le représentant de Monsanto.

– Il y a des comptes rendus et rapports qui attestent de plusieurs conversations que vous avez eues à ce sujet avec M. Ian Alexander, qui avait le contrôle exclusif des données brutes fournies par votre compagnie et qui comme vous d'ailleurs a nié », insiste le sénateur.

« Je maintiens que nous devrions faire plus de recherches nous-mêmes, a conclu le sénateur Wheelan, après l'audition des trois lanceurs d'alerte de Santé Canada. Par exemple, en ce moment, Monsanto a donné 600 000 dollars à Agriculture Canada pour travailler sur un blé résistant au Roundup (voir *infra*, chapitre 11). J'ai écrit à dix universités. L'une d'entre elles m'a dit de me mêler de ce qui me regarde, quand j'ai essayé de savoir quelles étaient les contreparties à ces subsides. Deux d'entre elles m'ont appelé pour me dire : "Vous êtes sur la bonne voie, mais nous ne pouvons pas vous donner d'information." Ils sont morts de peur. Je suis très fier de voir que vous n'êtes pas morts de peur. S'ils essaient de vous faire quelque chose, tenez-nous au courant... »

L'ancien ministre de l'Agriculture canadien ne croyait pas si bien dire... Après l'opération de catharsis nationale provoquée par la commission sénatoriale, tout est rentré dans l'ordre. Certes, le Canada a banni définitivement la rBGH de son territoire, entraînant le rejet définitif de l'hormone par la Commission européenne, qui était pourtant à deux doigts de suivre l'avis du JECFA et de lever le moratoire en vigueur depuis 1990 [a]. Dans la foulée, l'Australie et la Nouvelle-Zélande ont également enterré le produit. Et puis, à Santé Canada, les bonnes vieilles habitudes ont repris le dessus : en juillet 2004, Shiv Chopra, Margaret Haydon et Gérard Lambert ont été licenciés pour désobéissance... « Après notre témoignage devant la Commission, nous avons été harcelés, placardisés, marginalisés, m'explique Shiv Chopra, qui me reçoit en juillet 2006 dans sa belle demeure hindoue-canadienne, située à une cinquantaine de kilomètres d'Ottawa. Tout ce que nous craignions s'est produit, et personne n'a bougé le petit doigt ! Nous avons porté l'affaire devant les tribunaux, mais, au Canada, aucune loi ne protège les *whistleblowers*... Ce pays est corrompu jusqu'à la moelle et c'est d'ailleurs le titre du livre que je rédige actuellement !

– Pensez-vous que Monsanto ait joué un rôle dans votre disgrâce ?

– Je dois faire très attention à ce que je vais vous répondre, sourit Shiv Chopra. Disons que notre témoignage est arrivé à un très mauvais moment pour la société qui, à l'époque, était en train de lancer ses OGM au Canada. Il est clair que l'hormone de croissance transgénique constituait un banc d'essai, qui a en partie mal tourné, mais qui lui a permis de roder ce que j'appellerais ses techniques de conquête du marché... »

---

a Le 10 mars 1999, le Comité scientifique pour la santé et le bien-être des animaux de la Commission européenne émet un rapport de 91 pages où il recommande de « ne pas utiliser la rBST sur les troupeaux laitiers ». À aucun moment, il n'est fait mention des dangers que pourraient faire courir l'hormone à la santé humaine... L'hormone est officiellement interdite dans l'Union européenne depuis le 1er janvier 2000.

II

OGM : la grande machination

7

L'invention des OGM

> « La santé et la sécurité des produits OGM ne sont pas un sujet de discussion : la sécurité alimentaire et environnementale des produits doit être démontrée avant qu'ils intègrent le système de production agricole et de distribution. »
>
> MONSANTO, *The Pledge Report 2005*, p. 31.

« L'hormone de croissance bovine représente la première application de la biotechnologie à la production d'aliments et Monsanto est une multinationale très puissante qui a beaucoup de relations au sommet de l'État, m'explique Pete Hardin, le journaliste du *Milkweed*. Pour le gouvernement fédéral, le développement de la biotechnologie représentait un enjeu si important qu'il a préféré ignorer ces questions, disons, subalternes, que sont la santé des vaches ou des consommateurs et l'hormone a été autorisée malgré les dangers qu'elle présentait... »

De fait, au moment où la rBGH est homologuée par la Food and Drug Administration, des dizaines de produits OGM sont en cours de développement dans les laboratoires des entreprises biotechnologiques, et principalement de Monsanto, qui vient alors de déposer un dossier pour la commercialisation de son soja Roundup ready, génétiquement manipulé pour résister aux épandages de Roundup. Le lien entre les manœuvres de la firme pour faire approuver l'hormone controversée, contre vents et marées, et son projet de s'imposer sur le marché comme le « Microsoft de la biotechnologie » est confirmé, contre toute attente, par Michael Taylor qui, rappelons-le, travailla comme conseil pour Monsanto, avant d'être nommé en 1991 commissaire adjoint de la FDA, puis de devenir quelques années plus tard l'un des vice-présidents de la firme de Saint Louis.

« Je pense que, par rapport aux consommateurs, nous avons accumulé les gaffes, lâche-t-il lors de notre conversation téléphonique. Si on a une stratégie pour faire accepter une nouvelle technologie par le public, le fait que la première application mise sur le marché soit liée au lait, dont la production dépasse déjà largement nos besoins, contribue à créer un climat de...

– De suspicion ?, lui soufflé-je, complètement ébahie par ce que je suis en train d'entendre.

– Oui, c'est ça, de suspicion, reprend Michael Taylor. De même, je pense que le Congrès devrait changer la loi en votant un texte qui assure que la sécurité de chaque nouveau produit transgénique soit véritablement évaluée par la FDA... »

Aujourd'hui encore, j'ai du mal à comprendre pourquoi Michael Taylor a concédé cet étonnant aveu. Est-ce un remords tardif ou une tentative de se dédouaner par rapport à la réglementation américaine des OGM, dont il supervisa, comme nous allons le voir, la rédaction, et qui inspira tous les gouvernements et organismes internationaux, y compris la Communauté européenne ? Mystère...

La ruée sur les gènes

Avant de raconter dans le détail la genèse de ce qui peut être considéré comme l'une des plus grandes machinations de l'histoire agro-industrielle, il convient de retracer, à grands traits, l'incroyable saga du génie génétique. Et, une fois n'est pas coutume, je dois dire qu'on peut saluer la ténacité et l'enthousiasme à toute épreuve de Monsanto, qui a su tailler des croupières à ses (nombreux) concurrents pour devenir le leader incontesté de ce secteur de pointe.

Comme on sait, l'histoire commence en 1953, lorsque l'Américain James Watson et le Britannique Francis Crick décryptent la structure en double hélice de l'ADN (l'acide désoxyribonucléique), cette molécule nichée dans les cellules de chaque être vivant, dont elle signe le code génétique. La découverte vaudra aux deux généticiens et biochimistes le prix Nobel de médecine en 1962 et scellera la naissance d'une nouvelle discipline : la biologie moléculaire. Comme le souligne mon confrère Hervé Kempf dans son ouvrage *La Guerre secrète des OGM*, elle provoque aussi l'émergence d'un « credo », selon lequel « l'organisme est une machine » entièrement tributaire des seuls et uniques gènes, devenus la clé suprême pour la compréhension des mécanismes du vivant. Ce « credo » – pour ne pas dire ce « dogme » – est parfaitement résumé par le prix Nobel Edward Tatum, en 1958 : « (1) Tous les processus biochimiques dans tous les organismes sont sous le contrôle génétique. (2) Ces processus biochimiques sont réductibles à des enchaînements de réactions individuelles. (3) Chaque réaction isolée est contrôlée par un simple gène. [...] L'hypothèse sous-jacente, qui a été confirmée expérimentalement dans un grand nombre de cas, est que chaque gène contrôle la production, la fonction et la spécificité d'une enzyme particulière [1]. »

En d'autres termes : chaque réaction biologique qui caractérise le fonctionnement d'un organisme vivant est commandée par *un* gène qui exprime une fonction en déclenchant la production d'une protéine spécifique. Cette conception exclusive de ce que d'aucuns appellent le « tout gène » est à l'origine de l'un des plus grands malentendus qui sous-tend le développement de la biotechnologie, jusqu'à aujourd'hui : « En réalité, soulignait dès 1999 Arnaud Apotheker, docteur en biologie et responsable du dossier OGM à Greenpeace France, les phénomènes se révèlent chaque jour plus complexes : un même gène peut coder pour des protéines ayant des structures primaires et des propriétés biologiques très différentes selon les tissus d'un organisme ou selon les organismes eux-mêmes. La machinerie moléculaire du vivant est d'une complexité que l'on commence à peine à entrevoir [2]. » Aujourd'hui, on sait par exemple que certains gènes agissent en interaction avec d'autres et qu'il ne suffit pas de les extraire d'un organisme et de les transférer dans un autre pour qu'ils expriment la protéine, et donc la fonction sélectionnée, au risque de provoquer des réactions biologiques inattendues dans l'organisme hôte.

Dès le début des années 1960, les biologistes moléculaires s'attellent à mettre au point des techniques qui permettent de manipuler le matériel génétique, pour fabriquer des organismes chimères que la nature n'aurait jamais pu produire seule. Pour cela, ils s'évertuent à couper et coller des morceaux d'ADN, à copier et multiplier les gènes, dans le but de les transférer d'une espèce à une autre. Ce bricolage génétique est souvent justifié par une vision généreuse et humanitaire, ainsi que l'exprime, dès 1962, Caroll Hochwalt, le vice-président chargé de la recherche de Monsanto, lors d'une conférence à l'université Washington de Saint Louis : « Il est tout à fait concevable que par la manipulation de l'information génétique au niveau moléculaire, une plante comme le riz puisse être "instruite" à fabriquer un taux élevé de protéines, ce qui entraînerait littéralement un miracle pour alléger la faim et la malnutrition [3]. » À noter qu'à cette époque, les secrets de l'ADN constituent le dernier des soucis du géant de la chimie, qui est en train de faire fortune dans les jungles vietnamiennes...

Ce n'est donc pas à Saint Louis, mais à l'université de Stanford, en Californie, qu'ont lieu les premières manipulations génétiques : en 1972, au moment où Monsanto prépare le lancement du Roundup, Paul Berg parvient à « recombiner », selon le terme consacré, c'est-à-dire à coller deux morceaux d'ADN issus d'espèces différentes dans une molécule hybride. Peu après, son collègue Stanley Cohen annonce qu'il est parvenu à transférer un gène provenant d'un crapaud dans l'ADN d'une bactérie, capable de reproduire l'intrus en grand nombre. Ces découvertes, qui brisent une loi considérée alors comme intangible, à savoir l'impossibilité de franchir ce qu'on appelle la « barrière des espèces », provoquent une vive excitation au sein de la communauté scientifique internationale, mais aussi de lourdes inquiétudes. Celles-ci tournent carrément au tollé, quand Paul Berg annonce son intention d'insérer un virus cancérigène, le SV40, issu d'un singe, dans une cellule d'*Escherichia coli*, une bactérie qui colonise l'estomac humain. « Que se passera-t-il, si, par malheur, l'organisme manipulé s'échappe du laboratoire ? », s'inquiètent certaines pointures scientifiques comme Robert Pollack, un spécialiste des virus cancérigènes [4]. La levée de boucliers conduit à un moratoire provisoire sur les manipulations génétiques et, le 25 février 1975, à la tenue du premier congrès international sur la recombinaison des molécules ADN. Pendant deux jours, à Asilomar, une station balnéaire de la côte pacifique californienne, les ténors de la jeune discipline montante planchent sur les risques du génie génétique, en centrant le débat sur la sécurité des expériences et les règles à fixer, comme les mesures de confinement des organismes manipulés, mais à aucun moment ils n'abordent les questions éthiques, évacuées d'emblée. Tout se passe comme si les biologistes avaient voulu, déjà, « restreindre au minimum l'implication du public ou du gouvernement dans leurs affaires [5] », ainsi que l'écrit Hervé Kempf. Un message qui sera, bientôt, reçu cinq sur cinq par le futur leader mondial de la biotechnologie...

Après le congrès d'Asilomar, les expériences de génie génétique prolifèrent aux États-Unis, où l'Institut national de la santé en recense plus de trois cents dès 1977. Tandis que les tentatives d'encadrer légalement ces nouvelles activités scientifiques, hautement hasardeuses, sont enterrées l'une après l'autre [a], les start-ups et entreprises à capital-risque fleurissent, principalement en Californie, où une autre technologie prometteuse, l'informatique, vient de donner naissance à la « Silicon Valley ». Qu'elles s'appellent Calgene ou Plant

a En 1977 et 1978, seize « *bills* », projets de loi, ont été déposés au Congrès, mais aucun n'a abouti.

Genetics System, elles sont créées par des biologistes qui travaillaient jusqu'alors dans des universités publiques et qui, emportés par une extraordinaire frénésie de recherche et la perspective de retombées financières juteuses, se lancent dans l'arène économique, levant des millions de dollars à la Bourse de New York, ou qui prennent des intérêts dans des sociétés privées dont ils intègrent les conseils d'administration.

Cette véritable « course aux gènes » provoque un rapprochement inédit entre la science et l'industrie, qui bouleversera profondément les pratiques de la recherche, ainsi que l'explique la sociologue Susan Wright : « Quand le génie génétique a été perçu comme une opportunité d'investissement, il s'est produit une adaptation des normes et des pratiques scientifiques au standard des entreprises, écrit-elle dans un livre référence sur l'histoire de la biotechnologie, paru en 1994. L'éveil du génie génétique coïncide avec l'émergence d'une nouvelle éthique, radicalement définie par le commerce [6]. » Comme nous le verrons, cette évolution a été très nettement stimulée par Monsanto, grâce au système des brevets qui verrouillent la recherche et les produits qui en découlent.

Le triomphe du bricolage génétique

Tandis que les start-ups californiennes défrayent la chronique boursière, à Saint Louis, un homme mène un combat solitaire. Il s'appelle Ernest Jaworski et il est entré chez Monsanto en 1952. Ce chercheur spécialiste du glyphosate, dont il a décortiqué le mode d'activité sur les cellules végétales, a une idée qui paraît totalement saugrenue à ses collègues de la vieille maison chimique : au lieu de chercher à fabriquer de nouveaux herbicides, pourquoi ne pas créer des plantes sélectives en manipulant leur patrimoine génétique pour qu'elles puissent survivre aux pulvérisations d'herbicides justement ?

Encouragé par John Hanley, nommé P-DG en 1972, lui aussi convaincu que la biologie représente l'avenir de... la chimie, Jaworski s'initie à la culture des cellules végétales dans un laboratoire canadien avant d'encadrer les travaux d'une équipe de trente chercheurs, dont des jeunes loups de la biologie moléculaire, comme Robert Fraley, Robert Horsh ou Stephen Rogers : « Certains de ces jeunes généticiens croyaient réellement que leur travail était bon pour la planète, et qu'il allait permettre de produire plus de nourriture tout en réduisant la dépendance de l'agriculture par rapport aux produits chimiques », rapporte le journaliste Daniel Charles, auteur de *Lords of the Harvest* (Les Seigneurs de la moisson), lequel a pu interviewer les pionniers de la biotechnologie avant qu'ils décident de se retrancher dans un silence buté. « Ils se considéraient souvent comme des révolutionnaires "verts", qui, tout en travaillant au sein d'entreprises chimiques, se battaient contre le pouvoir étriqué des chimistes, qu'ils considéraient comme des ringards [7]. »

Réunie au quatrième étage du bâtiment U du site de Monsanto, à Creve Cœur, dans la banlieue de Saint Louis, où la firme a récemment déménagé, l'équipe est surnommée « Uphoria » par les sceptiques de la maison, qui considèrent cette bande de jeunes excités comme des farfelus, de surcroît économiquement irresponsables. Il faut dire que la politique volontariste menée par le « Kremlin », ainsi que l'on surnomme le bâtiment D où siège la direction, rompt avec les habitudes de l'entreprise, laquelle, pour la première fois de son histoire, se lance à corps perdu dans la recherche fondamentale, sans savoir sur quelle application concrète cela débouchera. « L'excellence scientifique était la priorité, témoigne ainsi Robert Horsh. Il n'y avait pas de pression pour réaliser un produit. Par exemple, on travaillait sur les pétunias. Personne ne venait nous dire : "Des pétunias, hein ! Qu'est-ce que vous croyez que nous sommes ? Une université ?" En fait, nous étions une sorte d'unité entrepreneuriale protégée par la direction [8]. »

Les chercheurs d'Uphoria ont en effet choisi comme modèle expérimental le pétunia. À l'instar des laboratoires californiens, belges ou allemands qui se sont engagés dans une incroyable course contre la montre, leur programme de recherche comprend trois étapes : il s'agit, dans un premier temps, de manipuler l'ADN pour prélever les gènes qui peuvent présenter une utilité, d'où leur nom de « gène d'intérêt » ; puis de transférer ces gènes dans des cellules végétales ; et, enfin, de développer des cultures de tissus pour reproduire et faire pousser ces cellules embryonnaires manipulées. La première étape a été réglée grâce à la découverte des « enzymes de restriction », qui sont en quelque sorte les « ciseaux » des biologistes moléculaires leur permettant de couper l'ADN pour en extraire les gènes d'intérêt.

Mais, pour la deuxième étape, c'est une autre paire de manches. Car, contrairement à l'argument servi régulièrement par les promoteurs de la biotechnologie, les techniques de manipulation génétique n'ont absolument rien à voir avec la sélection généalogique telle qu'elle est pratiquée par les sélectionneurs depuis les travaux de Louis de Vilmorin, au milieu du XIXᵉ siècle. En effet, les semenciers n'ont fait que rationaliser et systématiser les pratiques ancestrales des paysans, qui, depuis l'avènement de l'agriculture en Mésopotamie il y a 10 000 ans, se sont appliqués à garder les plus beaux épis de leurs récoltes pour ensemencer leurs champs l'année suivante. La contribution des sélectionneurs professionnels consiste à *provoquer* le croisement entre deux plantes – les « parents » de la lignée –, sélectionnées pour des qualités agronomiques complémentaires (comme la résistance aux maladies ou le rendement des grains), en espérant que leurs descendants présenteront les mêmes caractères, grâce aux lois de l'hérédité. On choisit alors les meilleurs sujets de la deuxième génération, puis on les force à se croiser, et ainsi de suite sur plusieurs générations. Comme on l'aura compris, la sélection généalogique repose sur des lois naturelles, en l'occurrence la reproduction sexuée des organismes végétaux, l'action de l'homme ne visant qu'à orienter le champ des possibles au sein d'un *même* réservoir génétique, mais au bout du compte la plante « améliorée » – selon le terme d'usage – aurait très bien pu être créée par la bonne vieille mère nature dans les champs. Je reviendrai ultérieurement (voir *infra*, chapitre 11) sur les conséquences de la sélection généalogique sur la biodiversité, mais, pour l'heure, il convient de comprendre que ce procédé agronomique ne peut être assimilé aux techniques de manipulation génétique, lesquelles, loin de respecter les lois naturelles du développement végétal, tentent au contraire de les briser par tous les moyens.

De fait, les biologistes moléculaires sont bien placés pour savoir que les organismes végétaux possèdent des mécanismes de défense chargés de repousser les corps étrangers qui tentent de les pénétrer par effraction – et cela vaut, bien sûr, pour les gènes provenant d'autres espèces du monde du vivant. C'est tellement vrai que, dès le début, les mêmes biologistes ont compris que la manipulation génétique ne pourrait se faire sans le recours à un intermédiaire, ou à une « mule », capable de transporter le gène sélectionné et de le faire entrer *par la force* dans la cellule cible. Voilà comment ils se rabattirent tous sur une bactérie qui prolifère dans le sol, appelée *Agrobacterium tumefaciens*, qui présente la faculté d'insérer certains de ses gènes dans les cellules végétales pour y provoquer des... tumeurs [a]. En d'autres termes, cette bactérie est un agent pathogène, qui modifie le patrimoine génétique des cellules en les infectant.

En 1974, une équipe de chercheurs belges parvient à identifier le plasmide (un anneau d'ADN) qui constitue précisément le vecteur grâce auquel le gène provoquant la tumeur se transfère de la bactérie à la plante. À Saint Louis, comme dans tous les laboratoires de l'époque, on s'emploie alors à isoler sur le plasmide le gène responsable des tumeurs pour le remplacer par le gène d'« intérêt », en y ajoutant un « promoteur », c'est-à-dire une séquence d'ADN qui permet de déclencher l'expression du gène. Nous verrons qu'il s'agit, bien souvent, d'un gène appelé « 35S », issu du virus de la « mosaïque

a *Agrobacterium tumefaciens* est responsable de la « gale du collet », qui attaque les racines de certaines plantes en y déclenchant une tumeur. Elle a été découverte en 1907 par deux chercheurs américains.

du chou-fleur » et apparenté à celui de l'hépatite B, d'où l'inquiétude de certains empêcheurs-de-bricoler-en-rond...

Mais ce n'est pas tout : si le gène induisant la tumeur a été supprimé, comment savoir que le plasmide a fait son travail en insérant le gène de substitution dans la cellule végétale ? La seule solution qu'ont trouvée les apprentis sorciers, c'est d'adjoindre à la construction génétique ce qu'ils appellent un « marqueur de sélection », en l'occurrence un gène de résistance aux antibiotiques (généralement la kanamycine). Pour vérifier que le transfert a bien eu lieu, on arrose les cellules d'une solution antibiotique, les « élues » étant celles qui survivent à ce traitement de choc, ce qui suscite d'autres inquiétudes sanitaires (à l'heure où la résistance aux antibiotiques est en passe de devenir un grave problème de santé publique, certains Cassandre craignent que le « marqueur de sélection » soit absorbé par les bactéries qui peuplent la flore intestinale des humains, réduisant la capacité de lutter contre les agents infectieux).

En attendant, le 18 janvier 1983, lors du symposium de génétique moléculaire de Miami, les représentants de trois laboratoires – un Belge et deux Américains, dont Robert Horsch pour Monsanto – annoncent qu'ils sont parvenus à insérer une construction génétique, en l'occurrence un gène de résistance à la kanamycine, dans des cellules de pétunia ou de tabac (deux plantes sensibles à la bactérie *Agrobacterium tumefaciens*). Les trois laboratoires ont déposé des brevets sur leurs découvertes simultanées. Pour la firme de Saint Louis, les choses sérieuses commencent et l'heure de la guerre a véritablement sonné...

1993 : la « cassette artificielle » du soja Roundup ready

« Je n'oublierai jamais la première fois où j'ai dit : notre business, ce n'est pas de développer le savoir, mais des produits. On aurait pu entendre une mouche voler, ils étaient furieux [9] ! » Ainsi parle Richard Mahoney, qui, dès sa nomination comme P-DG de Monsanto en 1984 – poste qu'il occupera jusqu'en 1995 –, entreprend de secouer les troupes d'Uphoria. Finie l'époque de la recherche à fonds perdus où l'on bricole des pétunias, l'objectif est désormais clair : fabriquer des plantes transgéniques qui rapportent de l'argent ! Classé par la revue *Fortune* comme l'un des « patrons les plus rudes d'Amérique », Mahoney est un businessman décomplexé, qui n'hésite pas à déclarer : « Les excuses et les atermoiements sont passés de mode. La seule chose qui compte, c'est d'atteindre sa cible à temps [10]. »

Soumise à un stress sans précédent, l'équipe d'Ernest Jaworski comprend que la réussite du laboratoire est une question de vie ou de mort et qu'un échec signerait la victoire des chimistes purs et durs. Dès lors, toute la recherche est concentrée sur la production de plantes résistantes au Roundup, devenu, dix ans après son lancement, l'herbicide le plus vendu au monde. D'ailleurs, l'implacable boss n'a pas manqué de rappeler qu'en 2000 le brevet garantissant le monopole sur les dérivés du glyphosate allait tomber dans le domaine public et que les OGM qu'on appellera bientôt « Roundup ready » (mot à mot « prêt pour le Roundup ») seraient un bon moyen de couper l'herbe sous le pied aux fabricants de génériques. Voilà un objectif concret ! Jaworski est aux anges, car, après tout, c'était bien cela son idée de départ : manipuler des plantes pour qu'elles survivent aux épandages d'herbicide, lequel pourra donc être pulvérisé à n'importe quel moment sur les cultures – de maïs, de soja, de coton ou de colza, et pourquoi pas de blé ? – pour détruire les seules mauvaises herbes.

Mais on n'en est pas encore là. En cette année 1985, les chercheurs de Saint Louis n'ont qu'une seule obsession : trouver le gène qui immunisera les cellules végétales contre le Roundup. C'est d'autant plus urgent que Calgene, une start-up californienne, vient d'annoncer dans une lettre publiée dans *Nature* qu'elle est parvenue à rendre le tabac résistant au glyphosate [11]. On parle déjà d'un accord avec le Français Rhône-Poulenc pour développer des cultures résistantes au glyphosate. Au même moment, l'Allemand Hoechst met les bouchées doubles pour trouver le gène de résistance à son herbicide Basta, sans oublier Dupont (glean) et Ciba-Geigy (atrazine). Bref, tous les géants de la chimie poursuivent le même but et désormais la concurrence est à couteaux tirés, car l'enjeu n'est pas seulement scientifique, mais surtout économique : on imagine déjà les brevets qu'on pourra déposer sur toutes les grandes cultures vivrières du monde...

À Saint Louis, en tout cas, le stress s'installe durablement, car le fameux gène reste introuvable. Les chercheurs de Jaworski tournent en rond. Certes, ils sont parvenus à identifier le gène de l'enzyme, qui, comme nous l'avons vu (voir *supra*, chapitre 4), est bloquée par l'action des molécules de glyphosate, provoquant la nécrose des tissus et la mort de la plante. L'idée est de le manipuler pour désactiver la réaction à l'herbicide, puis de l'introduire dans les cellules végétales, mais rien n'y fait. « C'était comme le projet Manhattan, raconte Harry Klee, l'un des chercheurs de l'équipe. L'antithèse de la manière dont on travaille dans un laboratoire : normalement, le scientifique fait une expérience, il l'évalue, en tire une conclusion puis il passe à une autre variable. Avec la résistance au Roundup, on essayait vingt variables à la fois : les mutants, les promoteurs, de multiples espèces végétales, on essayait tout en même temps [12]. »

La quête durera plus de deux ans jusqu'à ce jour de 1987 où des ingénieurs ont l'idée d'aller fouiller dans... les poubelles de l'usine de Luling, située à plus sept cents kilomètres au sud de Saint Louis. C'est sur ce site qui longe le fleuve Mississippi que Monsanto produit chaque année des millions de tonnes de glyphosate. Des bassins de dépollution sont censés traiter les résidus de la production, dont une partie a toutefois contaminé les sols et les mares environnantes. Des prélèvements sont effectués pour récolter des milliers de micro-organismes, afin de détecter ceux qui ont survécu naturellement au glyphosate et d'identifier le gène qui leur confère la précieuse résistance... Il faudra attendre encore deux ans pour qu'un robot qui analyse la structure moléculaire des bactéries collectées tombe, enfin, sur la perle rare : « Un moment inoubliable, un vrai eureka », rapporte Stephen Padgette, l'un des « inventeurs » du soja Roundup ready, qui est aujourd'hui l'un des vice-présidents de Monsanto [13].

Pour autant, l'affaire est encore loin d'être dans le sac : il faut désormais trouver la construction génétique qui permettra au gène de fonctionner une fois qu'il aura été introduit dans les cellules végétales, en l'occurrence de soja – car, après les premiers essais réalisés sur la tomate, c'est sur cette oléagineuse que l'équipe est censée travailler. Un formidable enjeu : avec le maïs, le soja domine l'agriculture américaine, rapportant à l'époque 15 milliards de dollars par an à l'économie nationale. Jusqu'en 1993, date de la naissance officielle du soja Roundup ready, Stephen Padgette et ses collègues du programme « résistance au Roundup » partageront leur temps entre le laboratoire et les serres qui couvrent le toit de Chesterfield Village, dans la banlieue huppée de Saint Louis où Monsanto a installé son activité biotechnologique. Il faudra « 700 000 heures et un investissement de 80 millions de dollars [14] » pour parvenir au résultat : une construction génétique, comprenant le gène d'intérêt (« CP4 EPSPS »), le fameux promoteur « 35S » de la mosaïque du chou-fleur, ainsi que deux autres bouts d'ADN provenant notamment du pétunia, censés contrôler la production de la protéine. « La cassette génétique du soja Roundup ready est complètement artificielle, note le biologiste japonais Masaharu Kawata, de l'université de Nagoya, elle n'a jamais existé dans le royaume naturel de la vie et aucune évolution naturelle n'aurait pu la produire [15]. »

C'est tellement vrai que les chercheurs de Saint Louis ont eu un mal fou à l'introduire dans les cellules de soja. Ils ont dû renoncer à la « mule » *Agrobacterium tumefaciens*, car ils étaient toujours confrontés au même problème : à chaque fois qu'ils inondaient les cellules d'antibiotique, celles qui n'avaient pas ingurgité la « cassette » mouraient effectivement, mais elles empoisonnaient les « bonnes », selon un phénomène que Robert Horsch appela la

« mort collopérative [16] », un néologisme funèbre alliant « collatéral » (comme dégât collatéral) et « coopératif », qui a le mérite de la clarté...

Face à cette résistance de la nature, l'équipe décide de sortir l'artillerie lourde : un « canon à gènes », inventé par deux scientifiques de l'université Cornell et développé en collaboration avec Agracetus, une entreprise biotech du Wisconsin (que Monsanto rachètera en 1996). Quand John Sanford et son collègue Tedd Klein ont l'idée de cette arme de la dernière chance, on les traite de fous, alors qu'à la même époque, les laboratoires sont prêts à tout pour contraindre l'ADN sélectionné à pénétrer dans les cellules cibles, preuve s'il en était besoin que la biotechnologie n'a rien à voir avec la bonne vieille technique de la sélection généalogique : certains chercheurs utilisent des aiguilles microscopiques ; d'autres des charges électriques pour provoquer de petits trous dans la paroi des cellules et permettre à l'ADN d'entrer... Mais rien ne marche !

Aujourd'hui, le canon à gènes est l'outil d'insertion le plus utilisé par les « artilleurs » du génie génétique. Le principe : on fixe les constructions génétiques sur des boulets microscopiques en or ou en tungstène, puis on les bombarde dans une culture de cellules embryonnaires. Pour bien comprendre l'imprécision de la technique, je cite le récit qu'en a fait en 2001 Stephen Padgette à ma consœur Stephanie Simon, du *Los Angeles Times* : « Le problème était que le canon à gènes insérait l'ADN au hasard, écrit-elle. Parfois, un "paquet" éclatait avant d'atterrir dans une cellule ; ou deux paquets de gènes faisaient doublon. Pire : l'ADN pouvait tomber à un endroit qui interférait avec le fonctionnement de la cellule. L'équipe a dû tirer le canon des dizaines de milliers de fois avant d'obtenir quelques petites douzaines de plantes qui avaient l'air prometteur. Après trois ans d'essais en champs sur ces spécimens, une seule lignée de soja manipulé semblait supérieure. Elle pouvait résister à de fortes doses de glyphosate, ainsi que le confirmèrent les essais sous serre. [...] "Elle était blindée [*bulletproof*]", se souvient Padgette avec fierté. En 1993, Monsanto l'a déclarée gagnante [17]. »

Mais à quel prix ! Comme le souligne Arnaud Apotheker dans son livre *Du poisson dans les fraises*, « dans sa volonté de soumettre la nature, l'homme utilise des technologies guerrières pour forcer les cellules à accepter des gènes d'autres espèces. Pour certaines plantes, il utilise l'arme chimique, ou bactériologique, pour infecter des cellules avec des bactéries ou des virus ; pour les autres, il se contente des armes classiques, avec l'utilisation du canon à gènes. Dans les deux cas, les pertes sont considérables, puisque en moyenne une cellule sur mille intègre le transgène, survit et peut générer une plante transgénique [18] ».

En 1994, en tout cas, Monsanto dépose une demande de mise sur le marché de son soja Roundup ready (RR), qui représente le premier OGM de grande culture. Et nous allons voir que, là aussi, la firme a tout « blindé », pour reprendre le mot de son vice-président...

Manœuvres à la Maison-Blanche

Tandis que l'équipe de Chesterfield Village traque désespérément le gène de résistance au glyphosate, la direction de l'entreprise fait preuve d'une capacité d'anticipation qui pourrait émerveiller si on en ignorait les conséquences. Ainsi que le rapportera en 2001 le *New York Times*, dans un article extrêmement informé, « vers la fin de l'année 1986, quatre dirigeants de Monsanto ont rendu visite au vice-président George Bush, à la Maison-Blanche, où ils ont fait un boniment inhabituel [19] ».

Pour bien comprendre la subtilité de la démarche encadrée par Leonard Guarraia, alors directeur des affaires réglementaires (*regulatory affairs*) de la firme, il faut rappeler qu'à l'époque George Bush (père) est le vice-président de Ronald Reagan, élu en novembre 1980 et réélu quatre ans plus tard. Le mot d'ordre de ce duo républicain de choc, c'est la « déréglementation », censée « libérer les forces du marché » en réduisant l'« hydre étatique ». Ce credo ultralibéral vise à favoriser l'industrie américaine en réduisant au maximum ce que les faucons de la Maison-Blanche appellent les « entraves bureaucratiques », que représentent notamment à leurs yeux les tests sanitaires et environnementaux exigés par les agences de réglementation avant la mise sur le marché d'un nouveau produit : la Food and Drug Administration (FDA) pour les aliments et les médicaments, l'Agence de protection de l'environnement (EPA) pour les pesticides et le secrétariat à l'Agriculture (USDA) pour les plantes de culture.

Les États-Unis mènent alors une lutte sans merci pour imposer leur suprématie face au Japon et, dans une moindre mesure, à l'Europe, notamment dans le domaine des nouvelles technologies, mais aussi des produits agricoles. Dans ce contexte de concurrence exacerbée, la biotechnologie représente un enjeu considérable. C'est pourquoi, le 26 juin 1986, la Maison-Blanche édicte une directive intitulée « Cadre coordonné pour la réglementation de la biotechnologie », visant en premier lieu à éviter que le Congrès se mêle de cette question délicate en proposant une loi spécifique pour la réglementation des OGM. Adressée aux trois agences réglementaires du pays (FDA, EPA et USDA), la directive stipule en effet que les produits issus de la biotechnologie seront réglementés dans le cadre des lois fédérales *déjà existantes*, dans la mesure où

« les techniques développées récemment » ne représentent qu'une « extension des manipulations traditionnelles » des plantes ou des animaux [20]. En d'autres termes : les OGM ne justifient pas d'un traitement particulier et seront soumis au même régime d'approbation que les produits non transgéniques.

Et pourtant, ce texte ne fait pas l'affaire de Monsanto, qui a manifestement une autre idée en tête : « Il n'y avait pas encore de produits [OGM] disponibles, mais nous avons tanné Bush pour qu'ils soient réglementés », explique Leonard Guarraia, qui insiste : « Nous lui avons dit que nous devions être réglementés [21]. » Que cache donc ce « boniment » effectivement très « inhabituel », pour reprendre les mots de mes confrères du *New York Times* ?

« En fait, m'explique en juillet 2006 Michael Hansen, l'expert de la Consumers Union (Union des consommateurs) que nous avons déjà longuement croisé au sujet de l'hormone de croissance laitière, Monsanto voulait une apparence de réglementation. En effet, la firme savait qu'après les scandales du PCB et de l'agent orange, où elle avait menti ou dissimulé des données, elle ne serait pas crue si elle se contentait de dire que les produits OGM étaient sans danger pour la santé ou l'environnement. Elle voulait que ce soient les agences gouvernementales, principalement la FDA, qui disent que ces produits étaient sûrs. Ainsi, dès que surgirait un problème, elle pourrait dire : "La FDA a établi que les OGM ne présentaient aucun risque." C'était aussi une manière de se couvrir au cas où les choses tourneraient mal... »

D'après les journalistes du *New York Times*, le rendez-vous de Washington a porté ses fruits : « Pendant les semaines et les mois qui suivirent, la Maison-Blanche s'est exécutée, en travaillant dans les coulisses pour aider Monsanto [...] à obtenir la réglementation que la firme voulait. Ce scénario allait se répéter, encore et encore, sous trois administrations successives : ce que Monsanto désirait de Washington, Monsanto – et par extension l'industrie de la biotechnologie – l'obtenait [22]. »

Pour bien comprendre à quel point la démarche du géant de Saint Louis était effectivement « inhabituelle », il faut savoir qu'à l'époque, certains hauts responsables de la FDA étaient absolument opposés à l'idée de réglementer les OGM, fût-ce sous la forme d'un texte qui soit une « apparence de réglementation ». C'était le cas notamment de Henry Miller, le porte-parole de l'agence pour les biotechnologies, qui n'hésitait pas à traiter les opposants aux OGM de « troglodytes » ou d'« intellectuels nazis » et contre qui la Maison-Blanche allait devoir batailler ferme [23]...

Mais ce n'est pas tout : les journalistes du *New York Times* ont pu se procurer le brouillon d'un texte secret, daté du 13 octobre 1986, où les dirigeants de la firme établissaient un véritable plan de bataille pour imposer les OGM aux États-Unis. Parmi les objectifs prioritaires, on pouvait lire : « Créer un soutien pour la biotechnologie aux plus hauts niveaux de la réglementation américaine », ainsi que « dans les états-majors républicains et démocrates pour l'élection présidentielle de 1988 [24] ».

De fait, j'ai trouvé la preuve filmée de l'incommensurable aplomb de la firme, capable de proférer des menaces à peine voilées devant... George Bush, quand elle sent que l'administration lui résiste. J'ai pu, en effet, visionner une archive exceptionnelle tournée le 15 mai 1987 par l'agence Associated Press. On y voit le bras droit de Ronald Reagan, alors en campagne électorale, déambuler en blouse blanche dans les laboratoires de Monsanto, à Saint Louis. Suivi par une horde de journalistes, le futur président des États-Unis participe d'abord à des travaux dirigés sur la manipulation génétique.

« J'aimerais vous montrer les étapes pour déplacer des gènes d'un organisme à un autre, lui explique Stephen Rogers, l'un des trois "jeunes loups" d'Uphoria dont j'ai parlé précédemment, une éprouvette à la main. Nous prenons de l'ADN, nous le coupons en morceaux, puis nous mélangeons les différentes parties pour les recoller ensemble. Cette éprouvette contient de l'ADN qui provient d'une bactérie. Il a le même aspect, qu'il vienne d'une plante ou d'un animal.

– Je vois, dit George Bush, les yeux rivés sur l'éprouvette. Cela va vous servir à quoi ? À avoir une plante plus forte ou une plante qui résiste...

– Dans ce cas, elle résiste à un herbicide, répond Rogers.

– Nous avons un herbicide fabuleux », s'enthousiasme une voix *off*.

Puis Bush arpente les serres sur le toit de Chesterfield Village, où un dirigeant de Monsanto, en costume cravate, lui montre des plants de tomates transgéniques qui se révèlent être le véritable objectif de cette visite guidée fort intéressée. S'ensuit une conversation absolument sidérante : « Nous avons fait une demande au ministère de l'Agriculture pour qu'on puisse tester les nouvelles plantes pour la première fois dans l'Illinois cette année, explique le dirigeant en cravate.

– Nous en rêvons tous ! Nous continuons à investir de l'argent, mais rien ne se passe !, déplore Stephen Rogers.

– Nous ne pouvons pas nous plaindre du ministère de l'Agriculture, il suit le processus normal, reprend le dirigeant en cravate. Il fait très attention à ces nouvelles technologies, mais si en septembre on n'a pas reçu l'autorisation, peut-être qu'on changera de ton !

– Appelez-moi, mon job c'est la déréglementation, répond George Bush dans un grand éclat de rire. Je peux vous aider... »

Le 2 juin 1987, exactement deux semaines après l'étonnante visite guidée, les chercheurs de Monsanto réalisent leur premier essai en plein champ de cultures transgéniques, à Jerseyville dans l'Illinois. Sur une photo, on voit Stephen Rogers, Robert Fraley et Robert Horsch poser devant le photographe, une casquette de *farmer* vissée sur la tête, devant un tracteur. Face à eux, des cageots contenant des jeunes pousses de tomates manipulées grâce au pouvoir magique de la bactérie *Agrobacterium tumefaciens*...

Une réglementation « politique » taillée sur mesure

En janvier 1989, George Bush accède au bureau ovale de la Maison-Blanche. En mars, il confie à Dan Quayle, son numéro deux, la présidence du Conseil de la compétitivité, dont la mission est de « réduire le fardeau réglementaire qui pèse sur l'économie [25] ». Le 26 mai 1992, le vice-président rend publique la politique américaine en matière d'OGM, devant un parterre de chefs d'entreprise, de hauts fonctionnaires et de journalistes : « Cette décision fait partie de la seconde phase du programme présidentiel pour alléger la réglementation, déclare-t-il d'emblée. Les États-Unis sont déjà le leader mondial de la biotechnologie et nous entendons le rester. En 1991, la biotechnologie a rapporté 4 milliards de dollars. Nous tablons sur 50 milliards de dollars en l'an 2000, à condition de ne pas s'encombrer d'une réglementation inutile... »

Trois jours plus tard, le 29 mai 1992, Monsanto a gagné : la Food and Drug Administration publie dans le *Federal Register* sa « *policy* », sa réglementation concernant les « aliments dérivés des nouvelles variétés de plantes [26] ». À noter que le titre de ce texte fondateur d'une vingtaine de pages, considéré comme une « bible » un peu partout dans le monde, évite soigneusement toute référence à la biotechnologie, présentée dès l'introduction comme une simple extension de la sélection généalogique, conformément aux recommandations édictées par la Maison-Blanche six ans plus tôt : « Les aliments [...] dérivés de variétés végétales développées par les nouvelles méthodes de modification génétique sont réglementés dans le même cadre et selon la même approche que ceux issus du croisement traditionnel des plantes. »

Ceux qui désirent « plus d'information » sont invités à contacter un certain James Maryanski. Je dois dire que j'ai dû batailler longtemps pour retrouver celui qui occupa le poste clé de « coordinateur pour la biotechnologie » à la FDA, de 1985 à 2006. Entré à l'agence en 1977, ce microbiologiste exerçait en 2006 une retraite active en travaillant comme « consultant indépendant » sur la « sécurité des aliments OGM » auprès de divers gouvernements, ainsi que le stipule le CV qu'il m'a remis[a]. Pour la petite histoire : comme je désespérais d'obtenir ses coordonnées, j'avais demandé une interview à un représentant de la FDA au sujet de la règlementation de 1992, en précisant que je réalisais un documentaire sur Monsanto, notamment sur l'homologation du soja Roundup ready. Voici le courriel que j'ai reçu en réponse, le 7 juillet 2006, de Mike Herndon, l'un des membres du service de presse de l'agence : « Je dois respectueusement décliner votre demande d'interview filmée. La FDA est tenue d'apparaître neutre dans sa relation avec les industriels de l'agroalimentaire. Le fait d'être interviewé dans un documentaire concernant une firme dont la FDA réglemente les produits paraît inapproprié… »

Cette réponse ne manque pas de sel, quand on sait que la directive de 1992 a été élaborée en étroite collaboration avec Monsanto, qui voulait précisément que l'agence publie une « apparence de réglementation », pour reprendre les mots de Michael Hansen. Et c'est précisément à James Maryanski qu'a été confiée cette délicate mission sous la houlette de… Michael Taylor, alors numéro deux de la FDA et dont on a vu le rôle dans l'affaire de l'hormone de croissance bovine (voir *supra*, chapitre 5), avant de devenir à la fin des années 1990 l'un des vice-présidents de Monsanto (j'y reviendrai).

Finalement, j'ai pu rencontrer l'ancien cadre de la FDA, un jour de juillet 2006 à New York, alors qu'il revenait d'une consultation au Japon. À dire vrai, je ne m'attendais pas à tomber sur ce petit homme timide aux yeux clairs, à la voix douce et posée. En revoyant plus tard cet entretien filmé de trois heures, j'ai pu mesurer la panique contrôlée, seulement perceptible aux tressaillements nerveux de ses yeux, qui s'est emparée de lui à plusieurs reprises…

D'emblée, je l'interroge sur les consignes transmises par la Maison-Blanche pour rédiger la réglementation des aliments transgéniques : « En gros, le gouvernement a pris la décision de ne pas créer de nouvelles lois, m'explique-t-il avec prudence. Il pensait que, pour la FDA, le *Food Drug and Cosmetic Act* qui réglemente la sécurité des aliments, à l'exception de la viande, de la volaille et des œufs qui dépendent du secrétariat de l'Agriculture, pouvait s'appliquer aux nouvelles technologies… À la FDA, le commissaire David Kessler a créé un groupe comprenant des scientifiques que je supervisais et des juristes : ce groupe était chargé d'examiner comment nous pouvions réglementer les aliments issus de la biotechnologie dans le cadre du *Food Drug and Cosmetic Act*…

a James H. Maryanski a créé une entreprise de « *consulting business* ». J. H. Maryanski L.L.C.

– Mais cette décision de ne pas soumettre les OGM à un régime spécifique n'était pas fondée sur des données scientifiques, c'était une décision politique ?, demandé-je, provoquant de sa part une légère crispation.

– Euh... Oui, c'était une décision politique... qui touchait beaucoup de domaines, pas seulement la nourriture... Elle s'appliquait à tous les produits de la biotechnologie », lâche l'ancien responsable de la FDA, qui a beaucoup de mal à finir sa phrase.

L'incroyable tour de passe-passe du « principe d'équivalence en substance »

Puis je procède à la lecture d'un paragraphe de la réglementation qui est au cœur de la polémique entourant les OGM : « Dans la plupart des cas, les composants des aliments provenant d'une plante génétiquement modifiée *seront les mêmes que ou similaires en substance* à [*will be the same as or substantially similar to*] ceux que l'on trouve communément dans les aliments, comme les protéines, les graisses, les huiles et les hydrates de carbone[27]. »

Ces quelques lignes, apparemment anodines, signent un concept qui a été repris un peu partout dans le monde comme la base théorique de la réglementation des OGM : celui du « principe d'équivalence en substance ». Avant de décortiquer pourquoi il représente le nœud de ce que j'ai qualifié précédemment de l'« une des plus grandes machinations de l'histoire agro-industrielle », je donne la parole à James Maryanski, qui continue de le défendre mordicus : « Nous savons que les gènes qui sont introduits dans les plantes par la biotechnologie produisent des protéines *très semblables* à celles que nous avons consommées pendant des siècles, m'explique-t-il. Si on prend l'exemple du soja Roundup ready, en fait, il contient une enzyme modifiée qui est *pratiquement la même* que celle qui existe naturellement dans la plante : la mutation est *très minime*, donc, en termes de sécurité, *il n'y a pas de différence importante* entre l'enzyme manipulée et l'enzyme naturelle[28]... » (c'est moi qui souligne).

En d'autres termes : les OGM sont *grosso modo* identiques à leurs homologues naturels. Et c'est précisément ce « *grosso modo* », somme toute surprenant de la part d'un microbiologiste, qui rend le principe d'équivalence en substance suspect aux yeux de ceux qui dénoncent sa vacuité, comme Jeremy Rifkin, le directeur de la Fondation pour les tendances économiques, qui fut, comme nous l'avons vu, l'un des premiers à s'opposer à la biotechnologie : « À l'époque, à Washington, si vous fréquentiez les mêmes bars que les lobbyistes, vous les entendiez rire de tout ça. Tout le monde savait que c'était n'importe quoi, ce "principe d'équivalence en substance". C'était simplement une façon pour ces sociétés – et surtout pour Monsanto – de mettre rapidement leurs produits sur le marché avec le moins d'interférence gouvernementale possible. Et je dois dire qu'ils ont très bien su défendre leurs intérêts [29]. »

Et Michael Hansen, l'expert de l'Union des consommateurs, d'enfoncer le clou : « Le principe d'équivalence en substance est un alibi, qui ne repose sur aucun fondement scientifique et qui a été créé *ex nihilo* pour éviter que les OGM soient considérés au moins comme des additifs alimentaires, ce qui permet aux entreprises de biotechnologie d'échapper aux tests toxicologiques prévus par le *Food Drug and Cosmetic Act*, mais aussi à l'étiquetage de leurs produits. C'est pourquoi nous disons que la réglementation américaine des aliments transgéniques viole la loi fédérale [30]. » Pour étayer sa démonstration, le scientifique me présente un document concernant un amendement du *Food Drug and Cosmetic Act*, voté en 1958 par le Congrès et intitulé « *Food Additive Act* ». Comme son nom l'indique, ce texte vise à réglementer les additifs alimentaires comme les colorants et les conservateurs ou « toute substance dont l'utilisation intentionnelle induit ou semble devoir raisonnablement induire, directement ou indirectement, qu'elle constitue un composant affectant les caractéristiques de n'importe quel aliment (y compris toute substance utilisée intentionnellement pour produire, transformer, conditionner [...] traiter, emballer, transporter ou conserver la nourriture) ».

Avec cette définition, nombreuses sont les substances qui peuvent être considérées comme des additifs alimentaires, dont la sécurité doit alors être rigoureusement évaluée au cours d'une procédure obligatoire, comprenant notamment des tests toxicologiques pouvant durer, selon les cas, de vingt-huit jours à deux ans. Répondant au « principe de précaution », ainsi que l'exigea le Congrès, ces tests doivent démontrer qu'il y a une « certitude raisonnable, d'après le jugement de scientifiques compétents, que la substance n'est pas nocive dans les conditions prévues d'utilisation ». Sont exclues de la catégorie des « additifs alimentaires », et donc non soumises aux tests toxicologiques, les substances dites « *Generally Recognized as Safe* » (GRAS, mot à mot « généralement reconnues comme sûres »), soit parce qu'elles étaient « utilisées dans les aliments avant le 1er janvier 1958 », soit parce que des « procédures scientifiques » ont prouvé qu'elles ne posaient effectivement aucun problème sanitaire.

« Pouvez-vous me donner un exemple d'un additif alimentaire considéré comme "GRAS", ai-je demandé à James Maryanski.

– Oui... Ce sont par exemple des enzymes de production alimentaire courantes, ou le sel, le poivre, le vinaigre, des substances utilisées depuis des années ou dont la communauté scientifique a établi qu'elles étaient sûres...

– Et comment la FDA a-t-elle pu décider que le gène introduit dans une plante par manipulation génétique était "GRAS" ? » dis-je, en regardant mon interlocuteur droit dans les yeux.

Nous voici arrivés au cœur du débat qui oppose partisans et adversaires des OGM. En effet, alors qu'aucune étude scientifique n'avait alors été menée pour le vérifier, la FDA a décidé *a priori* que les transgènes n'entraient pas dans la catégorie des additifs alimentaires et que les OGM pouvaient donc être commercialisés sans évaluation toxicologique préalable. Ce qui est d'autant plus curieux qu'au moment où l'agence publiait sa « réglementation », elle était saisie d'une demande qui montrait précisément qu'il y avait urgence à... attendre ! L'entreprise biotech californienne Calgene (celle-là même qui avait donné des sueurs froides à Monsanto, en annonçant dans *Nature* qu'elle était parvenue à obtenir un tabac résistant au Roundup) avait en effet déposé un dossier pour l'homologation d'une tomate, baptisée « Flavr Savr », manipulée pour ralentir son processus de mûrissement.

Je n'épiloguerai pas sur l'intérêt d'une tomate bricolée pour rester plus longtemps ferme sur les étagères des supermarchés. L'important est de savoir qu'elle contenait le fameux gène de résistance à la kanamycine et que ses inventeurs avaient très justement estimé que celui-ci devait être considéré comme un « additif alimentaire ». Ils avaient donc demandé à un laboratoire (l'International Research Development Corporation du Michigan) de conduire des tests toxicologiques destinés à évaluer l'impact sanitaire des tomates transgéniques sur des rats. Or les résultats de cette étude n'étaient pas encore connus de la FDA au moment où elle publiait sa réglementation. Plus tard, on découvrira que sur les quarante cobayes, sept étaient morts de manière non expliquée au bout de deux semaines et qu'un nombre important avait développé des lésions à l'estomac. Pourtant, accrochée à son dogme, l'agence avait donné son feu vert à Calgene, le 18 mai 1994...

Avant de revenir à James Maryanski, je dois raconter la fin de cette (lamentable) histoire. La culture de cette tomate transgénique, qui paraissait si prometteuse en laboratoire, se révéla une catastrophe : en Californie, les rendements furent si bas que ses inventeurs décidèrent de déménager la production en Floride, où la récolte fut décimée par les maladies. « Il y a tellement de choses qui peuvent tuer une plante, expliqua l'un des maraîchers recrutés par Calgene. Tout est une question de détail [31]... »

Flavr Savr partit donc pour le Mexique, où les résultats furent loin d'être à la hauteur, ainsi que le commentait sobrement en 2001 une étude de la FAO (Food and Agriculture Organization) : « Depuis 1996, les tomates Flavr Savr ont été retirées du marché des produits frais aux États-Unis, écrit l'organisation onusienne. La manipulation du gène de mûrissement avait apparemment eu des conséquences imprévues, telle qu'une peau molle, un goût étrange et des changements dans la composition de la tomate, qui coûtait aussi plus cher que les tomates non transgéniques [32]. »

Entre-temps, Calgene était tombée dans l'escarcelle de Monsanto, qui a définitivement enterré la tomate maudite...

L'affaire du L-tryptophane : une étrange épidémie mortelle

A-t-il compris où je voulais en venir ? Toujours est-il que les paupières de James Maryanski ont vivement tressauté quand je lui ai demandé sur quelles données scientifiques la FDA s'était fondée pour déclarer les transgènes « GRAS ». « L'agence disait : si on introduit un gène dans une plante, ce gène est de l'ADN... Comme nous consommons de l'ADN depuis longtemps, nous pouvons donc conclure que cette plante est "GRAS", a-t-il argumenté, en cherchant ses mots.

– Si on reprend l'exemple du soja de Monsanto, cela signifie que l'agence considère qu'un gène provenant d'une bactérie qui confère la résistance à un herbicide puissant est *a priori* moins dangereux qu'un agent colorant ?, insisté-je en observant le redoublement des tressaillements.

– Exact », répond l'ancien « chef de la biotechnologie ».

L'« argument » de la FDA, défendu par Maryanski, fait bondir Michael Hansen, qui va éclairer ma lanterne en mettant le doigt sur *la* question que Monsanto et consorts ont précisément toujours voulu éviter : « Actuellement, quand on veut ajouter dans un aliment une goutte microscopique d'un conservateur ou d'un produit chimique, c'est considéré comme un "additif alimentaire" et donc on doit faire toutes sortes de tests pour prouver qu'il y a une "certitude raisonnable qu'il ne soit pas nuisible". En revanche, lorsqu'on manipule génétiquement une plante, ce qui peut engendrer d'innombrables différences dans l'aliment, on ne demande rien ! En fait, tout le malentendu, pour ne pas dire l'embrouille, vient du fait que la FDA a toujours refusé d'évaluer la technique de la manipulation génétique et pas seulement le produit final ; elle est partie du principe que la biotechnologie était intrinsèquement neutre, alors qu'elle avait eu un signal d'alerte qui aurait dû l'inciter à beaucoup plus de prudence. »

Et l'expert de l'Union des consommateurs de me raconter la dramatique affaire du L-tryptophane, bien documentée par Jeffrey Smith, le directeur de l'Institute for Responsible Technology basé à Fairfield, dans l'Iowa, rigoureux pourfendeur des OGM dont je synthétise ici les résultats de l'enquête qu'il a menée [33]. Le L-tryptophane est un acide aminé que l'on trouve naturellement dans la dinde, le lait, la levure de bière ou le beurre de cacahuète. Reconnu pour favoriser la production de la sérotonine, il était prescrit sous forme de complément alimentaire pour lutter contre l'insomnie, le stress et la dépression. À la fin des années 1980, des milliers d'Américains furent atteints d'une maladie mystérieuse qui sera baptisée « syndrome éosinophilie-myalgie » (« EMS » en anglais), notamment parce que les douleurs musculaires (myalgie) étaient un symptôme commun à toutes les victimes. Celles-ci souffraient par ailleurs d'une kyrielle de maux récurrents : œdèmes, toux, éruptions cutanées, difficultés respiratoires, durcissement de la peau, ulcères de la bouche, nausées, problèmes visuels et de mémoire, perte de cheveux et paralysie.

L'étrange épidémie a été signalée pour la première fois le 7 novembre 1989 par Tamar Stieber, un journaliste du *Albuquerque Journal*, lequel avait constaté que les victimes avaient toutes consommé du L-tryptophane (son enquête lui vaudra le prix Pulitzer en 1990). Quatre jours plus tard, cent cinquante-quatre cas étaient signalés aux autorités médicales et la FDA demandait au public de ne plus consommer le complément alimentaire. Mais la liste des victimes s'allongera : un premier bilan établi en 1991 fera état de trente-sept morts et de 1 500 handicapés à vie [34]. Et d'après les estimations fournies plus tard par le Center for Disease Control, l'EMS aurait tué au total une centaine de patients et rendu malades ou paralysées de 5 000 à 10 000 personnes.

Or, comme le rapporte Jeffrey Smith, aux États-Unis, le L-tryptophane était importé du Japon, où six fabricants se partageaient le marché. L'enquête des autorités sanitaires a révélé que seul le produit fabriqué par Showa Denko K.K. était lié à l'épidémie. C'est ainsi que les enquêteurs ont découvert qu'en 1984, l'entreprise avait modifié son processus de production en utilisant la biotechnologie pour augmenter les rendements : un gène avait été introduit à l'intérieur des bactéries d'où était extraite la substance après fermentation. Progressivement, le fabricant modifia la construction génétique, au point que la dernière souche (« Strain V »), produite en décembre 1988, se révéla contenir cinq transgènes différents et un grand nombre d'impuretés [35].

Commence alors une étrange bagarre sur l'origine de la maladie, dont tout indique qu'elle visait surtout à évacuer l'hypothèse que celle-ci avait pu être déclenchée par la manipulation génétique. Certains chercheurs ont argumenté que le problème pouvait provenir d'un changement de filtre opéré par Showa Denko pour purifier le produit ; mais il a été depuis prouvé que cette modification n'avait eu lieu qu'en janvier 1989, c'est-à-dire *après* le déclenchement de l'épidémie. D'autres ont suggéré que c'était le L-tryptophane lui-même qui posait problème ; mais, comme le soulignera l'expert Gerald Gleich : « Ce n'est pas le tryptophane qui est la cause de l'EMS, puisque les individus qui ont consommé les produits qui ne venaient pas de Showa Denko mais d'autres fabricants n'ont pas développé l'EMS [36]. » De fait, seule l'entreprise Showa Denko sera traînée en justice et, après des règlements à l'amiable négociés en 1992, elle paiera plus de 2 milliards de dollars de dommages et intérêts à plus de 2 000 victimes.

Toujours est-il que la FDA a décidé en 1991 d'interdire définitivement la vente de L-tryptophane, y compris celui fabriqué de manière conventionnelle. Et que, dans les rapports officiels qu'elle a publiés depuis, elle n'évoque même pas le fait que les souches incriminées étaient transgéniques [37]... Pourtant, à la FDA, il est un homme qui a envisagé très sérieusement l'hypothèse que l'EMS avait peut-être été provoquée par la technique de manipulation génétique. Cet homme s'appelle... James Maryanski.

En septembre 1991, six mois avant que la FDA publie sa réglementation sur les OGM, selon un document déclassifié dont je garde précieusement une copie, celui-ci a rencontré des représentants du GAO, le bras investigateur du Congrès, « à leur demande » : « Ils voulaient discuter des problèmes liés aux aliments transgéniques dans le cadre des études qu'ils conduisaient sur les nouvelles technologies, écrit-il. Ils m'ont interrogé sur le L-tryptophane et la possibilité que la manipulation génétique soit concernée. Je leur ai dit que [...] nous ne connaissions pas la cause de l'EMS et que nous ne pouvions pas exclure que ce soit la manipulation de l'organisme [38]. »

Quand je rencontre l'ancien cadre de la FDA en juillet 2006, il ne sait pas que j'ai pris connaissance de ce document. « La FDA s'était penchée sur l'usage de la manipulation génétique, mais elle n'avait aucune information qui indique que la technique elle-même puisse créer des produits qui soient différents en termes de qualité ou de sécurité, m'explique-t-il avec assurance.

– Vous souvenez-vous ce qui s'est passé avec le L-tryptophane en 1989 ?, lui dis-je avec une certaine appréhension.

– Oui..., bredouille-t-il dans un souffle.

– C'était un acide aminé génétiquement manipulé. *A priori*, nous connaissons très bien les acides aminés...

– Exact...

– Il a provoqué l'épidémie d'une maladie inconnue appelée EMS...

– C'est vrai..., lâche James Maryanski, dont les yeux sont soudain pris de tics nerveux.

– Combien de gens sont morts ?

– Oui, mais nous avons beaucoup...

– Au moins trente-sept... Et plus de 1 000 handicapés, dis-je[a]. Vous souvenez-vous ?

– Je m'en souviens...

– Selon un document déclassifié de la FDA, vous avez dit : "Nous ne savons pas quelle est la cause de l'EMS, mais nous ne pouvons pas exclure l'hypothèse qu'elle soit due à la manipulation de l'organisme." Est-ce que vous avez bien dit ce que je viens de lire ?

– Oui... »

Pourtant, six mois après sa déclaration aux représentants du GAO, James Maryanski ne rechignera pas à apposer son nom sur le texte de la FDA homologuant les OGM, qui affirme haut et fort : « L'agence n'a jamais reçu d'information qui montre que les aliments dérivés des nouvelles méthodes diffèrent des autres aliments d'une manière significative ou uniforme, ni que, en tant que catégorie, les aliments dérivés des nouvelles techniques soient l'objet de préoccupations différentes ou plus grandes concernant leur sécurité que ceux développés par le croisement traditionnel[39]. »

Au-delà de ce qu'elle révèle sur les « aveuglements » de la FDA, l'affaire du L-tryptophane est exemplaire à plus d'un titre. Comme le souligne Jeffrey Smith dans son livre *Genetic Roulette*, « il a fallu des années pour identifier l'épidémie. Si celle-ci a finalement été découverte, c'est seulement parce qu'elle concernait une maladie rare, aiguë, qui survint rapidement et dont la source était unique. Si l'une de ces quatre caractéristiques avait été absente, l'épidémie aurait pu ne jamais être découverte. De la même manière, si des ingrédients contenus dans les aliments transgéniques créent des effets secondaires, il est possible que les problèmes et leurs sources ne soient jamais détectés[40] ».

Nous allons voir que, contrairement à ce qu'affirme James Maryanski, les scientifiques de la FDA étaient parfaitement conscients des inconnues et des risques liés à la biotechnologie et aux OGM, mais que l'agence a préféré ignorer leurs avertissements...

---

a J'ignorais alors que les chiffres fournis lors de la première estimation du nombre des victimes étaient bien inférieurs à la réalité.

8

Les scientifiques sous l'étouffoir

« La composition des graines de soja résistant au glyphosate est équivalente à celle des graines de soja conventionnel. »

Titre d'une étude publiée par Monsanto
dans *The Journal of Nutrition*,
en avril 1996.

« Quand nous avons fini d'écrire la réglementation [relative aux OGM], tous les scientifiques de l'agence étaient d'accord avec le texte, me dit James Maryanski, avec un aplomb soudain.

– Vous voulez dire qu'il y avait un consensus sur le principe d'équivalence en substance ?

– Euh... En tout cas, la décision finale de l'agence a tenu compte de tous les avis exprimés sur la manière dont nous devions procéder... »

Pas de consensus à la FDA

Il faut dire que James Maryanski n'a pas de chance. La veille de notre rencontre, j'avais visité le site Web de l'Alliance pour la bio-intégrité [1], une organisation non gouvernementale basée à Fairfield (Iowa). Dirigée par l'avocat Steven Druker, celle-ci a attaqué la FDA en justice pour violation du *Food Drug and Cosmetic Act* [2]. Regroupant des scientifiques, des personnalités religieuses et des consommateurs, la plainte a été déposée, en mai 1998, auprès du tribunal fédéral de Washington, en collaboration avec le Centre pour la sécurité alimentaire (Center for Food Safety, une ONG créée en 1997) [3]. Comme on pouvait s'y attendre, les plaignants ont été déboutés, en octobre 2000, parce que la juge a estimé qu'ils n'avaient pas apporté la preuve que la réglementation de la FDA constituait une violation *délibérée* de la loi fédérale [4].

Malgré cet échec judiciaire, la plainte a permis d'obtenir la déclassification de quelque 40 000 pages de documents internes de la FDA relatifs aux OGM. Et le moins que l'on puisse dire, c'est que cette mine de notes, courriers et mémorandums dresse un tableau peu reluisant de la manière dont l'agence a traité ce délicat dossier, au regard de sa mission, qui est, je le rappelle, de protéger la santé des consommateurs américains. Dans un document daté de janvier 1993, ses représentants reconnaissent d'ailleurs sans ambages que, conformément à la politique gouvernementale, leur objectif fut de « promouvoir » l'industrie de la biotechnologie aux États-Unis [5]. Mais le clou de cette masse d'informations, ce sont les comptes rendus rédigés par les scientifiques de la maison, censés exprimer leur opinion sur le brouillon de réglementation qu'on leur avait soumis. L'Alliance pour la bio-intégrité a eu la bonne idée de mettre ces documents en ligne [6], dont un certain nombre sont adressés tout naturellement au « coordinateur de la biotechnologie ».

C'est ainsi que, le 1er novembre 1991, James Maryanski reçoit un mémorandum rédigé par la division de la chimie et de la technologie alimentaires. Ce texte souligne tous les « effets indésirables » que peut engendrer la technique de manipulation génétique comme un « niveau anormalement élevé de substances toxiques connues et se produisant naturellement, l'apparition de substances toxiques préalablement non identifiées, la capacité accrue d'accumuler des substances provenant de l'environnement (comme les pesticides ou les métaux lourds), une altération non souhaitable des niveaux de nutriments [7] ».

De même, le 31 janvier 1992, Samuel Shibko, du département toxicologie de la FDA, écrit : « Nous ne pouvons pas assurer que tous les produits transgéniques, et particulièrement ceux qui contiennent des gènes provenant de sources non alimentaires, seront digestibles. Par exemple, il est prouvé que certains types de protéines résistent à la digestion et peuvent être absorbés sous une forme biologiquement active [8]. »

Quelques jours plus tard, c'est au tour du docteur Gerald Guest, le directeur du Centre pour la médecine vétérinaire (CVM), de tirer la sonnette d'alarme : « En réponse à votre question concernant la manière dont l'agence devrait réglementer les plantes alimentaires transgéniques, j'ai conclu avec d'autres scientifiques du CVM qu'il est scientifiquement justifié d'exiger que ces produits soient soumis à une évaluation avant leur mise sur le marché. [...]

La FDA sera confrontée à des constituants végétaux qui peuvent être préoccupants d'un point de vue toxicologique et environnemental [9]. »

Quant au docteur Louis Pribyl, du groupe des microbiologistes de la FDA, il balaye d'un revers de main l'argument régulièrement servi par les promoteurs de la biotechnologie : « Il y a une différence profonde entre le type d'effets inattendus provoqués par le croisement traditionnel [des plantes] et ceux engendrés par la biotechnologie, ce que ce document semble ignorer. Certains aspects de l'insertion génétique [...] peuvent être plus dangereux que la sélection généalogique [10]. »

On pourrait ainsi multiplier les exemples qui montrent que tous les départements de la FDA, quelle que soit leur spécialité, expriment de vives inquiétudes concernant les inconnues sanitaires qui caractérisent à leurs yeux le processus de manipulation génétique. Et que, contrairement à ce qu'affirme aujourd'hui James Maryanski, il n'y avait pas de consensus sur la réglementation des OGM proposée par la FDA, y compris quelques mois avant sa publication. D'ailleurs, n'en déplaise à l'ancien « coordinateur », il l'a lui-même reconnu dans un courrier qu'il a envoyé, le 23 octobre 1991, au docteur Bill Murray, le président du Conseil canadien des aliments : « Actuellement, il n'y a pas de consensus [à la FDA] en particulier sur la nécessité ou non de conduire des tests toxicologiques. [...] Je pense que le fait que certaines substances aient le potentiel de causer des réactions allergiques est difficile à estimer [11]. »

Quand je rencontre James Maryanski, j'ai choisi de lui lire un mémorandum que lui avait adressé, le 8 janvier 1992, le docteur Linda Kahl, « *compliance officer* » dont la mission était de synthétiser les avis de ses collègues sur le projet de directive. « Le document essaie de forcer une conclusion définitive selon laquelle il n'y a pas de différence entre les aliments modifiés par manipulation génétique et ceux modifiés par les pratiques traditionnelles du croisement, écrit-elle. Cela s'explique par l'objectif de réglementer *le produit et pas le processus.* » Et la scientifique d'ajouter, en indiquant que cet objectif s'apparente à une « doctrine » : « Les processus de manipulation génétique et de croisement traditionnel sont différents et, selon les experts de l'agence, ils conduisent à des *risques différents* [12] » (c'est moi qui souligne).

« Qu'avez-vous répondu à Linda Kahl, ai-je demandé à James Maryanski, dont le visage s'est décomposé dès que j'ai commencé à lire le document.

– Mon travail était de consulter tous les scientifiques... pour qu'ils donnent leur expertise sur les questions que nous devions régler, bredouille-t-il. Ce n'est pas moi qui ai pris la décision finale, mais c'est le commissaire de la FDA, le docteur David Kessler...

– Certes, dis-je, mais le docteur Linda Kahl vous posait une question très précise : "Est-ce qu'on demande aux experts scientifiques de fournir la base d'une réglementation *en l'absence de toute donnée scientifique*" [c'est moi qui souligne]. Que lui avez-vous répondu ?

– Euh... Mais nous étions au début du processus de consultation...

– Je ne crois pas : Linda Kahl vous écrit ce mémorandum en janvier 1992, quatre mois avant la publication de la directive, je vois mal comment la FDA aurait pu obtenir des données scientifiques en si peu de temps...

– Certes... Mais la directive a été conçue pour guider l'industrie en lui indiquant le genre de tests qu'elle devrait faire... »

Le « mythe de la réglementation »

Nous y voilà : en fait, comme le reconnaît James Maryanski, le texte publié en 1992 par la FDA ne constitue en rien une « réglementation », puisque son objectif est d'abord de justifier pourquoi les OGM ne seront précisément pas... réglementés, mais une simple « directive » censée orienter les entreprises et leur fournir une « assistance » (« *guidance* ») en cas de besoin. Cela est d'ailleurs clairement stipulé dans la dernière section du texte, qui prévoit un dispositif de « consultation volontaire », si les firmes le désirent : « Les fabricants peuvent consulter de manière informelle la FDA sur des questions scientifiques ou la conception de protocoles appropriés pour les tests lorsque la fonction de la protéine soulève des inquiétudes ou est inconnue, ou lorsque la protéine est connue pour être toxique. La FDA déterminera au cas par cas si elle met en œuvre la disposition relative aux additifs alimentaires [13]. »

Ce qui indigne Joseph Mendelson, le directeur juridique du Centre pour la sécurité alimentaire, que je rencontre en juillet 2006 à Washington : « En fait, m'explique-t-il, la santé des consommateurs américains est soumise à la bonne volonté des entreprises biotech qui sont habilitées à décider, en dehors de tout contrôle gouvernemental, si leurs produits OGM sont sûrs. Dans l'histoire des États-Unis, c'est absolument inédit ! La directive a été rédigée pour que l'industrie de la biotechnologie puisse entretenir le mythe selon lequel les OGM sont réglementés, ce qui est complètement faux. En attendant, le pays s'est transformé en un immense laboratoire où des produits potentiellement dangereux sont libérés depuis dix ans sans que le consommateur ait la possibilité de choisir, parce qu'au nom du principe d'équivalence en substance l'étiquetage des OGM est interdit, et sans qu'aucun suivi ne soit réalisé. »

En mars 2000, s'appuyant sur différents sondages indiquant que plus de 80 % des Américains préféreraient que les aliments transgéniques soient étiquetés [14] et que 60 % d'entre eux les éviteraient s'ils avaient le choix [15], le Centre pour la sécurité alimentaire a adressé une « pétition citoyenne » à la

FDA, lui demandant de revoir sa politique en matière d'OGM pour que ceux-ci soient obligatoirement évalués avant leur mise sur le marché et étiquetés [16]. Face au silence de l'agence, le Centre pour la sécurité alimentaire a déposé plainte, au printemps 2006. « Nous ne lâcherons pas, m'explique Joseph Mendelson, d'autant plus que, de toute évidence, le dispositif de consultation volontaire mis en place par la FDA ne fonctionne pas. »

Et l'avocat de me montrer une étude réalisée par le docteur Douglas Gurian-Sherman, un ancien scientifique de la FDA qui a travaillé sur l'évaluation des plantes transgéniques, avant de rejoindre le Centre de la science pour l'intérêt public de Washington [17]. Celui-ci a réussi à se procurer quatorze dossiers de « consultation volontaire » soumis à la FDA par les entreprises de la biotechnologie entre 1994 et 2001 (sur un total de cinquante-trois), dont cinq concernaient Monsanto. Il a constaté que, pour six d'entre eux, la FDA avait demandé aux fabricants de fournir des données supplémentaires afin que l'agence puisse évaluer complètement la sécurité des produits. « Dans trois cas (soit un sur deux), la demande de la FDA a été soit ignorée, soit carrément refusée par l'entreprise », note-t-il. Et sur ces trois cas, deux concernaient des maïs transgéniques de Monsanto, notamment le fameux MON 810, dont je reparlerai ultérieurement. La compagnie de Saint Louis n'a jamais fourni à la FDA les informations complémentaires que celle-ci lui avait demandées pour pouvoir conclure que les maïs OGM étaient bien équivalents en substance à leurs homologues conventionnels. L'agence n'a rien pu faire, car, comme le souligne le docteur Gurian-Sherman, la directive – et c'est là toute la différence avec une vraie réglementation – ne lui confère « aucune autorité pour exiger des fabricants qu'ils lui fournissent les données additionnelles à moins qu'elle décide d'évaluer la plante transgénique sous le régime des additifs alimentaires ».

Une décision qu'elle n'a prise qu'une seule fois à propos, comme nous l'avons vu, de la tomate Flavr Savr, à la demande de l'entreprise Calgene. Or un document déclassifié montre que cela ne change pas grand-chose et que, malgré les résultats des tests toxicologiques, l'agence a homologué le produit transgénique. Le 16 juin 1993, en effet, le docteur Fred Hines adressait au docteur Linda Kahl un mémorandum concernant les trois tests toxicologiques qui avaient été menés sur des rats nourris avec des tomates transgéniques pendant vingt-huit jours. « Dans la deuxième étude, des lésions importantes de l'estomac ont été constatées chez quatre des vingt femelles, écrivait-il. Mais le laboratoire a conclu que ces lésions étaient de nature circonstancielle. [...] Les critères permettant de qualifier une lésion de "circonstancielle" n'ont pas été fournis par le rapport du fabricant [18]. » Un an plus tard, pourtant, la FDA donnait son feu vert à la tomate au mûrissement ralenti...

De plus, Douglas Gurian-Sherman a examiné les « résumés de données » fournis par les entreprises à la FDA pour leur « consultation volontaire » et il a constaté que dans trois cas sur quatorze, ceux-ci contenaient des « erreurs grossières » qui n'ont pas été détectées par les scientifiques de l'agence lors de leur examen. Ce point est très important, car il souligne l'imperfection, pour dire les choses sobrement, du processus d'homologation des produits alimentaires ou chimiques, tel qu'il est pratiqué partout dans le monde : il est très rare que les entreprises fournissent les données brutes des tests qu'elles ont réalisés ; elles se contentent en général de rédiger un « résumé » que les examinateurs ne font parfois que survoler... Or, comme le dit avec beaucoup de pédagogie le docteur Gurian-Sherman, « plus les données sont succinctes et peu détaillées, plus c'est le fabricant qui détermine au bout du compte si sa plante est sûre et, à l'inverse, plus la FDA dépend du jugement du fabricant »...

De la même manière, le scientifique a analysé la qualité des tests conduits par les fabricants et son bilan n'est pas moins inquiétant : il a constaté que certains paramètres sanitaires fondamentaux étaient régulièrement oubliés, comme la toxicité ou le potentiel allergène des protéines présentes dans les plantes transgéniques.

Enfin, Douglas Gurian-Sherman évoque un dernier point un peu technique, mais qui est pourtant d'une importance capitale, car il anéantit la validité de pratiquement tous les tests toxicologiques qui ont été conduits sur les OGM, notamment ceux de Monsanto : en général, pour mesurer la toxicité et le potentiel allergique des protéines produites dans la plante par le gène inséré, les firmes n'utilisent pas les protéines telles qu'elles s'expriment *dans la plante manipulée*, mais celles qui existent *dans la bactérie d'origine*, c'est-à-dire avant que le gène issu de celle-ci soit transféré. Officiellement, si elles procèdent ainsi, c'est parce qu'il est difficile de prélever sur la plante une quantité suffisante de la protéine transgénique pure, ce qui n'est pas le cas de la bactérie qui peut produire autant de protéine qu'on veut.

Pour certains scientifiques, cette pratique pourrait bien représenter une manipulation destinée à cacher une réalité qu'une entreprise comme Monsanto s'est toujours employée à nier : à savoir que les gènes insérés et, donc, les protéines qu'ils produisent, ne sont pas tout à fait identiques aux gènes et protéines d'origine, voire que l'insertion à l'aveugle provoque l'apparition de protéines inconnues. Or, conclut le docteur Gurian-Sherman, si « les protéines produites par les bactéries ne sont pas identiques aux protéines transgéniques de la plante », alors « les effets sanitaires ne sont pas non plus les mêmes »...

L'« indéfectible duo » Maryanski/Taylor

Alors que des scientifiques de la FDA exprimaient leur désaccord sur le projet de directive, celle-ci était bel et bien publiée, le 29 mai 1992. Deux mois plus tôt, très exactement le 20 mars 1992, le commissaire David Kessler écrivait un bien étrange mémorandum à son ministre de tutelle, pour lui demander instamment l'autorisation de publier le texte dans le *Federal Register* : « Les nouvelles technologies fournissent aux producteurs des outils puissants et précis leur permettant d'introduire des caractéristiques améliorées dans les plantes alimentaires, ce qui entraînera des progrès dans les aliments qui bénéficieront aux agriculteurs, aux industriels de l'agroalimentaire ainsi qu'aux consommateurs. Les firmes sont maintenant prêtes à commercialiser certains de ces produits améliorés. Pour cela, cependant, elles ont besoin de savoir comment ces produits vont être réglementés. C'est capital, non seulement pour qu'elles soient informées de la manière dont le gouvernement va exercer son contrôle, mais aussi pour les aider à gagner l'acceptation des consommateurs pour ces nouveaux produits. [...] De plus, le groupe de travail sur la biotechnologie du Conseil de la compétitivité veut que la directive soit publiée aussi vite que possible. [...] L'approche et les grandes lignes de la directive [...] répondent à l'intérêt de la Maison-Blanche d'assurer un développement sûr et rapide de la biotechnologie des États-Unis. »

Le mémorandum du commissaire de la FDA se termine par l'évocation d'une « possible controverse », alimentée par des « groupes de défense de l'environnement », dont celui de Jeremy Rifkin, qui, dit-il, ne manqueront pas de « critiquer notre directive parce qu'elle laisse trop de pouvoir de décision aux mains de l'industrie et ne fournit pas une information adéquate aux consommateurs ». Enfin, une copie du texte est jointe au mémorandum, avec deux indications fort intéressantes : « Brouillon : J. Maryanski. Relecture : M. Taylor. »

« Ce document est la preuve que la directive de la FDA sur les OGM n'a pas été rédigée pour protéger la santé des Américains, mais pour satisfaire un dessein strictement industriel et commercial, s'emporte Steven Druker, l'avocat de l'Alliance pour la bio-intégrité. Pour atteindre son objectif, le gouvernement américain n'a pas cessé de mentir à ses propres citoyens mais aussi au reste du monde, en prétendant que le principe d'équivalence en substance était appuyé par un très large consensus au sein de la communauté scientifique et que de nombreuses données scientifiques l'étayaient : ces deux affirmations sont des mensonges flagrants. Décidée au plus haut niveau, avec la complicité active de Monsanto, cette vaste entreprise de désinformation criminelle a été exécutée par un indéfectible duo : James Maryanski et Michael Taylor.

– Quel était le rôle exact de James Maryanski, lui demandé-je, un peu secouée par la force des mots que je viens d'entendre.

– Sa mission était de propager la bonne nouvelle transgénique au sein de l'agence, mais aussi à l'extérieur. Je l'ai croisé à plusieurs reprises et jamais il n'a dérogé à sa langue de bois, y compris devant les représentants politiques. »

De fait, alors que la plainte déposée par l'Alliance pour la bio-intégrité suscite quelques remous, James Maryanski est invité à témoigner devant le Comité sénatorial de l'agriculture, des aliments et de la forêt, le 7 octobre 1999. Après avoir longuement expliqué les fondements de la directive de la FDA, il conclut : « Monsieur le président, la FDA prend très au sérieux sa mission de protéger les consommateurs des États-Unis et d'assurer que le système d'approvisionnement en aliments soit l'un des plus sûrs du monde. [...] Nous sommes convaincus que notre approche est appropriée. Elle nous permet de garantir la sécurité des nouveaux produits alimentaires et [...] donne la possibilité aux fabricants de produire des produits de meilleure qualité tout en fournissant des choix supplémentaires aux consommateurs. »

« L'autre mission de Maryanski était d'accorder les violons au sein de la FDA et, au besoin, en étouffant les voix dissidentes avec le soutien de Michael Taylor », poursuit Steven Druker, qui me montre un autre document déclassifié que son organisation a mis en ligne. Il s'agit d'un courrier adressé le 7 octobre 1991 par le « coordinateur de la biotechnologie » au « commissaire adjoint en charge de la réglementation », où on peut lire : « Je suggère que vous envisagiez de discuter de *vos objectifs* concernant l'élaboration de la réglementation des aliments transgéniques avec le docteur Guest du CVM, avant la fin de l'année. La plupart des plantes développées par la nouvelle technologie vont aussi être utilisées comme fourrage pour les animaux. [...] Je pense que le CVM appréciera d'entendre votre point de vue [19]. » Manifestement, Maryanski envoie Michael Taylor au front pour étouffer la fronde qui couve au Centre de médecine vétérinaire, dont le directeur Gerald Guest se fera l'écho dans une note que j'ai citée précédemment. De ce document, il ressort aussi que c'est bien Michael Taylor, l'ancien avocat de Monsanto, qui détermine les objectifs de la « réglementation » alors en cours de rédaction.

« Michael Taylor était l'homme de Monsanto au sein de la FDA qui, je le rappelle, l'a recruté spécialement pour encadrer la réglementation des OGM, en créant un poste pour cela, m'explique Steven Druker. Les documents déclassifiés révèlent qu'il s'est employé à vider la directive de toute substance scientifique, ce qui a provoqué un fort mécontentement du côté des agents. »

Lors de ma longue conversation téléphonique (enregistrée) avec l'ancien vice-président de Monsanto – un poste qu'il exerça après avoir rempli sa mission à la FDA –, celui-ci a obstinément nié toute implication directe dans l'élaboration de la directive : « C'est faux, je ne suis pas l'auteur de cette directive, m'a assuré Michael Taylor. J'étais le commissaire adjoint, c'est-à-dire la personne qui supervisait le processus, mais la directive a été rédigée par les professionnels de l'agence... qui se sont fondés sur la loi... et la science... »

Lorsque je rapporte ces paroles à Michael Hansen, l'expert de l'Union des consommateurs, celui-ci bondit littéralement de son siège, en saisissant un document publié en 1990 par le Conseil international des aliments et de la biotechnologie (IFBC). Cet organisme éphémère a été créé en 1988 par l'Institut international des sciences de la vie (ILSI), bien connu de tous les militants du mouvement anti-OGM. Fondé en 1978 par des majors de l'industrie agroalimentaire – la Fondation Heinz, Coca-Cola, Pepsi-Cola, General Foods, Kraft (qui appartient à Philip Morris) et Procter & Gamble –, l'ILSI se présente comme une « organisation non gouvernementale » qui réunit un « réseau international de scientifiques dédiés à faire progresser les connaissances scientifiques pour les décideurs de la santé publique », ainsi que le proclame son site [20]. Comme le révélera en 2003 le quotidien britannique *The Guardian* [21], l'organisme est très bien introduit auprès de l'Organisation mondiale de la santé (OMS) et de la Food and Agriculture Organization (FAO), deux institutions onusiennes auprès desquelles il a fait du lobbying en faveur des OGM, à travers un texte publié en 1990 par le fameux Conseil international des aliments et de la biotechnologie. Et c'est précisément ce document, qui constitue une déclaration de principe sur la manière dont devraient être réglementés les OGM, intitulé « Biotechnologie et alimentation : pour assurer la sécurité des aliments produits par manipulation génétique [22] », que vient de saisir Michael Hansen avec un air entendu.

« Je vous rappelle que Michael Taylor est arrivé à la FDA en juillet 1991, m'explique-t-il. Jusqu'à cette date, il travaillait dans le cabinet d'avocats King et Spalding. Parmi ses clients, il y avait non seulement Monsanto, mais aussi l'IFBC, le Conseil international de la biotechnologie et des aliments. Il a écrit pour l'IFBC ce document présentant la manière dont cette organisation aimerait qu'on réglemente les OGM. Si vous comparez cette proposition de Michael Taylor pour l'IFBC et le texte publié par la FDA, ils sont très similaires. Si ce n'est pas lui l'auteur de la directive, alors quelqu'un a pris son document en le modifiant légèrement avant de le publier. » Le texte « anonyme » de l'IFBC, curieusement introuvable sur le Web, est d'ailleurs la première « référence » citée par la directive de la FDA, dans ses annexes [23].

« Encore une fois, c'est faux, insiste quant à lui Michael Taylor : je n'ai rien à voir avec tout cela, parce que je ne suis pas un scientifique... Vous devriez parler avec James Maryanski et tous les gens qui ont élaboré la directive de la FDA... » Évidemment, l'ancien numéro deux de l'agence ne pouvait pas imaginer que je réussirais ensuite à interviewer son collègue « coordinateur de la biotechnologie », lequel a du mal à se débarrasser de cette nouvelle patate chaude : « À l'époque, M. Taylor était commissaire adjoint et c'est lui qui dirigeait le projet... Il était le chef... de la réglementation, chargé de faire en sorte que le projet soit conduit à son terme, lâche à grand-peine James Maryanski.

– Est-ce que vous saviez qu'il avait travaillé comme avocat pour Monsanto ?, dis-je.

– Euh... Oui, je pense que je savais qu'il avait été chez... Monsanto, répond-il en faisant un beau lapsus. Mais, bon, c'est assez courant que des gens viennent de l'extérieur et soient nommés commissaire ou commissaire adjoint...

– Et quel rôle a joué Monsanto au sein de l'agence ?

– Euh... Monsanto a été très active et même très utile à la FDA... dans le sens où la firme nous a aidés à comprendre ce que signifiait vraiment l'application de la biotechnologie aux plantes alimentaires... Je me souviens de réunions où les scientifiques de la firme ont rencontré les scientifiques de la FDA... Ils parlaient des modifications que leurs travaux provoquaient et nous demandaient comment nous allions réglementer leurs produits... »

Le champion des « portes tournantes »

« Vous pensez que c'était un complot ? » Quand je le rencontre à Fairfield (Iowa), en octobre 2006, la question fait longuement réfléchir Jeffrey Smith, directeur de l'Institut pour une technologie responsable (Institute for Responsible Technology) et auteur de deux ouvrages très informés sur les OGM que j'ai déjà cités [24]. Je connais la raison de ce silence, car il a ponctué régulièrement la plupart des interviews que j'ai menées avec ceux qui osent dénoncer les pratiques de la firme de Saint Louis, prompte à brandir la menace d'un procès très coûteux pour faire taire les impénitents. Jeffrey Smith le sait bien, qui a dû se résoudre à publier ses livres à compte d'auteur, car il ne trouvait pas d'éditeur prêt à affronter Monsanto, la firme n'hésitant pas à dépenser des millions de dollars, quitte à perdre ses procès, l'essentiel étant de mettre ses opposants sur la paille. Voilà pourquoi chaque mot doit être minutieusement pesé avant d'être lancé dans l'arène publique – principe qui m'a également guidé dans la rédaction du présent livre...

« Le mot "complot" est un peu fort, finit par me répondre Jeffrey Smith. Mais du point de vue de la firme, disons que c'était une prise de pouvoir absolument sans faute, grâce à son entregent et à sa capacité d'infiltration dans tous les rouages décisionnels du pays. » Parmi les facteurs de cet « entregent », les contributions financières, parfaitement légales, de Monsanto aux campagnes électorales des grands partis. D'après les chiffres fournis par la Commission fédérale électorale, en 1994, la firme de Saint Louis leur a versé 268 732 dollars, presque également répartis entre démocrates (alors aux affaires) et républicains. En 1998, la somme s'élevait à 198 955 dollars, dont plus des deux tiers pour les républicains. Deux ans plus tard, le parti de George W. Bush (fils) recevait 953 660 dollars, contre 221 060 pour celui d'Al Gore. Enfin, en 2002, alors que la Maison-Blanche lançait sa croisade contre le « terrorisme international », le parti républicain encaissait 1 211 908 dollars, contre 322 028 pour le parti démocrate. Parallèlement, les dépenses en lobbying du leader des OGM se sont élevées officiellement à 21 millions de dollars entre 1998 et 2001, avec un record de 7,8 millions de dollars en 2000, l'année de l'élection de George W. Bush [a].

Plus déterminante sans doute que ces dépenses « politiques » – somme toute relativement modestes à l'échelle américaine – est la « capacité d'infiltration » qu'illustre un système bien rodé, déjà entrevu avec l'hormone de croissance bovine : celui des « *revolving door*s », dont « Monsanto est le champion national », selon Jeffrey Smith. « Prenez l'administration de George W. Bush, m'explique-t-il en citant une liste de plusieurs pages. Quatre ministères importants sont tenus par des proches de Monsanto, soit qu'ils aient reçu des subsides de la firme, soit qu'ils aient travaillé directement pour elle : John Ashcroft, le ministre de la Justice, a été sponsorisé par Monsanto pour sa réélection dans l'État du Missouri, de même que Tommy Thompson, le secrétaire à la Santé (dont dépend la FDA) ; Ann Venneman, la secrétaire à l'Agriculture, dirigeait Calgene, qui appartient à Monsanto ; Donald Rumsfeld, le secrétaire à la Défense, était le P-DG de Searle, une filiale de Monsanto ; sans oublier Clarence Thomas, qui fut un avocat de Monsanto avant d'être nommé juge à la Cour suprême ! »

Sur la liste établie par Jeffrey Smith, et qu'on peut retrouver en partie sur le Web [25], on découvre que les « portes » tournent au moins dans quatre sens. D'abord de la Maison-Blanche vers Monsanto. Ainsi, Marcia Hale, ancienne assistante du président Bill Clinton et directrice des affaires intergouvernementales, a été nommée en 1997 directrice des affaires gouvernementales internationales de Monsanto Corporation ; même chose pour son collègue

a Pour 2000, 2001 et 2002, les dépenses comprennent aussi le lobbying de Pharmacia qui, on y reviendra, a racheté Monsanto en 2000, avant de s'en débarrasser en 2002... Ces chiffres peuvent être consultés sue le site de Capital Eye : <www.capitaleye.org/bio-monsanto.asp>.

Josh King, ancien directeur de la production événementielle de la Maison-Blanche, qui a poursuivi sa carrière comme directeur de la communication internationale au bureau de la firme à Washington ; Michael Kantor, secrétaire d'État au Commerce de 1996 à 1997, a été élu aussitôt après membre du conseil d'administration de la firme, etc.

Deuxième passerelle, celle d'anciens membres du Congrès ou de leurs proches collaborateurs devenus des lobbyistes de la société, dûment enregistrés comme tels auprès des organismes gouvernementaux : c'est le cas de Toby Moffet, ancien député démocrate devenu un « stratège politique » de Monsanto ; ou d'Ellen Boyle ou de John Orlando, qui travaillaient pour des élus, recrutés ensuite comme « lobbyistes », etc.

Ensuite, les portes tournent assidûment des agences de réglementation vers la firme de Saint Louis : nous avons déjà vu que Linda Fisher avait été nommée en 1995 vice-présidente de Monsanto, en charge des affaires gouvernementales, après avoir travaillé comme commissaire adjointe de l'Agence de protection de l'environnement (EPA) et que William Ruckelshaus, l'ancien patron de l'agence de mai 1983 à janvier 1985, avait rejoint ensuite le conseil d'administration de la firme ; de même, Michael Friedman, ancien numéro deux de l'EPA, a été recruté par Searle, la filiale pharmaceutique de Monsanto ; etc.

Mais les portes tournent encore plus dans l'autre sens, à savoir de Monsanto vers les agences gouvernementales ou les organisations intergouvernementales : on se souvient que Margaret Miller était passée en 1989 des laboratoires de la firme à la FDA, tandis que sa collègue Lidia Watrud rejoignait, elle, l'EPA ; Virginia Meldon, ancienne responsable des relations publiques de la firme, a été recrutée par l'administration Clinton ; plus récemment, Rufus Yerxa, ancien conseiller juridique de l'entreprise, a été désigné en août 2002 représentant des États-Unis auprès de l'OMC (Organisation mondiale du commerce), tandis que Martha Scott Poindexter a été nommée en janvier 2005 au comité sénatorial de l'agriculture, l'alimentation et la forêt, après avoir dirigé les affaires gouvernementales du bureau de Monsanto à Washington ; sans oublier Robert Fraley, l'un des « découvreurs » du soja Roundup ready, devenu vice-président de Monsanto et nommé conseiller technique au Département à l'agriculture (United States Department of Agriculture, USDA), etc.

Dan Glickman : « J'ai subi beaucoup de pressions »

« Vous savez, le système des portes tournantes ne concerne pas que l'agriculture, il existe dans beaucoup d'autres domaines, comme la finance ou la santé... » Ces mots ne sont pas ceux d'un militant anti-OGM radical, mais de Dan Glickman, qui fut secrétaire d'État à l'Agriculture de Bill Clinton de mars 1995 à janvier 2001, que j'interviewe le 17 juillet 2006 à Washington. Connu pour avoir été un apôtre convaincu de la biotechnologie, l'homme est un vieil habitué de l'USDA car, avant d'en prendre la tête, il a représenté pendant dix-huit ans l'État rural du Kansas au Congrès, dont il a notamment dirigé la commission agricole.

Quand il arrive dans ce secrétariat stratégique, qui dispose alors d'un budget annuel de 70 milliards de dollars et emploie plus de 100 000 salariés dans tout le pays, la grande maison a beaucoup évolué depuis sa création en 1862 par le président Abraham Lincoln – lequel la surnommait le « département du peuple », parce qu'elle était censée être au service des agriculteurs et de leurs familles, soit 50 % de la population. Cent quarante ans plus tard, ses (nombreux) détracteurs la surnomment le « département de l'agrobusiness » ou « USDA Inc. », car on lui reproche de servir l'intérêt des industriels qui contrôlent la production, la transformation et la distribution des aliments. « Les dirigeants liés à l'industrie ont aidé à développer des politiques qui minent la mission réglementaire de l'USDA, au profit de l'intérêt exclusif d'une poignée de firmes économiquement puissantes », a écrit ainsi en 2004 Philip Mattera, dans un article intitulé « USDA Inc. : comment l'agrobusiness a détourné la politique réglementaire de l'USDA [26] ».

Pour illustrer sa démonstration, l'ancien journaliste économique, qui travaillait alors pour l'organisation Good Jobs First de Washington, prenait l'exemple de la biotechnologie, dont l'USDA, disait-il, était devenu l'un des plus ardents promoteurs. Inaugurée sous le règne du républicain George Bush (père), cette orientation a été poursuivie sous l'administration démocrate de Bill Clinton, dont le directeur de campagne était Michael Kantor – lequel deviendra en 1996 son secrétaire d'État au Commerce avant de siéger, comme on l'a vu, au conseil d'administration de Monsanto. En 1999, l'intransigeant représentant du commerce américain se rendit célèbre par ses commentaires peu amènes et les menaces qu'il proféra contre ses partenaires européens, quand ceux-ci annoncèrent leur intention d'étiqueter les produits OGM. Et sur ce terrain, son meilleur allié s'appelait... Dan Glickman.

Alors présenté par le *St. Louis Post-Dispatch* comme l'« un des plus grands champions de la biotechnologie qui admonestent les Européens rétifs pour qu'ils ne bloquent pas la route du progrès [27] », le secrétaire à l'Agriculture de Clinton croyait en effet dur comme fer aux bienfaits de la manipulation génétique : « Je crois que la biotechnologie présente un énorme potentiel pour les consommateurs, les agriculteurs et pour les millions de personnes affamées et sous-alimentées des pays en voie de développement », déclarait-il encore en avril 2000 dans un discours devant le Council for the Biotechnology Information[28]. Son enthousiasme lui valut d'ailleurs de vivre une expérience qui l'a profondément traumatisé, lors du Sommet mondial de l'alimentation qui s'est tenu en novembre 1996 à Rome, sous l'égide de la FAO. Alors que les gouvernements venaient de s'engager à réduire de moitié le nombre des personnes sous-alimentées d'ici 2015, le représentant américain a donné une conférence de presse. Des militants de Greenpeace, qui s'étaient procurés de fausses accréditations de presse, se lèvent alors, se déshabillent et exhibent leurs corps nus recouverts de slogans anti-OGM, tout en le bombardant de grains de soja Roundup ready...

Arrivé au secrétariat à l'Agriculture juste après la mise sur le marché du soja transgénique de Monsanto, Dan Glickman fut celui qui autorisa la culture de tous les OGM qui suivirent. Quand je le rencontre en juillet 2006, il a complètement changé de casquette, puisque, en septembre 2004, il a été nommé P-DG de la Motion Picture Association of America, qui regroupe les six majors du cinéma d'Hollywood, comme la Buena Vista Pictures Distribution (Walt Disney) ou la 20th Century Fox. Si j'ai cherché à l'interviewer, c'est bien sûr en raison de la fonction qu'il occupa dans l'administration Clinton, mais aussi parce qu'il avait exprimé quelques regrets, dans un article du *Los Angeles Times* du 1er juillet 2001 : « Ceux qui étaient en charge de la réglementation se considéraient comme les défenseurs de la biotechnologie. Ils la considéraient comme la science qui allait de l'avant, et tous ceux qui n'allaient pas de l'avant étaient vus comme des luddites[a]. »

« Pourquoi avez-vous dit cela ?, lui ai-je demandé après lui avoir lu cette citation.

– Quand je suis devenu secrétaire à l'Agriculture [en 1995], l'ambiance qui entourait la réglementation était fondamentalement orientée vers l'homologation des cultures transgéniques, dans le but de faciliter le transfert de technologie dans l'agriculture du pays, tout en poussant les exportations. Il régnait un consensus dans l'agroalimentaire et au sein du gouvernement des États-Unis : si on ne marchait pas tête baissée en faveur du développement rapide de la biotechnologie et des cultures OGM, alors on était considéré comme antiscience et antiprogrès.

– Pensez-vous que le soja de Monsanto aurait dû recevoir plus d'attention avant sa mise sur le marché ?

---

a Le mot « luddite » a été inventé en Angleterre au début du XIXe siècle, d'après le nom d'un ouvrier du textile (Ned Ludd) qui, dans un geste de révolte, avait détruit des métiers à tisser dont il estimait qu'ils mettaient son travail en péril. Par extension, un « luddite » désigne une personne qui s'oppose à la mécanisation et à tout ce qui incarne le progrès technique.

– Franchement, je pense qu'on aurait dû faire plus de tests, mais les entreprises agro-industrielles ne voulaient pas, parce qu'elles avaient fait d'énormes investissements pour développer ces produits. Et, en tant que responsable du service qui réglementait l'agriculture, j'ai subi beaucoup de pressions, pour, disons, ne pas être trop exigeant... La seule fois où j'ai osé en parler pendant le mandat de Clinton, je me suis fait taper sur les doigts, non seulement par l'industrie, mais aussi par les gens du gouvernement. En fait, j'ai prononcé un discours où j'ai dit qu'il fallait qu'on étudie plus sérieusement la réglementation des OGM. Et il y avait des gens à l'intérieur du gouvernement Clinton, surtout dans le domaine du commerce extérieur, qui étaient fâchés contre moi. Ils m'ont dit : "Comment peux-tu, toi qui travailles dans l'agriculture, mettre en cause notre système de réglementation ?" »

Michael Kantor, le secrétaire d'État au Commerce et futur membre du conseil d'administration de Monsanto, n'était sans doute pas étranger à ces pressions. Il est vrai que le discours dont parle Glickman avait de quoi surprendre, tant il rompait avec la ligne qu'il avait suivie jusque-là. S'exprimant devant le Club national de la presse de Washington, le 13 juillet 1999, le secrétaire à l'Agriculture avait commencé par un hommage vibrant aux « promesses de la biotechnologie », en parlant de « bananes » manipulées pour qu'elles « fournissent un jour des vaccins aux enfants des pays en voie de développement » – notons à ce propos que, huit ans plus tard, on attendait toujours la mise sur le marché de ces OGM magiques annoncés depuis les années 1980 (à part des plantes résistantes aux herbicides ou produisant des insecticides, on n'a rien vu venir)...

« Quoi que puisse nous promettre la biotechnologie, elle n'est rien si elle n'est pas acceptée », avait continué Dan Glickman, avant de prononcer les mots qui ont tant fait enrager ses collègues du Commerce extérieur, et très certainement Monsanto. « C'est une question de confiance : confiance dans la science derrière le processus et tout particulièrement confiance dans le processus réglementaire qui doit [...] être maintenu à distance de toute entité ayant un intérêt particulier dans son résultat. Au bout du compte, certains observateurs, dont je fais partie, pensent qu'on en viendra probablement à une *forme d'étiquetage*[29]. »

Les termes sont prudents, mais ce sont ceux que la presse retiendra dans les journaux du lendemain, alors que la conclusion constitue un véritable pavé dans la mare de Monsanto : « L'industrie a besoin d'être guidée par un projet plus large qui ne soit pas uniquement le profit. Les entreprises doivent continuer à suivre les produits après leur mise sur le marché pour mesurer le danger éventuel qu'ils représentent pour l'environnement et elles doivent aussi rendre public et compréhensible tout ce qu'elles découvriront. [...] Nous ne savons pas ce que la biotechnologie a en magasin pour nous, si c'est bon ou mauvais, mais nous allons tout faire pour assurer qu'elle serve la société et pas le contraire. »

Aujourd'hui, Dan Glickman assure qu'il ne retirerait pas un mot de son discours de 1999 : « Le problème, dit-il, c'est que le Congrès ne s'est jamais vraiment mêlé de ce sujet...

– Pourquoi ?

– D'abord parce que c'est un sujet difficile : tout sujet technique et compliqué est fui par le corps législatif, dont la plupart des représentants, en Europe comme aux États-Unis, ne sont pas des scientifiques... »

Scientifiques sous influence

L'argument peut paraître court. Mais je suis persuadée qu'il explique en partie le désintérêt des politiques pour les enjeux que représente la biotechnologie. Pour ma part, je dois dire qu'il m'a fallu des mois de travail intense avant que je puisse prétendre m'être fait une opinion raisonnée et raisonnable sur la manipulation génétique. Je dirais même que si Monsanto a pu imposer ses produits avec tant de facilité, c'est précisément parce qu'elle a su tirer profit du fait que c'était un « sujet compliqué », que seuls les scientifiques semblaient pouvoir dominer. Pour assurer son emprise, la firme a compris qu'il lui fallait contrôler les scientifiques s'exprimant sur la question et faire en sorte qu'ils s'expriment aux bons endroits, comme par exemple dans le cadre de forums internationaux parrainés par les organisations onusiennes, ou dans les revues et universités de renom. Et je dois admettre qu'elle a très efficacement atteint son but.

Pour preuve : un document interne de Monsanto classé « confidentiel », parvenu mystérieusement (très certainement par la grâce d'un lanceur d'alerte) au bureau de GeneWatch, une association britannique qui, comme son nom l'indique, suit de très près le dossier OGM [30]. Ce « rapport mensuel » de dix pages, rendu public le 6 septembre 2000, égrène l'activité de la cellule « Affaires réglementaires et enjeux scientifiques » (Regulatory Affairs and Scientific Outreach) de la firme pendant les seuls mois de mai et juin de la même année. « Ce document montre comment Monsanto tente de manipuler la réglementation des aliments transgéniques à travers le monde pour favoriser ses intérêts, explique le docteur Sue Mayer, la directrice de GeneWatch, dans un communiqué de presse. Apparemment, ils essaient d'acheter l'influence d'individus clés, de noyauter les comités avec des experts qui les soutiennent et de subvertir l'agenda scientifique. »

On y découvre, en effet, que la « cellule » est félicitée pour son « efficacité à assurer que des experts scientifiques clés reconnus au niveau international ont été nommés pour la consultation organisée par la FAO et l'OMS à Genève le mois dernier. Le rapport final a été très favorable à la biotechnologie végétale, en donnant son soutien y compris au rôle crucial de l'équivalence en substance dans les évaluations de la sécurité alimentaire. [...] Des informations sur les avantages et la sécurité de la biotechnologie végétale ont été fournies à des experts médicaux clés et des étudiants de Havard. [...] Un éditorial a été rédigé par le docteur John Thomas (professeur émérite de l'école médicale de l'université du Texas à San Antonio), qui sera placé dans un journal médical comme le premier d'une série planifiée pour toucher les médecins. [...] Une réunion s'est tenue avec le professeur David Khayat, un spécialiste du cancer de renommée internationale pour qu'il collabore à un article qui démontre l'absence de liens entre les aliments transgéniques et le cancer. [...] Les représentants de Monsanto ont obtenu que l'examen de deux propositions d'étiquetage soit repoussé par le comité du *Codex* [*alimentarius*]. Etc. »

Parmi les scientifiques qui ont généreusement prêté leur concours aux initiatives de la cellule, le rapport cite aussi l'Espagnol Domingo Chamorro, les Français Gérard Pascal (INRA), Claudine Junien (INSERM) ou le prix Nobel Jean Daucet, qui ont participé au « Forum des biotechnologies » (en français dans le texte) « organisé » par la « cellule »

À lire ce document, on comprend mieux comment, dès 1990, l'OMS et la FAO ont organisé une « consultation » (similaire à celle décrite dans le rapport) à Genève, du 5 au 10 novembre. Intitulée « Stratégies pour évaluer la sécurité des aliments produits par la biotechnologie », elle a réuni des représentants des autorités sanitaires internationales ainsi que des « experts », dont James Maryanski, qui en a assuré le secrétariat[a]. Et curieusement, alors qu'aucun OGM n'avait encore vu le jour, cette « consultation » a débouché sur ce diagnostic péremptoire : « L'ADN de tous les organismes vivants est structurellement similaire. C'est pourquoi, la présence d'ADN transféré dans un produit ne pose en soi aucun risque pour les consommateurs. » En annexe était cité comme « référence » l'article publié peu de temps avant dans *Nature* par des scientifiques de Monsanto sur l'hormone de croissance transgénique, qui avait été, je le rappelle, très contesté[31]...

Dès lors, il apparaît très clairement que la firme de Saint Louis joue un rôle capital pour imposer au niveau international et hors de toute donnée

a D'après son CV, James Maryanski a œuvré comme expert auprès de l'OMS et de la FAO, puis comme délégué des États-Unis auprès du comité *Codex alimentarius* et de l'OCDE.

scientifique le principe d'« équivalence en substance ». Celui-ci apparaît ainsi dès 1993 dans un texte de l'Organisation de coopération et de développement économiques (OCDE), intitulé « Évaluation de la sécurité des aliments dérivés de la biotechnologie moderne : concepts et principes ». Ce document de soixante et onze pages fait d'abord une longue démonstration pour établir que la « biotechnologie » existe depuis que l'homme a appris à sélectionner les plantes et, donc, que les techniques de manipulation génétique ne constituent que la prolongation « moderne » d'un savoir-faire ancestral. À partir de là, l'« approche la plus pratique » pour « déterminer la sécurité des aliments développés par l'application de la biotechnologie moderne est d'évaluer s'ils sont équivalents en substance aux aliments conventionnels analogues, si ceux-ci existent ». Pour étayer ce nouveau concept tombé du ciel, le rapport se fonde sur l'exemple d'OGM comme la tomate au mûrissement ralenti de Calgene (qui sera, comme on l'a vu, retirée du marché) ou la tomate résistante au Roundup de Monsanto (qui est restée au stade expérimental)...

Parmi les auteurs de ce texte fondateur, on trouve l'éternel James Maryanski, ainsi qu'un représentant du Conseil de la compétitivité créé par George Bush. Enfin, le document fournit en annexe une liste de dix publications à consulter, dont une de l'International Life Science Institute (ILSI) (créé je le rappelle par des industriels de l'agroalimentaire), le fameux document de l'International Food Biotechnology Council (IFBC), rédigé notamment par Michael Taylor, et le rapport de la « consultation » organisée en 1990 par l'OMS et la FAO... À l'instar des autres documents cités comme « références », aucune de ces « publications » ne concerne des études scientifiques menées pour évaluer l'innocuité des OGM, pour une raison bien simple : à l'époque, il n'en existe aucune...

Un an plus tard, c'est à l'OMS de reprendre le flambeau de cette opération de propagande rondement menée : du 31 octobre au 4 novembre 1994, l'organisation onusienne parraine un « *workshop* » au titre sans ambiguïté : « Application du principe d'équivalence en substance pour l'évaluation de la sécurité des aliments ou composants alimentaires issus de plantes dérivées de la nouvelle biotechnologie. » Cette fois-ci, le fameux « principe d'équivalence en substance » est bel et bien inscrit dans le marbre, même s'il n'y a toujours rien de nouveau sous le soleil de la science. Et pour prouver que tout cela est bien sérieux, les participants au *workshop*, dont un certain docteur Roy Fuchs de... « Monsanto Company », rappellent que « l'approche comparative a été d'abord proposée par l'OMS et la FAO, puis développée par l'OCDE »...

La boucle est définitivement bouclée, deux ans plus tard, lorsque la FAO et l'OMS enfoncent le clou – deux organismes onusiens, ce n'est pas rien – en organisant une deuxième consultation conjointe, du 30 septembre au

4 octobre 1996 (où l'on retrouve James Maryanski et Roy Fuchs). Il faut dire que le moment est crucial : les premières cargaisons de soja Roundup ready sont déjà en marche vers l'Europe. Le rapport final, qui curieusement n'est pas disponible en ligne, mais dont j'ai réussi à me procurer une copie, est régulièrement cité comme le texte international de référence du principe d'équivalence en substance. On peut notamment y lire cette information hautement scientifique : « Quand l'équivalence en substance est établie pour un organisme ou un produit alimentaire, l'aliment est considéré comme aussi sûr que son homologue conventionnel et aucune autre évaluation n'est nécessaire. [...] Quand l'équivalence en substance n'est pas établie, cela ne signifie pas obligatoirement que le produit alimentaire n'est pas sûr et il n'est pas forcément nécessaire d'exiger des tests sanitaires poussés... »

Une étude sujette à caution

Comme le soulignera en 1999 Erik Millstone, maître de conférences en sciences politiques à l'université du Sussex, « le concept d'équivalence en substance n'a jamais été véritablement défini : le degré de différence entre un aliment naturel et son alternative transgénique requis pour que la "substance" cesse d'être considérée comme étant suffisamment "équivalente" n'est défini nulle part, de même qu'aucune définition exacte n'a jamais été approuvée par les législateurs. C'est précisément cette imprécision qui rend le concept utile pour l'industrie, mais inacceptable pour le consommateur. De plus, la dépendance des décideurs vis-à-vis du concept d'équivalence en substance agit comme une barrière qui rend impossible toute recherche sur les risques possibles de la consommation d'aliments transgéniques [32] ».

La firme de Saint Louis use et abuse du fameux concept, dont elle n'hésite pas à réécrire l'histoire pour justifier l'innocuité de ses OGM, en ayant recours à l'imprimatur des organisations onusiennes, ce qui, bien sûr, était le but de la manœuvre que je viens de raconter : « Un principe de base dans la réglementation des aliments et fourrages issus de la biotechnologie est le concept dit d'"équivalence en substance" », explique ainsi un document publicitaire pour le soja Roundup ready d'avril 1998, destiné aux agriculteurs. « *Il a été établi au début des années 1990 par la Food and Agriculture Organization, l'Organisation mondiale de la santé et l'Organisation de coopération et de développement économiques* » (c'est moi qui souligne). Imparable, cet argument est régulièrement servi dans les documents officiels de la firme qui, en général, en ajoute un second, censé apporter une caution scientifique au premier : « Pour établir l'"équivalence en substance", la composition du soja Roundup ready a été comparée à celle des variétés conventionnelles. [...] Au total, plus de 1 800 analyses indépendantes ont été conduites et ont démontré de manière très claire que la composition du soja Roundup ready est équivalente à celle d'autres grains de soja présents sur le marché. [...] De plus, des études toxicologiques menées sur un très large spectre zoologique (poulets, vaches laitières, poissons-chats et rats) montrent l'équivalence nutritionnelle du soja Roundup ready. »

Nous entrons là dans l'ultime phase du « plan d'action » élaboré, comme nous l'avons vu, un jour d'octobre 1986 (voir chapitre précédent). Consciente que le lancement du soja Roundup ready doit être sans faute, parce qu'il trace la voie de tous les OGM qui suivront, la firme de Saint Louis a décidé d'avoir recours au mécanisme de la « consultation volontaire » prévu par la directive de la FDA. C'est ainsi que le docteur Roy Fuchs, le directeur scientifique de Monsanto qui siégeait assidûment dans les « *workshops* » onusiens, a été chargé de concevoir deux études, dont le but était d'apporter la preuve scientifique que le principe d'équivalence en substance est bien fondé (ce qui confirme que les textes de la FAO, l'OMS et l'OCDE étaient purement théoriques et ne reposaient sur aucune donnée scientifique...).

La première visait à comparer la composition organique du soja Roundup ready avec celle du soja non transgénique, en mesurant notamment les taux de protéines, graisse, fibres, hydrates de carbone et d'isoflavones présents dans les deux types de grains, c'est-à-dire tous les constituants *déjà connus* de l'oléagineuse. Autrement dit, on n'a pas cherché à savoir si le soja transgénique contenait dans sa *structure moléculaire* des substances inconnues ou (légèrement) transformées dues aux effets de la manipulation génétique. Supervisée par Stephen Padgette, l'étude a finalement été publiée en 1996 dans *The Journal of Nutrition*, une revue scientifique de référence, et ses résultats sont sans surprise : « La composition des graines de soja résistant au glyphosate est équivalente à celle des graines de soja conventionnel », annonce son titre [33].

Mais cette étude est loin de faire l'unanimité, notamment parce que ses auteurs ont « omis » d'y inclure un certain nombre de données, ainsi que l'a découvert Marc Lappé, un toxicologue renommé, fondateur du CETOS (Center for Ethics and Toxics) de Gualala (Californie). « Que montrent les données omises ?, s'interroge-t-il en 2001 dans *The Los Angeles Times*. D'abord, un niveau significativement plus bas de protéine et d'un acide gras dans les grains de soja Roundup ready. Puis, un niveau significativement plus bas de phénylalanine, un acide aminé essentiel qui peut potentiellement affecter le niveau des principaux phytœstrogènes liés à la production d'œstrogènes pour laquelle les dérivés du soja sont souvent prescrits et consommés.

Ensuite, après cuisson, des niveaux plus élevés de l'inhibiteur de la trypsine, un allergène connu, dans les grains de soja Roundup ready que dans le groupe contrôle [34]. »

Pour le néophyte, ces données techniques sont sans doute un peu rébarbatives, mais si je prends la peine de les traduire, c'est précisément pour souligner qu'en matière de sécurité alimentaire, on ne peut pas se contenter du *grosso modo* qu'implique le principe d'équivalence en substance. En d'autres termes : soit les grains transgéniques sont strictement similaires à leurs homologues conventionnels, soit ils ne le sont pas. Et s'ils ne le sont pas : en quoi, et quelles conséquences sanitaires cela peut-il avoir ?

C'est précisément pour en avoir le cœur net que Marc Lappé (décédé en 2005) et sa collègue Britt Bailey ont décidé de répéter l'expérience menée par Stephen Padgette. « Pour notre étude, m'explique Britt Bailey, que j'ai rencontrée à San Francisco en octobre 2006, nous avons planté des graines de soja Roundup ready, ainsi que des graines issues des lignées conventionnelles d'origine, la seule différence étant la présence du gène Roundup ready dans les graines de Monsanto. Je précise que nous avons réalisé les cultures dans des sols strictement identiques, avec les mêmes conditions climatiques pour les deux groupes. Les pousses de soja transgénique ont été aspergées de Roundup, en respectant les recommandations de Monsanto. En fin de saison, nous avons récolté les grains issus des deux groupes et nous avons comparé leur composition organique.

– Quels furent les résultats ?

– Nos analyses ont montré des différences importantes entre le soja Roundup ready et le soja conventionnel, et notamment un niveau d'isoflavones, et donc de phytœstrogènes, de 12 % à 14 % moins élevé, ce qui prouve clairement que la composition du soja Roundup ready n'est pas équivalente au soja conventionnel. Nous avons envoyé nos données à la FDA, mais elle ne nous a jamais répondu...

– Comment a réagi Monsanto ?

– Nous avons proposé notre étude au *Journal of Medicinal Food*, qui l'a donc soumise à des relecteurs. Elle a été acceptée et sa publication a été fixée au 1er juillet 1999 [35]. Curieusement, une semaine avant la publication, alors que selon l'usage l'article était encore sous embargo, l'Association américaine du soja (American Soybean Association, ASA), connue pour ses liens avec Monsanto, a publié un communiqué de presse affirmant que notre étude n'était pas rigoureuse. Nous n'avons jamais su d'où venait la fuite... »

J'ai retrouvé le communiqué de l'association (dont je rencontrerai bientôt le vice-président) sur le site britannique de... Monsanto, qui en présente une version française ! « L'ASA a foi dans les analyses de soja Roundup ready menées par les services de tutelle aux États-Unis et dans le monde et aux études scientifiques qui les étayent et qui montrent une équivalence entre le soja Roundup ready et le soja classique... », y est-il écrit dans une langue de bois qui égratigne un peu la langue de Voltaire [36]...

« Comment expliquez-vous que Monsanto ait conclu que les deux sojas étaient équivalents ?, ai-je demandé à Britt Bailey.

– Je pense que la faille principale de leur étude, c'est qu'ils n'ont pas arrosé les grains avec du Roundup, ce qui invalide complètement l'étude, car le soja Roundup ready est fait pour être arrosé d'herbicide.

– Comment le savez-vous ?

– Grâce à une étourderie du service juridique de Monsanto ! »

Et Britt Bailey de me montrer une lettre adressée par Tom Carrato, l'un des avocats de Monsanto, à Vital Health Publishing, un éditeur qui était alors sur le point de publier un livre qu'elle avait écrit avec Marc Lappé sur les OGM. Ce courrier, daté du 26 mars 1998, en dit long, encore une fois, sur les pratiques de la firme. Après avoir expliqué qu'il avait été informé de l'imminence de la publication dans un article du *Winter Coast Magazine*, le conseil écrit, avec une assurance déconcertante : « Les auteurs du livre prétendent que le Roundup est toxique. Que veulent-ils dire par "toxique" ? Chacun sait que toute substance, qu'elle soit synthétique ou naturelle, peut être toxique à une certaine dose. [...] Quiconque a bu plusieurs tasses de café ou observé une personne boire de l'alcool sait que tout est affaire de dose et de seuil à ne pas dépasser. [...] Ces erreurs doivent être corrigées avant la publication, parce qu'elles [...] dénigrent et diffament potentiellement le produit. » Un peu plus loin, Tom Carrato défend l'étude réalisée par Stephen Padgette et fait, en effet, un bel aveu : « Les tests menés sur du soja Roundup ready *non pulvérisé* [c'est moi qui souligne] ne montrent aucune différence dans les niveaux d'œstrogènes. Les résultats ont été publiés dans un article relu par des pairs dans le *Journal of Nutrition* en janvier 1996... »

« En tout cas, la lettre a été efficace, soupire Britt Bailey, car notre éditeur a renoncé à publier notre livre, et nous avons dû en chercher un autre [37]...

– Savez-vous si les résidus de Roundup que l'on trouve immanquablement sur le soja transgénique ont été évalués, d'un point de vue sanitaire ?

– Jamais ! En écrivant notre livre, nous avons découvert qu'en 1987 le niveau de résidus de glyphosate autorisé sur les grains de soja était de 6 ppm. Et puis bizarrement, en 1995, un an avant la mise sur le marché du soja Roundup ready, le niveau permis par la FDA est passé à 20 ppm. J'ai parlé avec Phil Errico, le directeur du département glyphosate à l'EPA, et il m'a dit : "Monsanto nous a fourni des études qui montraient que 20 ppm ne posaient pas de risque pour la santé et le niveau autorisé a été changé." Bienvenue aux États-Unis ! »

Pour être honnête, l'Europe ne vaut guère mieux : d'après une information publiée par *Pesticides News* en septembre 1999, en réponse à l'importation du soja transgénique américain, la Commission européenne a multiplié par deux cents le taux de résidus de glyphosate autorisé, en le portant de 0,1 à 20 mg/kg...

« C'est de la mauvaise science »

« Ce n'est pas à Monsanto de garantir la sécurité des aliments transgéniques, a déclaré en octobre 1998 Phil Angell, le directeur de la communication de la multinationale. Notre intérêt, c'est d'en vendre le plus possible. Assurer leur sécurité, c'est le job de la FDA [38]. » La citation ne fait même pas sourire James Maryanski, qui assure manger du soja transgénique tous les jours, « parce qu'aux États-Unis, 70 % des aliments disponibles dans les magasins contiennent des OGM. La FDA est confiante que ce soja présente la même sécurité alimentaire que les autres variétés, m'affirme-t-il lors de notre rencontre en juillet 2006.

– Comment la FDA peut-elle en être sûre ?

– C'est fondé sur les données que la compagnie a fournies à la FDA et qui ont été évaluées par les scientifiques de l'agence. Et ce n'est pas dans l'intérêt d'une entreprise de conduire une étude pour ensuite en masquer les résultats », me répond l'ancien « coordinateur de la biotechnologie » de la FDA.

On aimerait bien partager l'optimisme de James Maryanski. Mais, pour être franche, tous les doutes sont permis. C'est en tout cas l'impression que j'ai eue après mon long entretien avec le professeur Ian Pryme – que j'ai rencontré le 22 novembre 2006 dans son laboratoire du département de biochimie et de biologie moléculaire de l'université de Bergen, en Norvège. En 2003, ce scientifique d'origine britannique et un collègue danois, le professeur Rolf Lembcke (aujourd'hui décédé), ont eu la bonne idée d'analyser les (rares) études toxicologiques conduites sur les aliments transgéniques [39]. Parmi elles, il y avait la seconde étude publiée en 1996 par les chercheurs de Monsanto, qui visait cette fois-ci à évaluer l'éventuelle toxicité du soja Roundup ready [40].

« Nous avons été très surpris de découvrir qu'il n'y avait que dix études recensées dans la littérature scientifique, m'explique Ian Pryme, c'est vraiment très peu au regard de l'enjeu.

– Comment l'expliquez-vous ?

– D'abord, il faut savoir qu'il est très difficile de se procurer des échantillons des matériaux transgéniques parce que les firmes en contrôlent l'accès. Elles exigent une description détaillée du projet de recherche, et elles sont très réticentes à fournir leurs OGM à des scientifiques indépendants pour qu'ils les testent. Quand on insiste, elles évoquent le "secret commercial". Par ailleurs, il est très difficile d'obtenir des financements pour conduire des études sur les effets à long terme des aliments transgéniques. Avec des collègues provenant de six pays européens, nous avons demandé des fonds à l'Union européenne, qui a refusé sous prétexte que les compagnies avaient déjà conduit elles-mêmes ce genre d'études...

– Que dire de l'étude conduite par Monsanto sur les rats, poulets, poissons-chats et vaches laitières ?

– Elle est très importante, parce qu'elle a servi de base au principe d'équivalence en substance et elle explique, en partie, l'absence d'études complémentaires. Mais je dois dire qu'elle est très décevante d'un point de vue scientifique. Si on m'avait demandé de la relire avant publication, je l'aurais rejetée, car les données fournies sont trop insuffisantes. Je dirais même que c'est de la mauvaise science...

– Avez-vous essayé de vous procurer les données brutes de l'étude ?

– Oui, mais, malheureusement, Monsanto a refusé de les communiquer au motif qu'elles étaient couvertes par le secret commercial... C'est la première fois que j'entendais un tel argument concernant les données d'une recherche... Normalement, dès qu'une étude est publiée, n'importe quel chercheur peut demander à consulter les données brutes, pour répéter l'expérience et contribuer au progrès scientifique. Le refus de Monsanto donne immanquablement l'impression que la firme a quelque chose à cacher : soit que les résultats ne sont pas suffisamment convaincants, soit qu'ils sont mauvais, soit que la méthodologie et le protocole utilisés ne sont pas suffisants pour résister à une analyse scientifique rigoureuse. Pour faire notre étude, nous avons donc dû nous contenter du résumé fourni par la firme aux agences de réglementation. Et il y a des choses très troublantes.

Par exemple, à propos de l'étude sur les rats, les auteurs écrivent : "À part leur couleur marron foncé, les foies paraissaient normaux lors de la nécropsie. [...] Cette couleur n'est pas considérée comme étant liée à la modification génétique." Comment peuvent-ils prétendre cela sans faire des sections des foies et les observer au microscope pour être sûrs que cette couleur marron foncé est normale ? Manifestement, ils se sont contentés d'une évaluation oculaire des organes, ce qui n'est pas une manière scientifique de conduire une étude *post mortem*. De même, les auteurs indiquent que "les foies, les testicules et les reins ont été pesés" et que "plusieurs différences ont été observées", mais qu'elles ne furent "pas considérées comme étant liées à la manipulation génétique"... Encore une fois, comment peuvent-ils affirmer cela ? Manifestement, ils n'ont pas analysé les intestins ni les estomacs, ce qui constitue une faute très grave dans une étude toxicologique. Ils disent aussi que quarante tissus ont été prélevés, mais on ne sait pas lesquels ! D'ailleurs, je ne connais que vingt-trois tissus répertoriés, comme la peau, les os, la rate, la thyroïde... Quels sont les autres ?

De plus, les rats utilisés pour l'expérience avaient huit semaines : ils étaient trop vieux ! D'habitude, pour une étude toxicologique, on utilise de jeunes cobayes, pour voir si la substance testée a un impact sur le développement de leur organisme qui est en pleine croissance. Le meilleur moyen de cacher des effets nocifs éventuels, c'est d'utiliser des cobayes âgés, d'autant plus que, malgré les anomalies constatées, l'étude n'a duré que vingt-huit jours, ce qui n'est pas suffisant... Le dernier paragraphe du texte résume bien l'impression générale : "Les études toxicologiques fournissent une *certaine assurance* qu'aucun changement majeur ne s'est produit avec le soja modifié génétiquement..." Je ne veux pas une "certaine assurance", mais une assurance à 100 % ! En fait, quand on sait que cette étude a justifié l'introduction des OGM dans la chaîne alimentaire, on ne peut qu'être inquiet... Mais que faire ? Regardez ce qui est arrivé récemment à ma collègue Manuela Malatesta... »

La peur de Monsanto

J'ai rencontré Manuela Malatesta le 17 novembre 2006, à l'université de Pavie en Italie. Elle était encore traumatisée par l'expérience qu'elle venait de vivre et qui l'avait contrainte à quitter l'université d'Urbino, où elle avait travaillé pendant plus de dix ans. « Tout ça à cause d'une étude sur les effets du soja transgénique[41] », me dit-elle avec un soupir. En effet, la jeune chercheuse a fait ce que personne n'avait fait : répéter l'étude toxicologique conduite en 1996 par Monsanto. Avec son équipe, elle a nourri un groupe de rats avec une diète habituelle (groupe contrôle) et un autre groupe avec la même diète à laquelle avait été ajouté du soja Roundup ready (groupe expérimental). Pris dès le sevrage, les cobayes ont été suivis jusqu'à leur mort (en moyenne deux ans plus tard). « Nous avons étudié les organes des rats au microscope électronique, m'explique Manuela Malatesta, et nous avons constaté des différences statistiquement significatives, notamment dans les noyaux des cellules du foie des rats nourris avec du soja transgénique. Tout semble indiquer que les foies avaient une activité physiologique plus élevée. Nous avons trouvé des modifications similaires dans les cellules du pancréas et des testicules.

– Comment expliquez-vous ces différences ?

– Malheureusement, nous aurions aimé poursuivre ces études préliminaires, mais nous n'avons pas pu, car les financements se sont arrêtés... Nous n'avons donc que des hypothèses : les différences peuvent être dues à la composition du soja ou aux résidus de Roundup. Je précise que les différences que nous avons constatées ne sont pas des lésions, mais la question est de savoir quel rôle biologique elles peuvent avoir à long terme, et pour cela il faudrait développer une autre étude...

– Pourquoi ne le faites-vous pas ?

– Ah !, murmure Manuela Malatesta, en cherchant ses mots. Actuellement, la recherche sur les OGM est un sujet tabou... On ne trouve pas d'argent pour cela. Nous avons tout fait pour trouver un complément de financement, mais on nous a répondu que, comme dans la littérature scientifique il n'y avait pas de données qui prouvent que les OGM provoquent des problèmes, il était donc totalement inutile de travailler là-dessus. On ne veut pas trouver de réponses aux questions qui gênent... C'est le résultat de la peur diffuse qu'il y a de Monsanto et des OGM en général... D'ailleurs, quand j'ai parlé des résultats de l'étude à certains de mes collègues, ils m'ont vivement déconseillé de les publier, et ils avaient raison, car j'ai tout perdu, mon laboratoire, mon équipe... J'ai dû recommencer à zéro dans une autre université, grâce à un collègue qui m'a soutenue...

– Est-ce que les OGM vous inquiètent ?

– Aujourd'hui, oui ! Pourtant, au début, j'étais persuadée qu'ils ne posaient pas de problèmes, mais maintenant les secrets, les pressions et la peur qui les entourent me font douter... »

Un sentiment qui, nous allons le voir, est partagé par d'autres scientifiques comme le « dissident » Arpad Pusztai, victime de la toile tissée par Monsanto un peu partout dans le monde...

9

1995-1999 : Monsanto tisse sa toile

« Vous assistez non seulement à une consolidation des entreprises semencières, mais aussi à une consolidation de toute la chaîne alimentaire. »

Robert Fraley,
coprésident de la division agricole de Monsanto
(*Farm Journal*, octobre 1996).

« En tant que scientifique qui travaille activement dans ce domaine, je considère qu'il n'est pas juste de prendre les citoyens britanniques pour des cobayes. » Diffusés le 10 août 1998 dans le magazine *World in action* de la BBC, ces quelques mots relatifs aux OGM ont ruiné la carrière d'Arpad Pusztai, un biochimiste de renommée internationale qui travailla pendant trente ans (de 1968 à 1998) au Rowett Research Institute d'Aberdeen (Écosse). « Je crois qu'ils ne me pardonneront jamais d'avoir dit cela, m'explique-t-il quand je le rencontre à son domicile le 21 novembre 2006, avec un sourire malicieux qui illumine son visage de (presque) octogénaire.

« C'est qui "ils" ?, lui demandé-je, en subodorant la réponse.

– Monsanto et tous ceux qui, en Grande-Bretagne, soutiennent les yeux fermés la biotechnologie, me répond le docteur Pusztai. Jamais je n'aurais pensé que je puisse être victime de pratiques qui rappellent celles utilisées par les régimes communistes contre leurs dissidents. »

Les pommes de terre maudites

Fils d'un résistant hongrois à l'occupation nazie, Arpad Pusztai est né à Budapest en 1930. En 1956, alors que les chars soviétiques marchent sur la capitale hongroise, il s'enfuit en Autriche où on lui accorde le statut de réfugié politique. Diplômé de chimie, il obtient une bourse de la Fondation Ford, qui lui propose d'étudier dans le pays de son choix. Il choisit la Grande-Bretagne, qui représente pour lui le « pays de la liberté et de la tolérance ». Après avoir décroché un doctorat de biochimie à l'université de Londres, il est recruté par le prestigieux Institut Rowett, considéré comme le meilleur laboratoire européen de nutrition. Le chercheur se spécialise sur les lectines, ces protéines présentes naturellement dans certaines plantes qui ont une fonction insecticide et protègent ces dernières contre les attaques des pucerons. Si certaines lectines sont toxiques, d'autres sont inoffensives pour l'homme et les mammifères, comme la lectine issue du perce-neige appelée « GNA », à laquelle Arpad Pusztai consacra six ans de sa vie [a]. L'expertise du biochimiste est si réputée qu'en 1995, l'Institut Rowett lui propose de prolonger son contrat, alors qu'il a atteint l'âge de la retraite, pour qu'il puisse prendre la tête d'un programme de recherche financé par le ministère écossais de l'Agriculture, l'Environnement et la Pêche.

Doté de 1,6 million de livres (plus de 2 millions d'euros), ce contrat substantiel, qui mobilise une trentaine de chercheurs, a pour but d'évaluer l'impact des OGM sur la santé humaine. « Nous étions tous très enthousiastes, m'explique Arpad Pusztai, car, à l'époque, alors que la première culture de soja transgénique venait d'être semée aux États-Unis, aucune étude scientifique n'avait été publiée sur le sujet. Le ministère pensait que notre recherche constituerait un soutien en faveur des OGM, au moment de leur arrivée sur les marchés britannique et européen. Car, bien sûr, personne ne s'imaginait – moi le premier, qui étais un ardent supporter de la biotechnologie – que nous allions trouver des problèmes. » L'enthousiasme du scientifique est tel que, lorsque paraît en 1996 l'étude toxicologique de Monsanto sur le soja Roundup ready dans *The Journal of Nutrition*, il juge certes que c'est de la « très mauvaise science », mais que justement, avec son équipe, il va faire mieux : « Je me disais que si nous pouvions montrer, avec une étude scientifique digne de ce nom, que les OGM étaient réellement inoffensifs, alors nous serions des héros », raconte-t-il.

---

a Arpad Pusztai a publié deux cent soixante-dix articles scientifiques, notamment sur les lectines, dans des revues internationales de référence.

En accord avec le ministère, l'Institut Rowett décide de travailler sur des pommes de terre transgéniques que ses chercheurs ont déjà développées avec succès, en leur insérant le gène qui fabrique la lectine du perce-neige (GNA). « Les études préliminaires avaient montré que les pommes de terre repoussaient effectivement les attaques des pucerons, m'explique Arpad Pusztai. Par ailleurs, nous savions qu'à l'état naturel la GNA n'était pas dangereuse pour les rats, même quand ils en absorbaient une dose huit cents fois supérieure à celle produite par les OGM. Il nous restait donc à évaluer les effets éventuels des pommes de terre transgéniques sur les rats. »

Le protocole de l'expérience prévoit de suivre quatre groupes de rats depuis le sevrage jusqu'à cent dix jours : « Rapporté à l'homme, précise Arpad Pusztai, cela revient à suivre un enfant depuis l'âge d'un an à neuf ou dix ans, c'est-à-dire dans la période où son organisme est en pleine croissance. » Dans le « groupe contrôle », les rats sont nourris avec des pommes de terre conventionnelles. Dans les deux groupes expérimentaux, les cobayes sont nourris avec des pommes de terre transgéniques issues de deux lignées différentes. Enfin, dans le quatrième groupe, le menu comprend des pommes de terre conventionnelles auxquelles est adjointe une quantité de lectine naturelle (extraite directement du perce-neige). « Ma première surprise, se souvient le docteur Pusztai, fut quand nous avons analysé la composition chimique des pommes de terre transgéniques. D'abord, nous avons constaté qu'elles n'étaient pas équivalentes aux pommes de terre conventionnelles. Et puis, elles n'étaient pas équivalentes entre elles, parce que, d'une lignée à l'autre, la quantité de lectine exprimée pouvait varier de 20 %. C'est la première fois où j'ai émis des doutes sur le fait que la manipulation génétique puisse être considérée comme une technologie car, pour un scientifique classique comme moi, le principe même de la technologie signifie que si un processus produit un effet, cet effet doit être strictement le même si on répète le même processus dans des conditions identiques. Là, apparemment, la technique était très imprécise, parce qu'elle n'engendrait pas le même effet.

– Comment l'expliquez-vous ?

– Malheureusement, je n'ai que des hypothèses que je n'ai jamais eu les moyens de vérifier... Pour bien comprendre l'imprécision de ce qu'on appelle de manière impropre la "biotechnologie", qui s'effectue généralement avec un canon à gènes, il suffit de prendre l'image de Guillaume Tell à qui on banderait les yeux avant qu'il tire une flèche sur une cible : il est impossible de savoir où le gène bombardé va atterrir dans la cellule cible. Je pense que la localisation aléatoire du gène explique la variabilité dans l'expression de la protéine, en l'occurrence de la lectine. Une autre explication tient peut-être à la présence de ce qu'on appelle le « promoteur 35S », issu du gène du virus de la mosaïque du chou-fleur, destiné à promouvoir l'expression de la protéine, mais dont personne n'a vérifié quels effets connexes il pouvait engendrer. Toujours est-il que les pommes de terre transgéniques provoquaient des effets inattendus sur les organismes des rats.

– Quels effets avez-vous observés ?

– D'abord, les rats des groupes expérimentaux présentaient des cerveaux, des foies et des testicules moins développés que ceux du groupe contrôle, ainsi que des tissus atrophiés, notamment dans le pancréas et l'intestin. Par ailleurs, nous avons constaté une prolifération des cellules dans l'estomac et cela est inquiétant, parce que cela peut faciliter le développement de tumeurs causées par des produits chimiques. Enfin, le système immunitaire de l'estomac était en surchauffe, ce qui indiquait que les organismes des rats traitaient ces pommes de terre comme des corps étrangers. Nous étions convaincus que c'était le processus de manipulation génétique qui était à l'origine de ces dysfonctionnements et pas le gène de la lectine dont nous avions testé l'innocuité à l'état naturel. Apparemment, contrairement à ce qu'affirmait la FDA, la technique d'insertion n'était pas une technologie neutre, puisqu'elle produisait, à elle seule, des effets inexpliqués. »

L'affaire Arpad Pusztai : haro sur le dissident

Profondément troublé, Arpad Pusztai fait part de ses inquiétudes au professeur Philipp James, le directeur de l'Institut Rowett, qui est aussi l'un des douze membres du « Comité consultatif sur les processus et les aliments nouveaux », chargé d'évaluer au Royaume-Uni la sécurité des OGM avant leur mise sur le marché. Convaincu de l'importance que revêtent les résultats de l'étude, le directeur l'autorise à participer à une émission de la BBC consacrée à la biotechnologie, enregistrée en juin 1998, soit sept semaines avant la diffusion, en présence du chef des relations publiques de l'Institut. « Dans l'interview, explique Arpad Pusztai, je n'ai livré aucun détail sur l'étude que nous n'avions pas encore publiée, mais j'ai répondu franchement aux questions que l'on me posait, car j'estimais que c'était mon devoir moral d'alerter la société britannique sur les inconnues sanitaires entourant les OGM, alors que les premiers aliments transgéniques étaient importés des États-Unis. »

De fait, dès le 23 avril 1990, la Communauté européenne avait adopté la directive 90/220 réglementant la diffusion des OGM en Europe. Celle-ci prévoyait une procédure type, toujours en vigueur huit ans plus tard (et encore en 2008) : pour obtenir l'autorisation de mise sur le marché d'un aliment ou d'une plante transgénique, l'entreprise doit transmettre un dossier technique à un État membre, dont les instances nationales évaluent les risques du produit pour l'homme et l'environnement. Après examen, le dossier est alors transmis par la Commission aux autres États, qui ont soixante jours pour demander des expertises supplémentaires s'ils le jugent nécessaire. C'est ainsi qu'en décembre 1996, l'Union européenne a autorisé l'importation du soja RR (ainsi qu'un maïs Bt de Novartis), sur la foi de l'étude publiée la même année par Monsanto. L'enjeu était d'autant plus important que, dans le cadre des accords du GATT de 1993, l'Europe avait accepté de limiter ses surfaces plantées en oléagineux (soja, colza, tournesol) pour permettre l'écoulement des stocks américains, forçant les paysans à s'approvisionner outre-Atlantique pour leur fourrage [1].

« Le manque de tests sur les OGM, vous inquiète-t-il ?, demande ainsi ma consœur de la BBC à Arpad Pusztai.

– Oui, répond sans hésiter le scientifique.

– Mangeriez-vous des pommes de terre transgéniques ?

– Non ! Et en tant que scientifique qui travaille activement dans ce domaine, je considère qu'il n'est pas juste de prendre les citoyens britanniques pour des cobayes... »

Dans un premier temps, les dirigeants de l'Institut Rowett ne trouvent rien à redire à la fameuse phrase qui passe en boucle dans la bande annonce de *World in Action*, le 9 août 1998. Le jour suivant, l'Institut est submergé de demandes d'interview et le professeur James se fait un plaisir de vanter les mérites d'une étude qui attire une telle publicité. Le soir de la diffusion (le 10 août), le directeur ne peut s'empêcher d'appeler Arpad Pusztai pour le féliciter de sa performance télévisée : « Il était très enthousiaste, se souvient celui-ci. Puis, brusquement, tout a changé... »

Le 12 août, en effet, alors qu'une horde de journalistes fait le planton devant sa maison, Arpad Pusztai est convoqué à une réunion où le professeur James lui annonce, assisté d'un avocat, que son contrat est suspendu, jusqu'à sa mise à la retraite. L'équipe de recherche est dissoute. Les ordinateurs et documents liés à l'étude sont confisqués et les lignes de téléphone coupées. Arpad Pusztai est frappé d'un « *gag order* », une interdiction de communiquer avec la presse, sous peine de poursuites. Commence alors une lamentable opération de désinformation qui vise à salir sa réputation, et avec elle la validité de sa mise en garde. Dans plusieurs interviews, Philipp James affirme que son chercheur s'est trompé et que, contrairement à ce qu'il croyait, il n'a pas utilisé la lectine du perce-neige mais une autre lectine appelée « Concanavaline A » (Con A), issue d'un haricot sud-américain et connue pour sa toxicité.

En d'autres termes : les effets observés sur les rats ne sont pas dus à la manipulation génétique mais à la lectine « Con A », qui est un « poison naturel [2] », ainsi que s'empresse de le souligner le docteur Collin Merritt, le porte-parole de... Monsanto en Grande-Bretagne. « Au lieu de rats nourris avec des pommes de terre génétiquement modifiées, le docteur Pusztai a utilisé les résultats de tests conduits sur des rats traités avec du poison », renchérit le *Scottish Daily Record & Sunday Mail* [3]. « Si on mélange du cyanure avec du vermouth dans un cocktail et que l'on constate que ce n'est pas bon pour la santé, on n'en conclut pas pour autant qu'il faut bannir tous les mélanges de breuvages [4] », ironise pour sa part Sir Robert May, un conseiller scientifique du gouvernement. De même, en France, *Le Monde* reprend cette « information », d'autant plus étrange qu'elle concerne le meilleur spécialiste mondial des lectines : « Le docteur Pusztai a fait l'amalgame entre des données portant sur une lignée de pommes de terre transgéniques, dont l'étude est à peine entamée, et d'autres, issues d'expériences consistant à ajouter des protéines insecticides au menu des rats. Les tubercules incriminés n'avaient donc rien de transgénique [5]... » « C'était terrible, murmure Arpad Pusztai, la voix étranglée par l'émotion. Et je n'avais même pas le droit de me défendre... »

N'étant pas à une contradiction près, le professeur James attaque sur un second front : il demande à un comité de scientifiques de conduire un audit sur la fameuse étude. Pourquoi ?, est-on tenté de demander. Si l'expérience était biaisée par une erreur portant sur la lectine utilisée, alors il n'y a aucune raison de se pencher de plus près sur ses résultats... Pourtant, le 28 octobre 1998, le Rowett rend publiques les conclusions de l'audit : « Le comité pense que les données existantes ne permettent en rien de suggérer que la consommation de pommes de terre transgéniques par des rats a affecté leur croissance, le développement de leurs organes ou leur système immunitaire. Cette suggestion [...] était infondée [6]. »

Mais l'affaire a fait tellement de bruit que la Chambre des communes demande à auditionner le « dissident », contraignant le professeur James à lui autoriser l'accès aux données de son étude. Arpad Pusztai décide alors de les envoyer à vingt scientifiques internationaux avec qui il avait travaillé au cours de sa longue carrière et qui acceptent de rédiger un rapport en comparant lesdites données à l'audit conduit pour le vénérable institut. Publiées à la une du quotidien *The Guardian*, le 12 février 1999, les conclusions du rapport ne sont pas tendres pour le « comité » mis sur pied par le professeur James : après avoir noté que l'audit avait délibérément ignoré certains résultats, ses auteurs précisent que ceux-ci « montraient très clairement que les pommes de terre transgéniques avaient des effets significatifs sur la fonction immunitaire [des rats] et que cela suffisait à conforter entièrement les déclarations du docteur

Pusztai[7] ». Au passage, ils dénoncent la « violence du traitement infligé par le Rowett » à leur collègue, et « plus encore le secret impénétrable qui entoure toute l'affaire » et appellent à un moratoire sur les cultures transgéniques.

Quelques jours plus tard, la commission scientifique et technologique du Parlement britannique entame ses auditions. Face aux questions de ses interrogateurs, qui soulignent ses contradictions, le professeur James se retranche derrière un nouvel argument que Colin Merritt, le porte-parole de Monsanto, avait déjà servi dans une interview au journal *The Scotsman* : « Il n'est pas possible de lâcher une information de cette nature avant qu'elle ait été correctement examinée par des pairs[8]. » En d'autres termes : ce que le directeur de l'Institut Rowett reproche (maintenant) à son chercheur, c'est d'avoir parlé avant que l'étude ne soit publiée dans les règles de l'art.

Manifestement, l'argument ne convainc pas le docteur Alan Williams, l'un des membres de la commission parlementaire, qui, évoquant le rôle du comité consultatif chargé d'autoriser la mise sur le marché des aliments transgéniques, dont Philipp James fait partie, lui répond avec une ironie toute britannique : « Le fait que vous disiez qu'il n'est pas correct de commenter une étude non publiée nous pose un problème sérieux, parce que, si j'ai bien compris, toutes les décisions prises par le comité consultatif sont basées sur des études émanant des firmes qui ne sont pas publiées. Ce n'est pas vraiment démocratique, n'est-ce pas ? Nous n'avons pas le droit de commenter les études parce qu'elles ne sont pas publiées, mais, d'un autre côté, aucune étude n'est publiée. Nous sommes donc obligés de nous en remettre aux avis du comité et de ses membres respectables qui prennent toutes leurs décisions en notre nom, sur la foi d'études qui proviennent des entreprises commerciales. Ne trouvez-vous pas qu'il y a là un manque de démocratie évident[9] ? »

Les propos du parlementaire sont au cœur de l'immense polémique déclenchée par l'affaire d'Arpad Pusztai, qui alimente pas moins de sept cents articles pour le seul mois de février 1999. Ainsi que le constate alors le *New Statement*, « la controverse sur les OGM a divisé la société en deux fronts belligérants. Tous ceux qui voient les aliments transgéniques comme une perspective terrifiante – la "nourriture Frankenstein" – sont dressés contre les défenseurs [de la biotechnologie][10] ». « Par ici tout le monde nous hait », se lamente de son côté Dan Verakis, le porte-parole européen de Monsanto[11].

De fait, un sondage réalisé secrètement dès octobre 1998 à la demande de la firme et dont la presse a pu se procurer une copie, révèle un « effondrement continu du soutien du public pour la biotechnologie », avec « un tiers d'opinions extrêmement négatives[12] ». Sept mois plus tard, la tendance est confirmée par un nouveau sondage, commandé par le gouvernement britannique, qui constate que « seul 1 % du public pense que les OGM sont bons pour la société » et que la majorité des sondés ne font pas confiance aux autorités pour « fournir une information honnête et équilibrée [13] ».

Et force est de reconnaître que les sceptiques ont bien raison : tandis que les majors de la distribution agroalimentaire – comme Unilever England, mais aussi Nestlé, Resco, Sainsbury, Somerfield ou les filiales britanniques de McDonald et Burger King – s'engagent publiquement à renoncer à tout ingrédient transgénique, on découvre que le gouvernement de Tony Blair conduit de bien étranges manœuvres pour « regagner la confiance du public ». D'après un document confidentiel qu'a pu se procurer le *Sunday Independant*, celui-ci a établi un véritable plan de bataille pour « dénigrer la recherche du docteur Arpad Pusztai », en « sollicitant des scientifiques éminents, disponibles pour des interviews télévisées et l'écriture d'articles » censés « aider à raconter une bonne histoire [14] ». Parmi les scientifiques pressentis, le document cite notamment ceux de la très respectée Royal Society, qui, de fait, collabore activement à l'opération de dénigrement.

Monsanto, Clinton et Blair : des pressions efficaces

« La Royal Society a vraiment été féroce », soupire Arpad Pusztai, tandis qu'à ses côtés le docteur Stanley Ewen – que je rencontre avec lui – opine du chef. Histologue réputé, travaillant notamment à l'université d'Aberdeen, ce scientifique, aujourd'hui sexagénaire, avait été associé à l'étude sur les pommes de terre transgéniques. C'est lui qui avait été chargé d'évaluer leur impact sur le système gastro-intestinal des rats. Dans un mémorandum adressé au Parlement britannique, il avait souligné les résultats de son expertise : « Un allongement de la crypte intestinale et une inflammation des cellules constituant les parois de l'intestin [15]. »

Aujourd'hui encore, le docteur Ewen a du mal à parler de l'« affaire » qui a anéanti à jamais sa foi dans l'indépendance de la science. « C'était comme si le sol se dérobait sous mes pieds, me raconte-t-il, la voix serrée. Impossible à comprendre : lundi, notre travail était formidable, et mardi il était bon pour la poubelle... Moi-même, j'ai été mis à la retraite d'office, comme si j'avais commis une faute grave... » D'un air navré, il raconte comment la Royal Society a délibérément piétiné sa réputation de sérieux et d'impartialité pour vilipender les résultats de l'étude.

Le 23 février 1999, dix-neuf membres de l'institution publient une lettre ouverte dans le *Daily Telegraph* et *The Guardian*, où ils stigmatisent les chercheurs qui ont « déclenché une crise à propos des aliments transgéniques en rendant publics des résultats qui n'avaient pas été soumis à la relecture des pairs ». Ce qui est faux, puisque dans les cent dix secondes qu'a duré son interview, Arpad Pusztai n'a pas dit un mot sur les résultats de son étude, mais s'est contenté d'appeler à plus de vigilance sur les OGM, en général. Le 23 mars, la Royal Society réalise ce qu'elle n'a jamais fait en trois cent cinquante ans d'existence : elle publie une analyse critique de la fameuse recherche, où elle conclut que celle-ci « présentait des défauts tant dans sa conception, son exécution que dans l'évaluation de ses résultats ».

En se penchant sur cette étrange initiative, le *Guardian* découvre que la « société » a constitué une « cellule de dénigrement », dont le but est de « modeler l'opinion publique et scientifique sur une ligne pro-OGM et de contrer les scientifiques opposés ainsi que les groupes environnementaux [16] ». L'attitude de la Royal Society est tellement exceptionnelle que, le 22 mai 1999, *The Lancet*, l'un des magazines scientifiques les plus prestigieux du monde, décide de sortir de sa réserve : « Les gouvernements n'auraient jamais dû autoriser ces produits (OGM) sans avoir exigé des tests rigoureux sur leurs effets sanitaires », insiste son éditorial. Se lançant délibérément dans la mêlée, le journal annonce qu'il va publier – enfin ! – l'étude d'Arpad Pusztai et de Stanley Ewen. Conformément à l'usage, il adresse une copie de l'article à six « relecteurs indépendants », qui, comme nous l'avons vu, sont censés ne pas communiquer sur le contenu jusqu'à la publication, annoncée pour le 15 octobre 1999 [17].

Las ! Violant tous les codes établis, John Pickett, le « sixième relecteur », n'hésite pas à critiquer violemment l'article dans les colonnes de *The Independant*, cinq jours avant la publication [18]. Pire : il transmet l'épreuve du texte à la Royal Society, qui s'en prend directement à Richard Horton, le directeur du *Lancet* : « Il y a eu de fortes pressions pour annuler la publication », confie ce dernier au *Guardian*, en citant un « coup de fil très agressif » du professeur Peter Lachmann (ancien vice-président et secrétaire pour la biologie de la Royal Society et président de l'Académie des sciences médicales), qui lui aurait fait comprendre que la publication « pourrait avoir des répercussions sur sa position de directeur [19] » (allégation démentie ensuite par le professeur Lachmann).

« Ce n'est pas surprenant, commente le docteur Stanley Ewen, la Royal Society a soutenu dès le début le développement des OGM, et nombreux sont ses membres, comme le professeur Lachmann, qui travaillent comme consultants pour les firmes de biotechnologie [a].

---

a D'après le *Guardian*, le professeur Lachmann était consultant pour des sociétés comme Geron Biomed, Adprotech et SmithKline Beecham.

– Y compris pour Monsanto, ajoute Arpad Pusztai. D'ailleurs, Monsanto était l'un des sponsors privés de l'Institut Rowett, mais aussi de l'Institut de la recherche agricole d'Écosse, un rapprochement d'autant plus "naturel" que l'un de ses cadres les plus en vue, Hugh Grant, qui est aujourd'hui le P-DG de la firme, est écossais [a]...

– Pensez-vous que Monsanto ait joué un rôle dans cette affaire ?, dis-je.

– Pour moi, cela ne fait aucun doute que la décision d'arrêter notre travail a été prise au plus haut niveau, murmure Stanley Ewen. J'en ai eu la confirmation en septembre 1999. J'étais à un dîner dansant et, à la table à côté de moi, il y avait l'un des administrateurs de l'Institut Rowett. À un moment, je lui ai dit : "C'est horrible ce qui est arrivé à Arpad, n'est-ce pas ?" Il a répondu : "Oui, mais ne savez-vous pas que Downing Street [siège du chef du gouvernement britannique] a appelé le directeur deux fois ?" Là, j'ai compris qu'il y avait eu quelque chose de supranational dans cette affaire, le bureau de Tony Blair avait subi des pressions de la part des Américains, qui trouvaient que notre étude portait préjudice à leur industrie de la biotechnologie, et tout particulièrement à Monsanto... »

De fait, cette information a été confirmée par un ancien administrateur de l'Institut Rowett, le professeur Robert Orskov, qui a rapporté en 2003 au *Daily Mail* que « Monsanto avait téléphoné à Bill Clinton, puis Clinton à Blair, et Blair à James [20]... »

Robert Shapiro, le « gourou de Monsanto »

L'affaire peut paraître incroyable. Et pourtant... Nous avons déjà vu, à plusieurs reprises, comment la firme de Saint Louis était capable d'intervenir aux plus hauts niveaux des instances gouvernementales ou internationales pour imposer ce qu'elle n'hésite pas à appeler, dans son rapport d'activité de 1997, la « loi de Monsanto » [21]. Quand elle écrit cet étrange aveu, quelques mois avant que l'équipe du Rowett plonge dans la tourmente, la multinationale est dirigée par Robert B. Shapiro, qui a succédé à Robert Mahoney en avril 1995 (jusqu'en janvier 2001).

Surnommé l'« évangéliste en chef de la biotechnologie [22] », le « faiseur d'image [23] » ou encore le « gourou de Monsanto [24] », cet ancien avocat né dans une famille aisée de Manhattan présente une caractéristique tout à fait

a Dans un communiqué de presse publié le 16 février 1999, l'Institut Rowett confirme qu'il a signé un contrat avec Monsanto, dont le montant correspond à 1 % de ses ressources annuelles.

exceptionnelle dans l'histoire de la société : il est démocrate et, à ce titre, très proche de l'administration de Bill Clinton. Voilà pourquoi, en 1996, la firme de Saint Louis contribue généreusement à la campagne pour la réélection du président, lequel rend hommage à Monsanto dans son discours sur l'état de l'Union, le 4 février 1997. Peu après, Robert Shapiro est nommé membre du Conseil consultatif pour la politique et les négociations commerciales de la Maison-Blanche, qui travaille en étroite collaboration avec Mickey Kantor, le secrétaire au Commerce et futur membre du conseil d'administration de Monsanto. En décembre 1998, Bill Clinton remet, en personne, la prestigieuse médaille de la technologie à Ernest Jaworski, Robert Fraley, Robert Horsh et Stephen Rogers, les quatre « inventeurs » du soja Roundup ready.

À l'époque, ainsi qu'en témoigne Dan Glickman, l'ancien secrétaire à l'Agriculture, l'administration démocrate est subjuguée par le discours de « Bob » Shapiro sur les « promesses de la biotechnologie » censée apporter une « révolution dans l'agriculture, l'alimentation et la santé [25] ». À tous ses interlocuteurs de Washington, le P-DG fait miroiter les bienfaits d'une technique capable, selon lui, de faire basculer le monde dans l'ère postindustrielle pour le bien de l'humanité, avec une force de conviction que lui reconnaissent ses adversaires les plus farouches. Dans l'un des (très) rares entretiens qu'il a accordés, publié le 1er janvier 1997, peu après la réélection de Bill Clinton, à la très sérieuse *Harvard Business Review*, il explique avec une emphase certaine en quoi les OGM représentent la solution pour l'avenir de la planète. Après avoir souligné qu'aujourd'hui 1,5 milliard de personnes vivent dans une situation de « pauvreté abjecte » et que la population va « doubler d'ici 2030 », il se lance dans une diatribe quasi messianique sur les catastrophes qui guettent l'humanité : « C'est un monde de migrations massives et de dégradation environnementale à une échelle inimaginable. Dans le meilleur des cas, cela signifie la préservation de quelques îlots de privilèges et de prospérité dans un océan de misère et de violence. [...] Il faut changer tout le système et aujourd'hui nous avons la possibilité inespérée de tout réinventer. [...] Chez Monsanto, nous essayons d'inventer un nouveau business autour du concept de développement durable. [...] Les pratiques agricoles actuelles ne garantissent pas un développement durable : en vingt ans, nous avons perdu environ 15 % de la surface du globe, l'irrigation augmente la salinité des sols et les produits pétrochimiques dont nous dépendons ne sont pas renouvelables. La plupart des surfaces arables sont déjà cultivées. Les tentatives pour défricher de nouvelles terres entraînent des dommages écologiques sévères. Au mieux, nous disposerons de la même quantité de terres à travailler avec deux fois plus de personnes à nourrir, ce qui pose le problème de la productivité des ressources disponibles. [...] La conclusion, c'est que la nouvelle technologie est la seule alternative [26]. »

Après ce couplet écolo-tiers-mondiste, Robert Shapiro aborde la partie philosophique de son discours, dont je dois dire que, sur le papier, elle ne manque pas d'allure. Pour le P-DG de Monsanto, en effet, la biotechnologie est une « technologie de l'information » qui permet de remplacer l'usage de matières premières et d'énergies, néfaste pour l'environnement, par une utilisation sophistiquée de l'information génétique : « Utiliser l'information est l'une des manières d'augmenter la productivité sans abuser de la nature », déclare-t-il dans le même entretien, considéré comme la profession de foi de ce qu'il appelle le « nouveau Monsanto ». « Un système fermé comme la terre ne peut pas résister à une augmentation systématique des choses matérielles, mais il peut supporter une croissance exponentielle d'information et de savoir. Si le développement économique signifie utiliser plus de matière, alors ceux qui prétendent que la croissance et le développement durable sont incompatibles ont raison. [...] Mais le développement durable et la croissance peuvent être compatibles, si nous pouvons créer de la valeur et satisfaire les besoins des gens en augmentant la composante d'information dans ce que nous produisons et en diminuant la quantité de matière utilisée [27]. »

Et, pour illustrer son propos, le patron de Monsanto prend l'exemple des... pesticides, dont 90 % se perdent dans la nature au moment de leur application : « Si nous mettons la bonne information dans la plante, nous perdrons moins de matière et nous augmenterons la productivité. [...] La technologie de l'information constituera notre outil le plus puissant. »

« Pouvons-nous faire confiance au fabricant de l'agent orange pour manipuler génétiquement notre nourriture ? », s'interroge alors *Business Ethics*, le magazine pour l'investissement socialement responsable, à qui Robert Shapiro donne aussi une interview, en ce début d'année 1997 [28]. À dire vrai, à lire les propos du P-DG de Saint Louis à l'époque, je me suis posé exactement la même question : était-il sincère et croyait-il vraiment à ce qu'il disait ? Pour y répondre, j'ai décortiqué la carrière de l'ancien élève de Harvard, qui aimait taquiner la guitare avec Joan Baez dans les manifestations contre la guerre du Viêt-nam. De cette époque, il a gardé un mépris affiché pour les cravates et un attachement sans faille au camp démocrate. Après un passage dans l'administration de Jimmy Carter (qui deviendra un fervent défenseur des biotechnologies), il est recruté en 1979 comme directeur juridique de l'entreprise pharmaceutique Searle, dirigée par un certain... Donald Rumsfeld (qui fut secrétaire à la Défense de Gerald Ford de 1975 à 1977, puis sera celui de George W. Bush de 2001 à 2006).

Searle est alors en conflit avec la FDA, qui a décidé de suspendre la vente de l'aspartame, un édulcorant synthétique hautement controversé, parce qu'il est soupçonné de provoquer des tumeurs au cerveau. Curieusement, le produit, vendu sous le nom de Nutrasweet, (ré)obtient son homologation en 1981, lorsque Donald Rumsfeld rejoint l'équipe fraîchement élue de Ronald Reagan. Entre-temps, Robert Shapiro, qui a été chargé de gérer la polémique autour de l'aspartame, a été nommé chef du département Nutrasweet. C'est lui qui négocie avec la firme Coca-Cola l'introduction de l'édulcorant dans la nouvelle gamme de « Coca light ». L'histoire rapporte qu'il réussit un beau tour de force : il obtint que soit inscrit « Nutrasweet » sur les bouteilles, c'est-à-dire la marque de Searle avec son sigle (un petit tourbillon), ce qui empêchait les concurrents fabriquant aussi l'aspartame d'en vendre à Coca-Cola...

En 1985, Monsanto rachète Searle, qui devient la division pharmaceutique de la multinationale, au moment où celle-ci dépose sa demande de mise sur le marché de l'hormone de croissance bovine. Se présentant volontiers comme un « jardinier passionné », Robert Shapiro prend la tête de la division agricole de Monsanto en 1990 et, à ce titre, c'est lui qui supervise le dossier du Posilac, nom commercial de l'hormone de croissance bovine, ou rBGH (voir *supra*, chapitres 5 et 6).

Chiffonnée par ce « détail » de sa carrière qui jette un voile de suspicion sur le discours écolo-tiers-mondiste qu'il tiendra bientôt, j'ai cherché à contacter l'ancien P-DG de Monsanto. En 2006, il dirige l'antenne de Chicago du Belle Center, une organisation non gouvernementale créée en 1984 à Saint Louis et qui s'occupe de l'insertion des enfants handicapés. Conformément à ce qu'écrit Michael Specter dans le *New Yorker*, je confirme que celui qui fut l'un des « patrons les mieux payés d'Amérique » (20 millions de dollars en 1998) ne déroge pas à sa réputation de « répondre aux e-mails le jour même et parfois dans les minutes qui suivent [29] ». Je lui ai adressé un premier courriel, le 29 septembre 2006, auquel il répondit dans la demi-heure, en déclinant poliment ma demande d'interview : « Cela fait quelques années que j'ai été engagé professionnellement dans la biotechnologie. [...] Mais je ne me sens plus compétent pour en parler aujourd'hui. »

Puis, apprenant que ce sexagénaire, père de deux fils adultes, avait fondé une seconde famille, je lui posai, le 30 septembre, la seule question qui me tenait véritablement à cœur : « En tant que mère de trois jeunes filles, j'aimerais savoir quel lait vous donnez à vos enfants : du lait normal [vendu sans discrimination entre le conventionnel et transgénique, puisqu'ils sont mélangés et qu'on n'a pas le droit de les étiqueter] ou du lait biologique ? » La réponse fut quasiment immédiate : « J'ai deux petits garçons : celui de dix ans ne tolère pas le lactose, celui de huit ans consomme énormément de lait et de glaces à 2 % de matière grasse. Nous n'avons jamais acheté de produits laitiers biologiques. » En lisant ce courriel, je n'ai pu m'empêcher de repenser à ce qu'avait écrit *Business Ethics* en janvier 1997 : « Il est clair que Shapiro parle avec deux voix. Quand il s'exprime sur le développement durable, son ton plein d'espoir vient manifestement du fond du cœur. Quand il est interrogé sur le Posilac, il reformule les questions et ressert les réponses apprises par cœur que les investisseurs de Wall Street ont envie d'entendre [30]. »

Le « nouveau Monsanto » va « sauver le monde »

À peine nommé P-DG de Monsanto en avril 1995, Robert Shapiro lance la grande « révolution culturelle » censée faire basculer la vieille entreprise chimique dans l'ère des « sciences de la vie ». Ce nouveau concept, fondé sur l'application de la biologie moléculaire à l'agriculture et à la santé, est présenté officiellement lors du « Global Forum » qu'organise le « gourou » en juin 1995, dans un grand hôtel de Chicago. Cinq cents cadres venus de toutes les filiales de la firme sont conviés à découvrir sa nouvelle politique, dans une ambiance fusionnelle qui rompt avec les rigidités légendaires de la maison. Encourageant les participants à lui donner du « Bob », l'« homme de la renaissance [31] », en bras de chemise, émeut jusqu'aux larmes lorsqu'il évoque la honte qu'éprouvent parfois certains salariés à dire pour qui ils travaillent.

Cette époque est révolue, car le « nouveau Monsanto » va « sauver le monde ». Fort du nouveau mot d'ordre, « Nourriture, santé et espoir », Robert Shapiro galvanise ses troupes en annonçant des plantes fabriquant des plastiques biodégradables, des maïs fournissant des anticorps contre le cancer, des huiles de colza ou de soja protégeant contre les maladies cardiovasculaires... Des témoins racontent qu'une employée, Rebecca Tominack, exaltée par ses propos, s'avança vers le P-DG, pour lui dire : « Je suis avec vous » ; puis, retirant de son cou son badge d'identité, elle le lui passa autour du cou, dans un geste d'allégeance repris par une centaine de salariés...

« J'étais vraiment très impressionné par le discours visionnaire de Robert Shapiro, qui nous donnait envie de travailler pour rendre le monde meilleur », m'explique Kirk Azevedo, salarié de Monsanto de 1996 à 1998, que je rencontre le 14 octobre 2006 dans une petite ville de la côte ouest, où il exerce désormais le métier de chiropracteur. Contacté par un chasseur de têtes, ce diplômé de chimie avait démissionné des laboratoires Abbott, où il était chargé de tester de nouveaux pesticides, pour rejoindre ce qu'il considérait alors comme l'« entreprise du futur ». Sa mission était de promouvoir auprès des négociants de semences et des agriculteurs californiens deux variétés de coton transgénique que Monsanto s'apprêtait à lancer sur le marché : un coton Roundup ready et un coton dit « Bt », manipulé génétiquement pour produire une lectine insecticide (comme les pommes de terre transgéniques d'Arpad Pusztai), grâce à l'introduction d'un gène issu de la bactérie *Bacillus thuringiensis.*

« J'étais vraiment très enthousiaste, me raconte Kirk Azevedo. Je pensais effectivement que ces deux OGM allaient entraîner une réduction de la consommation d'herbicides et d'insecticides. Mais la première note discordante est venue trois mois après mon embauche. J'avais été invité à Saint Louis pour visiter le siège et participer à un stage destiné aux nouvelles recrues. À un moment, alors que je défendais avec ferveur la biotechnologie qui allait permettre de diminuer la pollution et la faim dans le monde, l'un des vice-présidents de Monsanto m'a pris à part et m'a dit : "Ce que raconte Robert Shapiro est une chose, mais ce qui compte pour nous, c'est de faire de l'argent. C'est lui qui entretient la galerie, mais nous ne comprenons même pas de quoi il parle..."

– C'était qui ?

– Je préfère ne pas dire son nom, hésite Kirk Azevedo. En tout cas, à l'époque, je me suis dit que ce cadre supérieur devait constituer une exception... Jusqu'à l'été 1997, où j'ai connu ma seconde grande désillusion. J'étais dans un champ en train d'évaluer une parcelle expérimentale de coton Roundup ready, dont la culture n'était pas encore autorisée. Il y avait avec moi un scientifique de Monsanto, spécialiste du coton. Nous discutions de ce que nous allions faire de ce coton, une fois récolté. Comme j'étais très "pro-OGM", j'ai dit qu'on devrait pouvoir le vendre au prix du "premium California", parce qu'après tout il n'y avait qu'un gène de différence avec la variété d'origine, ce qui ne devait pas changer la qualité. C'est alors qu'il m'a dit : "Non, il y a d'autres différences, les plants de coton transgénique ne produisent pas que la protéine de résistance au Roundup, mais aussi d'autres protéines inconnues produites par le processus de manipulation."

« J'étais sidéré ! À l'époque, on parlait beaucoup de la maladie de la "vache folle", l'encéphalite spongiforme bovine, et de sa contrepartie humaine, la maladie de Creutzfeldt-Jacob, des pathologies graves provoquées par des macroprotéines qu'on appelle "prions". Or je savais que nos graines de coton transgénique allaient être vendues comme fourrage pour le bétail, et je me suis dit que nous n'avions même pas vérifié si ces "protéines inconnues" n'étaient pas des prions... J'ai fait part de mes inquiétudes au scientifique de Monsanto, qui m'a répondu qu'on n'avait pas le temps de s'occuper de ce genre d'histoires... Par la suite, j'ai essayé d'alerter mes collègues et, petit à petit, j'ai été mis à l'écart. J'ai aussi contacté l'université de

Californie et des représentants du département agricole de l'État, mais je n'ai rencontré que de l'indifférence. J'étais tellement perturbé que j'ai finalement décidé de démissionner, pour ne pas être complice d'un comportement aussi irresponsable. Mais ce ne fut pas une décision facile à prendre... En partant, j'ai renoncé à un très bon salaire et j'ai sacrifié des dizaines de milliers de *stock-options*. En fait, Monsanto achète le silence de ses salariés...

– Que pensez-vous aujourd'hui du discours de Robert Shapiro ?

– C'est du baratin ! Quand je repense à la manière dont nous travaillions à l'époque, c'était une perpétuelle course contre la montre ; et le seul objectif, c'était de s'imposer au plus vite sur le marché des semences. Si on veut vraiment sauver le monde, on commence par vérifier soigneusement l'innocuité des produits que l'on fabrique. »

La course aux semences

S'il est effectivement une chose que l'on doit reconnaître à Robert Shapiro, c'est que le « visionnaire illuminé » se double d'un redoutable businessman, qui a su transformer en un temps record un géant de la chimie en un opérateur quasi monopolistique sur le marché international des semences. Pourtant, la partie était loin d'être gagnée. Car lorsque, en 1993, l'équipe de Stephen Padgette tient enfin son soja Roundup ready, chez Monsanto, personne ne sait quoi en faire... Bien sûr, le premier réflexe, c'est de déposer un brevet sur le précieux gène, mais après ?

La firme de Saint Louis n'est pas un semencier et la seule solution, c'est de vendre sa trouvaille à des « gens du métier ». Dick Mahoney, le P-DG de l'époque, pense tout de suite à Pioneer Hi-Bred International, qui contrôle 20 % du marché américain des semences (40 % pour le maïs et 10 % pour le soja). Créée en 1926 à Des Moines (Iowa) par Henry Wallace (qui deviendra le vice-président des États-Unis de 1941 à 1945), la société est surtout connue pour avoir inventé les variétés hybrides de maïs qui ont fait sa fortune. Le principe : au lieu de laisser le maïs se polliniser naturellement par voie aérienne, on force les plantes à s'autoféconder pour obtenir des lignées pures, avec des caractéristiques génétiques stables. Le résultat, ce sont des « hybrides » qui permettent des rendements plus élevés, mais dont les graines sont quasiment stériles. Pour les semenciers, c'est une aubaine puisque, du coup, les agriculteurs sont obligés de racheter leurs semences tous les ans... Cette technique d'hybridation ne fonctionne toutefois que pour les plantes dites « allogames », qui se reproduisent par la fécondation de l'ovule d'une plante par le pollen d'une *autre* plante, mais pas pour les plantes dites

« autogames », comme le blé ou le soja, où chaque plante assure sa propre reproduction avec ses organes mâles et femelles internes. Nous verrons que ce « détail » n'échappera pas à Monsanto, qui le contournera par le système des brevets... Mais nous n'en sommes pas encore là.

En 2002, le journaliste américain Daniel Charles rapportera en détail l'étonnant feuilleton de la mutation de Monsanto au cours des années 1990, dans son livre déjà cité (voir *supra*, chapitre 7), *Lords of the Harvest*, feuilleton que je résume ici. Lorsque Robert Shapiro, qui est alors chef de la division agricole de Monsanto, rencontre en 1993 Tom Urban, le patron de Pioneer Hi-Bred International, pour lui faire l'article sur son gène Roundup ready, il est reçu fraîchement : « Félicitations !, ironise ce dernier. Vous avez un gène ! Nous en avons 50 000 ! Ce n'est pas vous qui tenez les clés du marché, mais nous ! C'est vous qui devriez payer pour avoir le droit de mettre votre gène dans nos variétés [32] ! » À l'époque, Shapiro n'a pas le choix : après des années de recherche à fonds perdus, la consigne de la maison, c'est de faire, enfin, entrer de l'argent. Un premier accord est signé avec Pioneer, qui accepte de payer, en une seule fois et pour solde de tout compte, 500 000 dollars pour pouvoir introduire le gène Roundup ready dans ses variétés de soja. En revanche, s'inspirant de son succès avec Nutrasweet pour le Coca light, Robert Shapiro a obtenu que soit imprimé « Roundup ready » sur les sacs de semences. Mais, au bout du compte, il n'y a pas de quoi fanfaronner : comme le souligne Daniel Charles, « le gène Roundup ready est devenu un véhicule pour que Monsanto vende plus d'herbicides, mais pas beaucoup plus [33] ».

Commence alors une seconde négociation portant sur l'autre « caractéristique génétique », selon l'expression consacrée, que Monsanto possède alors en magasin : le gène Bt, pour lequel il y a urgence, puisque plusieurs firmes en revendiquent la paternité (ce qui entraînera une interminable guerre des brevets). Cette fois-ci, l'OGM n'est pas associé à la vente d'un pesticide, puisque c'est le gène lui-même qui *est* un pesticide, conçu *a priori* pour tuer la pyrale du maïs, un parasite très fréquent de la céréale (j'y reviendrai). Robert Shapiro obtient donc d'être payé pour cette performance et décroche la somme forfaitaire et définitive de 38 millions de dollars. Dans les deux cas, les sommes versées par le semencier de Des Moines se révéleront dérisoires au regard de l'immense succès que rencontreront immédiatement les deux types d'OGM, et principalement le soja Roundup ready. Devenu P-DG de Monsanto en avril 1995, Shapiro essaiera de renégocier les deux accords, mais en vain...

« Dans l'histoire de l'agriculture, jamais une invention technique n'avait été adoptée aussi rapidement et avec autant d'enthousiasme », note Daniel Charles, qui rappelle que, dès 1996, le soja Roundup ready couvrait 400 000 hectares aux États-Unis, puis 3,6 millions en 1997 et 10 millions en

1998 [34]. Pour comprendre l'engouement que suscitent, dans un premier temps, les cultures Roundup ready, il faut se mettre dans la peau d'un *farmer* américain, comme John Hofman, le vice-président de l'Association américaine du soja, réputée proche de Monsanto.

En octobre 2006, au moment de la moisson, celui-ci m'a reçue sur son immense ferme de l'Iowa, dont il n'a pas voulu me communiquer la superficie. « Avant d'utiliser la technique Roundup ready, m'explique-t-il au milieu d'une parcelle de soja transgénique de plusieurs dizaines d'hectares, je devais labourer la terre pour préparer les semis. Puis je devais appliquer plusieurs herbicides sélectifs pour venir à bout des mauvaises herbes au cours de la saison. Avant la moisson, je devais inspecter mes champs pour arracher les dernières mauvaises herbes à la main. Maintenant, je ne laboure plus mes champs : je pulvérise une première fois du Roundup, puis je sème directement dans les résidus de la récolte précédente. C'est ce qu'on appelle le "semis direct", qui permet de réduire l'érosion du sol. Puis, au milieu de la saison, je fais une seconde application de Roundup, et ça suffit normalement jusqu'à la moisson. Le système Roundup ready me permet donc d'économiser du temps et de l'argent... »

Dès l'été 1995, des démonstrations sont organisées dans les plaines du Middle West, où affluent les *farmers* attirés par ces plantes au pouvoir étrange. « Nous laissions les agriculteurs conduire eux-mêmes l'épandeur, raconte un négociant en semences, et puis ils allaient boire un pot et observaient les champs. C'était un spectacle formidable. [...] Ils n'arrêtaient pas de regarder et ne pouvaient en croire leurs yeux. À la fin, ils voulaient tous en acheter [35]. » « C'était un phénomène incroyable, renchérit un autre négociant du Minnesota, et je pense que je ne reverrai jamais une chose pareille. Les agriculteurs auraient fait n'importe quoi pour se procurer les semences de soja Roundup ready. Ils achetaient tous les sacs disponibles [36]. »

L'engouement pour le soja RR est tel que les principaux semenciers américains se ruent à Saint Louis pour décrocher le gène magique. Mais Robert Shapiro a tiré les leçons de son expérience avec Pioneer Hi-Bred. Désormais, c'est lui qui mène le jeu : pour obtenir le droit d'insérer le gène dans leurs variétés, les entreprises semencières doivent souscrire une licence, qui permet à Monsanto d'encaisser des royalties sur chaque semence transgénique vendue. De plus, Shapiro impose une clause qui sera dénoncée comme abusive par les instances réglementaires chargées de la concurrence : en signant leur contrat, les entreprises s'engagent à ce que 90 % des OGM résistants à un herbicide qu'elles vendront contiennent le gène Roundup ready [a]. Une

a Finalement, le pourcentage sera ramené à 70 % après l'intervention des instances réglementaires.

manière de faucher l'herbe sous le pied des concurrents de Monsanto, comme l'Allemand AgrEvo, qui dut renoncer à mettre sur le marché des OGM résistants à Liberty, un herbicide connu en Europe sous le nom de Basta, parce qu'il ne trouvait pas d'entreprises semencières partenaires.

Mais, dès 1996, le P-DG de Monsanto change de stratégie . comprenant que, pour assurer le maximum de bénéfices, il faut posséder les semences, il se lance dans un ambitieux programme d'acquisitions des entreprises semencières, qui bouleversera profondément les pratiques agricoles mondiales... Pour atteindre ses objectifs, Robert Shapiro ne lésine par sur les moyens : il rachète pour un milliard de dollars Holden's Foundation Seeds, très implantée sur le marché américain du maïs, dont les profits annuels ne dépassent guère quelques millions de dollars, faisant de son patron, Ron Holden, un « homme très riche du jour au lendemain [37] ». Puis il acquiert en cascade de nombreuses sociétés : Asgrow Agronomics, le principal sélectionneur de soja des États-Unis ; Dekalb Genetics (pour un prix de 2,3 milliards de dollars), la deuxième compagnie semencière américaine et la neuvième mondiale, qui dispose de nombreuses succursales ou de *joint-ventures* notamment en Asie ; Corn States Hybrid Services (maïs) ; Custom Farm Seeds, Firm Line Seeds (Canada) ; les sélectionneurs britanniques Plant Breeding International et Unilever (blé) ; mais aussi Sementes Agroceres, leader sur le marché brésilien du maïs, Monsoy, numéro un brésilien pour le soja, Ciagro (Argentine), Mahyco, principal fournisseur des semences de coton en Inde, ainsi que Maharashtra Hybrid Seed Company, Eid Parry and Rallis, trois entreprises indiennes, la sud-africaine Sensako (blé, maïs, coton), National Seed Company (Malawi), Agro Sedd Corp (Philippines), sans oublier la division internationale de Cargill, le premier négociant de semences du monde, implantée en Asie, Afrique, Europe et Amérique du Sud et centrale, que Monsanto a rachetée pour 1,4 milliard de dollars.

En deux ans, Robert Shapiro a dépensé plus de huit milliards de dollars et fait de Monsanto la deuxième firme semencière du monde (derrière Pioneer) [a]. Pour financer ce coûteux programme d'acquisitions, il a vendu sa division chimique à Solutia, en 1997 (voir *supra*, chapitre 1). Mais cela n'a pas suffi : il a dû contracter un endettement record, soutenu par la Bourse de New York qui, à l'époque, croit toujours aux « promesses de la biotechnologie ». En 1995, le cours de l'action de Monsanto grimpe de 74 %, puis de 71 % en 1996. Les investisseurs suivent les yeux fermés le « gourou de Saint Louis », jusqu'à ce faux pas de mars 1998 qui entame sa descente aux enfers...

---

a Monsanto poursuivra ses acquisitions au début des années 2000. Avec le rachat de Seminis (semences de légumes) en 2005, la firme est devenue le premier semencier du monde.

Le brevet « Terminator », un coup de trop pour Monsanto

Le 3 mars 1998, un entrefilet du *Wall Street Journal* annonce que l'USDA (le ministère américain de l'Agriculture, dirigé alors par Dan Glickman) et la firme Delta & Pine (Mississippi), le plus grand semencier américain de coton, ont obtenu conjointement un brevet intitulé « contrôle de l'expression végétale des gènes ». Derrière cette appellation mystérieuse, se cache une technique qui permet de modifier génétiquement les plantes pour qu'elles produisent des graines stériles. Mise au point par Melvin Oliver, un scientifique australien qui travaille dans le laboratoire de recherche de l'USDA à Lubbock (Texas), la technique est aussi baptisée « Système de protection de la technologie » (sous-entendu transgénique), car elle vise à empêcher les agriculteurs de ressemer une partie de leur récolte pour les contraindre à racheter, chaque année, des semences et donc à payer des royalties aux fabricants d'OGM. Concrètement, la plante a été manipulée pour produire une protéine toxique à la fin de sa croissance qui rend ses graines stériles.

L'entrefilet du *Wall Street Journal* a été découvert fortuitement par Hope Shand, la directrice de la recherche de RAFI (Rural Advancement Foundation International), une ONG canadienne, rebaptisée depuis ETC Group (Erosion, Technology, Concentration), qui se bat pour la protection de la biodiversité et contre les effets pervers de l'agriculture industrielle. Aussitôt, Hope Shand informe son directeur, Pat Mooney, qui s'exclame : « Mais c'est Terminator ! », en référence au robot légendaire d'Arnold Schwarzenegger. L'expression restera pour désigner à jamais la technique de stérilisation et, au-delà, le dessein global des fabricants d'OGM. « Vous comprenez, m'explique Pat Mooney lorsque je le rencontre à Ottawa en septembre 2004, cette technique menaçait directement la sécurité alimentaire, surtout dans les pays en voie de développement où plus de 1,5 milliard de personnes survivent grâce à la conservation des semences. Imaginez que les plantes Terminator se croisent avec les cultures environnantes et rendent stériles les graines récoltées par les petits paysans : c'est une catastrophe pour eux, mais aussi pour la biodiversité qu'ils entretiennent précisément parce qu'ils continuent de ressemer, chaque année, des variétés locales, adaptées à leur climat ou à leurs sols. »

Le 11 mars 1998, RAFI publie un communiqué, intitulé : « La technologie Terminator, une menace globale pour les paysans, la biodiversité et la sécurité alimentaire. » Mais il passe quasiment inaperçu. « En fait, sourit Pat Mooney, c'est grâce à Monsanto que notre campagne a connu un succès planétaire... » Deux mois plus tard, en effet, Robert Shapiro annonce qu'il est en négociation pour racheter Delta & Pine, pour un montant de 1,9 milliard de dollars. La nouvelle provoque un tollé international, parce que le P-DG de Saint Louis récupère ainsi le fameux brevet « Terminator ». Les ONG écologistes ou de développement ne sont pas les seules à réagir : manifestent également leur réprobation la Fondation Rockefeller (qui a parrainé la révolution verte dans les années 1960 et qui, par ailleurs, soutient les biotechnologies) ou le Groupe consultatif pour la recherche sur l'agriculture internationale (CGIAR), qui s'engage publiquement à ne jamais utiliser « Terminator » dans ses programmes de semences. L'émotion est si grande que la Convention des Nations unies sur la diversité biologique vote un moratoire – toujours en vigueur dix ans après – sur les essais en champ ou l'utilisation commerciale de Terminator. Et, cerise sur le gâteau, la commission antitrust américaine va contester l'acquisition [a].

Pour Monsanto, l'affaire ne pouvait plus mal tomber. Depuis l'automne 1997, tous les signaux sont en effet au rouge en Europe. Les premiers chargements de soja transgénique ont été bloqués dans les ports du Vieux Continent à l'instigation de Greenpeace, qui mène une campagne très efficace contre la « nourriture de Frankenstein ». Forte de son succès en Amérique du Nord, où elle a pu passer en force en imposant qu'il n'y ait ni étiquetage ni ségrégation des OGM, la firme ne s'attendait pas à ce que le grain de sable de Greenpeace grippe la belle machine. Le 26 mai 1998, l'Europe a adopté le règlement 1139/98, confirmant la mise en place d'une procédure d'étiquetage des produits transgéniques. Dès le début de l'année, Monsanto a réuni des cellules de crise à Saint Louis, Chicago, Londres et Bruxelles. Et la décision a été prise de lancer une campagne publicitaire massive, début juin 1998, en Allemagne, en France (25 millions de francs) et en Grande-Bretagne (un million de livres).

Conçue par l'agence anglaise Bartle Bogle Hegarty, celle-ci fonctionne selon le même modèle dans les trois pays : « La biotechnologie alimentaire est une question d'opinions, dit ainsi le premier encart britannique. Monsanto pense que vous devriez toutes les écouter. » Suivent les numéros de téléphone et adresses des principaux adversaires de la firme, comme les Amis de la terre ou Greenpeace. En France, le premier encart fait dans la condescendance : « 69 % des Français se méfient des biotechnologies, 63 % déclarent ne pas savoir ce que c'est. Heureusement, 91 % savent lire. » Les autres messages publicitaires reprennent la vision messianique de Robert Shapiro, avec ce côté moralisateur qu'il affectionne : « Nous sommes à l'aube d'un nouveau millénaire et nous rêvons tous de lendemains sans faim. Pour réaliser ce rêve, nous

---

a Ce n'est qu'en 2006 que Monsanto parviendra à racheter Delta & Pine et donc le fameux brevet...

devons accueillir la science qui promet l'espoir. La biotechnologie est l'outil du futur. Freiner son acceptation est un luxe que le monde affamé ne peut pas se permettre. » Dans une interview au magazine *Chemistry and Industry*, Jonathan Ramsay, l'un des cadres de Monsanto, résume bien l'esprit de cette campagne jugée par beaucoup très arrogante : « Nous l'aurons réussie si la biotechnologie devient moins un sujet de luddite superstitieux et plus un sujet de débat public sérieux et informé [38]... »

En Grande-Bretagne, le flop est immédiat, grâce à l'intervention du... prince de Galles, un praticien revendiqué de l'agriculture biologique. Dès le lancement de la campagne, il publie dans *The Daily Telegraph* un article intitulé « Les graines du désastre » : « J'ai toujours pensé que l'agriculture devait procéder en harmonie avec la nature en reconnaissant qu'il y a des limites naturelles à nos ambitions, écrit-il. Nous ne savons simplement pas quelles peuvent être les conséquences à long terme pour la santé humaine et l'environnement de plantes sélectionnées de cette manière. On nous assure que les nouvelles plantes ont été rigoureusement testées et réglementées, mais les procédures d'évaluation semblent présumer que tant qu'on n'a pas démontré qu'une plante transgénique était dangereuse, il n'y avait aucune raison d'en arrêter l'utilisation. [...] Personnellement, je ne désire absolument pas manger quoi que ce soit produit par manipulation génétique, et je n'offre aucun produit de cette sorte à ma famille ou à mes invités [39]. » Les mots du prince sont repris par toute la presse britannique, contraignant la firme de Saint Louis à battre sa coulpe, preuve que l'affaire est sérieuse : « Nous avons fait du forcing, admet Toby Moffett, le vice-président chargé des affaires gouvernementales internationales, un peu comme quelqu'un qui essaie de s'imposer dans une fête privée. Nous n'avons pas été assez européens [40]. »

C'est dans ce contexte qu'éclate l'affaire d'Arpad Pusztai. Pour comble de malchance, le lendemain de la diffusion de l'interview de celui-ci à la BBC le 10 août 1998, l'autorité britannique qui supervise la publicité donne raison à quatre plaintes déposées contre Monsanto pour « publicité mensongère » : dans l'un des encarts de sa campagne, la firme affirmait que ses OGM avaient reçu l'approbation réglementaire dans vingt pays, y compris le Royaume-Uni [41]... Puis, un malheur n'arrivant jamais seul, le magazine britannique *The Ecologist* publie, en septembre 1998, un dossier spécial de soixante-quinze pages racontant toute l'histoire de la firme, depuis sa création en 1905 [42] ; les 14 000 exemplaires de la première édition furent passés au pilon par Penwells, l'imprimeur qui travaillait pour le magazine depuis vingt-cinq ans, en raison de « pressions » dont celui-ci n'a jamais voulu dévoiler publiquement l'origine. Zac Goldsmith, le directeur de *The Ecologist*, dut trouver un autre imprimeur, mais deux importantes messageries britanniques refusèrent de distribuer les nouveaux exemplaires [43]...

La valse des P-DG

Pour Robert Shapiro, en tout cas, l'heure de gloire est bel et bien terminée. À partir de l'automne 1998, la firme de Saint Louis tombe en disgrâce à la Bourse de New York : « L'action de Monsanto a perdu un tiers de sa valeur au cours des quatorze derniers mois, note ainsi le *Washington Post* un an plus tard. Certains analystes pensent que les dirigeants de la firme pourraient être contraints à des changements radicaux, y compris à casser Monsanto en morceaux [44]. » Au même moment, *Le Monde* écrit : « Monsanto n'est plus qu'une sorte de *start-up* géante dans les biotechnologies végétales, avec un chiffre d'affaires de 8,6 milliards de dollars et des pertes de 250 millions de dollars en 1998. Ses dernières et nombreuses acquisitions en semences, payées parfois à prix d'or, ont rongé ses résultats. Les investisseurs commencent à bouder l'entreprise [...] et les amis d'hier se détournent, de peur d'être à leur tour discrédités [45]. »

La débandade est telle que Robert Shapiro est contraint d'engager un cessez-le-feu avec ses pires ennemis : le 6 octobre 1999, il accepte de participer à une « *business conference* » organisée par... Greenpeace à Londres. N'ayant pu (ou osé) se déplacer personnellement, sa prestation est enregistrée depuis Saint Louis et diffusée *via* satellite sur un écran géant où apparaît son visage « tiré et couleur cendre », pour reprendre l'expression du *Washington Post* [46]. Faisant amende honorable devant un public médusé, le P-DG, qui sera démis quelques mois plus tard, déclare : « Nous avons probablement irrité et dressé contre nous plus de personnes que nous n'en avons convaincues. Notre confiance et notre enthousiasme pour cette technologie ont été en général interprétés, ce que je peux comprendre, comme de la condescendance ou même de l'arrogance. » Puis, interpellant Peter Melchett, le président de Greenpeace Grande-Bretagne et ancien ministre de l'Agriculture, il s'engage à « ne pas commercialiser la technologie de stérilisation des semences communément appelée "Terminator" », avant de promettre : « Nous allons aider à développer des réponses constructives à toutes les questions que se posent les gens un peu partout dans le monde à l'aube de cette nouvelle technologie. Cela signifie, pour moi, de savoir écouter tous les points de vue, avec attention et respect... »

Au moment où il prononce ces mots, Robert Shapiro cherche désespérément un partenaire pour sauver la maison. Il a d'abord pris langue avec

American Home Products, puis avec DuPont de Nemours, mais les transactions ont capoté. Finalement, le 19 décembre 1999, Monsanto annonce sa fusion avec Pharmacia & Upjohn, une firme pharmaceutique d'origine suédoise installée dans le New Jersey. « Les termes de la fusion signent l'échec de la vision directrice de Monsanto et de son créateur Robert Shapiro », commentera Michael Watkins, chercheur à la Harvard Business School [47]. De fait, baptisée Pharmacia, la nouvelle « corporation » n'a d'yeux que pour Searle, l'ancienne division pharmaceutique de Monsanto, dont la valeur est alors estimée à 23 milliards de dollars (elle fabrique notamment le Celebrex, un médicament vedette contre l'arthrite). En revanche, elle cherchera vite à se détacher de la division agrochimique de Monsanto, appelée le « nouveau Monsanto », dont elle se débarrassera définitivement à l'été 2002 (alors même que Pharmacia, elle, sera au même moment absorbée par Pfizer)...

La vision messianique de Robert Shapiro, qui rêvait d'une firme dédiée aux « sciences de la vie », est bel et bien enterrée. Quand il quitte le bateau après la fusion avec Pharmacia & Upjohn fin 1999, la firme affiche son vrai visage : elle est certes le premier fournisseur mondial de semences transgéniques, mais elle tire 45 % de ses revenus du Roundup, menacé par l'arrivée des génériques. Le « P-DG visionnaire » est remplacé par le Belge Hendrik Verfaillie, qui sera débarqué à son tour en décembre 2002, pour cause de « mauvais résultats [48] ». Lui succède alors l'Écossais Hugh Grant (toujours P-DG de Monsanto début 2008), qui a la délicate mission de redresser la barre, alors qu'en Amérique du Nord, les OGM sont loin de faire l'unanimité, y compris dans les champs...

10

La loi d'airain du brevetage du vivant

« La compagnie Monsanto et l'utilisation de ses produits contribuent positivement à une agriculture durable. »

MONSANTO, *The Pledge Report 2005*, p. 14.

« L'un de mes plus grands soucis, c'est ce que réserve la biotechnologie à l'agriculture familiale, déclarait Dan Glickman le 13 juillet 1999, lors de ce fameux discours qui irrita tant ses collègues du Commerce extérieur américain. La question de savoir qui possède quoi alimente déjà des débats très épineux. On voit des firmes poursuivre en justice d'autres firmes pour des problèmes de brevet, même quand elles fusionnent. Les agriculteurs sont dressés contre leurs voisins dans le but de protéger les droits de propriété intellectuelle des multinationales. [...] Les contrats passés avec les agriculteurs doivent être justes et ne pas les transformer en de simples serfs sur leurs terres. »

L'arme des brevets

En prononçant ces mots très iconoclastes, le secrétaire à l'Agriculture de Bill Clinton touchait à l'un des sujets qui sont au cœur de l'opposition aux OGM : celui des brevets. « Nous avons toujours dénoncé le double langage des firmes de la biotechnologie, m'explique Michael Hansen, l'expert de l'Union des consommateurs. D'un côté, elles disent qu'il n'y a pas besoin de tester les plantes transgéniques, parce qu'elles sont strictement similaires à leurs homologues conventionnels ; de l'autre, elles demandent des brevets, au motif que les OGM représentent une création unique. Il faut savoir : soit le soja Roundup ready est identique au soja conventionnel, soit il ne l'est pas ! Il ne peut pas être les deux à la fois au gré des intérêts de Monsanto ! »

En fait, jusqu'à la fin des années 1970, il eût été inconcevable de déposer une demande de brevet sur une variété végétale. Y compris aux États-Unis où la loi sur les brevets de 1951 stipulait clairement que ceux-ci concernaient exclusivement les machines et les procédés industriels, mais en aucun cas les organismes vivants, et donc les plantes. À l'origine, en effet, le brevet représente un outil de politique publique qui vise à stimuler les innovations techniques en accordant à l'inventeur un monopole de fabrication et de vente de son produit, pour une durée de vingt ans. « Les critères d'attribution des brevets sont normalement très stricts, commente Paul Gepts, un chercheur du département de biologie moléculaire qui me reçoit dans son bureau de l'université Davis (Californie), en juillet 2004. Ils sont au nombre de trois : la nouveauté du produit – c'est-à-dire le fait que le produit n'existait pas avant sa création par l'inventeur –, l'inventivité dans sa conception et le potentiel industriel de son utilisation. Jusqu'en 1980, le législateur avait exclu les organismes vivants du champ des brevets, parce qu'il estimait qu'en aucun cas ils ne pouvaient satisfaire le premier critère : même si l'homme intervient sur leur développement, les organismes vivants existent *avant* son action et, de plus, ils peuvent se reproduire tout seuls. »

Avec l'avènement des sélectionneurs, s'était posée la question des variétés végétales « améliorées » par la technique que j'ai déjà décrite de la « sélection généalogique » (voir *supra*, chapitre 7). Soucieuses de récupérer leurs investissements, les entreprises semencières avaient obtenu que soit attribué à « leurs variétés » ce qu'on appelle un « certificat d'obtention végétale », leur permettant de vendre des licences d'exploitation aux négociants ou d'inclure une sorte de « taxe » dans le prix de leurs semences. Mais ce « certificat d'obtention végétale » (appelé « *Plant Variety Protection* » aux États-Unis) [a] n'était qu'un cousin très éloigné du brevet, puisqu'il n'interdisait pas aux paysans de garder une partie de leur récolte pour ensemencer leurs champs l'année d'après, ni aux chercheurs, comme Paul Gepts, ou aux sélectionneurs d'utiliser la variété concernée pour en créer de nouvelles. C'est ce qu'on appelle l'« exception du fermier et du chercheur ».

---

a Ce système est garanti par les accords de l'UPOV (Union pour la protection des obtentions végétales), qui ont été signés par trente-sept pays en 1973.

Tout a changé en 1980. Cette année-là, la Cour suprême des États-Unis a rendu un jugement lourd de conséquences, en déclarant brevetable un micro-organisme transgénique. L'histoire avait débuté huit ans plus tôt, lorsqu'Ananda Mohan Chakrabarty, un généticien travaillant pour General Electric, avait déposé une demande de brevet pour une bactérie qu'il avait manipulée pour qu'elle puisse dévorer les résidus d'hydrocarbures. L'Office des brevets de Washington avait logiquement rejeté la demande, conformément à la loi de 1951. Chakrabarty avait fait appel et obtenu gain de cause auprès de la Cour suprême, qui avait déclaré : « Tout ce qui sous le soleil a été touché par l'homme, peut être breveté. »

Cette étonnante décision avait ouvert la voie à ce que d'aucuns appellent la « privatisation du vivant » : en effet, dès 1982, s'appuyant sur la jurisprudence américaine, l'Office européen des brevets de Munich accordait des brevets sur des micro-organismes, puis sur des plantes (1985), des animaux (1988) et des embryons humains (2000). Théoriquement, ces brevets ne sont accordés que si l'organisme vivant a été manipulé par les techniques du génie génétique ; mais, dans les faits, cette évolution va bien au-delà des seuls OGM. Actuellement, des brevets sont accordés pour des plantes non transgéniques, notamment celles qui présentent des vertus médicinales, en violation totale des lois existantes : « Depuis l'avènement de la biotechnologie, on assiste à une dérive du système du droit commun des brevets, m'a expliqué ainsi en février 2005 Christoph Then, le représentant de Greenpeace à Munich. Pour obtenir un brevet, il n'est plus nécessaire de présenter une véritable invention, mais bien souvent il suffit d'une simple découverte : on découvre la fonction thérapeutique d'une plante, comme par exemple le margousier indien, on la décrit et on l'isole de son contexte naturel, et on demande à la breveter. Ce qui est déterminant, c'est que la description soit effectuée dans un laboratoire, et on ne tient pas compte du fait que la plante et ses vertus soient connues depuis des milliers d'années ailleurs [1]. »

Aujourd'hui, l'Office des brevets de Washington accorde chaque année plus de 70 000 brevets, dont environ 20 % concernent des organismes vivants. J'ai dû batailler longtemps avant d'obtenir un rendez-vous avec un représentant de cette énorme institution, qui dépend du secrétariat au Commerce américain et emploie 7 000 agents. Véritable citadelle installée dans la banlieue de Washington, l'Office des brevets est un lieu stratégique pour une firme comme Monsanto qui, entre 1983 et 2005, y a décroché 647 brevets liés à des plantes.

« L'affaire de Chakrabarty a ouvert la porte à une période très excitante, s'enthousiasme John Doll, qui travaille au département biotechnologie de l'Office et m'y reçoit en septembre 2004. Désormais, nous octroyons des brevets sur les gènes, les séquences de gènes, les plantes ou les animaux transgéniques, bref sur tous les produits issus du génie génétique.

– Mais un gène n'est pas un produit..., dis-je, un peu interloquée par le ton conquérant de mon interlocuteur.

– Certes, admet John Doll, mais dans la mesure où la firme a pu isoler le gène et en décrire la fonction, elle peut obtenir un brevet... »

Le « nouvel ordre agricole »

Comme nous l'avons vu, dès que les chercheurs de Monsanto parvinrent à bricoler la « cassette génétique » permettant de rendre le soja résistant au Roundup, la multinationale déposa une demande de brevet et l'obtint sans difficulté aucune. Aux États-Unis, celui-ci court jusqu'en 2014. En juin 1996, l'Office européen de Munich accordait à son tour un brevet au soja RR, qui, par extension, s'applique à toutes les variétés végétales dans lesquelles la fameuse cassette peut être insérée : « Maïs, blé, riz, soja, coton, canne à sucre, betterave, colza, lin, tournesol, pomme de terre, tabac, tomate, luzerne, peuplier, pin, pomme, et raisin [a] », ce qui en dit long sur les projets de la firme.

Lui restait à trouver les moyens de faire respecter ce qu'elle appelle ses « droits de propriété intellectuelle ». On pourrait penser que la stratégie consistant d'abord à vendre des licences d'exploitation aux négociants en semences, puis à racheter les principales sociétés semencières, suffisait largement à assurer les fameux « retours sur investissements », mais il n'en fut rien. En fait, le vrai problème de Monsanto, c'était les paysans eux-mêmes, qui, un peu partout dans le monde, avaient gardé la fâcheuse habitude de conserver une partie de leur récolte pour la ressemer (sauf pour les hybrides, lesquels, comme nous l'avons vu, ne concernent pas les plantes autogames comme le soja ou le blé). « Dans certains pays, les fermiers conservent des semences pour les semer l'année suivante », notait ainsi pudiquement en 2005 le document promotionnel intitulé *The Pledge* (la promesse), que la firme publie régulièrement depuis la naissance du « nouveau Monsanto ». « Quand la semence possède une caractéristique brevetée, comme c'est le cas du gène Roundup ready, cette pratique traditionnelle crée un *dilemme* pour la compagnie qui a développé la variété [2]. » Dans un autre rapport, plus « professionnel », le « 10K Form » qui est le rapport d'activités que la firme doit adresser chaque année à ses actionnaires ainsi qu'à la Security and Exchange Commission, les termes sont plus directs :

---

a Il s'agit du brevet EP 546 090, intitulé « Glyphosate tolerant 5-Enolpyruvylshikimate-3-Phosphate Synthases ».

à la rubrique « concurrence », les auteurs notaient en 2005 que les « marchés globaux sont hautement concurrentiels pour nos produits » et que « dans certains pays, nous sommes en concurrence avec les entreprises semencières publiques » ainsi qu'avec « les agriculteurs qui, en gardant leurs semences d'une année sur l'autre, affectent notre compétitivité [a] ».

À lire la prose de la firme, on a l'impression que la pratique de conserver ses semences n'existe que dans des pays aussi lointains qu'arriérés. Il n'en est rien ! C'est tellement vrai que lorsque Robert Shapiro eut l'idée lumineuse de faire signer un « *technology use agreement* » (accord d'utilisation de la technologie) à chaque fermier américain achetant des semences de soja RR, il rencontra beaucoup de résistance. Transmis obligatoirement par les négociants, qui n'étaient pas plus enthousiastes, celui-ci prévoyait le paiement d'une « taxe technologique », d'abord fixée à 5, puis à 6,50 dollars par acre de soja (une acre = 0,4 hectare), mais aussi et surtout l'engagement de ne pas ressemer l'année suivante une partie des graines récoltées. S'y ajoutait une clause contraignant les « clients » à utiliser uniquement le Roundup de Monsanto, et non l'un des nombreux génériques mis sur le marché après l'expiration du brevet en 2000.

Aujourd'hui encore, les termes du contrat, qui doit être impérativement signé, sont draconiens : les agriculteurs qui l'enfreignent doivent payer une lourde amende sous peine d'être traînés en justice, obligatoirement devant le tribunal de Saint Louis (ce qui, nous le verrons, présente quelques avantages...). Par ailleurs, la firme s'arroge le droit d'éplucher les comptes de ses clients en remontant trois ans en arrière, ainsi que d'inspecter leurs champs, au moindre soupçon : « Si Monsanto *pense raisonnablement* qu'un producteur a planté des semences qu'il a gardées de sa récolte contenant la caractéristique génétique, alors Monsanto demandera les factures et sinon vérifiera *d'une autre manière* que les champs ont été emblavés avec des semences achetées récemment. Si cette information n'est pas fournie dans un délai de trente jours, Monsanto *pourra inspecter et tester* tous les champs du producteur pour déterminer s'il a planté de la semence sauvegardée [3]. »

La menace vaut aussi pour les négociants en semences, dont l'une des activités consistait – et en Amérique du Nord, l'imparfait s'impose désormais – à « nettoyer » les graines que les paysans avaient récoltées avant que ceux-ci puissent les semer, en en retirant les charpies. Ainsi, rapporte Daniel Charles dans son livre *Lords of the Harvest*, Roger Peters, un négociant de l'Ohio, dut à contrecœur accrocher dans sa boutique une pancarte censée le protéger de ceux que Monsanto appelait les « pirates » : « *Information importante pour les*

---

a Signé par Hugh Grant, ce document de 114 pages concerne l'année fiscale du 1er septembre 2004 au 31 août 2005.

individus qui conservent des semences et les replantent. Les graines de soja Roundup ready ne peuvent pas être replantées. Elles sont protégées par les brevets américains n° 4 535 060, 4 940 835, 5 633 435 et 5 530 196. Un cultivateur qui demande à nettoyer des graines Roundup ready expose le négociant ainsi que lui-même à des risques [4]. »

« Finalement, note Daniel Charles, les paysans se sont résignés. Ils ont signé, en renâclant, et ont intégré le nouvel ordre agricole [5]. » Pour le professeur Peter Carstensen, économiste à l'université de Madison (Wisconsin), la pratique instituée par Monsanto scelle une « double révolution » : « La première, m'explique-t-il quand je le rencontre en octobre 2006, c'est le fait d'avoir le droit de breveter des semences, ce qui était absolument interdit jusqu'à l'avènement de la biotechnologie ; la seconde, c'est l'extension des droits du fabricant conférés par les brevets. Je reprendrai pour cela l'image qu'aime employer Monsanto : il compare la semence transgénique à une voiture de location ; quand vous l'avez utilisée, vous la rendez à son propriétaire. En d'autres termes, la firme ne vend pas de semences, elle se contente de les *louer*, le temps d'une saison, et elle reste propriétaire *ad vitam aeternam* de l'information génétique contenue dans la semence, qui est dépourvue de son statut d'organisme vivant pour devenir un simple "produit" [*commodity*]. Finalement, les paysans sont devenus les exécutants de la propriété intellectuelle de Monsanto. Quand on sait que les semences constituent la base de la nourriture du monde, je pense qu'on a des raisons de s'inquiéter...

– Mais quels sont les moyens dont dispose Monsanto pour faire respecter sa loi ?

– Ils sont énormes !, me répond le professeur Carstensen. J'ai été sidéré d'apprendre que la firme avait loué les services de l'agence de détectives Pinkerton [a]. Monsanto paye ses agents pour sillonner la campagne et débusquer les tricheurs, au besoin en encourageant la délation. La firme a mis en place un numéro vert où n'importe qui peut dénoncer son voisin. Bref, elle dépense beaucoup d'argent pour imposer sa loi dans les champs... »

---

a Célèbre aux États-Unis pour ses méthodes musclées confinant à celles de milices privés, notamment quand elle était payée pour casser les grèves ouvrières à la fin du XIXe siècle. La Pinkerton National Detective Agency a été créée en 1850 par Allan Pinkerton, qui connut son heure de gloire en dénonçant une tentative d'attentat contre le président Abraham Lincoln, lequel recruta ses agents pour assurer sa sécurité pendant la guerre de Sécession. Forte de son sigle – un œil, avec la phrase . « Nous ne dormons jamais » –, l'agence était recrutée par les entreprises pour infiltrer les syndicats et les usines, avec des méthodes que résume l'expression « *bloody Pinkerton* » (le Pinkerton sanguinaire), désignant un « flic cassant du gréviste »...

Bien sûr, tout cela aurait pu être évité si Robert Shapiro avait pu utiliser la technique Terminator qui lui aurait permis de résoudre le « dilemme » de la firme sans bourse délier et surtout sans avoir à mettre sur pied une véritable machine de guerre très impopulaire...

La police des gènes

« Les OGM sont protégés par la loi américaine sur les brevets, m'explique John Hofman, le vice-président de l'Association américaine du soja (ASA), avec l'indéfectible sourire qui ponctue chacune de ses phrases. C'est pourquoi je n'ai pas le droit de garder des graines pour les replanter l'année suivante. C'est une protection pour Monsanto et les sociétés de la biotechnologie, parce qu'elles ont investi des millions et des millions de dollars pour créer cette nouvelle technologie que nous sommes très heureux d'utiliser. » À entendre le *farmer* de l'Iowa, je pense à... Hugh Grant, le P-DG de Monsanto qui, dans une interview à Daniel Charles, ne disait pas autre chose : « Notre intérêt est de protéger notre propriété intellectuelle et nous n'avons pas à nous en excuser. [...] C'est aussi dur que cela. Il y a un gène qui appartient à Monsanto et il est illégal qu'un agriculteur prenne ce gène pour le recréer dans une deuxième récolte [6]. »

« Comment la firme Monsanto peut-elle savoir que quelqu'un a ressemé ses graines ?, demandé-je à John Hofman.

– Euh..., hésite-t-il, visiblement embarrassé. Je ne sais pas répondre à cette question... C'est une bonne question pour Monsanto... »

Malheureusement, comme je l'ai dit au début de ce livre, les responsables de Monsanto ont refusé de me recevoir, ce qui m'a été notifié par Christopher Horner, le responsable des relations publiques de la firme à Saint Louis. Il eût pourtant été intéressant que j'interviewe ce dernier car, d'après un article du *Chicago Tribune*, c'est lui qui a dû monter au créneau pour défendre les pratiques de son employeur, quand le Center for Food Safety de Washington a publié un rapport très dérangeant en novembre 2004. Intitulé *Monsanto vs. U.S. Farmers*, ce document très fouillé de quatre-vingt-quatre pages confirme l'existence de ce qu'on appelle en Amérique du Nord la « police des gènes », assurée effectivement par les agences Pinkerton aux États-Unis et Robinson au Canada [7]. Il révèle aussi que, depuis 1998, la firme de Saint Louis mène une véritable chasse aux sorcières dans les prairies américaines, qui a conduit à des « milliers d'enquêtes, une centaine de procès et de « nombreuses faillites [8] ».

« Ces procédures représentent un pourcentage infime par rapport aux quelque 300 000 usagers de notre technologie, a rétorqué Christopher

Horner. Les procès constituent le dernier recours de la firme[9]. » Quant à Joseph Mendelson, le directeur juridique du Center for Food Safety, il dénonce les « méthodes dictatoriales » de la multinationale, prête à tout selon lui, pour « imposer son contrôle sur tous les rouages de l'agriculture ». Il faut dire que la lecture du rapport qu'il a coordonné donne froid dans le dos : après avoir rappelé qu'en 2005, 85 % du soja cultivé aux États-Unis était transgénique, 84 % du colza, 76 % du coton et 45 % du maïs, celui-ci note qu'« aucun paysan n'est à l'abri des investigations brutales et des poursuites implacables de Monsanto : certains agriculteurs ont été condamnés après que leur champ a été contaminé par du pollen ou des semences issus du champ transgénique d'un voisin ; ou quand des "graines rebelles" restées d'une culture précédente ont germé, l'année suivante, au milieu d'une plantation non transgénique ; certains n'avaient même jamais signé de contrat technologique. Dans tous ces cas, en raison de la manière dont la loi sur les brevets est appliquée, tous ces paysans ont été considérés comme techniquement responsables ».

Pour mener son étude, le Center for Food Safety (CFS) a consulté les données fournies par la firme elle-même, qui rend régulièrement publics les cas de « piraterie de semences » qu'elle a détectés dans le pays. Une mesure inhabituelle de transparence destinée à dissuader les éventuels contrevenants à sa loi d'airain. On découvre ainsi qu'en 1998, la multinationale a « enquêté » sur 475 cas de « piraterie » et que, jusqu'en 2004, la moyenne annuelle dépassait les 500. Le CFS a recoupé ces données avec le recensement des « poursuites engagées par Monsanto contre des agriculteurs américains[10] », établi par le registre des greffes des tribunaux fédéraux, qui, à la date de 2005, avait enregistré 90 procès. La moyenne des indemnités obtenues par la firme s'est élevée à 412 259 dollars, avec un maximum de 3 052 800 dollars, soit un total de 15 253 602 dollars (dans certains cas, exceptionnels, les agriculteurs n'ont pas été condamnés). Les procédures ont entraîné la faillite de huit exploitations agricoles. « En fait, m'explique Joseph Mendelson, ces chiffres ne représentent que la partie immergée de l'iceberg, puisqu'ils ne concernent que les rares affaires qui sont allées en justice. La grande majorité des paysans attaqués, très souvent injustement, préfèrent négocier à l'amiable, car ils ont très peur des frais que leur coûterait un procès contre Monsanto. Or tous ces règlements à l'amiable n'apparaissent pas, car ils s'accompagnent d'une clause de confidentialité. C'est pourquoi nous n'avons pu décortiquer que les affaires qui avaient été jugées. »

Dans le rapport du CFS, on découvre que Monsanto dispose d'un budget annuel de 10 millions de dollars et d'un staff de soixante-quinze personnes pour mener ses « enquêtes ». Sa première source d'information, c'est le numéro vert « 1-800-Roundup », que la firme a officiellement mis en ligne le

29 septembre 1998, par un communiqué de presse en bonne et due forme : « Laissez un message sur le répondeur si vous voulez rapporter d'éventuelles violations de la loi sur les semences ou tout autre type d'information, dit ainsi la voix sur le numéro vert. Il est important d'utiliser des lignes fixes, car les téléphones portables peuvent être interceptés par de nombreuses personnes. Vous pouvez appeler anonymement, mais s'il vous plaît laissez votre nom et numéro de téléphone au cas où le suivi le nécessiterait [11]. » D'après Daniel Charles, la « ligne des mouchards » a reçu 1 500 appels en 1999, dont 500 ont déclenché une « enquête » [12]. Interrogée sur cette « ligne des mouchards », soupçonnée d'« effilocher les liens sociaux qui soutiennent les commu nautés rurales », pour reprendre les termes mesurés du *Washington Post*, Karen Marshall, la porte-parole de Monsanto, s'est contentée de répondre : « Cela fait partie de la révolution agricole, et toute révolution est douloureuse. Mais la technologie est une bonne technologie [13]. »

« Nous possédons tous ceux qui achètent nos produits »

La plupart des agriculteurs condamnés que le CFS a contactés racontent la même histoire : un jour, un agent, généralement de la Pinkerton, sonne à leur porte, parfois accompagné par la police. Il demande à consulter leurs factures de semences et d'herbicides, exige de se rendre dans leurs champs, où il prélève des échantillons de plantes et prend des photos. Le ton est souvent menaçant, voire brutal. Parfois aussi, aucun agent ne se présente jamais, mais le cultivateur reçoit une assignation en justice, sur la base d'un « dossier » constitué de vues aériennes et d'analyses de plantes qui ont été récoltées sur sa propriété à son insu. Il n'est pas rare que les agriculteurs attaqués n'aient jamais signé d'« accord d'utilisation de la technologie » (25 affaires sur 90), soit parce que le négociant qui leur a vendu les semences ne leur en a jamais parlé, soit parce qu'ils l'ont signé sans l'avoir vraiment lu, tant cette pratique est inhabituelle… C'est le cas de Homan McFarling, un paysan du Missouri traîné en justice en 2000 pour avoir « sauvegardé des semences de soja RR ». Ce qu'il n'a jamais nié… En première instance, il a été condamné à payer cent vingt fois la valeur des graines conservées, soit 780 000 dollars, conformément à ce que stipulait l'« accord » qu'il ne se souvenait même pas d'avoir signé et dont il n'avait pas trace. Il a fait appel, et une fois n'est pas coutume, il a obtenu une réduction de l'amende : la cour s'est interrogée sur la « constitutionnalité d'un contrat demandant des dommages et intérêts énormes eu égard au préjudice très faible [14] ». L'histoire ne dit pas combien il a finalement payé…

D'autres ont été condamnés, sans savoir qu'ils cultivaient des plantes OGM ! Ainsi Hendrik Hartkamp, un Hollandais, a-t-il eu la mauvaise idée d'acheter un ranch dans l'Oklahoma en 1998. Il y a trouvé une réserve de semences de soja, qu'il a semées... Le 3 avril 2000, il a été poursuivi par Monsanto pour « violation de la loi sur les brevets », car une partie des semences était transgénique. Après s'être ruiné pour assurer sa défense, il a vendu son ranch à perte, puis a quitté définitivement les États-Unis. « Ce qui est terrible, m'explique Joseph Mendelson, c'est que les tribunaux ne font pas de différence entre ceux qui réutilisent sciemment leurs semences et ceux qui n'ont pas planté intentionnellement les OGM. La seule chose qui compte, c'est que le fameux gène a été retrouvé dans un champ : quelle qu'en soit la raison, le propriétaire du champ est considéré comme responsable. » À un paysan qui assurait n'avoir jamais signé de contrat, et qui a transigé pour 100 000 dollars (d'où son anonymat), un représentant de Monsanto a rétorqué, avec une franchise remarquable : « Nous vous possédons, nous possédons tous ceux qui achètent nos produits [15]. »

Dans le rapport du CFS, on découvre aussi que, pour au moins six des quatre-vingt-dix procès intentés par Monsanto, l'« accord » exhibé par la firme présenterait une signature falsifiée, une « pratique reconnue courante par les négociants en semences ». Ce serait le cas notamment pour Eugène Stratemeyer, un agriculteur de l'Illinois tombé dans un piège tendu par un « inspecteur » : en juillet 1998, un individu se présente sur sa ferme pour lui demander de lui vendre une petite quantité de semences. Comme la saison des semis est terminée, il explique qu'il veut faire un test d'érosion. Eugène Stratemeyer accepte de le dépanner... Condamné à payer 16 874,28 dollars d'amende pour avoir enfreint le brevet, il a engagé une procédure contre Monsanto pour usage de faux.

Lorsque les agriculteurs décident de se défendre en contestant publiquement l'interdiction de ressemer une partie de leur récolte, ils s'exposent à un véritable harcèlement, voire à une campagne de diffamation soigneusement orchestrée dans les médias et auprès de tous les intermédiaires agricoles. C'est ce qui est arrivé à Mitchell Scruggs, un exploitant du Mississippi qui a toujours assumé avoir conservé ses semences de soja RR et de coton Bt. Pour lui, c'est un droit inaliénable qu'il défend pour le principe, mais aussi pour les implications financières qu'entraîne l'exigence de Monsanto. Son calcul est simple : en 2000, il a cultivé 5 200 hectares de soja, dont 75 % étaient transgéniques ; et pour emblaver un champ d'une acre (0,4 hectare) avec du soja RR, il a dû payer 24,50 dollars pour un sac de cinquante livres, contre 7,5 dollars pour du soja conventionnel. Pour illustrer les « profits énormes réalisés par Monsanto », il rappelle que s'il décidait de vendre « légalement » comme semences le surplus de sa récolte conventionnelle, il en obtiendrait 4 dollars le sac [16]. Pour le coton Bt, note-t-il, le rapport est de un à quatre entre les semences conventionnelles et transgéniques.

Condamné à payer 65 000 dollars d'amende en 2003, Mitchell Scrugg s'est engagé ensuite – j'y reviendrai – dans une *class action* qui accuse Monsanto de violer la loi antitrust américaine et demande à ce que les OGM soient soumis au régime commun du certificat d'obtention végétale. Pour avoir résisté délibérément à la « loi de Monsanto », sa vie est devenue un enfer : les agents de la firme sont allés jusqu'à acheter un hangar désaffecté situé en face de son magasin de fournitures agricoles, où ils ont installé une caméra de surveillance, tandis que des hélicoptères survolaient régulièrement sa propriété [17]...

Parfois, les affaires tournent carrément au drame, avec à la clé des peines de prison. Ainsi, en janvier 2000, Kem Ralph, un agriculteur du Tennessee, a-t-il été poursuivi pour avoir conservé 41 tonnes de soja et de coton transgéniques. Le juge Rodney Sippel, du tribunal de Saint Louis, le condamne à une première amende de 100 000 dollars, en exigeant qu'il garde les semences incriminées pour que puisse être évalué le « préjudice » exact subi par Monsanto. Exténué, le paysan, qui a pourtant pu prouver que la signature apposée sur l'« accord » fourni par la firme était un faux, décide de brûler le stock. « Nous en avons marre d'être maltraités par Monsanto, a-t-il déclaré à l'Associated Press. Nous sommes tirés au collier comme une horde de chiens au bord de la route [18]. » Finalement, le juge Sippel l'a condamné à payer 1,7 million de dollars, tandis qu'un jury lui infligeait une peine de huit mois de prison et une amende supplémentaire de 165 469 dollars pour « entrave à la justice et destruction de preuves ».

L'affaire a fait beaucoup de bruit, parce qu'elle a permis de révéler une autre pratique abusive de la firme : les fameux « accords d'utilisation de la technologie » comprennent une clause prévoyant qu'en cas de litige, les procédures doivent être *obligatoirement* portées devant la juridiction de Saint Louis. Pour les victimes, issues de tous les États-Unis, cela entraîne des frais supplémentaires pour pouvoir assurer leur défense ; et surtout, cela donne à Monsanto ce que le *Chicago Tribune* appelait en 2005 un « avantage du domicile [19] » non négligeable. Installée depuis plus d'un siècle dans son fief, la firme a l'habitude de travailler avec les mêmes cabinets d'avocats, dont Hush & Eppenberger [20]. Or il se trouve que le juge Rodney Sippel, réputé pour son intransigeance envers les « pirates », a débuté sa carrière de juriste chez... Hush & Eppenberger [21].

À noter aussi qu'en 2001, au moment où la grogne gagnait les prairies américaines contre le brevetage des semences, un certain John Ashcroft, alors ministre de la Justice de George W. Bush et qui fut aussi gouverneur du... Missouri de 1983 à 1994, demandait à la Cour suprême des États-Unis de donner son avis sur la question. Le 10 décembre, celle-ci, sous la plume de Clarence Thomas (qui fut, comme nous l'avons vu, l'un des avocats de Monsanto) tranchait – par six voix contre deux - en faveur du brevetage des semences [22]...

« *Tout le monde a peur* »

« Les brevets ont tout changé », soupire Troy Roush, un *farmer* de l'Indiana qui fut victime de la « police des gènes » et qui m'a reçue sur sa ferme de Van Buren en octobre 2006. « Je conseille vraiment aux agriculteurs européens de bien réfléchir avant de se lancer dans les cultures transgéniques. Après rien ne sera plus pareil... » Je me souviens de l'émotion qui m'avait gagnée en entendant les paroles de ce solide gaillard de près de deux mètres, qui retenait à grand-peine ses larmes et sa colère mêlées.

Son cauchemar avait commencé à l'automne 1999 avec la visite d'un « détective privé de Monsanto », qui lui dit « faire une enquête sur les agriculteurs qui conservent leurs semences ». Cette année-là, Troy, qui exploite une ferme familiale avec son frère et son père, avait semé 200 hectares de soja RR pour le compte d'une entreprise semencière avec qui il avait signé un contrat [a]. Par ailleurs, il avait planté 500 hectares de soja conventionnel avec des semences qu'il avait gardées de sa récolte précédente.

« C'était très facile de savoir quels champs étaient sous contrat, car c'était clairement stipulé, m'explique-t-il. J'ai proposé au détective de consulter ces documents ainsi que mes factures d'herbicides, mais il a refusé. » En mai 2000, il reçoit une assignation en justice avec une carte topographique et des analyses d'échantillons prélevés sur sa propriété sans sa permission. « Il y avait plusieurs erreurs grossières, commente Troy. Par exemple, l'un des champs suspectés était en réalité planté de maïs non transgénique pour une commande de l'entreprise Weaver Popcorn, ce que j'ai pu facilement prouver...

– Pourquoi avez-vous négocié un arrangement à l'amiable avec Monsanto ?, dis-je.

– Pour prouver notre innocence, nous avions déjà dépensé 400 000 dollars, me répond Troy. Et, au bout de deux ans et demi, la famille était totalement détruite... Je n'avais plus la force d'affronter un procès, à l'issue incertaine, parce que la jurisprudence profite malheureusement à Monsanto,

a L'entreprise, qui avait introduit le gène dans l'une de ses variétés, lui avait demandé de multiplier les grains pour en faire des semences qu'elle vendrait ensuite aux agriculteurs.

qui a des moyens illimités pour ce genre d'affaires et qui a tout verrouillé. . Si la firme avait gagné, nous aurions tout perdu, parce qu'elle aurait tout pris. Tout... De plus, quand j'ai demandé à mon avocat ce que cela me rapporterait d'aller au procès, il m'a dit : "Juste la gloire d'avoir été reconnu innocent"... »

Au moment de cet entretien, arrive David Runyon, un autre fermier de l'Indiana qui a aussi reçu la visite des fameux « détectives », en juillet 2003. Ceux-ci lui ont laissé leur carte de visite au nom de McDowell & Associates, avec un sigle d'une limpidité sidérante : un grand « M » qui se dessine sur une rangée d'hommes à cape et chapeau noirs... Selon lui, les agents de Monsanto ont prétendu qu'ils avaient un accord avec le département de l'Agriculture de l'État de l'Indiana les autorisant à inspecter les champs des paysans suspectés de « piraterie ». David Runyon écrit aussitôt au sénateur Evan Bayh, qui vérifie l'information et confirme que c'est un mensonge, dans un courrier que j'ai en ma possession.

« Les brevets ont bouleversé la vie dans les communautés rurales, me dit David Runyon, visiblement très ému. Ils ont détruit la confiance qui existait entre voisins. Personnellement, il n'y a que deux agriculteurs à qui je parle aujourd'hui. D'ailleurs, en ce qui vous concerne, avant d'accepter de vous rencontrer et même de vous parler au téléphone, j'ai vérifié dans Google qui vous étiez...

– Les agriculteurs ont vraiment peur ?

– Bien sûr qu'ils ont peur, me répond Troy Roush. C'est impossible de se défendre contre cette firme. Vous savez, dans le Midwest, le seul moyen de survivre avec des marges agricoles qui ne cessent de réduire, c'est d'agrandir la surface de ses terres. Pour cela, il faut qu'un voisin parte... Alors, un petit coup de fil sur la ligne des mouchards et on ne sait jamais...

– Vous ne vous sentez pas à l'abri d'une nouvelle accusation ?

– Bien sûr que non !, répond David Runyon. D'abord, parce que dans l'Indiana, nous sommes un peu les derniers des Mohicans, puisque nous cultivons encore du soja conventionnel au milieu d'un empire transgénique. Et puis parce que nos champs peuvent être contaminés par les OGM environnants. C'est ce qui est arrivé à mon voisin. »

Et l'agriculteur de sortir des photos qu'il tend à Troy. On y voit un champ de soja jauni et rabougri, parsemé de plants verdoyants. « Ce champ de soja conventionnel a été aspergé par erreur de Roundup par le fils de mon voisin, qui s'est trompé de parcelle. Tout ce qui est vert, c'est le soja de Monsanto. J'ai calculé que la contamination était d'environ 15 %.

– Comment cela est-il possible ?

– Aux États-Unis, il n'y a pas de filières distinctes pour les deux types de soja, me répond David. Les semences conventionnelles de mon voisin ont pu être contaminées par des grains transgéniques restés dans la moissonneuse-batteuse, qui avait travaillé avant dans un champ Roundup ready, ou chez le négociant pendant le nettoyage des semences. Il est aussi possible que le pollen OGM ait été dispersé par les insectes ou par le vent. Mon voisin vient de réaliser que Monsanto pouvait le traîner en justice pour violation de son brevet.

– Oui, acquiesce Troy, comme c'est arrivé à notre collègue canadien Percy Schmeiser. . »

Percy Schmeiser, un rebelle au « pays des ciels vivants »

Né en 1931 à Bruno, une bourgade de 700 âmes située au cœur de la province canadienne du Saskatchewan (le « pays des ciels vivants »), Percy Schmeiser représente la « bête noire de Monsanto, le caillou dans sa chaussure », pour reprendre les termes du journaliste du *Monde* Hervé Kempf [23]. Descendant de pionniers européens venus s'installer dans les prairies nord-américaines à la fin du XIXe siècle, l'homme est un battant, un « survivant » se plaît-il à dire, qui a l'énergie de celui que la vie a failli faucher précocement à plusieurs reprises. Il a survécu notamment à un grave accident du travail qui l'a laissé invalide pendant des années, ainsi qu'à une hépatite virulente contractée en Afrique. Car, en marge de ses activités de fermier, le rebelle des prairies est aussi un homme d'action et de convictions (catholiques) : il a été maire de sa commune pendant un quart de siècle, puis député à l'assemblée provinciale, et il a multiplié les voyages humanitaires, n'hésitant pas, avec sa femme, à confier leurs cinq enfants à leurs grands-parents, pour « aider les gens » en Afrique ou en Asie. Percy Schmeiser, enfin, est un sportif qui, pendant la longue froidure hivernale, partait gravir le Kilimandjaro ou tenter l'Everest (trois fois, sans succès).

Malheureusement, je n'ai pas pu le rencontrer, car lorsque je me suis rendue en Saskatchewan, en septembre 2004, il était, si je me souviens bien, à Bangkok, où il avait répondu à l'une des nombreuses invitations internationales qu'il reçoit depuis qu'il est devenu l'« homme qui s'est rebellé contre Monsanto [24] ».

Pour cet agriculteur, qui cultive une exploitation familiale de 600 hectares depuis cinquante ans, l'affaire commence pendant l'été 1997. Alors qu'il vient de désherber avec du Roundup les fossés qui bordent ses champs de colza, il se rend compte que son travail ne sert pratiquement à rien : de nombreux plants qui avaient germé hors de son aire de culture résistent à l'épandage. Intrigué, il contacte un représentant de Monsanto, qui l'informe qu'il s'agit de colza Roundup ready, mis sur le marché deux ans plus tôt. Les mois passent et, au printemps 1998, Percy, qui est réputé dans toute la région pour être un sélectionneur chevronné des semences de colza, ressème les graines de sa récolte antérieure. Au mois d'août, alors qu'il s'apprête à moissonner, il est contacté par un représentant de Monsanto Canada, qui l'informe que des inspecteurs ont détecté du colza transgénique dans ses champs et lui propose un arrangement à l'amiable, sous peine de porter l'affaire en justice.

Mais Percy Schmeiser refuse de s'incliner. À son avocat, il transmet des documents prouvant qu'il a racheté, en 1997, un champ qui avait été cultivé avec du colza Roundup ready. Il explique aussi que l'oléagineuse a la vivacité d'une mauvaise herbe, capable d'envahir les prairies à la vitesse du vent et que ses graines, très légères, peuvent dormir dans le sol pendant plus de cinq ans, avant d'être transportées par un oiseau sur des kilomètres. Constatant que la présence du colza transgénique est surtout effective aux abords de ses champs, il en conclut que ceux-ci ont dû être contaminés par les cultures de ses voisins convertis aux OGM ou par des camions de grains qui sont passés sur la route. Il faut dire que la résistance de Schmeiser est encouragée par la révélation des pratiques musclées de la firme de Saint Louis, qui n'hésiterait pas à répandre du Roundup par hélicoptère sur les champs des paysans soupçonnés de « piraterie », selon les dires, en août 1998, d'Edy et Elisabeth Kram, un couple d'agriculteurs de la province. Un acte pour le moins « étrange », relève Hervé Kempf, et que Monsanto n'a jamais démenti, « reconnaissant par ailleurs, dans une déclaration à la gendarmerie, que ses agents avaient prélevé des échantillons du colza d'Edy Kram pour l'analyser en laboratoire [25] ».

Monsanto Canada, en tout cas, ne veut rien savoir. Brandissant devant la presse les analyses des échantillons qu'elle prétend avoir prélevés (à son insu, donc illégalement) sur la ferme de Percy Schmeiser, qui révèlent un taux de « contamination » de plus de 90 % [26], la multinationale décide d'engager une action en justice, tout en maintenant la pression sur lui pour qu'il accepte de transiger. « 1999 a vraiment été l'année terrible, raconte Percy à Hervé Kempf. On était souvent surveillés par des hommes dans une voiture, qui ne disaient rien, ne faisaient rien, ils étaient là, à regarder. Une fois, ils sont restés trois jours d'affilée. Quand on allait vers eux, ils partaient en trombe. On recevait aussi des coups de fil anonymes, des gens qui disaient : "On va vous avoir." On avait si peur que j'ai acheté une carabine, que je gardais dans le tracteur quand je travaillais aux champs [27]. »

Finalement, l'affaire est jugée à Saskatoon, la capitale de la province, en juin 2000. Le juge Andrew McKay rend sa décision, le 29 mars 2001, provoquant la stupéfaction chez tous ceux qui soutiennent l'agriculteur de Bruno. En effet, le magistrat estime qu'en emblavant ses champs avec des graines récoltées en 1997 « qu'il savait ou aurait dû savoir résistantes au Roundup », Percy Schmeiser a enfreint le brevet de Monsanto. Il précise que la « source du colza résistant au Roundup ne change rien au fond de l'affaire » et qu'« un fermier dont le champ contient des semences ou des plantes provenant de semences versées dedans, ou apportées par le vent du champ d'un voisin ou même germant par du pollen apporté par des insectes, des oiseaux ou par le vent, peut posséder ces semences ou plantes même s'il n'avait pas l'intention de les planter. Il ne possède pas, cependant, le droit d'utiliser le gène breveté, ou la semence ou la plante contenant ce gène ou cette cellule brevetée », car cela « revient à s'emparer de l'essence de l'invention des plaignants en l'utilisant sans leur permission [28] ».

Le juge écarte ainsi d'un revers de main l'argument de la défense selon lequel l'intérêt d'utiliser l'« essence » des OGM de Monsanto est de pouvoir appliquer du Roundup sur les cultures, ce que Percy Schmeiser n'a pas fait, ainsi que le révèlent ses factures d'herbicides... Il ne tient pas compte non plus du fait que, pour prélever ses échantillons, Monsanto a dû rentrer illégalement sur la propriété de l'agriculteur, ni que les tests effectués par les experts que ce dernier a consultés ont révélé une contamination nettement inférieure. Comme le relève justement Hervé Kempf, « le jugement est extraordinaire : il signifie qu'un agriculteur enfreint le brevet de toute compagnie produisant des semences OGM dès lors que son champ est contaminé par des plantes transgéniques ». La décision, on s'en doute, remplit d'aise Monsanto : « C'est une très bonne nouvelle pour nous, triomphe Trish Jordan, la représentante de la firme au Canada. Le juge a déclaré M. Schmeiser coupable d'avoir violé notre brevet et l'a condamné à nous verser des dommages et intérêts [29]. » Ceux-ci s'élèvent à 15 450 dollars canadiens, soit 15 dollars par acre récoltée en 1998, alors que seule une partie de la récolte était contaminée... S'y ajoutent les frais de justice engagés par Monsanto.

Percy Schmeiser fait appel, mais, le 4 septembre 2002, la décision du juge McKay est confirmée. Pourtant, l'agriculteur, qui a déjà sacrifié son épargne-retraite et une partie de ses terres pour assurer sa défense (200 000 dollars canadiens), ne renonce pas : « Ce n'est plus l'affaire Schmeiser, affirme-t-il, c'est l'affaire de tous les paysans à travers le monde [30]. » Il se tourne donc vers la Cour suprême du Canada, qui, le 21 mai 2004, rend un jugement très attendu par tous ceux qu'inquiète la progression des OGM : par cinq voix contre quatre, les juges confirment les deux décisions antérieures mais, curieusement, exemptent le fermier de payer des dommages et intérêts ainsi que les frais de justice engagés par le groupe américain. Dramatique sur le fond, puisqu'il confirme que les paysans sont responsables de la contamination transgénique de leurs champs, le jugement prouve aussi que les magistrats sont gênés aux entournures : « Ils donnent d'une main ce qu'ils enlèvent de l'autre [31] », note Richard Gold, un spécialiste de la propriété intellectuelle de l'université McGill de Montréal. Mais, pour la firme de Saint Louis, c'est une victoire dont elle ne manquera pas de se prévaloir à l'avenir : « La décision conforte notre manière de faire des affaires [32] », commente Trish Jordan, sa représentante au Canada...

Quand la contamination des OGM produit de « super mauvaises herbes »

Je dois dire que je suis très impressionnée par la capacité de la firme de Saint Louis à dire une chose et à faire exactement l'inverse. Au moment où elle harcelait Percy Schmeiser, son service de communication écrivait en effet dans son *Pledge* : « Dans le cas où apparaîtraient de manière non intentionnelle des variétés qui nous appartiennent dans les champs d'un agriculteur, bien évidemment nous travaillerons avec l'agriculteur pour résoudre ce problème d'une manière qui satisfasse aussi bien l'agriculteur que Monsanto [33]. » Voilà donc pour l'habillage destiné à rassurer les actionnaires et d'éventuels clients. Sur le terrain, la réalité est tout autre, tant la contamination des OGM est devenue un problème majeur dans les prairies d'Amérique du Nord.

« En vérité, le colza transgénique s'est disséminé beaucoup plus rapidement que nous ne l'avions pensé, déclare ainsi en 2001 le professeur Martin Entz, de l'université de Manitoba (Canada). Ce fut un coup de semonce sur les effets secondaires de la biotechnologie [34]. » La même année, le professeur Martin Phillipson constate : « Dans notre province, les agriculteurs dépensent des dizaines de milliers de dollars pour essayer de se débarrasser du colza qu'ils n'ont pas planté. Ils doivent utiliser toujours plus d'herbicides pour venir à bout de cette technologie [35]. » Ces deux témoignages sont cités dans *Seeds of Doubt* (Les semences du doute), un rapport publié en septembre 2002 par la Soil Association (une association britannique de promotion de l'agriculture biologique, fondée en 1946), qui dresse un bilan très détaillé des cultures transgéniques en Amérique du Nord : « La contamination massive des OGM a sévèrement affecté l'agriculture non transgénique, y compris biologique, elle a détruit le marché et sapé la compétitivité de l'agriculture nord-américaine, peut-on lire dans son introduction. Les cultures transgéniques ont aussi augmenté la dépendance des agriculteurs par rapport aux herbicides et conduit à de nombreux problèmes juridiques [36]. »

Une étude commanditée par le ministère de l'Agriculture du Saskatchewan a ainsi révélé en 2001 que le pollen de colza Roundup ready peut se déplacer sur au moins 800 mètres, soit huit fois la distance recommandée par les autorités entre les cultures OGM et conventionnelles [37]. Le résultat c'est que, dès 2001, l'organisme de certification biologique des États-Unis reconnaissait dans *The Western Producer* qu'il était quasiment impossible de trouver des semences de colza, mais aussi de maïs et de soja, qui ne soient pas contaminées par des OGM. Dans le même article, la Canadian Seed Trade Association admettait que toutes les variétés conventionnelles étaient déjà contaminées par les OGM à hauteur d'au moins 1 % [38]. On se demande ce qu'il en est six ans plus tard...

En tout cas, anticipant sur les effets incontrôlables de la contamination transgénique, les principales compagnies d'assurances agricoles du Royaume-Uni ont annoncé en 2003 qu'elles refusaient de couvrir les producteurs de cultures OGM contre ce fléau, qu'elles comparent au problème de l'amiante ou aux actes de terrorisme, en raison des charges financières imprévisibles qu'il peut induire. Dans un sondage publié par *The Guardian*, les assureurs comme la National Farm Union Mutual, Rural Insurance Group (Lloyds) ou BIB Underwriters Ltd (Axa) soulignaient que « l'on en sait trop peu sur les effets à long terme des cultures [transgéniques] pour la santé humaine et l'environnement pour pouvoir proposer une quelconque protection [39] ».

Mais une chose est sûre : en Amérique du Nord, la contamination des OGM a provoqué un véritable « bourbier de contentieux », pour reprendre les mots de la Soil Association, qui précise que celui-ci « concerne tous les niveaux de l'activité : les agriculteurs, les transformateurs, les distributeurs, les consommateurs et les entreprises de biotechnologie [40] », les uns se retournant contre les autres, dès qu'un OGM non désiré apparaît quelque part. Pour illustrer l'absurdité insoluble de la situation, le rapport *Seeds of Doubt* donne l'exemple de la contamination d'un chargement de colza conventionnel canadien, arraisonné en Europe en mai 2000, parce que la présence d'un transgène de Monsanto y avait été détectée. La société Adventa a dû procéder à la destruction de milliers d'hectares, indemniser ses agriculteurs, puis déplacer sa production de semences de l'ouest vers l'est du Canada, où elle estimait pouvoir mieux se protéger de la pollinisation croisée, avec à la clé une cascade de procès [41]...

Les problèmes que pose la contamination transgénique ne sont pas que juridiques, ils sont aussi environnementaux. En effet, lorsqu'une graine de colza transgénique atterrit dans un champ, par exemple de blé, par la grâce du vent, il est considéré comme une mauvaise herbe par l'agriculteur, qui a beaucoup de mal à en venir à bout, car « comme ce colza résiste au Roundup, un herbicide total, la seule façon de s'en débarrasser est de l'arracher à la main ou d'utiliser du 2-4 D, un herbicide extrêmement toxique [42] »... De même, un producteur d'OGM soucieux de maintenir une rotation de ses cultures, en alternant par exemple du colza Roundup ready avec du maïs Roundup ready, peut être aussi confronté à ce problème, renforcé par la spécificité du colza : ses cosses mûrissant de manière inégale, les producteurs ont pris l'habitude de couper les plants et de les faire sécher dans les champs, avant d'en récolter les grains. Immanquablement, des milliers de graines restent sur le sol et germeront l'année suivante, voire cinq années plus tard. C'est ce qu'on appelle du « colza volontaire » ou « rebelle », qui représente en fait une « super mauvaise herbe » (en anglais « *superweed* »)...

Grâce aux OGM, toujours plus d'herbicides

L'ironie de l'histoire, c'est que Monsanto a compris très tôt l'intérêt financier que pouvaient représenter ces plantes « rebelles » : le 29 mai 2001, la firme a obtenu un brevet (n° 6 239 072) portant sur une « mixture d'herbicides » qui permet à la fois de « contrôler les mauvaises herbes sensibles au glyphosate et des spécimens volontaires tolérants au glyphosate [43] ». Comme le souligne le rapport de la Soil Association, « ce brevet permettra à la firme de profiter d'un problème que ses produits ont eux-mêmes créé [44] »...

Et à voir l'évolution dans les prairies d'Amérique du Nord, on peut s'attendre à ce que la fameuse « mixture d'herbicides » représente la nouvelle vache à lait de la firme de Saint Louis. De fait, le développement des *superweeds* est devenu l'un des principaux casse-tête des agronomes nord-américains, qui notent que celles-ci peuvent émerger de trois manières. Dans le premier cas, comme nous venons de le voir, ce sont des « volontaires » (résistants au Roundup), dont la destruction nécessite le recours à des herbicides plus puissants. Dans le deuxième cas, les OGM se croisent avec des adventices – le mot savant qui désigne les « mauvaises herbes » – qui leur sont génétiquement proches, en leur transférant le fameux gène de résistance au Roundup. C'est le cas notamment du colza, qui est un hybride naturel entre le navet et le chou, capable d'échanger des gènes avec des espèces sauvages apparentées comme la ravenelle, la moutarde ou la roquette, que les agriculteurs considèrent comme des mauvaises herbes. Ainsi une étude conduite par le Britannique Mike Wilkinson, de l'université Reading, a confirmé en 2003 que le flux de gènes entre le colza et la navette (*Brassica rapa*), l'une des adventices les plus répandues, était très courant, ce qui indique que « la pollinisation croisée entre des plantes OGM et leurs parents sauvages est inévitable et peut créer des super mauvaises herbes résistantes à l'herbicide le plus puissant », ainsi que le souligne *The Independant*[45].

Enfin, troisième cas, si des *superweeds* apparaissent, c'est tout simplement parce qu'à force d'être arrosées exclusivement de Roundup, plusieurs fois par an et d'une année sur l'autre, les mauvaises herbes développent une résistance à l'herbicide qui finit par les rendre aussi efficaces en la matière que les OGM qui les ont engendrées. Curieusement, la firme, qui a pourtant une longue expérience des herbicides, a toujours nié ce phénomène : « Après vingt ans d'utilisation, on n'a jamais entendu parler d'espèces d'adventices qui soient devenues résistantes au Roundup », affirme ainsi un document publicitaire vantant les mérites du soja RR[46]. De même, dans son *Pledge* de 2005, la multinationale continue d'affirmer que les cultures transgéniques « permettent aux agriculteurs d'utiliser moins d'herbicides[47] ».

« C'est faux ! », rétorque l'agronome américain Charles Benbrook, dans une étude publiée en 2004 et intitulée : « Les cultures OGM et l'usage des pesticides aux États-Unis : les neuf premières années[48] ». Selon lui, l'argument de la « réduction de l'usage des pesticides » a été valide durant les trois premières années qui ont suivi la mise en culture des OGM en 1995, mais « depuis 1999, ce n'est plus le cas ». « Ce n'est pas une surprise, explique-t-il : cela fait dix ans que les scientifiques spécialistes des adventices mettent en garde contre le fait que l'usage intensif des cultures résistantes à un herbicide allait déclencher des changements dans les populations de mauvaises herbes ainsi que leur résistance, forçant les paysans à appliquer d'autres herbicides et/ou à augmenter leurs doses. [...] Un peu partout dans le Midwest, les agriculteurs évoquent avec nostalgie l'efficacité et la simplicité initiales de la technique Roundup ready, en regrettant ce "bon vieux temps". »

Charles Benbrook connaît son sujet : après avoir travaillé comme expert agricole à la Maison-Blanche sous l'administration Carter, puis au Capitole, il fut directeur de la division agricole de l'Académie nationale des sciences pendant sept ans, avant de créer son cabinet de consultant indépendant à Sandpoint, dans l'Idaho. Depuis 1996, il épluche minutieusement les données de consommation d'herbicides enregistrées par le Service national des statistiques agricoles (NASS) qui dépend de l'USDA, en les comparant avec celles fournies par Monsanto, qu'il juge « trompeuses, à la limite de la malhonnêteté[49] ». Dans un article de 2001, il notait déjà que la « consommation totale d'herbicides utilisée pour le soja RR en 1998 était au moins 30 % supérieure en moyenne à celle du soja conventionnel dans six États, dont l'Iowa, où est cultivé un sixième du soja de la nation[50] ».

Dans son étude de 2004, il constate que la quantité d'herbicides épandus sur les trois principales cultures des États-Unis (soja, maïs et coton) a augmenté de 5 % entre 1996 et 2004, ce qui représente 138 millions de livres supplémentaires. Alors que la quantité d'herbicides utilisés pour les cultures conventionnelles n'a cessé de baisser, celle de Roundup a connu une évolution inverse, ainsi que s'en félicite d'ailleurs Monsanto dans son « 10K Form » de 2006 : après avoir souligné que les ventes de glyphosate ont représenté un chiffre d'affaires de 2,2 milliards de dollars en 2006, contre 2,05 en 2005, la firme note que « toute expansion des cultures qui présentent la caractéristique Roundup ready accroît considérablement les ventes des produits Roundup ».

Ces résultats sont le fruit d'une stratégie planifiée de longue date : « Un facteur clé pour l'augmentation du volume de Roundup est une stratégie basée sur l'élasticité et des réductions sélectives des prix suivies par une importante augmentation des volumes », écrivait la multinationale dans son rapport annuel de 1998 (p. 7). Quand on lui fait remarquer que cette évolution est bien la preuve que les OGM ne réduisent pas la consommation d'herbicides, la multinationale réplique qu'il est normal que les ventes de Roundup augmentent, puisque la surface des cultures Roundup ready ne cesse de progresser. Certes, neuf ans après leur mise sur le marché, les cultures transgéniques couvraient près de 50 millions d'hectares aux États-Unis et 73 % étaient Roundup ready (23 % Bt), mais ces surfaces étaient déjà cultivées avant l'arrivée des OGM (et donc arrosées de pesticides [51])...

De plus, ajoute Charles Benbrook, la fin du monopole de Monsanto sur le glyphosate, en 2000, a entraîné une guerre des prix qui a fait chuter celui du Roundup d'au moins 40 %, et pourtant le chiffre d'affaires de la firme n'a pas été affecté, bien au contraire. Enfin, écrit-il, « la dépendance vis-à-vis d'un seul herbicide, comme méthode unique de gestion des mauvaises herbes sur des millions d'hectares, est la principale raison qui explique la nécessité d'appliquer des doses d'herbicides plus élevées pour atteindre le même niveau de contrôle [52] ». Il rappelle qu'avant l'introduction des OGM, les scientifiques n'avaient identifié que deux adventices résistantes au glyphosate : l'ivraie (en Australie, Afrique du Sud et États-Unis) et le gaillet (en Malaisie), mais qu'aujourd'hui on en compte six sur le seul territoire américain, avec en tête la prèle, devenue un véritable fléau dans les prairies, mais aussi les amarantes, comme l'« herbe au cochon » ou l'ambroisie. Ainsi, une étude réalisée à l'université de Delaware a montré que des plants de prèle prélevés dans des champs de soja RR survivaient à dix fois la dose de Roundup recommandée [53]. À ces mauvaises herbes déjà identifiées comme résistantes au Roundup, s'ajoute une liste d'adventices dites « tolérantes au glyphosate », c'est-à-dire pas encore résistantes, mais pour lesquelles il faut multiplier les doses par trois ou quatre pour en venir à bout...

La « face cachée de la biotechnologie »

« La résistance aux mauvaises herbes peut réduire la rentabilité d'une ferme de 17 % » : voilà ce qu'écrivait... Syngenta, l'un des principaux concurrents (suisse) de Monsanto, dans un document de décembre 2002 adressé à tous ses partenaires agricoles [54]. S'appuyant sur un sondage réalisé auprès des agriculteurs américains, l'autre géant de la chimie et de la biotechnologie rapportait que 47 % d'entre eux préconisaient un retour à la « rotation des cultures et des produits chimiques »... Comme Charles Benbrook le soulignait début 2002, la baisse de rentabilité n'est en effet pas la seule « mauvaise nouvelle » qui caractérise ce qu'il appelle la « face cachée de la biotechnologie », dont « les scientifiques et les agriculteurs commencent tout juste à prendre conscience [55] ».

D'abord, contrairement à ce qu'a toujours affirmé Monsanto dans ses documents publicitaires, il n'est pas vrai que « cultivées dans des conditions comparables, les nouvelles variétés présentent un rendement similaire à celui des variétés [conventionnelles] à haut rendement [56] ». « Malheureusement, nous avons prouvé le contraire », m'explique Roger Elmore, un agronome qui a publié en 2001 une étude sur le sujet avec ses collègues de l'université du Nebraska [57]. Travaillant aujourd'hui à l'université de l'Iowa, il me reçoit dans sa maison, située à une cinquantaine de kilomètres de Des Moines, en octobre 2006. « Si nous avons mené cette étude – pendant deux ans et dans quatre endroits différents –, c'est que nous avions des informations provenant de différents États qui indiquaient que le soja transgénique avait un rendement moins élevé que les variétés conventionnelles apparentées, me dit-il. Nos résultats prouvent qu'effectivement la baisse de rendement est d'au moins 5 %.

– Comment l'expliquez-vous ?, lui ai-je demandé, les yeux rivés sur les courbes que me montre l'agronome.

– C'est ce que nous appelons le "*yield drag*" (mot à mot le "boulet du rendement"). Nous avions deux hypothèses qui pouvaient expliquer le "boulet" qui affecte le rendement des plantes transgéniques : soit il était dû à l'action du Roundup sur le métabolisme végétal, soit c'était le résultat de la manipulation génétique. Pour vérifier la première hypothèse, nous avons cultivé trois groupes de soja RR, issus de la même variété Roundup ready, dont l'un fut aspergé de Roundup, l'autre de sulfate d'ammonium, un produit qui stimule l'action des herbicides, et le troisième d'eau. Dans les trois cas, le rendement fut strictement le même, à savoir 55 boisseaux par acre. C'est donc la manipulation génétique qui explique le "*yield drag*". Apparemment, l'insertion violente du gène perturbe la capacité productrice de la plante.

– Le soja transgénique n'est donc pas équivalent au soja conventionnel ?

– C'est en tout cas ce que montre notre étude…

– Comment a réagi Monsanto ?

– Disons que la firme ne tenait pas vraiment à ce que nous la publiions, me répond Roger Elmore, avec la prudence requise.

– Mais est-ce qu'elle avait elle-même conduit une étude sur le rendement de son soja ?

– Les données qu'elle avait fournies étaient très faibles d'un point de vue scientifique et répondaient plus à un besoin, disons, commercial… », conclut l'agronome.

Les résultats de l'étude de Roger Elmore ont ainsi confirmé la « métanalyse » réalisée par Charles Benbrook, pour laquelle il avait dépouillé 8 200 mesures de rendement effectuées par les universités agronomiques des États-Unis en 1998. Il en ressortait que le « *yield drag* » était en moyenne de 6,7 %, avec des pointes à 10 % notamment dans le Midwest, ce qui représentait un déficit de 80 à 100 millions de boisseaux de soja pour la seule année 1999 [58].

Comme le souligne Charles Benbrook, il arrive que le « *yield drag* » tourne carrément à la catastrophe, en raison d'un autre phénomène mis au jour en 2001 par des chercheurs de l'université d'Arkansas [59]. Ceux-ci ont en effet constaté que le Roundup affecte les bactéries *rhizobium* qui peuplent les racines du soja et les aident à se développer en fixant l'azote de l'atmosphère. La sensibilité des bactéries à l'herbicide expliquerait la baisse de rendement du soja RR, qui peut atteindre 25 % quand survient un épisode de sécheresse. « Malheureusement, explique Charles Benbrook, il est désormais clair que les cultures Roundup ready sont plus vulnérables à certaines maladies, spécialement lorsqu'elles doivent combattre des stress comme un froid inhabituel, une attaque d'insectes ou un déséquilibre minéral ou microbien dans le sol. Ces problèmes de santé surviennent parce que le matériau génétique introduit pour rendre la plante résistante au Roundup a modifié le fonctionnement normal d'une voie métabolique clé qui déclenche et régule sa réponse immunitaire [60]. » Et d'ajouter : « Il est dommage que cette information n'ait été connue qu'après que 40 millions d'hectares ont été plantés en Amérique… »

Quand on épluche consciencieusement les journaux scientifiques et agricoles, on constate que les incidents ne sont pas rares au pays des cultures Roundup ready – je reviendrai sur les problèmes similaires des plantes Bt. Par exemple, en 1999, des scientifiques de Géorgie ont été contactés par des producteurs de soja qui se plaignaient du fait que les tiges de leurs plantes se cassaient de manière inexpliquée, entraînant un rendement excessivement bas.

Leur étude a révélé que le soja transgénique produisait 20 % de lignine de plus que le soja conventionnel, ce qui, dans des conditions de chaleur plus élevées que la normale, provoquait une fragilité exceptionnelle des tiges [61]...

Un « désastre économique »

« Le profit est dans les champs ! Vérifiez-le avec le soja Roundup ready d'Asgrow. » Cette publicité publiée en janvier 2002 dans un magazine agricole par la filiale de Monsanto n'a pas convaincu la Soil Association, qui écrit dans son rapport *Seeds of Doubt* : « Les preuves que nous avons récoltées montrent que les plantes transgéniques sont loin de représenter une *success story*. En désaccord complet avec l'impression que donne l'industrie de la biotechnologie, il est évident qu'elles n'ont pas permis d'obtenir la plupart des bénéfices proclamés et qu'elles se traduisent par un désastre pratique et économique. »

À ce réquisitoire musclé, Monsanto ne manquera pas de répondre qu'on ne pouvait en attendre moins de l'une des principales organisations européennes de promotion de l'agriculture biologique. Sauf que ce bilan est aussi celui des chercheurs qui se sont donné la peine de se pencher sur *tous* les aspects de l'agriculture transgénique, pour apprécier si, d'un point de vue strictement économique, le jeu en valait la chandelle. Ainsi Michael Duffy, un économiste de l'université de l'Iowa, a-t-il mené une enquête avec la collaboration du Service des statistiques agricoles nationales de l'USDA. Il a épluché, poste par poste, la comptabilité d'agriculteurs de l'État, en comparant les coûts de production et les revenus associés à la culture du soja RR (108 champs) et du soja conventionnel (64 champs) pour la récolte de 2000. Et le résultat est sans appel : si l'on tient compte de tous les facteurs de production (coût des semences, consommation d'herbicides, rendement, dépense en fuel, engrais, etc.), les producteurs de soja transgénique ont... *perdu* 8,87 dollars par acre, contre 0,02 dollar pour les producteurs de soja conventionnel [62]. À noter que cette enquête a été conduite à un moment où la « guerre des prix » sur les herbicides faisait rage, réduisant d'autant le montant de la facture, et alors que les adventices n'étaient pas résistantes au Roundup... De même, Michael Duffy a comparé les résultats du maïs Bt avec ceux du maïs conventionnel et il est parvenu à une conclusion similaire : 28,28 dollars de perte par acre pour le premier, 25,02 dollars pour le second.

On peut s'étonner du fait que, dans tous les cas, les agriculteurs ont *perdu* de l'argent en produisant. Il s'agit là précisément d'un autre revers des OGM, qui ont entraîné un effondrement des exportations américaines vers l'Europe, et donc des prix. En effet, sous la pression des consommateurs, la Commission européenne, qui avait d'abord autorisé sans sourciller l'importation de soja, maïs et colza transgéniques provenant des États-Unis et du Canada, a dû faire machine arrière en déclarant un moratoire de cinq ans sur les cultures OGM, le 25 juin 1999, puis l'étiquetage obligatoire des produits, le 21 octobre 1999 [63]. Ces deux décisions, qui furent vivement contestées par les partenaires d'outre-Atlantique, ont provoqué le désarroi dans les prairies américaines où, du jour au lendemain, les négociants en grains ont demandé aux agriculteurs de livrer séparément les récoltes transgéniques et conventionnelles, quitte à payer une prime pour les secondes.

Selon le *Washington Post*, la colère grondait alors notamment dans les États à vocation exportatrice comme l'Iowa ou l'Illinois, où les agriculteurs avaient le sentiment tenace d'avoir été floués : « Les producteurs américains ont cultivé les plantes transgéniques en toute confiance, avec la conviction qu'elles étaient inoffensives et qu'ils seraient récompensés pour leurs efforts, se plaint ainsi un représentant des producteurs de maïs. Au lieu de cela, ils ont été induits en erreur par les multinationales des semences et de la chimie et les associations professionnelles qui les ont encouragés à planter toujours plus de surfaces sans les avertir du danger qu'ils couraient avec des cultures qui ne sont pas acceptées par les consommateurs [64]. »

En attendant, le « mal » était fait : d'après le secrétariat à l'Agriculture des États-Unis, les exportations de maïs vers l'Europe ont chuté de 99,4 % entre 1996 et 2001, ce qui représente une perte annuelle de 300 millions de dollars. De même, si l'Europe absorbait 27 % des exportations de soja en 1998, ce chiffre était tombé à 7 % en 1999. Quant au Canada, premier exportateur mondial de colza, il a perdu tout son marché européen, non seulement de colza, mais aussi de miel [65].

Résultat : pour sauver le revenu de ses paysans, le gouvernement américain a dû mettre la main à la poche, en leur accordant des subventions exceptionnelles, estimées à 12 milliards de dollars entre 1999 et 2002 [66]. En mai 2002, le Sénat a voté une nouvelle « loi agricole » permettant de débloquer 180 milliards de dollars de subventions pour les dix années suivantes, une manière de « dissimuler aux agriculteurs l'échec économique des cultures transgéniques », pour reprendre les mots assassins de la Soil Association…

Ce contexte n'est pas pour rien dans le conflit qui va opposer au début des années 2000 les agriculteurs canadiens et états-uniens à Monsanto, qui, une fois n'est pas coutume, va essuyer un sérieux échec dans sa stratégie de multiplication des OGM en étant contrainte de renoncer à son blé transgénique.

11

Blé transgénique : la bataille perdue de Monsanto en Amérique du Nord

« Nous écouterons attentivement les différents points de vue et engagerons un dialogue approfondi pour améliorer notre compréhension du problème et mieux tenir compte des besoins et inquiétudes de la société. »

MONSANTO, *The Pledge Report 2001-2002*, Introduction.

On raconte que, le 10 mai 2004, les bouchons de champagne ont sauté au bureau de Greenpeace à Ottawa, ainsi que chez tous ses alliés naturels d'Amérique du Nord, mais aussi dans les... prairies transgéniques de l'ouest du Canada et du Midwest des États-Unis. Ce jour-là, la firme de Saint Louis annonçait dans un communiqué de presse lapidaire qu'elle avait décidé de « différer tous ses efforts supplémentaires pour introduire un blé Roundup ready », après avoir mené une « consultation intense » avec les « clients et les leaders de l'industrie du blé [1] ». « C'est le dialogue qui a conduit à la décision sur le blé », insiste-t-elle dans son *Pledge* de 2004 [2].

Monsanto se casse les dents sur le blé

Ce langage euphémisé cache un extraordinaire bras de fer qui conduisit au plus grand échec jamais enregistré par Monsanto. Pour la première fois de son histoire, la multinationale avait été contrainte de renoncer à la mise sur le marché d'un produit pour lequel elle avait investi plusieurs centaines de millions de dollars en « R & D » (recherche et développement). « Pour nous, ce fut une victoire inespérée, qui entérine l'échec économique des cultures transgéniques », m'a expliqué quand je l'ai rencontré en octobre 2004, Dennis Olson, un économiste de l'Institute for Agriculture and Trade Policy (IAPR) de Minneapolis (Minnesota) qui participa très activement à la campagne américaine contre le blé Roundup ready. « Elle était d'autant plus symbolique qu'elle fut obtenue en Amérique du Nord, où sont nés les OGM, et grâce au soutien déterminant de ceux qui les cultivent. »

Pourtant, lorsqu'à la veille de Noël 2002, la firme de Saint Louis annonce qu'elle a déposé une demande de mise sur le marché, simultanément à Ottawa et Washington, pour un blé de printemps résistant au Roundup, l'affaire semble acquise, tant elle opère en terrain conquis. Ce faisant, elle a oublié un « détail » qui lui sera fatal : jusqu'à présent, tous ses OGM ne concernaient que des cultures utilisées essentiellement comme fourrage ou pour la fabrication d'huiles et de vêtements (soja, colza, coton), plus rarement pour la consommation directe des humains (maïs). Mais avec le blé, plante mythique s'il en est, c'est une autre histoire : en manipulant la céréale dorée qui couvre près de 20 % des terres cultivées de la planète et représente la nourriture de base d'un homme sur trois, elle touchait à un symbole – culturel, religieux et économique – né avec l'agriculture, il y a 10 000 ans, quelque part en Mésopotamie[3].

Et ce « symbole » est aussi le « pain quotidien » – aux sens propre et figuré – des puissants céréaliers d'Amérique du Nord, qui cultivent précisément le blé roux de printemps, dans lequel Monsanto a introduit son gène Roundup ready. Surnommé le « roi des blés », en raison de sa teneur exceptionnelle en protéines et en gluten, celui-ci est cultivé dans quatre États au nord des États-Unis – le Dakota du Nord et du Sud, le Montana et le Minnesota –, ainsi que, de l'autre côté de la frontière, dans les prairies du Saskatchewan, à l'ouest du Canada[a]. Le pays de Percy Schmeiser, le héraut de la résistance aux OGM. Bien évidemment, ces grands céréaliers sont aussi des producteurs de soja, colza ou maïs transgéniques, mais s'ils se sont opposés au dernier avatar des bricoleurs du Missouri, c'est essentiellement pour des raisons économiques. « Le Canada exporte 75 % de sa production annuelle de blé, qui s'élève en moyenne à 20 millions de tonnes », m'a expliqué Ian McCreary, le vice-président de la Commission canadienne du blé (CCB),

a Au Canada, le blé est cultivé sur 10 millions d'hectares, dont 6 millions pour la seule province du Saskatchewan.

dirigée par les producteurs et qui contrôle toute la commercialisation des grains produits dans les prairies, en vertu d'une loi fédérale de 1935. « Cela représente environ 2 milliards d'euros de revenus chaque année. Or tous nos clients internationaux, avec en tête le Japon et l'Europe, ont clairement exprimé qu'ils ne voulaient pas de blé transgénique. Si le blé de Monsanto avait été mis sur le marché, les 85 000 céréaliers de l'ouest du Canada pouvaient mettre la clé sous la porte. »

À quarante-deux ans, Ian McCreary exploite une ferme de 700 hectares près de Bladworth, au cœur de cette immense province plate et morne, surnommée la « corbeille à pain ». Quand je le rencontre, en septembre 2004, il procède, avec sa femme Mary, aux derniers réglages de sa moissonneuse-batteuse. Ambiance de bout du monde avec, à perte de vue, des milliers d'hectares de blé, qui scintillent sous le ciel d'un bleu d'acier, vers lequel se dressent, ici et là, d'immenses silos à grains posés sur les prairies comme des pièces de Lego.

« Ici, nous sommes très loin de tout, sourit Ian McCreary, après avoir prononcé un *benedicite* pour ouvrir le déjeuner familial. Les coûts de transport sont astronomiques et, pour que notre travail soit rentable, nous devons nous concentrer sur la qualité de notre blé, très prisé par tous les minotiers du monde, qui le mélangent avec des variétés d'une qualité boulangère inférieure. Comme pour le colza ou le maïs, les OGM auraient entraîné une baisse des prix et nous ne pouvons pas nous permettre de vendre du blé pour le fourrage.

– Mais Monsanto dit que son blé aurait permis de résoudre le problème des mauvaises herbes, dis-je.

– Contrairement au soja, les mauvaises herbes ne représentent pas vraiment un problème pour le blé, me répond Ian McCreary. Je crois que c'est surtout Monsanto qui avait un problème : son brevet sur le Roundup venait d'expirer et la firme voulait se rattraper en vendant de l'herbicide et des semences pour l'une des plus grandes cultures nourricières du monde. Quant aux céréaliers, ils craignaient que le blé Roundup ready augmente les dépenses en herbicides à cause de l'apparition de "volontaires", sans parler du coût exorbitant des semences brevetées : dans les prairies, nous avons l'habitude de conserver nos semences de blé au moins dix ans avant d'en acheter de nouvelles... »

Voilà comment la puissante CCB s'est retrouvée à battre la campagne, aux côtés de Greenpeace et du Conseil des Canadiens (la plus importante association de consommateurs du pays), « deux organisations avec lesquelles elle était entrée en conflit dans le passé », ainsi que le souligne en février 2003 le *Toronto Star*, pour « opposer un front uni contre le blé OGM [4] ». Dans leur article, les journalistes citent une lettre adressée par un représentant de Rank Hovis, le plus grand meunier britannique, à la CCB : « Si vous cultivez du blé modifié génétiquement, nous ne serons plus en mesure d'acheter aucun de vos blés, transgénique ou conventionnel, [...] car nous ne pourrons tout simplement pas les vendre. » Au même moment, Grandi Molini Italiani, le plus important minotier italien, adressait un message similaire aux céréaliers nord-américains [5], bientôt rejoint par la puissante association des meuniers japonais, qui, par la voix de Tsutomu Shigeta, son directeur exécutif, prédisait un « effondrement du marché » si le blé de Monsanto envahissait les prairies, la majorité des consommateurs n'en voulant pas [6] (en mai 2003, un sondage réalisé pour la Western Organization of Resource Councils avait révélé que 100 % des importateurs de blé japonais, chinois et coréens contactés refuseraient d'acheter du blé transgénique).

Aux États-Unis, où 50 % du blé est exporté, pour un montant annuel alors de quelque 5 milliards de dollars, le message a été reçu cinq sur cinq par tous les céréaliers, y compris ceux qui ne cultivent pas de blé de printemps. « L'impact sur le marché concerne tous les producteurs [7] », expliquait ainsi Alan Tracy, le président de la US Wheat Associates, qu'avait ébranlé une étude publiée en octobre 2003 par Robert Wisner, un économiste de l'université de l'Iowa. Celui-ci avait examiné l'impact qu'aurait la mise sur le marché du nouvel OGM sur l'économie du blé et son tableau était très sombre : chute de 30 % à 50 % des exportations du blé roux de printemps, et plus encore pour les autres variétés de blé dur ; réduction des prix des deux tiers ; perte d'emplois sur toute la filière et répercussions en cascade sur toute la vie rurale. « Une large majorité de consommateurs et acheteurs étrangers ne veulent pas de blé transgénique, expliquait l'économiste. Qu'ils aient tort ou raison, les consommateurs représentent la force motrice dans les pays où l'étiquetage permet de choisir [8]. »

C'est ainsi qu'on a vu des centaines de *farmers*, qui avaient applaudi l'arrivée des OGM moins de dix ans auparavant, parcourir les « grandes plaines du nord » pour « lutter contre la biotechnologie ». Dans le Dakota du Nord, mais aussi dans le Montana, la résistance s'est « consolidée en un mouvement politique [9] », qui a demandé le vote d'un moratoire pour le blé de Monsanto. La firme de Saint Louis a remué ciel et terre pour faire capoter ces initiatives. Pour faire rentrer au bercail les brebis égarées, elle est allée jusqu'à affréter un avion, qui a conduit une délégation de rebelles du Dakota du Nord à son siège du Missouri, où ils ont été reçus par... Robert Fraley, l'un des « inventeurs » du soja RR, promu vice-président. Celui-ci leur a laissé entendre que le fait de « s'opposer à Monsanto faisait le jeu des groupes environnementaux radicaux » « À ce moment-là, raconte Louis Kuster, l'un des paysans invités, j'ai senti la moutarde me monter au nez. Je l'ai regardé droit dans les yeux et je lui ai dit : "Vous n'êtes pas en train de parler aux Verts. Nous aussi nous avons besoin de gagner de l'argent" [10]... »

Haro sur les plantes Bt : les malheurs du papillon monarque...

Pour bien comprendre l'improbable révolte des *farmers* nord-américains de 2003, il faut la replacer dans le contexte de l'époque, qui n'était guère favorable à Monsanto. Comme l'ont souligné dès cette année-là les sociologues des sciences français Pierre-Benoît Joly et Claire Marris, la résistance aux OGM s'est construite autour d'« épreuves » et de « thèmes » qui avaient leurs spécificités de part et d'autre de l'Atlantique et qui ont convergé au début des années 2000, pour conduire au rejet commun du blé Roundup ready [11].

En Europe, la première « épreuve » fondatrice du mouvement anti-OGM a été la crise de la vache folle, qui éclate en 1996, au moment où les premiers chargements de soja RR arrivent des États-Unis. Si la campagne orchestrée par Greenpeace contre les OGM fait alors mouche, c'est notamment parce qu'elle s'inscrit dans ce terreau de suspicion provoqué par le cataclysme du prion tueur, qui a révélé l'incapacité des instances gouvernementales à évaluer les risques de l'agriculture intensive et du système de production industrielle des aliments. Ainsi, comme le notent Pierre-Benoît Joly et Claire Marris, « dans son édition du 1er novembre 1996, *Libération* titre "Alerte au soja fou", ce qui souligne bien l'importance de la crise de la vache folle comme précédent qui conditionne fortement la représentation des OGM [12] ».

Conjugué à la montée en puissance du mouvement altermondialiste qui dénonce la mainmise des multinationales comme Monsanto sur l'agriculture du monde (sommet de l'OMC à Seattle en décembre 1999), dont l'affaire de Terminator est une parfaite illustration, le thème de la « malbouffe » sous-tend la sympathie qu'éprouvent les Français pour ceux qui, aux côtés du leader paysan José Bové, démontent en août 1999 le McDonald de Millau ou arrachent les essais de cultures transgéniques.

En Amérique du Nord, où la « malbouffe » fait partie du mode de vie, l'assiette du consommateur n'est pas un thème mobilisateur pendant toute la « période calme » qui accompagne la « diffusion des OGM à grande échelle ». En revanche, au moment où l'affaire Terminator et, au-delà, la question des brevets provoquent les premiers soubresauts dans les campagnes, deux « épreuves » vont infléchir la perception de l'opinion publique qui, d'un coup, s'interroge sur la fiabilité et l'impartialité des agences de réglementation dans leur gestion des risques associés aux produits issus des biotechnologies. La première concerne le papillon monarque, ce lépidoptère migrateur aux ailes de vitrail orangé, emblème de l'Amérique, qui deviendra le symbole le plus efficace de la cause anti-OGM aux États-Unis.

Le 20 mai 1999, en effet, la revue scientifique *Nature* publie une étude réalisée par John Losey, un entomologiste de l'université Cornell de New York [13] : avec deux collègues, le chercheur a étudié les effets du pollen d'un maïs Bt produit par Novartis (aujourd'hui Syngenta), censé combattre la pyrale, un parasite de la céréale, sur les larves du joli papillon. Je rappelle que les OGM « Bt » – dont Monsanto est le premier producteur – ont emprunté leur nom à une bactérie qui se trouve naturellement dans le sol, *Bacillus thuringiensis*, laquelle agit à la façon d'un insecticide. Isolé en 1901 par un bactériologiste japonais qui avait constaté qu'il infecte et tue les vers à soie, ce bacille est utilisé sous forme de pulvérisation par les agriculteurs biologiques, parce qu'il présente la propriété de se dégrader rapidement au soleil, permettant des interventions ponctuelles sans conséquence pour l'environnement ni pour les populations d'insectes non ciblées. Or la biotechnologie change complètement la donne. En effet, l'insertion du gène qui code pour la toxine fait que celle-ci s'exprime *en permanence dans toute la plante*, au risque d'affecter *toutes* les populations d'insectes, les nuisibles comme les utiles, comme par exemple la chrysope, prédatrice de la pyrale que le maïs Bt est censé combattre. Au moment où le docteur Losey s'intéresse au monarque, diverses études ont déjà montré que les cultures Bt peuvent être fatales pour des insectes bénéfiques comme les coccinelles, mais aussi les micro-organismes du sol ou les oiseaux insectivores [14].

Dans son laboratoire, l'équipe de l'université Cornell a nourri des larves de monarque avec des feuilles de laiteron, leur menu favori, saupoudrées avec du pollen de maïs Bt. Résultat : « Quatre jours plus tard, 44 % des larves avaient succombé, et les survivantes avaient perdu l'appétit. En revanche, pas une des larves exposées à des feuilles "accommodées" avec du pollen "naturel" n'était morte [15]. » En Amérique du Nord, l'étude provoque une vive émotion, tandis que, le jour même de sa publication, la Commission européenne annonce la suspension des demandes d'autorisation de mise sur le marché de plusieurs variétés Bt, dont celles de Monsanto. « Il s'agit d'observations faites en laboratoire, dans des conditions qui ont poussé le monarque dans ses derniers retranchements », se défend Christian Morin, le porte-parole de Novartis, qui demande que les observations soient répétées en champ [16]. Mais rien n'y fait : les malheurs du papillon chéri des Américains portent un premier coup aux exportations de maïs vers l'Europe, qui s'effondrent du jour au lendemain. « Pourquoi cette étude n'a-t-elle pas été réalisée avant l'approbation du maïs Bt ?, s'indigne le docteur Margaret Mellon de l'Union of Concerned Scientists. C'est 8 millions d'hectares cultivés trop tard. Cela doit servir comme avertissement qu'il y a peut-être d'autres mauvaises surprises à venir [17]. »

Bien évidemment, les fabricants d'OGM, Monsanto en tête, organisent la riposte en menant une campagne destinée à « minimiser, voire ridiculiser l'étude », au besoin en diffusant des « informations trompeuses, fantaisistes et montrant une grande méconnaissance de l'histoire naturelle du monarque », ainsi que l'écrit en 2001 Lincoln Brower, un entomologiste qui travaille depuis 1954 sur le papillon mythique [18]. Cet article très informé montre comment un débat scientifique peut être complètement perverti par des intérêts privés, avec la complicité des instances gouvernementales et d'une partie de la communauté scientifique. « Malheureusement, déplore Lincoln Brower, le débat sur les découvertes de l'université Cornell, détourné et manipulé par l'industrie agricole, a fait perdre de vue un enjeu beaucoup plus large et sérieux : le danger réel que les plantes transgéniques accélèrent l'appauvrissement de la biodiversité. » Au passage, il note que l'usage intensif du Roundup a fait disparaître toutes les fleurs sauvages comme le laiteron, dont le monarque dépend pour sa survie.

Et puis, il raconte l'opération de « manipulation » dont il fut témoin. En effet, dans les jours qui suivent la publication de l'étude, les leaders des biotechnologies décident de créer un « consortium », baptisé Agricultural Biotechnology Stewardship Working Group (ABSWG), dont la mission est de sponsoriser des recherches universitaires similaires à celle conduite par John Losey. Le 2 novembre 1999, alors que ces études n'en sont qu'au stade préliminaire, le ABSWG organise un colloque scientifique à Chicago, censé débattre « librement » de la délicate question. Y participent nombre de chercheurs financés par le « consortium » mais aussi indépendants comme Lincoln Brower, et la journaliste Carol Yoon du *New York Times*. Alors que les discussions ont à peine commencé, ma consœur est informée qu'un communiqué de presse émanant de l'Organisation de l'industrie de la biotechnologie est arrivé le matin même au siège de son journal, au titre sans ambiguïté : « Un symposium scientifique conclut que le papillon monarque ne court aucun danger [19]. » Sidérée, Carol Yoon demande aux participants du colloque s'ils ont eu vent de ce communiqué : « Non ! », répondent-ils à l'unisson. La journaliste rapportera l'anecdote – ô combien exemplaire – dans son article [20], mais tous les autres journaux reproduiront aveuglément les conclusions erronées du communiqué [21]...

Pourtant, les résultats de l'université Cornell seront confirmés par une étude de l'université de l'Iowa, publiée le 19 août 2000 dans la revue

Œcologia[22]. « Nous avons constaté qu'après cinq jours d'exposition au pollen Bt, 70 % des larves de monarque étaient mortes[23] », commente John Obrycki, qui dirigea la recherche, réalisée en plein champ avec des feuilles de laiteron prélevées à proximité des cultures transgéniques. À l'époque, la polémique avait redémarré, mais elle fut très vite dépassée par le plus grand scandale sanitaire et environnemental qu'aient jamais provoqué, à ce jour, les OGM.

... et la « débâcle de StarLink »

En effet, le 18 septembre 2000, les Amis de la terre publient un communiqué qui déclenche un véritable cataclysme : l'association écologique américaine annonce qu'elle a fait analyser des échantillons de maïs (chips, tacos, céréales, farines, soupes, galettes) achetés dans les supermarchés et que les tests ont révélé la présence de traces de StarLink, un maïs Bt produit par Aventis[a], interdit à la consommation humaine. De fait, pour augmenter la fonction insecticide de son OGM, la firme y a introduit une protéine Bt (Cry9C) particulièrement lourde et stable, « suspectée de causer des allergies, parce qu'elle présente une capacité accrue de résistance à la chaleur et aux sucs gastriques, ce qui donne plus de temps à l'organisme de surréagir », ainsi que l'explique le *Washington Post*[24]. Voilà pourquoi l'EPA a limité la commercialisation de ce maïs Bt pour la seule consommation animale et la production d'éthanol... Or, comme rien ne ressemble plus à un maïs conventionnel qu'un maïs OGM, les négociants en grains, qui n'étaient pas informés de la subtilité bureaucratique, ont mélangé StarLink avec les autres variétés (jaunes) de la céréale...

Avant d'évoquer les conséquences de cette lamentable affaire, je voudrais souligner en quoi elle est révélatrice de ce que Pierre-Benoît Joly et Claire Marris appellent l'« inadéquation du cadre réglementaire » américain[25]. On se souvient qu'après avoir publié sa « ligne directrice sur la réglementation des OGM », l'administration républicaine avait réparti les compétences entre les trois principales agences règlementaires : la Food and Drug Administration (FDA) fut chargée des aliments transgéniques, l'Agence de protection de l'environnement (EPA) des OGM à fonction pesticide et le secrétariat à

---

a À l'époque, Aventis est un groupe pharmaceutique européen né en 1999 de la fusion de l'Allemand Hoechst, des Français Rhône-Poulenc et Roussel-Uclaf, des Américains Rorer et Mario et du Britannique Fisons. En 2004, il a été racheté par Sanofi-Synthélabo pour donner Sanofi-Aventis.

l'Agriculture (USDA) des cultures transgéniques. Le résultat de cette répartition arbitraire, c'est que les plantes Bt, dont certaines comme le maïs finissent dans l'assiette du consommateur, ne dépendent pas de la FDA mais de l'EPA, car elles sont considérées comme des... pesticides.

Ce paradoxe, qui explique la catastrophe de StarLink, a été magistralement démontré dès 1998 par Michael Pollan, un journaliste du *New York Times*[26]. Il raconte qu'il a planté « quelque chose de nouveau dans [son] jardin potager » : une pomme de terre Bt récemment lancée sur le marché par Monsanto, baptisée « New Leaf » et censée produire « son propre insecticide ». Sur la notice d'emploi, il découvre que la pomme de terre a été enregistrée comme « pesticide » par l'EPA, et s'étonne que l'étiquette renseigne sur sa composition organique, les nutriments et même les « traces de cuivre » qui la constituent, mais ne dit pas un mot sur le fait qu'elle est issue de la manipulation génétique et surtout qu'elle « contient un insecticide ». Il décide alors d'appeler James Maryanski, le coordinateur de la biotechnologie à la FDA. « Le Bt est un pesticide, lui explique ce dernier, c'est pourquoi il est exempté de la réglementation de la FDA et relève de la compétence de l'EPA. » Pourtant, insiste le journaliste, « je vais manger mes pommes de terre Bt, est-ce que l'EPA a testé leur sécurité alimentaire ? ». « Pas vraiment », répond Maryanski, car, comme leur nom l'indique, les « pesticides sont des produits toxiques », l'EPA ne peut donc qu'établir des « niveaux de tolérance » acceptables pour l'homme... Michael Pollan appelle donc l'EPA, où on l'informe que la New Leaf n'étant que la « somme d'une pomme de terre sans danger (*safe*) et d'un pesticide sans danger », l'agence a estimé qu'elle ne posait aucun risque pour la santé humaine... « Admettons que mes pommes de terre sont un pesticide, et même un pesticide très sûr, ironise le journaliste. Tous les pesticides que j'utilise dans mon jardin, y compris les pulvérisateurs de Bt, présentent une liste très longue de précautions d'emploi. L'étiquette sur mon bidon de Bt dit, entre autres, qu'il faut éviter d'inhaler le produit ou de le mettre en contact avec une plaie. Pourquoi est-ce que mes pommes de terre New Leaf, qui contiennent un pesticide enregistré par l'EPA, ne présentent-elles pas ce genre d'étiquette ? »

On ne peut mieux résumer l'aberration du système réglementaire américain, qui tourne carrément au ridicule quand on sait que, alertée sur les effets allergènes potentiels du maïs StarLink, l'EPA – au lieu de l'interdire purement et simplement – a décidé d'en restreindre l'autorisation à la seule consommation animale. À noter l'indifférence totale de la FDA à cette question, qui ne l'évoque même pas dans un courrier adressé par Alan Rulis, le 29 mai 1998, à AgrEvo, la filiale d'Aventis commercialisant StarLink, où celui-ci se contente de préciser : « Comme vous le savez, il est de la responsabilité permanente d'AgrEvo d'assurer que les aliments que la firme commercialise sont sûrs, sains et répondent à toutes les exigences légales et réglementaires [27]... »

Le fonctionnaire de la FDA ne croyait pas si bien dire : dès septembre 2000, l'agence est submergée d'appels paniqués provenant de tous les États-Unis. Parmi eux, celui de Grace Booth, qui raconte que lors d'un déjeuner d'affaires où elle mangeait des *enchiladas*, elle fut subitement prise de bouffées de chaleur et d'une diarrhée violente, tandis que ses lèvres enflaient et qu'elle perdait la voix : « J'ai cru que j'allais mourir », rapporta-t-elle à la chaîne CBS [28]. Transportée en urgence dans un hôpital californien, elle a survécu grâce à l'administration rapide d'un antiallergique. Tous les rapports qui parviennent à la FDA font état d'une réaction violente liée à la consommation de produits à base de maïs, servis essentiellement dans des restaurants tex-mex. Interrogé par CBS, le docteur Marc Rosenberg, un allergologue qui fut chargé de conseiller le gouvernement dans cette triste affaire, confirme que les symptômes « allaient de la simple douleur abdominale, diarrhée et éruption cutanée, jusqu'à des réactions plus rares mettant la vie en danger ».

Comme le souligneront en juillet 2001 les Amis de la terre dans un rapport très circonstancié, « la débâcle de StarLink représente un cas d'école montrant la dépendance quasi totale de nos agences réglementaires vis-à-vis des firmes de la biotechnologie et de l'agroalimentaire qu'elles sont censées "réguler", mais aussi leur incompétence [29] ». L'association rapporte que la FDA a mis une semaine à confirmer la présence de StarLink dans la chaîne alimentaire, pour une raison qu'elle n'aurait jamais soupçonnée : « Nous avons appris que ce délai était dû au simple fait que deux ans après la mise en culture de StarLink sur plusieurs centaines de milliers d'acres [a], l'agence n'avait même pas l'expertise lui permettant de détecter cette protéine potentiellement allergique », écrit l'association écologiste [30]. Pour pouvoir conduire ses tests de laboratoire, la célèbre FDA a dû solliciter l'aide d'Aventis... De même, lorsque l'EPA fut contrainte de mettre au point un test pour mesurer l'allergénicité de la protéine Bt, elle dut s'en remettre au fabricant pour qu'il lui livre un échantillon de la molécule. Finalement, arguant qu'elle ne pouvait pas isoler suffisamment de protéine exprimée dans la plante, la firme a fourni un substitut synthétique provenant de la bactérie *E. coli*. Des experts ont souligné que le test serait biaisé car, comme nous l'avons vu, « la même protéine n'est pas forcément identique d'une espèce à l'autre [31] ».

---

a On estime que StarLink représentait alors aux États-Unis 1 % des cultures de maïs, soit environ 150 000 hectares.

Après des mois d'atermoiements, l'agence de protection de l'environnement a conclu prudemment qu'il y avait une « probabilité moyenne que StarLink soit un allergène [32] »... Puis, les autorités sanitaires ont enterré le dossier, perdant une belle occasion de comprendre pourquoi la consommation de tacos avait rendu gravement malades et failli faire mourir des centaines d'Américains...

« Jamais ça pour le blé ! »

En attendant, la « débâcle » a coûté un milliard de dollars à Aventis. D'abord, la firme a dû indemniser les distributeurs alimentaires qui ont retiré de leurs rayons 10 millions de produits à base de maïs. Et puis elle a dû racheter à tous les négociants, paysans et meuniers leur stock de grains StarLink. Mais l'ampleur de la catastrophe dépassa les prévisions les plus noires : des tests conduits par l'USDA révélèrent que 22 % du maïs américain était contaminé par la protéine maudite [33], portant le coup de grâce aux exportations que l'affaire du monarque avait déjà réduites comme une peau de chagrin. Le magazine *Nature* rapporte que, d'après un représentant de l'USDA, la présence de StarLink a été retrouvée dans des produits boulangers à Taiwan, mais aussi au Japon [34]. « Je sais que vous vous demandez : est-ce que cela aura un jour une fin ?, s'est énervé John Wichtrich, un dirigeant d'Aventis, lors d'un rassemblement de l'association des minotiers d'Amérique du Nord, à San Antonio (Texas). Malheureusement, la réponse est "non", il n'y aura jamais de fin tant qu'on exigera une tolérance zéro pour la protéine Cry9C dans l'alimentation [35]. »

On comprend mieux désormais pourquoi la résistance s'est organisée dans les plaines nord-américaines, lorsqu'en pleine « débâcle de StarLink », la firme de Saint Louis a annoncé son intention de commercialiser son blé Roundup ready. Il faut dire que la firme elle-même était au plus mal. Fin décembre 2002, au moment où elle publie son communiqué, le P-DG Hendrik Verfaillie est poussé vers la porte pour cause de « mauvais résultats », soit 1,7 milliard de dollars de pertes pour l'année 2002. Mais ce n'est pas le problème de la Commission canadienne du blé qui, le 27 juin 2003, déclare la guerre non seulement à Monsanto, mais aussi à son fidèle allié gouvernemental : « Nous ferons tout ce qui est en notre pouvoir pour assurer que le blé OGM ne soit pas introduit au Canada », déclare ainsi Adrian Measner, le président de la CCB [36].

Peu de temps avant, le Comité permanent de l'agriculture et de l'agroalimentaire de la Chambre des communes s'était réuni pour discuter de la délicate question. Exclue des débats, l'association Greenpeace Canada avait fait circuler un courrier qu'elle avait adressé à Paul Steckle, le président du Comité, dans lequel elle dénonçait le « conflit d'intérêts créé par le partenariat entre Monsanto et le gouvernement du Canada [37] ». On y découvre que Agriculture et Agroalimentaire Canada (AAC, dépendant du ministère de l'Agriculture et de l'Agroalimentaire) « a fourni du matériel génétique de premier choix et de propriété publique à Monsanto pour que celle-ci développe son blé RR » et que c'est l'AAC qui « a réalisé en vertu d'un contrat, les essais au champ du blé GM de Monsanto en vue de son inscription variétale ». Enfin, le même ministère « a fourni à Monsanto au moins 800 000 dollars en fonds dans le cadre de l'Initiative d'appariement des investissements [38] ». Dans ces conditions, on voit mal, en effet, comment le ministère de l'Agriculture et son partenaire l'Agence canadienne pour l'inspection des aliments (ACIA), qui opèrent comme des codéveloppeurs du blé RR, pourraient exercer en toute indépendance leur autorité réglementaire, en évaluant « comme il se doit la sécurité de la biotechnologie agricole pour la santé humaine, l'agriculture et l'environnement [39] ».

Dans son courrier, Greenpeace évoque aussi longuement le problème de la contamination génétique que pourrait entraîner la commercialisation du blé RR. Ses experts suggèrent au « vénérable comité » de poser trois questions aux représentants de Monsanto lors de leur audition : « Est-ce que la société Monsanto est prête à faire une déclaration publique et juridiquement contraignante qui la rendrait responsable dans l'éventualité d'une contamination génétique du blé conventionnel et biologique [...] par son blé RR ?

– Si oui, combien d'argent Monsanto est-elle prête à mettre de côté pour compenser les parties victimes de tels dommages ?

– Si non, qui, d'après Monsanto, devrait payer pour de tels dommages ? »

« C'est vrai que la question de la contamination génétique a pesé lourd dans notre décision de refuser le blé RR, me dit Ian McCreary, le vice-président de la Commission canadienne du blé. Le spectre de StarLink nous hantait, et puis nous avions déjà l'exemple du colza transgénique qui avait fait pratiquement disparaître le colza conventionnel au Canada. »

Quand le colza transgénique élimine le colza biologique : l'inévitable contamination

Les premières victimes de la contamination génétique sont les agriculteurs biologiques, qui ont dû renoncer à leurs cultures de l'oléagineuse car ils ne pouvaient pas en garantir la pureté. Pour en avoir le cœur net, j'ai rencontré Marc Loiselle, l'une des figures de proue de la résistance au blé de Monsanto, qui pratique l'agriculture biologique depuis vingt-deux ans [40]. Avec sa femme Anita, il exploite la ferme de ses grands-parents, qui avaient émigré d'Aquitaine un siècle plus tôt pour s'installer à Vonda, à une cinquantaine de kilomètres de Saskatoon. Le pays de Percy Schmeiser, l'« homme qui s'est levé contre Monsanto ».

En ce jour de septembre 2004, l'agriculteur est inquiet : un froid exceptionnel de – 9 °C s'est abattu sur les prairies au milieu de l'été, mettant en péril la récolte de blé, dont une partie a gelé. Or le blé, c'est toute la vie de Marc, parce qu'il le fait vivre, bien sûr, mais aussi parce qu'il le relie à l'épopée familiale et, au-delà, à la grande aventure humaine. Ce catholique pratiquant, en effet, ne cultive pas n'importe quel blé : chaque année, il ensemence quarante-cinq hectares avec une variété ancienne, menacée d'extinction : la « Red Fife », très prisée par la boulangerie artisanale. Tandis que nous roulons sur une route toute droite qui court vers l'horizon au milieu du « plat pays », il m'explique que, lorsque les colons européens sont arrivés au Canada, ils avaient apporté des semences de blé qui n'étaient pas adaptées aux conditions climatiques extrêmement rudes des prairies. Jusqu'à ce jour de 1842 où un certain David Fife, un agriculteur écossais établi en Ontario, se mit à semer des graines qu'un ami de Glasgow avait récupérées dans une cargaison de blé... ukrainien en provenance de Dantzig. Très vite, la variété de blé roux, baptisée « Red Fife » en l'honneur de son « découvreur », se répand comme une traînée de poudre dans les prairies, parce qu'elle présente une grande résistance à la rouille et, surtout, parce qu'elle mûrit assez vite pour échapper au gel de l'automne. Jusqu'à ce qu'un sélectionneur décide de la croiser avec la Hard Red Calcutta, une variété originaire de... l'Inde, pour en augmenter les rendements et la qualité boulangère. C'est ainsi qu'est née la Marquis qui, au début du XXe siècle, conquit un vaste territoire s'étendant du sud du Nebraska (États-Unis) au nord du Saskatchewan (Canada), considéré aujourd'hui comme l'un des greniers à blé du monde.

« Cette histoire, me dit Marc Loiselle, illustre très bien la grande saga du blé que les hommes ont pu développer aux quatre coins de la planète parce que l'échange de semences n'était pas encore bloqué par les brevets et autres Terminator... »

Nous voici à présent dans un immense champ de blé Red Fife, entouré de cultures de colza Roundup ready qui sèchent sur le sol. « Avant, m'explique l'agriculteur, je faisais une rotation entre mes cultures de blé et celles de colza ou de moutarde. Mais j'ai dû arrêter car mon champ a été contaminé par du colza transgénique de mon voisin, probablement transporté par le vent. Mon agence de certification biologique m'a demandé de ne plus cultiver de colza ou toute plante apparentée pendant au moins cinq ans, parce qu'il est reconnu que la graine de colza peut rester dormante dans le sol pendant toute cette période. De toute façon, je ne crois pas que je reprendrai la culture du colza biologique, parce qu'il est impossible de se protéger de la contamination.

– Vous ne pouvez pas planter des haies ou des zones tampons, comme le recommandent les autorités agricoles ?, lui demandé-je.

– Ça ne sert à rien !, me répond Marc. On ne peut pas prévenir tous les événements de la nature : les oiseaux, les abeilles, le vent... L'agriculture travaille avec le vivant, qui n'est pas qu'un assemblage de gènes couché sur un bout de papier ! Contrairement à ce que proclame Monsanto, j'affirme qu'une fois qu'un OGM est introduit, l'agriculteur perd sa capacité de choisir quelles sortes de cultures il veut faire, car les OGM colonisent tout. Ils enfreignent ma liberté de fermier de semer ce que je veux et où je veux. Voilà pourquoi nous étions prêts à tout pour que ce malheur épargne le blé... »

Dès janvier 2002, Marc Loiselle avait rejoint une *class action* regroupant la plupart des agriculteurs biologiques du Saskatchewan, qui demandaient des dommages et intérêts à Monsanto et Aventis pour la perte de leurs cultures de colza [41]. Le 13 décembre 2007, la Cour suprême du Canada a finalement rejeté la plainte, pour des motifs techniques, car elle a estimé que l'accusation, dont elle ne conteste pas le fondement, ne pouvait être traitée dans le cadre d'une action collective, mais à un niveau individuel...

En attendant, ce que dénoncent Marc Loiselle et ses collègues a été confirmé par une étude scientifique dirigée par René Van Acker, un agronome de l'université du Manitoba, à la demande de la Commission canadienne du blé [42]. « Nous avons réalisé des tests dans vingt-sept silos de semences certifiées de colza non transgénique et nous avons constaté que 80 % étaient contaminés par le gène Roundup ready, m'explique-t-il, lorsque je le rencontre en septembre 2004 à Ottawa. Ce qui veut dire qu'aujourd'hui, la quasi-totalité des champs de colza canadiens comptent des plantes Roundup ready. Quant au colza biologique, il a déjà disparu au Canada où il est difficile de trouver cinq kilomètres carrés qui n'aient pas d'OGM.

– En quoi l'expérience du colza pouvait-elle servir pour le blé ?

– La Commission canadienne du blé nous a demandé de vérifier si le gène Roundup ready était susceptible de passer d'une culture de blé à l'autre, me répond l'agronome. Pour cela, nous avons construit une modélisation du flux de gènes, qui, dans le colza, s'opère à partir de ce que nous appelons des "ponts de gènes". Nous avons comparé tous les éléments de la modélisation, un par un, et nous avons conclu que la situation serait similaire pour le blé et qu'un flux de gènes était aussi possible.

– Ne pouvait-on pas organiser deux filières distinctes, fondées sur la ségrégation des grains ?, dis-je, en reprenant l'argument régulièrement avancé par les promoteurs des biotechnologies.

– C'est impossible, me répond l'agronome. Inévitable, la contamination dans les champs rend inefficace toute tentative de ségrégation en amont. »

De fait, cette conviction est partagée par les propriétaires de silos à céréales, ainsi que le confirme un sondage réalisé en 2003 par l'Institute for Agriculture and Trade Policy de Minneapolis [43]. On y découvre que 82 % des professionnels contactés étaient « très préoccupés » par la commercialisation éventuelle du blé RR, parce qu'« il est impossible d'avoir un système de ségrégation avec une tolérance zéro ». De même, en 2001, une note de service interne d'Agriculture et Agroalimentaire Canada, adressée au ministre de l'Agriculture Lyle Vanclief, que Greenpeace a pu se procurer, révèle que l'argument de la ségrégation ne convainc pas les fonctionnaires ministériels eux-mêmes : « Si le blé transgénique est autorisé, il sera difficile et coûteux de le maintenir séparé du blé non transgénique dans l'ensemble des activités de production, de manutention et de transport », peut-on y lire [44].

À noter que c'est aussi l'avis des instances européennes qui, officiellement, tiennent pourtant un tout autre discours, censé rassurer leurs populations récalcitrantes. Ainsi, un rapport secret remis à l'Union européenne en janvier 2002, dont Greenpeace s'est procuré une copie, confirme que l'introduction des cultures transgéniques en Europe constituerait un coup fatal pour l'« agriculture biologique et familiale » du colza, mais aussi pour les « grands producteurs de maïs conventionnel » et que la coexistence de cultures conventionnelles et transgéniques « sur une même ferme semble un scénario irréaliste, y compris sur les grandes exploitations ». Conscient de la « sensibilité » de ces conclusions, Barry McSweeney, le directeur du centre de recherche de l'Union européenne, a cru bon de joindre une lettre au rapport, dans laquelle il écrit : « Étant donné la sensibilité du sujet, je suggère que ce rapport soit réservé uniquement à l'usage interne de la Commission [45]. »

« Est-ce que la contamination transgénique est réversible ?, ai-je demandé à René Van Acker, un peu affolée par toutes ces informations.

– Malheureusement, je pense que non, soupire-t-il. Il n'y a pas de marche arrière possible. Une fois qu'un OGM a été lâché dans la nature, on ne peut plus le rappeler... Si on voulait supprimer le colza transgénique dans l'ouest du Canada, il faudrait demander à tous les paysans d'arrêter de cultiver cette plante pendant au moins dix ans. Ce qui est impossible, car le colza représente notre deuxième production nationale, avec 4,5 millions d'hectares cultivés...

– Quelles sont les conséquences pour la biodiversité ?

– C'est une question très importante, notamment pour le Mexique, qui est le centre d'origine du maïs, ou pour les pays du Croissant fertile, où est né le blé. Le Canada et les États-Unis exportent vers ces régions du monde : si les transgènes s'insèrent dans les espèces sauvages et traditionnelles de maïs ou de blé, cela entraînera un appauvrissement dramatique de la biodiversité. De plus, se pose le problème des droits de propriété intellectuelle. L'affaire de Percy Schmeiser montre que Monsanto considère que toute plante lui appartient dès lors qu'elle contient un gène breveté : si ce principe n'est pas remis en cause, cela veut dire qu'à terme, la firme pourrait contrôler les ressources génétiques du monde qui constituent un bien commun. Regardez ce qui se passe au Mexique, nous sommes déjà à la croisée des chemins… »

III

Les OGM de Monsanto à l'assaut du Sud

12

Mexique : main basse sur la biodiversité

« La présence accidentelle fait partie de l'ordre naturel. »

MONSANTO, *The Pledge Report 2005*, p. 15

« L'espoir des industriels, c'est qu'avec le temps, le marché sera tellement inondé que vous ne pourrez plus rien faire, sauf vous rendre [1]. » Voilà ce que déclarait début 2001 Don Westfall, vice-président de Promar International, un cabinet de consultants de Washington qui travaillait pour les firmes de biotechnologie. Cette phrase résonnait en moi quand j'ai atterri à Oaxaca, dans le sud du Mexique, en octobre 2006. Nichée au cœur d'un paysage somptueux de montagnes verdoyantes, la ville, considérée comme l'un des joyaux du tourisme national, était alors en proie à un violent conflit social.

La « conquête transgénique » du maïs mexicain

Sur le Zócalo, la magnifique place coloniale à arcades, des centaines de grévistes campaient en famille sous des tentes, flanquées de banderoles au nom de l'Assemblée populaire du peuple d'Oaxaca (APPO). Les rues du centre historique étaient obstruées par des barricades, tandis que le palais du gouverneur, le tribunal, le congrès régional et toutes les écoles de l'État d'Oaxaca, considéré comme l'un des plus pauvres du pays, étaient fermés depuis des semaines. Commencé par une grève des enseignants, le conflit s'était étendu à tous les secteurs de la société qui, regroupés au sein de l'APPO, réclamaient le départ d'Ulises Ruiz Ortiz, le gouverneur de l'État. Ce cacique du Parti révolutionnaire institutionnel, corrompu et adepte des méthodes musclées, avait fini par être désavoué par son propre parti.

« Vous êtes venue pour couvrir les événements ? », me demande le réceptionniste de mon hôtel, qui a vu défiler des journalistes du monde entier.

– Non, je suis venue pour la contamination du maïs... », provoquant l'étonnement de mon interlocuteur, lequel ne s'attendait manifestement pas à cette réponse.

En effet, le 29 novembre 2001, la revue scientifique *Nature* avait publié une étude qui provoqua beaucoup de remous et déclencha l'artillerie (très) lourde du côté de... Saint Louis. Signée par David Quist et Ignacio Chapela, deux biologistes de l'université Berkeley (Californie), celle-ci révélait que le maïs *criollo* – c'est-à-dire traditionnel – de l'État de Oaxaca était contaminé par les gènes Roundup ready et Bt [2]. La nouvelle était d'autant plus étonnante que le Mexique avait déclaré en 1998 un moratoire sur les cultures de maïs transgénique, pour préserver l'extraordinaire biodiversité de la céréale, dont le pays constitue le berceau. Cultivé en effet depuis au moins 5 000 ans avant J.-C., le maïs constituait l'aliment de base des peuples maya et aztèque, qui le vénéraient comme une plante sacrée. Une légende indienne rapporte que les dieux créèrent l'homme à partir d'un épi de maïs jaune et... blanc.

Car je dois dire qu'en bonne Européenne, pour qui le maïs est immanquablement jaune (d'or), j'ai été fascinée par la diversité insoupçonnée des nombreuses variétés mexicaines. En sillonnant les communautés indiennes de l'État, à quatre ou cinq heures de route (cabossée) de la capitale insurgée, j'ai croisé un peu partout des femmes aux jupes bariolées qui font sécher devant leurs masures de magnifiques épis, jaunes (pâle), blancs, rouges, violets, noirs ou d'un bleu nuit étonnant, certains conjuguant plusieurs de ces couleurs, par la grâce de la pollinisation croisée.

« Dans la seule région de Oaxaca, nous avons plus de cent cinquante variétés locales, m'explique Secundino, un Indien zapotèque en train de récolter à la main du maïs blanc. Cette espèce, par exemple, est excellente pour faire des tortillas. Regardez cet épi, il a une très belle taille et de beaux grains, je vais le garder comme semence pour l'année prochaine.

– Vous n'achetez jamais de semences à l'extérieur ?

– Non, me répond Secundino. Quand j'ai un problème, j'échange avec un voisin : je lui donne des épis pour sa consommation et lui me donne des semences. C'est le troc d'autrefois...

– Vous faites toujours les tortillas avec du maïs local ?

– Oui, toujours, sourit le paysan. Il est plus nourrissant, car il a une qualité bien meilleure que le maïs industriel... Et puis, il est plus sain, car nous le cultivons sans produits chimiques... »

Le « maïs industriel », ce sont notamment les quelque 6 millions de tonnes de grains qui affluent chaque année des États-Unis, dont 40 % sont transgéniques. En vertu de l'ALENA, l'accord de libre-échange signé en 1992 avec le puissant voisin du nord et le Canada, le Mexique n'a pu empêcher l'importation massive de maïs : largement subventionnée par l'administration de Washington, celui-ci menace la production locale, car il est vendu deux fois moins cher [a]. On estime qu'entre 1994 et 2002, le prix du maïs mexicain a chuté de 44 %, contraignant de nombreux petits paysans à prendre la route des bidonvilles.

« Regardez !, me dit Secundino, en me montrant, comme une offrande posée dans sa main, un magnifique épi violet. Ce maïs était le préféré de mes ancêtres...

– Il existait avant la conquête espagnole ?

– Oui, souffle le paysan, et maintenant il y a une autre conquête...

– C'est quoi, la nouvelle conquête ?

– La conquête transgénique, qui veut faire disparaître notre maïs traditionnel, pour que domine le maïs industriel. Si c'est le cas, nous deviendrons dépendants des multinationales pour nos semences. Et nous serons obligés d'acheter leurs engrais et leurs insecticides car, sans cela, leur maïs ne poussera pas. À la différence du nôtre qui pousse très bien sans produits chimiques... »

Le lynchage médiatique du biologiste Ignacio Chapela

« Les petits paysans mexicains sont très conscients des enjeux que représente la contamination transgénique car, pour eux, le maïs est non seulement leur nourriture de base, mais c'est aussi un symbole culturel », m'explique Ignacio Chapela, l'auteur de l'étude publiée par *Nature*, qui m'a donné rendez-vous sur le fameux parvis de l'université de Berkeley, à San Francisco. C'est d'ici que partit, en 1964, le mouvement contre la guerre du Viêt-nam, qui dénonçait notamment les épandages de l'agent orange et les « marchands de la mort », au nombre desquels Monsanto.

---

a En 2007, les États-Unis exportaient 11 % de leur maïs vers le Mexique, ce qui représentait 500 millions de dollars ; 30 % du maïs consommé au Mexique étaient états-uniens.

En ce dimanche d'octobre 2006, l'immense campus, où s'affairent normalement plus de 30 000 étudiants et près de 2 000 enseignants, est désertique. Seule une voiture de police erre comme une âme en peine. « C'est pour moi, me dit Ignacio Chapela, depuis cette affaire, je suis étroitement surveillé, surtout quand je suis accompagné d'une caméra... » Devant mon air incrédule, il ajoute : « Vous en voulez la preuve ? Venez ! » Nous partons en voiture pour rejoindre une colline qui domine la baie de San Francisco. Alors que nous nous dirigeons vers le point de vue panoramique, nous apercevons la même voiture de police qui se gare ostensiblement au bord de la route et qui restera là pendant tout notre entretien...

« Comment avez-vous découvert que le maïs mexicain était contaminé ?, lui ai-je demandé, passablement troublée.

– J'ai travaillé pendant quinze ans avec des communautés indiennes d'Oaxaca, à qui j'apprenais à analyser leur environnement, me répond le biologiste, lui-même d'origine mexicaine et qui travailla plusieurs années pour la firme suisse Sandoz (devenue Novartis, puis Syngenta). David Quist, l'un de mes étudiants, est parti y animer un atelier sur les OGM. Afin de leur expliquer les principes de la biotechnologie, il leur a proposé de comparer l'ADN d'un maïs transgénique, issu d'une boîte de conserve apportée des États-Unis, avec celui d'un maïs *criollo* qui était censé servir de contrôle, car nous pensions qu'il n'existait pas de maïs plus pur au monde. Quelle ne fut pas notre surprise quand nous avons découvert que les échantillons de maïs traditionnel contenaient de l'ADN transgénique ! Nous avons alors décidé de mener une étude, qui a confirmé la contamination du maïs *criollo.* »

Pour conduire leur recherche, les deux scientifiques ont prélevé des épis de maïs dans deux localités de la Sierra Norte de Oaxaca. Ils ont constaté que quatre échantillons présentaient des traces du « promoteur 35S », issu comme on l'a vu (voir *supra*, chapitres 7 et 9) du virus de la mosaïque du chou-fleur ; deux échantillons révélaient la présence d'un fragment provenant de la bactérie *Agrobacterium tumefaciens* et un autre celle d'un gène Bt [3]. « Dès que nous avons eu nos résultats, commente Ignacio Chapela, nous avons alerté le gouvernement mexicain, qui a conduit sa propre étude, laquelle a confirmé la contamination. »

Le 18 septembre 2001, le ministre de l'Environnement mexicain annonce en effet que ses experts ont fait des tests dans vingt-deux communautés paysannes, et qu'ils ont trouvé du maïs contaminé dans treize d'entre elles, avec un niveau de contamination compris entre 3 % et 10 % [4]. Curieusement, ce communiqué passe alors quasiment inaperçu, alors que, moins de trois mois plus tard, la foudre s'abattra sur Ignacio Chapela et David Quist, sans doute à cause de la renommée de *Nature*, qui publie leur article fin novembre. Pourtant, lorsqu'ils le proposent au magazine britannique, les deux scientifiques sont félicités pour la qualité de leur étude, et le processus suit son cours normal : l'article est soumis à quatre relecteurs, qui donnent leur feu vert au bout de huit mois. Comme le soulignera en mai 2002 le journal *East Bay Express* : « Personne ne pouvait prévoir l'ampleur de la controverse à venir [5]. » Elle sera d'une violence inouïe, à travers un véritable lynchage médiatique organisé en grande partie depuis... Saint Louis.

« D'abord, me raconte Ignacio Chapela, il faut bien comprendre pourquoi cette étude a déclenché les foudres des promoteurs inconditionnels de la biotechnologie. En effet, elle comprenait deux révélations : la première concernait la contamination génétique, qui n'a en fait surpris personne, parce que tout le monde savait que cela finirait par arriver, y compris Monsanto qui s'est toujours contentée d'en minimiser l'impact. » De fait, dans son *Pledge*, la firme aborde l'épineux sujet avec une infinie délicatesse, puisqu'elle ne parle pas de « contamination », mais de « présence accidentelle qui fait partie de l'ordre naturel [6] ». « En revanche, poursuit le chercheur de Berkeley, le second point de notre étude était beaucoup plus sérieux pour Monsanto et consorts. En effet, en cherchant où étaient localisés les fragments d'ADN transgénique, nous avons constaté qu'ils s'étaient insérés à différents endroits du génome de la plante, de manière complètement aléatoire. Cela signifie que, contrairement à ce qu'affirment les fabricants d'OGM, la technique de manipulation génétique n'est pas stable, puisque, une fois que l'OGM se croise avec une autre plante, le transgène éclate et s'insère de manière incontrôlée. Les critiques les plus virulentes se sont surtout concentrées sur cette partie de l'étude, en dénonçant notre incompétence technique et notre manque d'expertise pour pouvoir évaluer ce genre de phénomène. »

Le fait que les « transgènes soient instables » a des « implications graves », commente *Science* en mars 2002 : « Étant donné que le comportement d'un gène dépend de sa place dans le génome, l'ADN déplacé pourrait créer des effets absolument imprévisibles [7]. » « Cela sape la prémisse fondamentale selon laquelle la manipulation génétique est une science sûre et exacte », renchérit trois mois plus tard une journaliste du *East Bay Express* [8]. « Cette étude est du pur mysticisme déguisé en science [9] ». rétorque Matthew Metz, un ancien étudiant de Chapela à Berkeley, devenu microbiologiste à l'université de Washington, qui dénigrera Ignacio Chapela et David Quist, au point de prétendre qu'ils avaient été piégés par des « faux positifs » dus à la « contamination de leur laboratoire [10] »...

« D'où est venue l'offensive ?, ai-je demandé à Ignacio Chapela.

– De deux endroits, murmure-t-il. D'abord de collègues de Berkeley à qui je m'étais affronté dans le passé, à propos d'un contrat de 25 millions de dollars que mon département de biologie avait passé en 1998 avec Novartis-Syngenta, mon ancien employeur. Ce contrat de cinq ans donnait droit à la firme de déposer des brevets sur un tiers de nos découvertes. Cette histoire avait créé deux clans à Berkeley, où s'opposaient deux conceptions antagonistes de la science : d'un côté, ceux qui, comme moi, veulent qu'elle reste indépendante ; et, de l'autre, ceux qui sont prêts à vendre leur âme pour obtenir des financements... »

En juin 2002, le magazine *New Scientist* a identifié ces « collègues », qui, dès décembre 2001, écrivaient une lettre incendiaire à *Nature*, demandant au magazine de désavouer l'article. Du jamais vu. Ils ont pour noms Matthew Metz, déjà cité, Nick Kaplinsky, Mike Freeling et Johannes Futterer, un chercheur suisse dont le « boss » était Wilhelm Gruissem, qui travailla à Berkeley, où il était « unanimement considéré comme l'homme qui apporta Novartis à Berkeley [11] ».

« Mais la pire campagne est venue de Monsanto, lâche Ignacio Chapela, qui, de toute évidence, a reçu une copie de notre étude avant sa parution. »

Les « coups tordus de Monsanto »

Il faut dire que, là, la firme de Saint Louis a fait très fort et qu'il faut se pincer pour croire l'histoire que je vais raconter. En effet, le jour même de la publication de l'article de Chapela et Quist dans *Nature*, le 29 novembre 2001, une certaine Mary Murphy, manifestement bien informée, poste un courriel sur le site scientifique pro-OGM AgBioWorld, où elle écrit : « Les activistes vont certainement faire courir le bruit que le maïs mexicain a été contaminé par des gènes de maïs OGM. [...] On doit noter que l'auteur de l'article de *Nature*, Ignacio H. Chapela, fait partie du directoire du Pesticide Action Network North America (PANNA), un groupe d'activistes. [...] Ce n'est pas vraiment ce qu'on peut appeler un auteur impartial [12]. »

Et le même jour, une certaine Andura Smetacek poste sur le même site un courriel intitulé : « Ignatio (*sic*) Chapela : un activiste avant d'être un scientifique », où elle n'est pas à un mensonge près : « Malheureusement, la publication récente par le magazine *Nature* d'une lettre (et non pas un article de recherche soumis à l'analyse de scientifiques indépendants) de l'écologiste de Berkeley Ignatio (*sic*) Chapela a été manipulée par des activistes antitechnologie (comme Greenpeace, les Amis de la terre et la Organic Consumers Association) et les médias dominants pour alléguer faussement l'existence de maladies associées à la biotechnologie agricole. [...] Une simple recherche dans l'histoire des relations de Chapela avec ces groupes [écolo-radicaux] montre sa collusion avec eux pour attaquer la biotechnologie, le libre-échange, les droits de propriété intellectuelle et d'autres sujets politiques [13]. »

Au moment où s'amorce la « campagne de diffamation [14] » qui brisera la carrière d'Ignacio Chapela, un homme « tombe par hasard » sur ces étranges courriels. Il s'appelle Jonathan Matthews et il dirige GMwatch, un service d'information sur les OGM basé à Norwich, dans le sud de l'Angleterre. « À l'époque, je faisais une enquête sur AgBioWorld, m'explique-t-il lorsque je le rencontre en novembre 2006, installé comme il se doit devant son ordinateur. C'était vertigineux : les deux courriels postés par Mary Murphy et Andura Smetacek ont été distribués aux 3 400 scientifiques enregistrés sur la liste de diffusion d'AgBioWorld. À partir de là, la campagne a enflé, certains scientifiques, comme le professeur Anthony Trewavas, de l'université d'Édimbourg, appelant au désaveu de l'étude par *Nature* ou au licenciement d'Ignacio Chapela.

– Qui est derrière AgBioWorld ?

– Officiellement, c'est une fondation à but non lucratif, qui affirme "fournir de l'information scientifique sur l'agriculture biologique aux décideurs à travers le monde", comme le proclame son site, me répond Jonathan Matthews, démonstration à l'appui [15]. Elle est dirigée par le professeur Channapatna S. Prakash, le directeur du centre de recherche sur la biotechnologie végétale de l'université Tuskegee, dans l'Alabama. D'origine indienne, il est conseiller de l'USAID, l'agence des États-Unis pour le développement international ; à ce titre, il intervient régulièrement en Inde et en Afrique pour promouvoir la biotechnologie. Il s'est rendu célèbre en lançant en 2000 la "Déclaration de soutien à la biotechnologie agricole", qu'il a fait signer par 3 400 scientifiques, dont vingt-cinq prix Nobel [16]. Sur son site, il n'hésite pas à accuser les défenseurs de l'environnement de "fascisme, communisme, terrorisme, y compris de génocide". Un jour, alors que je consultais les archives d'AgBioWorld, j'ai reçu un message d'erreur m'indiquant le nom du serveur qui héberge le site : appollo.bivings.com. Or le Groupe Bivings, basé à Washington, est une entreprise de communication qui compte parmi ses clients... Monsanto [17] et qui s'est spécialisée dans le lobbying sur Internet. »

Et Jonathan Matthews d'exhiber un article, publié en 2002 par le journaliste George Monbiot dans *The Guardian*, où l'on découvre que la firme a présenté son « savoir-faire » dans un document mis en ligne, intitulé : « Marketing viral : comment infecter le monde ». « Pour certaines campagnes, il n'est pas souhaitable et il est même désastreux que le public sache que votre entreprise y est directement impliquée, explique-t-elle à ses clients. En termes de relations publiques, ce n'est tout simplement pas une bonne chose. Dans ces cas-là, il est d'abord important de bien "écouter" ce qui se dit en ligne. [...]

Une fois que vous vous en êtes bien imprégné, il est possible de vous brancher sur ces sites pour présenter votre position en faisant croire qu'elle vient d'une tierce personne. [...] Le grand avantage du marketing viral, c'est que votre message a plus de chances d'être pris au sérieux. » Dans son document, note le journaliste du *Guardian*, Bivings cite un « dirigeant de Monsanto » qui « félicite la firme » pour son « excellent travail » [18].

« Savez-vous qui sont Mary Murphy et Andura Smetacek ?, ai-je demandé à Jonathan Matthews, avec l'impression de nager en plein polar...

– Ah !, me répond le directeur de GMWatch, avec un sourire. Comme l'a bien résumé *The Guardian* [19], à qui j'ai transmis mes découvertes, ce sont des "fantômes", ou des "citoyens factices" ! J'ai passé beaucoup de temps à chercher qui étaient ces deux "scientifiques" qui avaient déclenché la campagne contre Ignacio Chapela. Pour ce qui est de Mary Murphy, elle a posté au moins un millier de courriels sur le site d'AgBioWorld. Elle a notamment mis en ligne un faux article de l'agence Associated Press qui critique les "activistes anti-OGM". Quand on remonte à l'adresse du serveur dont dépend son adresse électronique, on obtient : Bw6.Bivwood.com ! "Mary Murphy" est donc une salariée de l'agence Binvings ! Quant à "Andura Smetacek", je me suis dit qu'il devrait être facile de retrouver une scientifique avec un nom si peu commun, d'autant plus qu'elle prétendait écrire depuis Londres. C'est elle qui a notamment initié une pétition demandant l'incarcération de José Bové. J'ai épluché l'annuaire électronique, le registre des électeurs et des cartes bancaires, mais impossible de retrouver sa trace... J'ai engagé un détective privé aux États-Unis, mais il n'a rien trouvé non plus. Finalement, j'ai épluché les détails techniques en bas de ses courriels qui indiquent l'adresse de protocole Internet : 199.89.234.124. Quand on la copie sur un annuaire des sites Internet, on tombe sur "gatekeeper2.monsanto.com", avec le nom du propriétaire, "compagnie Monsanto de Saint Louis" !

– Qui se cacherait, d'après vous, derrière "Mary Murphy" ?

– Avec George Monbiot, du *Guardian*, nous pensons qu'il s'agit de Jay Byrne, qui fut responsable de la stratégie Internet chez Monsanto. Lors d'une réunion avec des industriels, qui s'est tenue à la fin de 2001, il a notamment déclaré : "Il faut considérer Internet comme une arme sur la table : soit c'est vous qui vous en emparez, soit c'est votre concurrent mais, dans tous les cas, l'un de vous deux sera tué [20]."

– De faux scientifiques et de faux articles, c'est incroyable !

– Oui, me répond Jonathan Matthew, ce sont vraiment des coups tordus, qui représentent l'exact opposé des qualités que Monsanto prétend incarner dans son *Pledge* : "Dialogue, transparence, partage [21]"... Ces méthodes révèlent une firme qui n'a aucune envie de convaincre avec des arguments et qui est prête à tout pour imposer ses produits partout dans le monde, y compris à détruire la réputation de tous ceux qui peuvent lui faire obstacle... »

Un « pouvoir absolu »

En attendant, la « conspiration [22] », pour reprendre les mots du magazine *The Ecologist*, a porté ses fruits : le 4 avril 2002, après avoir exigé, en vain, que les auteurs se rétractent, *Nature* publiait une « note éditoriale inhabituelle [23] » qui constitue un « désaveu sans précédent [24] » dans les cent trente-trois ans d'existence du respectable magazine : « Les preuves disponibles ne sont pas suffisantes pour justifier la publication de l'article original », écrit-il en effet. « Unique dans l'histoire de l'édition technique [25] », cette rebuffade crée quelques remous dans le microcosme scientifique international : « Cela donne une bien piètre image de la ligne éditoriale et du processus de relecture de *Nature*, s'étonne Andrew Suarez, de l'université de Berkeley, dans une lettre au journal. Dans ce cas, pourquoi *Nature* s'est-il interdit de procéder à des rétractations similaires pour des publications antérieures qui se sont révélées incorrectes ou susceptibles d'être interprétées différemment [26] ? » La réponse à cette question est suggérée par Miguel Altieri, un autre chercheur de Berkeley : « Le financement de *Nature* dépend des grandes firmes, assure-t-il. Regardez la dernière page du magazine et vous verrez qui paie les annonces de recrutement : 80 % sont des entreprises technologiques qui payent de 2 000 à 10 000 dollars par annonce [27]... »

Le « rétropédalage [28] » de *Nature* est d'autant plus étonnant que, un mois plus tôt, *Science* révélait que « deux équipes de chercheurs mexicains » avaient annoncé qu'ils confirmaient les « résultats explosifs du biologiste Ignacio Chapela [29] ». Dirigée par Exequiel Ezcurra, le très respecté président de l'Institut mexicain de l'écologie, l'une d'elles avait analysé des échantillons de maïs prélevés dans vingt-deux communautés de Puebla et Oaxaca. Une contamination génétique de 3 % à 13 % avait été constatée dans onze d'entre elles, et de 20 % à 60 % dans quatre autres. Le docteur Ezcurra avait soumis un article à *Nature*, qui l'a refusé, en octobre 2002. « Ce rejet est dû à des raisons idéologiques », a-t-il dénoncé, en soulignant les « explications contradictoires » des relecteurs, dont l'un aurait dit que les résultats étaient « évidents », et l'autre « difficiles à croire [30] »...

En attendant, Ignacio Chapela a payé le prix fort : en décembre 2003, la direction de Berkeley l'informe qu'elle est revenue sur sa décision (pourtant votée à trente-deux voix contre une) de le nommer professeur titulaire, et qu'il devra quitter l'université à la fin de son contrat, six mois plus tard.

En clair : l'enseignant est licencié. Il porte plainte et obtient gain de cause en mai 2005. « Depuis, m'a-t-il expliqué, je traîne mon boulet de lanceur d'alerte. Je n'ai pas de budget pour conduire les recherches qui m'intéressent, car désormais, aux États-Unis, on ne peut plus travailler en biologie si on refuse le soutien financier des firmes de la biotechnologie. Il fut un temps où la science et l'université revendiquaient haut et fort leur indépendance par rapport aux instances gouvernementales, militaires ou industrielles. C'est fini, non seulement parce que les scientifiques dépendent de l'industrie pour vivre, mais parce qu'ils font partie eux-mêmes de l'industrie... C'est pourquoi je dis que nous vivons dans un monde totalitaire, gouverné par les intérêts des multinationales qui ne se sentent responsables que devant leurs seuls actionnaires. Face à ce pouvoir absolu, il est difficile de résister. Regardez ce qui est arrivé à Exequiel Ezcurra... »

Malheureusement, je n'ai pas pu rencontrer l'ancien directeur de l'Institut mexicain de l'écologie qui, peu après s'être insurgé contre le refus de *Nature* de publier son étude sur la contamination du maïs *criollo*, a été nommé en 2004 directeur de la recherche scientifique du Musée d'histoire naturelle de San Diego (Californie), où il avait dirigé un Centre de recherche sur la biodiversité de 1988 à 2001. J'avais été surprise de voir qu'il avait cosigné en août 2005 une étude publiée dans *Proceedings of the National Academy of Sciences* (*PNAS*), qui, comme son nom l'indique, dépend de l'Académie des sciences des États-Unis. Éditée par l'université Washington de Saint Louis [a], celle-ci concluait à « l'absence de transgènes détectables dans les variétés locales de maïs à Oaxaca [31] ». En revanche, en octobre 2006, j'ai rencontré l'une de ses collaboratrices, le docteur Elena Alvarez-Buylla, dans son laboratoire de l'Institut mexicain d'écologie.

« Comment expliquez-vous que le docteur Ezcurra ait signé une étude qui contredise à ce point ses travaux précédents ?

– Lui seul le sait, me répond prudemment la biologiste. Ce que je peux dire, c'est que nous avons commencé ces travaux ensemble et que j'en ai été écartée. J'ai été remplacée par une Américaine, Allison Snow, de l'université de l'Ohio, qui a pris l'étude en cours... Ils ont décidé de publier des résultats préliminaires, que j'estime peu rigoureux d'un point de vue scientifique. » Elle n'est pas la seule à le penser : cinq chercheurs internationaux – dont Paul Gepts, que j'avais rencontré en juillet 2004 à l'université Davis à propos des brevets sur le vivant (voir *supra*, chapitre 10) – ont estimé aussi que les « conclusions [de l'étude] n'étaient pas scientifiquement justifiées [32] ».

a Notons au passage que Monsanto a déposé ses archives à l'université Washington de Saint Louis, mais malheureusement celles-ci ne sont pas accessibles...

Pourtant, cette publication a été présentée par de nombreux journaux internationaux, comme *Le Monde*[33]...

« Depuis, me dit Elena Alvarez-Buylla, mon laboratoire a conduit une nouvelle étude dans tout le pays, qui a établi que le taux national de contamination est, en moyenne, de 2 % à 3 % selon le type de transgène, avec des pointes beaucoup plus élevées.

– Que pensez-vous de cette polémique ?

– Je pense qu'elle n'a rien à voir avec la rigueur scientifique, me répond la biologiste, et qu'elle cache d'autres intérêts... Désormais, ce qui m'importe, c'est de savoir quelles peuvent être, à moyen terme, les conséquences de la contamination sur le maïs *criollo*. C'est pourquoi j'ai mené, avec mon équipe, une expérience sur une fleur toute simple, *Arabidopsis thaliana*, qui possède le plus petit génome du monde végétal, dans laquelle nous avons introduit un gène par manipulation génétique[34]. Puis nous avons semé les graines transgéniques et observé leur croissance. Nous avons constaté que deux plantes strictement identiques du point de vue génétique – elles ont le même génome, les mêmes chromosomes et le même transgène – peuvent présenter des phénotypes (c'est-à-dire des formes florales) très différents : certaines ont des fleurs qui sont identiques au modèle naturel, avec quatre pétales et quatre cépales ; mais d'autres ont des fleurs aberrantes, avec des poils anormaux ou des pétales bizarres. Et certaines sont carrément monstrueuses... En fait, la seule différence entre toutes ces plantes, c'est la localisation du transgène qui s'est inséré complètement à l'aveugle, en modifiant le métabolisme végétal.

– En quoi cela peut-il servir pour le maïs ?, demandé-je, en contemplant une fleur absolument monstrueuse que la scientifique a affichée sur son ordinateur.

– Ce modèle expérimental permet d'extrapoler ce qui risque de se passer quand le maïs transgénique se croisera par pollinisation avec les variétés locales. C'est très préoccupant, parce qu'on peut craindre que l'insertion aléatoire du transgène affecte le fonds génétique du maïs *criollo* de manière totalement incontrôlée... »

Les « monstres » de Oaxaca

« Les monstres sont déjà dans nos montagnes », me dit Aldo Gonzalez, l'un des dirigeants de l'Union des organisations indigènes de la Sierra Juarez de Oaxaca, à qui je viens de raconter ma conversation avec le docteur Alvarez-Buylla. En ce petit matin d'octobre 2006, nous avons quitté Oaxaca pour rejoindre une communauté zapotèque qui vit aux fins fonds de la montagne.

Sur le siège arrière de sa voiture, Aldo a posé un... ordinateur portable. « Il contient mon trésor de guerre, sourit-il, le fruit d'un travail de trois ans. » En effet, en 2003, son organisation a été contactée par des paysans qui s'inquiétaient de voir pousser dans leurs champs des plants de maïs qui « avaient l'air malades et déformés ». Certains étaient anormalement hauts, d'autres présentaient des épis difformes ou des feuilles inhabituelles. Aldo se déplace, prend des photos et prélève un échantillon de la plante qu'il fait tester par un laboratoire, muni des fameux kits qui permettent aux douanes européennes de détecter des transgènes dans le soja ou le maïs importé d'Amérique du Nord. « À chaque fois, le résultat était positif, me raconte Aldo. Aujourd'hui, j'ai à peu près trois cents photos que j'ai prises un peu partout dans la Sierra Juarez. »

Nous arrivons dans le petit village de Gelatao. Après les présentations de rigueur au chef de la communauté, Aldo s'empare d'un haut-parleur qui résonne puissamment au milieu de ce cirque naturel : « Nous vous invitons à participer à une réunion au sujet des maladies nouvelles qui frappent notre maïs à cause de la contamination transgénique », explique-t-il, tandis qu'est installé un écran sur la place du village. Machette accrochée à la ceinture, les hommes affluent, parfois accompagnés de leur femme, qui portent le ballot de toile bariolé dans lequel elles entreposeront, tout à l'heure, les épis de la moisson.

« Je vais vous montrer des photos de plants de maïs que nous avons prises dans notre région, explique Aldo à l'assistance. J'aimerais savoir si vous avez déjà rencontré ce type de plantes dans votre communauté. Vous voyez, il se passe des choses très bizarres : cette plante, par exemple, elle a un rameau ici et un autre là... Normalement, un plant de maïs n'est pas comme ça : il y a toujours une feuille d'où sort un épi, mais regardez, ici, il y a trois épis qui sortent de la même feuille. Ce sont vraiment des monstres ! En général, nous avons rencontré ce genre de plantes, au bord d'une route, dans des jardins... Il est possible que quelqu'un soit allé acheter du maïs dans une épicerie et qu'il ait perdu quelques grains en marchant. Ces grains ont germé et c'est comme ça que les maïs traditionnels ont été contaminés.

– J'ai eu une plante qui ressemblait à ça l'année dernière, dit un jeune paysan. Je l'ai montrée aux anciens, qui m'ont dit qu'ils n'avaient jamais vu ça. C'est une nouvelle maladie ?

– Oui... répond Aldo. Mais le problème, c'est qu'elle ne se soigne pas...

– Si je comprends bien, intervient un autre Indien, si on n'arrive pas à arrêter cette prolifération dans nos champs, bientôt nous serons obligés d'acheter notre maïs, parce que le nôtre ne donnera plus rien. C'est très préoccupant : qu'est-ce qu'on peut faire ?

– La première recommandation, c'est que si vous trouvez une plante bizarre, il faut tout de suite arracher son épillet, pour éviter qu'elle émette du pollen et contamine le reste de votre champ. D'une manière générale, il faut que vous soyez très vigilants en surveillant de très près votre maïs...

– Si la contamination se généralise, quelles peuvent être les conséquences ?, ai-je demandé.

– Ce sera la fin du maïs *criollo*, mais aussi de toute l'économie rurale qu'il sous-tend, me répond Aldo. Mais plus j'y réfléchis, plus je me dis que tout cela est intentionnel, parce que, finalement, la contamination profite uniquement à des multinationales comme Monsanto. Une fois que tout sera contaminé, la firme pourra mettre la main sur la céréale la plus cultivée au monde. Et encaisser des royalties comme en Argentine ou au Brésil... »

Car les méfaits des OGM ne se limitent pas à l'Amérique du Nord et au Mexique. Ils affectent aussi l'Amérique du Sud, en particulier l'Argentine : en quelques années, le soja transgénique y est devenu à la fois la première ressource économique du pays et, sans doute, sa première malédiction.

13

En Argentine, le soja de la faim

« L'augmentation constante des surfaces cultivées est une preuve des bénéfices apportés par les cultures transgéniques et notamment de leur impact positif sur l'environnement. »

MONSANTO, *The Pledge Report 2005*, p. 18.

Ce 13 avril 2005 à Buenos Aires, Miguel Campos a du mal à cacher son courroux. Depuis plusieurs semaines, le secrétaire argentin à l'Agriculture, l'Élevage, la Pêche et l'Alimentation est englué dans un bras de fer périlleux contre... Monsanto. Non pas que cet ingénieur agronome – « Ing. Agr. Miguel Campos », dit le site du ministère de l'Économie dont dépend son secrétariat – soit opposé à la biotechnologie. Bien au contraire, s'il a été nommé à ce poste, comme tous ses prédécesseurs depuis dix ans, c'est précisément parce qu'il est un adepte inconditionnel des OGM. Pendant les deux heures que durera notre entretien, il n'aura de cesse de vanter les mérites agricoles et financiers du soja RR, tout en cherchant à me convaincre que le comportement de la compagnie de Saint Louis était aussi vil qu'inexplicable.

« Monsanto n'a jamais pu faire breveter son gène RR en Argentine, parce que nos lois ne le permettent pas, m'explique-t-il avec véhémence. La compagnie avait donc accepté de renoncer à des royalties sur les semences et elle s'était engagée à ne pas poursuivre les paysans qui ressemaient une partie de leur récolte, ainsi qu'ils le font depuis toujours en toute légalité. Aujourd'hui, Monsanto revient sur ses promesses, en réclamant trois dollars par tonne de grain ou de farine de soja au départ des ports argentins, ou quinze dollars à l'arrivée des cargaisons dans les ports européens. C'est inadmissible ! »

Main basse sur l'Argentine

Miguel Campos a la mine déconfite du bon élève qui se sent injustement maltraité par le maître qu'il adule. Car s'il est un pays où la multinationale a pu faire tout ce qu'elle voulait sans le moindre encombre, c'est bien l'Argentine : au moment où me parle l'Ing. Agr. Campos, la moitié des terres cultivées y sont semées en soja transgénique – soit 14 millions d'hectares et 37 millions de tonnes récoltées, dont plus de 90 % sont exportées, principalement vers l'Europe et la Chine. Si Monsanto parvient à ses fins, l'entreprise engrangera quelque 160 millions de dollars par an sur les seules exportations européennes. Le jackpot.

« Vous ne croyez pas que c'était un piège ? » Miguel Campos feint de ne pas comprendre ma question.

« Un piège ?, bafouille-t-il.

– Eh bien, Monsanto a d'abord créé des conditions favorables pour que le soja RR se répande dans tout le pays, et puis la compagnie vous demande de passer à la caisse...

– Si ce fut une stratégie, elle était erronée. On ne change pas les règles du jeu dix ans après...

– Vous allez payer ?

– Le conflit est sérieux, parce que Monsanto menace d'attaquer toutes les exportations argentines... »

Dans une déclaration rapportée par le magazine *Dow Jones Newswires*, le 17 mars 2005, Miguel Campos avait pris moins de gants en dénonçant le comportement « voyou » de Monsanto.

Pourtant, dix ans plus tôt, l'aventure transgénique avait commencé comme un conte de fées au pays de la vache et des gauchos. Lorsqu'en 1994, la FDA autorise la mise sur le marché nord-américain du soja RR, cela fait belle lurette que Monsanto lorgne le Cône Sud. Sa cible, c'est bien sûr le Brésil, deuxième producteur mondial de soja. Mais l'affaire est loin d'être dans le sac, la Constitution brésilienne exigeant que les cultures transgéniques subissent des tests préalables sur leur impact environnemental avant que leur « libération » ne soit autorisée. Alors le géant de Saint Louis se rabat sur l'Argentine, où le gouvernement de Carlos Menem, à l'instar de l'administration Bush, n'a qu'un mot en bouche : « déréglementation ». L'homme aux rouflaquettes – qui vit en 2007 exilé au Chili pour échapper à deux accusations de corruption en liaison avec un trafic d'armes – s'évertua pendant les dix ans de son règne (1989-1999) à achever le travail largement entamé par la dictature militaire (1976-1983) : il démantela ce qui restait de l'État-providence argentin, en privatisant à tour de bras et en ouvrant tout grand les portes du Rio de la Plata aux capitaux étrangers. Cette politique ultralibérale frappa de plein fouet le puissant secteur agricole, où les mécanismes de protection furent anéantis pour livrer la production aux seules lois du marché.

Monsanto ne s'y est pas trompée, qui s'engouffra dans la brèche dès le début des années 1990, en devenant l'interlocuteur privilégié de la CONABIA, la Comisión nacional asesora de biotecnología agropecuaria, mise en place par Menem en 1991 pour donner à l'Argentine un semblant de réglementation en matière d'OGM. Dépendant du secrétariat à l'Agriculture, l'Élevage, la Pêche et l'Alimentation, la commission, qui n'a qu'un statut consultatif, est constituée exclusivement de représentants d'organismes publics, comme l'Institut national des semences (INASE) ou l'Institut national de la technologie agricole (INTA), et d'acteurs privés de l'industrie biotechnologique, comme Syngenta, Novartis et bien sûr Monsanto, dont on imagine sans mal l'interventionnisme têtu. En fait, les avis émis par la CONABIA s'inspirent directement du dispositif nord-américain, puisque, dès son origine, elle adopte le principe d'équivalence en substance, ainsi que le stipule son site Internet : « La norme argentine est basée sur les caractéristiques et risques identifiés du produit biotechnologique et non sur le processus qui a permis d'obtenir ledit produit. » Concrètement, la commission se contente d'analyser les données fournies par les multinationales ; et si des essais sont réalisés, c'est uniquement pour tester l'adaptabilité des semences transgéniques aux conditions agronomiques argentines.

À partir de 1994, Monsanto vend des licences aux principales compagnies semencières du pays, comme Nidera ou Don Mario, qui se chargent d'introduire le gène Roundup ready dans les variétés de leur catalogue. Par un heureux hasard, les deux principaux journaux du pays, *La Nación* et surtout *Clarín* (qui jouit du plus gros tirage national), s'engagent dans la promotion – d'aucuns parlent de « propagande » – de la biotechnologie[a], en réduisant tous les opposants, même les plus modérés, à des excités antiprogrès, des « luddites », pour reprendre l'expression de Dan Glickman, l'ancien ministre de l'Agriculture de Bill Clinton (voir *supra*, chapitre 8). C'est ainsi qu'à longueur d'éditoriaux sont vantés les mérites de la révolution biotechnologique, avec des arguments qui rappellent étrangement ceux développés par une

---

a Le défenseur argentin des OGM le plus déterminé est Hector Huergo, qui dirige le supplément *Clarín rural*.

certaine compagnie du Missouri : « Avec les OGM, la science a fait une contribution décisive dans la guerre contre la faim », déclare ainsi Carlos Menem dans une revue agricole [1]. « Les biotechnologies permettent des récoltes de meilleure qualité, une meilleure productivité et une agriculture durable protégeant l'environnement », assure quant à lui William Konsinsky, l'« éducateur aux biotechnologies » de Monsanto [2].

« L'introduction des OGM en Argentine s'est faite sans aucun débat public, ni même parlementaire », s'indigne Walter Pengue, un ingénieur agronome de l'université de Buenos Aires spécialisé dans la sélection génétique [3], que je rencontre à Buenos Aires en avril 2005. Il n'y a toujours aucune loi qui encadre leur mise sur le marché et la société civile, qui n'est même pas représentée dans la CONABIA, est écartée de toutes les décisions. Après son autorisation en 1996, le soja Roundup ready s'est répandu en Argentine, à une vitesse absolument unique dans l'histoire de l'agriculture : plus d'un million d'hectares en moyenne par an ! C'est un véritable désert vert qui dévore désormais l'un des greniers du monde. »

Les « semences magiques »

De fait, dès qu'on quitte Buenos Aires pour remonter vers le nord, la vision est saisissante : à perte de vue, du soja et encore du soja, parfois entrecoupé de pâturages où paissent de grands troupeaux de vaches. En ce mois de l'automne austral, la moisson est déjà bien avancée et la Ruta nacional 9 est encombrée par les camions qui font la navette entre les silos de soja et les ports du Rio Parana. Nous sommes ici au cœur de la Pampa, cette vaste plaine mythique de l'Argentine qui couvre 20 % du territoire national, soit 650 000 km² limités au nord par la région du Chaco, à l'est par le Rio Parana, au sud par le Rio Colorado et à l'ouest par les Andes. Aussi fertile que la *corn belt* aux États-Unis, la *llanura pampeana* représente l'un des meilleurs pâturages du monde et constitue, depuis le XIXe siècle, une zone d'exploitation agricole intensive où l'on cultivait, jusqu'à l'arrivée des OGM, des céréales – maïs, blé, sorgho –, des oléagineux – tournesol, arachide, soja –, mais aussi des légumes et des fruits, sans oublier la production de lait, si développée que l'on parlait de « bassin du lait ». Dans l'imagerie nationale, la Pampa c'est la fierté du pays, capable de produire des aliments pour dix fois sa population et donc d'exporter. « Cultiver le sol, c'est servir la patrie », dit ainsi un panneau dans l'entrée du siège de la Société rurale d'Argentine.

L'homme qui me reçoit, après cinq heures de route, est un vrai paysan, de père en fils, habité par cette vision nourricière de l'agriculture. Âgé d'une quarantaine d'années, Hector Barchetta exploite 127 hectares à une soixantaine de kilomètres de Rosario, la capitale de l'empire transgénique. Membre de la Fédération agraire argentine, qui regroupe 70 000 petites et moyennes exploitations agricoles, il avoue être « complètement désemparé ». Tandis qu'il arpente ses champs de soja RR, qui couvre désormais 70 % de sa ferme, il me raconte l'histoire d'un miracle qui est en train de tourner au cauchemar.

Dans les années 1990, il est confronté à un problème qui concerne tous les paysans de la Pampa : l'érosion des sols due à leur exploitation trop intensive. D'après l'INTA, l'institut agronomique national, les rendements ont chuté de 30 %. « Nous ne savions plus à quel saint nous vouer, explique Hector, et c'est dans ce contexte qu'est arrivé le soja RR. Au début, c'étaient vraiment des semences magiques, parce que nous avons retrouvé des rendements élevés, en réduisant les coûts de production et en travaillant moins. » De fait, comme aux États-Unis, la culture transgénique se développe avec la technique du « semis direct » (*siembra directa*), qui permet de semer, sans labour préalable, dans les résidus de la récolte précédente. La promotion et l'encadrement technique sont assurés par l'AAPRESID, l'Association argentine des producteurs de soja, qui ressemble à s'y méprendre à l'American Soybean Association (ASA) (voir *supra*, chapitre 8), son homologue nord-américaine.

Regroupant 1 500 grands producteurs, l'AAPRESID est le principal promoteur du soja RR et l'allié le plus dévoué de Monsanto en Argentine. « La technique de la *siembra directa* fait partie intégrante du modèle de culture transgénique, commente l'agronome Walter Pengue. C'est vrai que, dans un premier temps, elle entraîne une restauration de la fertilité des sols, grâce à une augmentation de la matière organique, fournie par les résidus de surface qui retiennent l'eau. Cette technique est indissociable de ce que Monsanto appelle le "paquet technologique", à savoir les semences transgéniques et le Roundup, vendus ensemble, et là la compagnie a fait preuve d'une grande habileté en lançant son "paquet" à un prix trois fois inférieur à celui pratiqué aux États-Unis. » À un prix si bas, en effet, que les producteurs nord-américains, qui sont pourtant largement subventionnés, ont poussé des cris d'orfraie en dénonçant une « concurrence déloyale »...

Hector, en tout cas, mord à l'appât avec enthousiasme. « Avant, raconte-t-il, pour détruire les mauvaises herbes, je devais appliquer quatre ou cinq herbicides différents, mais, avec le soja RR, deux applications de Roundup suffisaient. Et puis, comble de bonheur, la crise de la vache folle a fait flamber les cours du soja, et j'ai arrêté de produire du maïs, du blé, du tournesol, des lentilles, comme tous mes voisins. » En effet, l'interdiction des farines animales en Europe entraîne une demande accrue de protéines végétales, et donc de tourteaux de soja. Le cours de l'oléagineuse atteint des records historiques, provoquant dans la Pampa une ruée sur le nouvel or vert. « C'est grâce au boom du soja que j'ai pu survivre à la crise, poursuit Hector. Tout a été fait pour que les producteurs soient épargnés. Alors que les taux d'intérêt s'envolaient, nous pouvions nous procurer le paquet de Monsanto et ne le payer qu'après la récolte. »

En 2001, l'Argentine est au bord de la faillite. Sous la pression de la rue, le gouvernement de Fernando de la Rua est contraint de démissionner. Tandis que les *piqueteros* – les chômeurs en révolte – tiennent le pavé, la misère s'installe aux quatre coins du pays, où 45 % de la population vit désormais au-dessous du minimum vital. Étranglés par une dette extérieure colossale, les gouvernements d'Eduardo Duhalde, puis de Nestor Kirchner, se servent du soja comme d'une bouée de secours. « C'est le moteur de notre économie, assure Miguel Campos. L'État prélève un impôt de 20 % sur les huiles et de 23 % sur les grains, ce qui représente 10 milliards de dollars [par an], soit 30 % des devises nationales. Sans le soja, le pays aurait tout simplement coulé... »

La « sojisation » du pays

Pour Monsanto, la crise argentine est une aubaine qui dépasse ses espoirs les plus fous. Depuis la Pampa, le soja RR se répand comme une traînée de poudre, toujours plus vers le nord, dans les provinces du Chaco, de Santiago del Estero, Salta et Formosa. Alors qu'elles ne représentaient que 37 000 hectares en 1971, les cultures de l'oléagineux passent à... 8,3 millions d'hectares en 2000, 9,8 en 2001, 11,6 en 2002, pour atteindre 16 millions d'hectares en 2007, soit 60 % des terres cultivées. Le phénomène est tel que l'on parle de *sojisación* du pays, un néologisme qui désigne une restructuration profonde du monde agricole, dont les effets funestes ne tarderont pas à se manifester.

Dans un premier temps, alors que la crise terrasse l'économie nationale, le prix de la terre s'envole, car celle-ci est devenue une valeur refuge permettant des investissements aussi fructueux que rapides. « Dans mon secteur, raconte Hector Barchetta, le prix de l'hectare est passé de 2 000 à 8 000 dollars. Les producteurs les plus fragiles ont fini par vendre, ce qui a entraîné une concentration de la propriété foncière. » De fait, en une décennie, la superficie moyenne des exploitations de la Pampa est passée de 250 à 538 hectares, tandis que le nombre des fermes se réduisait de 30 %. D'après le recensement agricole réalisé par l'Institut national de la statistique et du recensement (INDEC), 150 000 paysans ont mis la clé sous la porte entre 1991 et 2001, dont 103 000 depuis l'avènement du soja transgénique. À cette même date, quelque 6 000 propriétaires détenaient la moitié des terres cultivées du pays, tandis que 16 millions d'hectares appartenaient d'ores et déjà à des étrangers, un processus qui s'est encore accentué depuis.

« On assiste à une expansion sans précédent de l'agrobusiness, de l'agriculture industrielle tournée vers l'exportation, au détriment de l'agriculture familiale qui disparaît, déplore Eduardo Buzzi, le président de la Fédération agraire argentine. Les paysans qui partent sont remplacés par des acteurs qui ne proviennent pas du monde agricole : ce sont des fonds de pension ou des investisseurs qui placent leur argent dans des "pools de semis" et qui se lancent dans la monoculture du soja RR, en liaison avec les multinationales comme Cargill ou Monsanto. Tout cela au détriment des cultures vivrières. »

De fait, tandis que le soja RR poursuit son irrésistible avancée, transformant l'ancien grenier du monde en un producteur de fourrage pour le bétail européen, les productions vivrières se réduisent comme peau de chagrin. De source officielle, de 1996-1997 à 2001-2002, le nombre des *tambos*, les exploitations laitières, s'est réduit de 27 % et, pour la première fois de son histoire, le pays de la vache a dû importer du lait de l'Uruguay. De même, la production de riz a chuté de 44 %, celle du maïs de 26 %, du tournesol de 34 %, de viande porcine de 36 %. Ce mouvement s'est accompagné d'une hausse vertigineuse du prix des produits de consommation de base : en 2003, par exemple, le prix de la farine a augmenté de 162 %, celui des lentilles – très appréciées dans la cuisine nationale – de 272 % ou du riz de 130 %. « L'Argentin moyen mange beaucoup moins bien qu'il y a trente ans, souligne Walter Pengue. Et l'ironie, c'est qu'on nous encourage à remplacer le lait de vache et la viande de bœuf, qui ont toujours fait partie de la diète nationale, par du lait et des steaks de soja… »

Ce que rapporte l'agronome argentin n'est pas une blague de mauvais goût, mais bien la réalité. Dans un pays où le *dulce de leche* (confiture de lait) et la *carne de vaca* (viande de bœuf) sont des ingrédients essentiels du patrimoine culturel, le secrétaire à l'Agriculture lui-même, Miguel Campos, est prompt à vous fournir une « bonne adresse » de « restaurant *sojero* » à Buenos Aires. Puis il vous vante la générosité du programme *Soja solidaria*, lancé en 2002 par l'AAPRESID, qui a décidé d'« aider » à sa manière les 10 millions de laissés-pour-compte souffrant de malnutrition, dont un enfant sur six. L'idée est simple : « Donner un kilo de soja pour chaque tonne exportée. » La campagne est appuyée par les grands médias, qui n'hésitent pas à présenter *Soja solidaria* comme une « idée brillante qui va changer l'histoire [4] ». Quant à l'incontournable Héctor Huergo, le directeur de *Clarín rural*, il encourage le gouvernement à « remplacer les programmes actuels d'aide sociale par une chaîne solidaire à coût zéro grâce à un réseau de distribution de soja, l'un des aliments les plus complets qu'il suffit de faire entrer dans notre culture [5] ».

Pour cela, les promoteurs des OGM n'ont pas lésiné sur les moyens : grâce au gasoil gracieusement fourni par Chevron-Texaco, des chargements de soja ont été livrés à des centaines de soupes populaires et cantines scolaires des quartiers défavorisés et bidonvilles, aux hospices, hôpitaux et à tout ce que l'Argentine comptait d'œuvres de charité. Un peu partout dans le pays ont été créés des ateliers où des bénévoles – à l'université catholique de Córdoba, on parle même de « brigadistes du soja » – enseignent à des « cuisinières » comment fabriquer du « lait », des hamburgers et autres *milanesa* de soja. Sur le site nutri.com, on apprend ainsi qu'à Chimbas, au fin fond de la province de San Juan, un « programme municipal » a permis de « former à la consommation du soja » 6 000 personnes et que 1 000 volontaires sont mobilisés pour distribuer du « lait de soja » à 12 000 enfants...

Lorsque *Soja solidaria* fête son premier anniversaire, Victor Trucco, le président de l'AAPRESID, ne cache pas sa satisfaction : « Avec le temps, écrit-il alors dans *Clarín*, on se souviendra de l'année 2002 comme celle de l'incorporation du soja dans la diète des Argentins[6]. » Et de dresser un bilan : « Nous avons apporté 700 000 tonnes de soja, qui représentent 280 000 kg de protéines de haute valeur ou 8 millions de litres de lait ou 2,3 millions de kilos d'œufs ou 1,5 million de kilos de viande. » Un compte d'apothicaire censé cacher un dessein que le site de *Soja solidaria* résume d'une phrase, qui a le mérite de la clarté : « Le plan a aidé à la diffusion du soja » dans le pays[7]...

Le « soja rebelle » : vers la stérilisation des sols

Ce jour-là, Walter Pengue a programmé une visite chez Jesus Bello, un paysan de la Pampa qui s'est lancé dans le soja RR dès 1997. Depuis sept ans, l'agronome effectue un suivi de plusieurs fermes de la région, en épluchant scrupuleusement leurs comptes d'exploitation. « Au début, explique-t-il, j'étais plutôt favorable au soja transgénique, car je pensais qu'avec une rotation des cultures et une utilisation raisonnable du glyphosate, il pouvait être bon pour l'environnement et pour le portefeuille des producteurs, le contrôle des mauvaises herbes représentant jusqu'à 40 % des coûts de production. Mais aujourd'hui, je suis très inquiet, car tous les postes sont au rouge... »

À ses côtés, Jésus Bello opine du chef : « On va dans le mur, murmure-t-il. On dépense de plus en plus et les sols sont épuisés. » De fait, Jésus, comme à 300 kilomètres de là Hector Barchetta, est confronté à un problème qui s'accentue d'année en année : la résistance des mauvaises herbes au glyphosate (voir *supra*, chapitre 10). « D'un point de vue agronomique, c'était couru d'avance, soupire Walter. Avant l'arrivée du soja transgénique, les producteurs utilisaient quatre ou cinq herbicides différents, dont certains très toxiques comme le 2-4 D, l'atrazine ou le paraquat [a]. Mais l'alternance entre les différents produits empêchait les mauvaises herbes de développer une résistance à l'un ou l'autre d'entre eux. Aujourd'hui, l'utilisation exclusive du Roundup, à n'importe quel moment de l'année, a entraîné l'apparition de biotypes qui furent d'abord "tolérants" au glyphosate : pour venir à bout de ces mauvaises herbes [b], il a fallu augmenter les doses de l'herbicide. Après la tolérance vint la résistance, que l'on peut déjà constater dans certains secteurs de la Pampa.

– L'argument commercial de Monsanto, qui dit que la technologie Roundup ready permet de réduire la consommation d'herbicide, serait donc erroné ?

– Complètement !, me répond Jésus Bello. Je fais deux applications de glyphosate, l'une après les semis, l'autre deux mois avant la récolte. Au début, j'utilisais deux litres d'herbicide par hectare, aujourd'hui il m'en faut le double !

– Avant l'arrivée du soja RR, l'Argentine consommait une moyenne annuelle d'un million de litres de glyphosate, renchérit Walter Pengue. En 2005, nous sommes passés à 150 millions de litres ! Monsanto ne nie pas qu'il y ait un problème de résistance et annonce un nouvel herbicide plus puissant, avec une nouvelle génération d'OGM, mais on ne sort pas du cercle vicieux ! »

Pour les producteurs, la facture est salée. Finie l'époque où, pour amorcer la pompe, Monsanto consentait une ristourne des deux tiers sur le prix de son herbicide. Très vite, le prix a retrouvé un cours normal, ce qui a poussé les producteurs à se rabattre sur les génériques (principalement chinois), dès que le brevet de la compagnie a expiré en 2000 (voir *supra*, chapitre 4). Mais, dans le même temps, apparaissait un nouveau problème, qui a alourdi encore la facture : ce qu'on appelle en Argentine le « soja rebelle » (ou « volontaire » au Canada), qui confirme que, du nord au sud de l'Amérique, les mêmes causes produisent les mêmes effets. Et, comme aux États-Unis, Syngenta, le concurrent suisse de Monsanto, qui produit le paraquat et l'atrazine, ne s'y est pas trompé : en 2003, l'une de ses publicités phares clamait : « Le soja est une mauvaise herbe ! »

---

a Le 2-4 D constitue, on l'a vu, l'un des composants de l'agent orange ; il est aujourd'hui (théoriquement) interdit en Europe et aux États-Unis. L'atrazine a été interdite dans l'Union européenne en 2003. Quant au paraquat, qui était, avec le Roundup, l'un des herbicides les plus vendus au monde, il a été interdit dans l'Union européenne le 10 juillet 2007.

b Les mauvaises herbes sont notamment : *Parietaria debilis, Petunia axilaris, Verbena litoralis, Verbena bonariensis, Hybanthus parviflorus, Iresine diffusa, Commelina erecta, Ipomoea sp.*

De plus, l'usage intensif du Roundup tend à rendre la terre stérile. « Je consomme toujours plus d'engrais, reconnaît Jésus Bello, car sinon les rendements s'effondrent. » On voit mal comment un « herbicide total », capable d'éliminer n'importe quelle plante, épargnerait la flore microbienne, essentielle pour la fertilité des sols. « La disparition de certaines bactéries rend la terre inerte, explique Walter Pengue, ce qui empêche le processus de décomposition et attire les limaces et les champignons comme le *fusarium*. »

Enfin, pour couronner le tout, le cours du soja a amorcé en 2004 une tendance à la baisse qui s'est confirmée en 2005 [a], au point d'inquiéter durablement les petits et moyens producteurs comme Jésus Bello ou Hector Barchetta. « Qu'est-ce que nous sommes en train de faire ?, murmure ce dernier, les yeux rivés sur la parcelle qu'il va bientôt moissonner. Avant, je produisais une quinzaine d'aliments différents, maintenant je ne fais plus que du soja transgénique. Peut-être sommes-nous tombés dans un piège... Peut-être sommes-nous en train de sacrifier la terre et le futur de nos enfants... »

Un désastre sanitaire

« Regardez, s'énerve le docteur Darío Gianfelici au volant de sa voiture, ils plantent du soja jusque sur les bas-côtés de la route. Pendant la saison des épandages, il arrive que vous soyez complètement arrosé, les autorités sanitaires de ce pays sont complètement irresponsables ! » Quand je le rencontre en avril 2005, Darío est médecin à Cerrito, une petite ville de 5 000 habitants située à cinquante kilomètres de Paraná, dans la province d'Entreríos. Autant dire au cœur de l'empire du soja. Dans cette région de la Pampa, auparavant réputée pour sa diversité agricole, la culture de l'oléagineux est passée de 600 000 hectares en 2000 à 1 200 000 trois ans plus tard. Dans le même temps, la production de riz chutait de 151 000 à 51 700 hectares [8]. Au minimum deux fois par an, les avions épandeurs ou les *mosquitos* [b] inondent la région de Roundup, souvent jusqu'aux portes des maisons, puisqu'ici le soja RR a tout envahi.

---

a Après avoir atteint 230 dollars la tonne en 2003, le cours est tombé à 200 dollars en 2004, puis à 150 à la mi-2005. En revanche, en 2006, il a opéré une remontée spectaculaire, atteignant ensuite des sommets en 2007, en raison notamment de l'engouement pour les biocarburants.

b Surnom donné aux engins agricoles tirés par des tracteurs qui répandent les herbicides à l'aide de longs bras mécaniques en forme d'ailes, d'où leur surnom de « moustiques ».

« C'est comme une fièvre, une épidémie », soupire Darío Gianfelici, qui me montre à travers le pare-brise les fameux *chorizos*. Ne sachant plus où stocker les graines, car l'infrastructure ne suit pas, les producteurs ont inventé des silos en forme de boudins (*chorizos*), qui jalonnent maintenant les bords des routes. Si le docteur est devenu un militant anti-OGM, ce n'est pas par idéologie, mais parce qu'il s'inquiète de l'évolution des pathologies auxquelles il est confronté dans son cabinet. « Je ne sais pas si la technique biotechnologique constitue un danger pour la santé, tient-il à préciser, en revanche, je dénonce les dégâts sanitaires que provoquent les épandages massifs de Roundup, ainsi que la consommation abusive de soja RR. » Et de rappeler la toxicité du glyphosate et surtout, comme on l'a vu, des surfactants, ces substances inertes qui permettent au glyphosate de pénétrer dans la plante, comme l'amine polyoxyéthylène (POEA). Or, en Argentine plus qu'ailleurs, la publicité de Monsanto assurant que le Roundup est « biodégradable et bon pour l'environnement » a conduit à ce qu'aucune précaution ne soit prise pour les épandages qui contaminent tout l'environnement : l'air, la terre et les nappes phréatiques. Alors que le représentant de l'État, Miguel Campos, affirme avec une belle assurance que le « Roundup est l'herbicide le moins toxique qui existe »...

En attendant, Darío Gianfelici est formel : « Avec plusieurs collègues de la région, nous avons constaté une augmentation très significative des anomalies de la fécondité, comme les fausses couches ou les morts fœtales précoces, des dysfonctionnements de la thyroïde et de l'appareil respiratoire – comme les œdèmes pulmonaires –, des fonctions rénales ou endocriniennes, des maladies hépatiques et dermatologiques ou des problèmes oculaires graves. Nous sommes inquiets aussi des effets que peuvent avoir les résidus de Roundup qu'ingèrent les consommateurs de soja, car on sait que certains surfactants sont des perturbateurs endocriniens. Or on constate dans la région un nombre important de criptorquidies et d'hipospadias [a] chez les jeunes garçons, et des dysfonctionnements hormonaux chez les petites filles, dont certaines sont réglées dès l'âge de trois ans... »

Rares sont ceux qui, comme Darío Gianfelici, osent s'élever contre les effets dévastateurs de la politique du tout soja. Certes, des organisations comme Greenpeace ou les écologistes radicaux du Grupo de reflexión rural avaient dénoncé la mise sur le marché des OGM en soulignant les dangers de la biotechnologie, mais ils prêchaient dans le désert. « Avec la crise, il y avait

a La criptorquidie est une malformation congénitale caractérisée par l'absence des testicules dans le scrotum (testicules non descendues) ; l'hipospadias une malformation de l'urètre (qui ne se prolonge pas jusqu'à la fin du pénis).

mille autres problèmes », m'a expliqué Horacio Verbitsky, éditorialiste au quotidien de gauche *Página 12*, qui n'a jamais consacré un article de fond au soja transgénique. « Même moi, j'avoue que je n'y connais rien. »

Curieusement, c'est le programme *Soja solidaria* qui a provoqué les premières mises en garde institutionnelles, concernant non pas les OGM en tant que tels, mais les risques que fait courir aux enfants la consommation excessive de soja. C'est ainsi qu'en juillet 2002, le Consejo nacional de coordinación de políticas sociales a organisé un forum sur le sujet où il était rappelé que « le jus de soja ne doit pas être appelé "lait" et qu'il ne saurait remplacer celui-ci en aucun cas ». Les professionnels de la santé soulignent que le soja est beaucoup moins riche en calcium que le lait de vache et que sa forte concentration en phytates [a] empêche l'absorption des métaux comme le fer ou le zinc par l'organisme, d'où des risques accrus d'anémie. Et surtout, ils déconseillent vivement la consommation de l'oléagineux à des enfants de moins de cinq ans, pour une raison qui tombe sous le sens : comme on l'a vu, le soja est riche en isoflavones [b], qui servent de substitut hormonal aux femmes en préménopause et peuvent donc provoquer des troubles hormonaux importants dans des organismes en plein développement.

« Nous préparons un véritable désastre sanitaire, résume Darío Giantelici, mais malheureusement les pouvoirs publics n'ont pas pris la mesure de l'enjeu, et ceux qui osent en parler sont considérés comme des fous qui s'opposent au bien-être du pays. »

Ce jour-là, le docteur a rendez-vous dans une école catholique tenue par des religieuses allemandes. L'imposante bâtisse rose ocre de style colonial émerge au milieu d'une vaste étendue de soja. « La semaine dernière, explique la directrice, ils ont épandu du Roundup juste avant la pluie. Puis il a fait un grand soleil qui a provoqué une évaporation. De nombreux élèves se sont mis à vomir et se sont plaints de maux de tête. » La religieuse a demandé une enquête aux services de santé de la province, qui ont conclu que c'était un « virus »... « Pourtant, précise-t-elle, ils ont fait analyser l'eau, mais ils n'ont rien trouvé. »

« Ils ont étudié la possibilité d'une intoxication due aux produits chimiques ?, interroge Darío.

– Non, répond Angela, une institutrice, quand nous avons évoqué cette hypothèse, ce fut une fin de non-recevoir... »

---

a Les phytates sont des composés phosphorés qui se lient à certains métaux, par exemple le fer, et empêchent leur absorption par l'intestin.

b Souvent qualifiées de « phyto-œstrogènes », les isoflavones sont similaires aux œstrogènes féminins.

Angela sait de quoi elle parle. Elle habite une petite maison cernée par les champs de soja. À chaque épandage, elle est prise de violentes migraines, de nausées, d'irritation des yeux et de douleurs articulaires. « J'ai parlé avec les techniciens, explique-t-elle. La seule chose que j'aie obtenue, c'est qu'ils me préviennent quand ils vont épandre de l'herbicide et je quitte ma maison, avec ma famille, pendant deux jours. Ils m'ont suggéré de vendre ma maison, mais pour aller où ? Le soja a plus de valeur que nos vies... »

Le pot de fer contre le pot de terre

À voir comment Miguel Campos sort de ses gonds lorsque je l'interroge sur les conséquences environnementales et sanitaires des épandages de Roundup, on comprend que le sujet ne fait pas partie des priorités gouvernementales. « Venant d'une journaliste européenne, cette question est un comble, s'emporte-t-il. Notre consommation d'herbicides reste bien inférieure à celle de la France ! La vérité c'est que nous sommes le pays le moins pollué du monde ! »

Manifestement, le secrétaire de l'Agriculture ne lit pas les journaux de son pays. En les épluchant, on découvre par exemple qu'un juge a ouvert une instruction, à Rosario, à la suite de la plainte déposée par un couple dont la maison est entourée de champs de soja. Leur fils, Axel, est né sans orteils au pied gauche, et avec de graves problèmes de testicules et de reins [9]. De même, à Córdoba, les mères du quartier d'Ituzaingó ont mené une action collective pour que cessent les épandages dans les champs alentour, après avoir constaté un taux anormal de cancer notamment chez les enfants et les femmes jeunes. L'affaire a provoqué quelques remous au Parlement, avant de s'enliser dans les méandres de la justice. « C'est toujours comme cela », soupire Luis Castellán, un agronome qui travaille pour une organisation de développement agricole à Formosa, dans le nord de l'Argentine : « Dès qu'il y a un problème environnemental grave, vous ne trouvez aucun expert qui ose s'affronter au puissant lobby du soja. »

Luis parle en connaissance de cause : en février 2003, il est contacté par des paysans de la Colonia Loma Senes, une communauté rurale de la province de Formosa située aux confins du Paraguay. Ils recherchent désespérément un expert pour constater les dégâts provoqués sur leurs cultures vivrières par un épandage de Roundup et de 2-4 D sur une parcelle de trente hectares, envahie par le fameux « soja rebelle ». Celle-ci appartient à un voisin vivant à Paraná, qui loue sa terre à une entreprise de la province de Salta, laquelle sous-traite semis et épandage à une autre société...

Bienvenue au royaume des OGM ! Les « techniciens » – bien souvent des travailleurs journaliers qui s'empoisonnent sans aucune protection pour un salaire de misère – ont débarqué un samedi matin et ont arrosé jusqu'au dimanche matin. « Ce jour-là, il faisait très chaud et un vent fort soufflait sur la région », se souvient Felipe Franco, qui cultive une dizaine d'hectares. « Très volatil, le produit a été déporté sur 400 mètres. » Réfugiées dans leurs petites maisons de parpaing, vingt-trois familles ont été contaminées. « Quand je suis arrivé, raconte Luis Castellán, ils avaient les yeux tout rouges et de grandes taches sur le visage et le torse. Beaucoup souffraient de maux de tête violents, de nausées et se plaignaient de bouffées de chaleur et d'un dessèchement de la gorge. » Certains ne s'en sont jamais remis, comme cette vieille femme, qui dut être soignée huit mois à Buenos Aires, et qui se plaint toujours de douleurs insupportables aux os et aux articulations. La communauté a demandé aux services sanitaires du gouvernement provincial de faire un rapport, mais ceux-ci ont conclu que c'était le manque d'hygiène qui était à l'origine de tous les maux... Les familles ont porté plainte au tribunal d'El Colorado, mais la procédure s'est enlisée, faute de rapport sanitaire. Seul Luis Castellán a accepté de dresser un constat scientifique des dégâts provoqués sur les cultures.

« Nous avons tout perdu, explique Felipe. Le manioc, les patates douces et le coton ont été ravagés. Les poules et canards sont morts, les truies ont avorté et celles qui ont pu mettre bas ont eu des porcelets rachitiques. Le jour de la pulvérisation, les chevaux de labour ont été pris de diarrhées et se jetaient par terre, certains sont morts. » Luis a pris des photos et prélevé des échantillons des plantes affectées, qu'il a fait analyser par un laboratoire de l'université de Santa Fé. « J'ai beaucoup réfléchi avant de faire ce travail, avoue-t-il, car je savais que je courais des risques. » « Tous les agronomes du ministère de la Production ont refusé, confirme Felipe. Nous avons dû affronter la police et les politiciens qui voulaient nous faire taire. Certains voisins ont renoncé à porter plainte et ont préféré partir dans les bidonvilles de Formosa.

– Monsanto dit que le soja transgénique peut cohabiter avec les cultures vivrières. Qu'en pensez-vous ?

– C'est impossible, me répond Luis, surtout dans des zones comme celle-ci, où les petits producteurs sont entourés de grandes extensions d'OGM. Si un événement comme celui-là venait à se reproduire, je ne sais pas combien de petits producteurs resteraient sur leurs terres.

– Le problème, c'est aussi la finalité de ce modèle de production, poursuit Felipe : ceux qui font du soja transgénique n'ont qu'un but commercial, ils ne vivent pas sur place et ils n'ont donc pas à souffrir des dégâts collatéraux ;

tandis que nous, nous produisons pour vivre, nous faisons attention à l'environnement et à la qualité de la production, parce que nous la consommons ou la vendons sur les marchés. Cette technologie transgénique n'est pas au service du paysan, mais d'une entreprise économique dont les promoteurs sont prêts à tout pour s'enrichir. »

Expulsions et déforestation

Milli est une petite communauté rurale de quatre-vingt-dix-huit familles qui vit sur un territoire de 3 000 hectares semi-arides à une soixantaine de kilomètres de Santiago del Estero, dans le nord de l'Argentine. On y arrive par une piste rouge cabossée, qui serpente à travers une steppe d'arbustes d'où émergent de rares *quebrachos*, ces arbres au bois si précieux qu'ils sont menacés de disparition. Ce paysage est typique de la région du Gran Chaco, qui s'étend jusqu'à la frontière bolivienne.

« Ici, on l'appelle tout simplement *El Monte*, m'explique Luis Santucho, l'avocat de l'organisation paysanne MOCASE, qui me reçoit en avril 2005. Jusqu'à l'arrivée des OGM, personne ne convoitait ces terres pauvres, où vivent en autarcie des milliers de petits paysans depuis plusieurs générations. » Luis Santucho a tenu à me faire rencontrer les responsables de la communauté de Milli, dont la survie est menacée par l'appétit des producteurs de soja, lesquels n'ont de cesse de repousser la frontière agricole toujours plus vers le nord. Un an avant ma visite, un juge du Chaco a débarqué, avec des hommes en armes et des bulldozers. « Ce sont des terres communautaires sans titre de propriété, précise Luis, mais avec l'argent du soja, toutes les magouilles sont possibles. » Ce jour-là, les habitants de Milli ont réussi à repousser les assaillants en barrant les chemins. Les *sojeros* ont alors changé de tactique. Ils ont essayé de diviser la communauté, en proposant d'acheter comptant dix hectares à quelques familles, qui ont hésité, car elles n'avaient jamais imaginé posséder un jour tant d'argent.

« Cela a semé la zizanie, raconte Luisa, mais nous n'avons pas accepté, car ces terres sont communautaires, elles n'appartiennent à personne en particulier. Et puis, où serions-nous allés ? Ici, la vie est dure, mais nous mangeons tous les jours à notre faim. » Dans la cour de terre battue, courent des poules, des canards et une portée de cochons noirs. Près du ruisseau, derrière la petite baraque, paissent une vache et un cheval. Chaque famille cultive du manioc, des patates, un peu de riz ou de maïs. « *El Monte*, c'est un mode de vie, m'explique Luis Santucho, mais aussi une grande biodiversité végétale et animale, aujourd'hui menacée. »

De fait, la province de Santiago del Estero affiche – triste privilège – l'un des taux de déforestation les plus élevés du monde. Chaque année, en moyenne, 0,81 % de la forêt est arrachée, contre 0,23 % au niveau planétaire. C'est ainsi qu'entre 1998 et 2002, 220 000 hectares sont littéralement partis en fumée pour être plantés en soja RR[a]. « Entre 1998 et 2004, 800 000 hectares ont été arrachés en Argentine, m'explique Jorge Menéndez, directeur des forêts au secrétariat à l'Environnement et au développement durable. La situation est si préoccupante qu'elle m'empêche de dormir. Tous les *bosques nativos* (forêts primitives) sont menacés : ce sont des forêts d'une grande biodiversité, dont la faune et la flore sont antérieures à la découverte des Amériques. Certaines espèces animales, comme les pumas, jaguars, chats des Andes et tapirs, ne peuvent vivre hors de cet écosystème spécifique. Si nous n'imposons pas des règles au développement du soja, ces dégâts seront irréparables.

– Ce n'est pas le rôle de votre secrétariat de définir ces règles ?

– Si, mais nous ne pesons pas lourd… »

Pour se rendre compte de l'ampleur de la catastrophe, il suffit d'emprunter la Ruta nacional 16, en direction de Salta ou du Chaco. Régulièrement, des troncs d'arbres sont empilés le long des bas-côtés. Parfois, une fumée noire trahit l'activité des *carboneros*, généralement des petits paysans qui ont fini par lâcher leurs terres et qui louent leurs bras pour survivre.

Cynisme absolu : chassés par la bête, ils en sont réduits à la nourrir. Un gardien surveille l'accès au site. Je parlemente. Il me laisse passer. Le 4 × 4 s'enfonce dans un chemin de désolation. À perte de vue, un amas infâme d'arbustes broyés, d'arbres déchiquetés et de buissons éventrés. « Les bulldozers… », murmure Guido Lorenz, la voix étranglée. Guido est un géographe allemand qui travaille à l'université de Santiago del Estero. Avec Pedro Colonel, un ingénieur des eaux et forêts, il sillonne régulièrement la région pour mesurer l'évolution du fléau. Nous nous approchons des fours à charbon. Des hommes noirs de suie sont en train de décharger des charrettes de bois. Rumeur de tango. Le « chef » m'explique qu'il était chômeur et qu'il a trouvé ce boulot pour deux ans. Il s'agit de « démonter » une parcelle de 1 600 hectares qui appartient au fils du gouverneur de la province voisine de Tucumán. Le gouverneur lui-même possède plusieurs milliers d'hectares, non loin d'ici. « On arrache, on brûle, puis on plantera du soja », me dit l'homme sans âge.

a Sur la même période, 118 000 hectares étaient arrachés dans la province voisine du Chaco, et 170 000 dans celle de Salta.

Nous poursuivons notre route. Guido et Pedro ont eu vent d'une vaste opération de déforestation illégale, à une centaine de kilomètres d'ici. Il s'agit d'une parcelle de 24 000 hectares, récemment acquise par un investisseur. Sur le papier, la loi argentine est très stricte : pour pouvoir arracher, les propriétaires doivent se procurer un permis fixant le pourcentage de déforestation autorisé, selon le type de sol. Dans ce secteur, classé comme « fragile », celui-ci ne saurait dépasser les 15 %. « Mais encore une fois, déplore Pedro, l'argent du soja permet tous les arrangements. » Concrètement, la corruption et l'absence de sanctions font le bonheur des bulldozers, qui sèment la désolation à perte de vue.

« Ils disent qu'ils font reculer la frontière agricole, mais en fait ils laissent un désert, poursuit l'ingénieur des eaux et forêts. Ils vont cultiver du soja pendant un an ou deux, puis ils seront forcés de partir : la fertilité de ce sol est liée à une végétation millénaire ; quand elle disparaît, les sols s'appauvrissent très vite.

– C'est un environnement fragile, parce que nous sommes ici en zone de climat aride ou semi-aride, explique Guido. La déforestation entraîne une baisse des réserves de matières organiques, provoquant une érosion des sols qui perdent leur capacité à retenir l'eau. Au niveau d'un bassin, les eaux de ravinement provoquent des inondations dans d'autres zones. La déforestation est à l'origine des inondations exceptionnelles que nous avons connues récemment dans la province de Santa Fé. De plus, avec la technique du semis direct, le Roundup épandu reste à la surface du sol ; quand il pleut, les résidus d'herbicides sont emportés par les eaux de ruissellement et polluent d'autres secteurs du bassin : il y a une contamination des mammifères qui boivent l'eau, donc du lait des vaches, etc.

– Malheureusement, ce n'est pas le problème des *sojeros*, poursuit Pedro. Ce sont de grandes sociétés ou des chefs d'entreprise qui viennent de Santa Fé ou de Córdoba, et qui traitent le soja comme une matière première. Un sous-traitant envoie un homme avec une machine qui sème ; puis, un autre, avec un avion, qui épand ; enfin un autre, avec une moissonneuse qui récolte et sort les grains. Ils n'emploient aucune main-d'œuvre sur place, sauf au moment de l'arrachage pour ramasser le bois.

– Nous sommes vraiment dans une situation d'urgence, mais au niveau officiel, on ne l'a pas encore compris, conclut Guido. C'est très grave, car les dégâts sont irréversibles… »

14

Paraguay, Brésil, Argentine : la « République unie du soja »

« La bonne nouvelle, c'est que l'expérience pratique montre clairement que la coexistence entre les cultures OGM, conventionnelles et biologiques n'est pas seulement possible, mais qu'elle se déroule paisiblement partout dans le monde. »

MONSANTO, *The Pledge Report 2005*, p. 30.

C'est un petit bout de femme, au regard d'une infinie douceur, qui a compris dans sa chair que le soja transgénique était un ennemi mortel. Pour la rencontrer, en ce mois de janvier 2007, il faut rouler pendant huit heures, depuis Asunción, la capitale du Paraguay, en direction de la frontière argentine. Jusqu'à Iguazú, la Ruta 7 traverse un paysage de pampa verdoyante où paissent d'immenses troupeaux de bétail, parsemée de palmiers et de collines boisées. Et puis, on bifurque vers Encarnación, dans le département d'Itapuá. À perte de vue, des centaines d'hectares de soja RR qui s'étendent, au nord, vers le Brésil tout proche et, au sud, jusqu'à la province argentine de Formosa.

Silvino, onze ans, tué par le Roundup au Paraguay

À quarante-six ans, Petrona Talavera me reçoit dans son humble masure, située au bout d'une piste de terre rouge qui sillonne au milieu des OGM de Monsanto. « C'est sur ce chemin que mon fils Silvino a trouvé la mort, murmure-t-elle, en me tendant un gobelet de *mate* en guise de bienvenue. Je me battrai jusqu'au bout pour que les enfants paraguayens cessent d'être empoisonnés par une agriculture qui tue. » À ses côtés, Juan, son mari, avec qui elle a élevé onze enfants, écoute en silence.

C'était le 2 janvier 2003. Le petit Silvino, onze ans, rentrait chez lui à vélo, après avoir effectué quelques courses – des pâtes et un morceau de viande – dans la seule échoppe du secteur, située à plusieurs kilomètres de la maison. En chemin, il est littéralement arrosé de Roundup par les « ailes » d'un *mosquito*, conduit par un *sojero* du nom de Herman Schelender. « Il est arrivé trempé, se plaignant de nausées et d'une violente migraine, me raconte Petrona. Je lui ai dit de se coucher et j'ai préparé le repas avec les pâtes et la viande. Je ne savais pas que ce produit était si dangereux... Dans l'après-midi, toute la famille a été prise de vomissements et de diarrhées. Quant à Silvino, il allait de plus en plus mal et j'ai dû le faire hospitaliser. » Après trois jours de soins intensifs, l'enfant regagne son domicile, mais le lendemain, un autre producteur de soja, Alfredo Laustenlager, décide de procéder à l'épandage de son champ, situé à quinze mètres de la masure familiale. Silvino n'a pas survécu à ce nouvel empoisonnement. Il est mort, le 7 janvier, à l'hôpital.

Commence alors pour Petrona un dur combat pour que ce crime ne reste pas impuni. Soutenue par la Conamuri (Coordinadora nacional de organizaciones de mujeres trabajadoras rurales e indígenas – Coordination nationale d'organisations de femmes travailleuses rurales et indigènes), elle porte plainte au tribunal d'Encarnación. En avril 2004, les deux *sojeros* sont chacun condamnés à deux ans de prison et à une amende de 25 millions de guaranis. Une première nationale. Dans son jugement, le tribunal établit que l'enfant est mort des suites d'une intoxication par un produit agrotoxique, qu'il « a absorbé par les voies respiratoires et orales, mais aussi par la peau ». Les deux *sojeros* font appel, grâce au soutien de la CAPECO, l'association des grands producteurs de soja, version paraguayenne de l'ASA américaine ou de l'AAPRESID argentine. La peine est confirmée en juillet 2006, mais ils vont en cassation.

En décembre 2006, le pourvoi est rejeté, mais au moment de ma visite chez Petrona, en janvier 2007, ils étaient toujours en liberté. Pendant les trois ans de procédure, un collectif d'ONG s'est créé qui organise régulièrement des actions pour que l'affaire ne soit pas enterrée. « Les *sojeros* sont très puissants, soupire Petrona, plus puissants que le gouvernement. Ils m'ont menacée de mort. Ils ont acheté plusieurs de nos voisins pour nous rendre la vie impossible et nous forcer à partir. Mais pour aller où ? Dans un bidonville ? Silvino avait une camarade de classe qui est morte récemment des suites d'une intoxication, mais la famille n'a pas porté plainte, par peur des représailles et par manque de moyens. Combien d'enfants paraguayens sont déjà morts dans la plus grande indifférence ? »

Difficile de répondre à cette question. Au ministère de la Santé, le docteur Graciela Camarra admet que la pollution au Roundup est devenue un vrai problème de santé publique, mais qu'il est pour l'heure impossible de recenser les victimes. « Nous essayons de mettre en place un système de veille pour que nous soyons informés dès qu'apparaît un cas suspect, mais ce n'est pas simple, m'explique-t-elle. J'ai connu le cas de deux enfants qui sont morts après avoir mangé des fruits aspergés d'herbicide. Et puis celui du petit Antonio Ocampo Benítez, dont la presse s'est fait l'écho, qui a failli mourir après s'être baigné dans une rivière polluée. Il y a eu un autre drame dans une communauté indigène du département de San Pedro, où trois enfants ont succombé aux épandages. Au ministère de la Santé, nous essayons de convaincre nos collègues du ministère de l'Agriculture de faire appliquer les règles de bon usage de l'herbicide, mais face aux *sojeros*, personne ne fait le poids... Pourtant, nous sommes tous concernés, même ici à Asunción, car les fruits et légumes que nous achetons viennent tous de la campagne... »

La contrebande des semences

« La production de soja par habitant nous place au premier rang mondial, avec une moyenne de 727 kg par tête », déclarait sans complexe Tranquilo Favero, le 12 juin 2004, dans une interview au quotidien argentin *Clarín*, lequel, on l'a vu, est un fervent supporter des OGM. Et le « roi du soja » paraguayen de préciser qu'il contribuait largement à ce record, puisqu'il exploitait à lui tout seul 50 000 hectares dans les départements d'Alto Paraná et Amambay...

Bienvenue au Paraguay, qui, en dix ans, s'est « élevé » au rang de sixième producteur mondial de soja et de quatrième exportateur ! De 1996 à 2006, les surfaces consacrées à la culture de l'oléagineux sont passées de moins d'un million d'hectares à deux millions, soit une progression de 10 % par an. Pour faire bonne mesure, le journaliste du grand quotidien de Buenos Aires s'est empressé de rappeler que le « boom paraguayen » était dû au « modèle d'exploitation » fourni gracieusement par l'AAPRESID, l'association argentine des grands *sojeros*, proche, comme on l'a vu, de Monsanto. S'il avait poussé la franchise jusqu'au bout, il aurait pu ajouter que ladite organisation ne s'était pas contentée de transmettre à ses homologues de la CAPECO la technique du semis direct, mais aussi les semences illégales de soja RR. De fait, aucune loi paraguayenne n'autorisait en 2004 – et c'était toujours vrai en 2007 – la culture des OGM, qui couvraient pourtant près de la moitié des terres cultivées.

« Comment cela est-il possible ? » La question fait sursauter Roberto Franco, le ministre adjoint de l'Agriculture que je rencontre à Asunción le 17 janvier 2007. Il semblait ravi de me recevoir, tant il est rare que des journalistes européens s'intéressent à son pays, étouffé pendant plus de quarante ans par la dictature d'Alfredo Stroessner (1954-1989).

« Les semences transgéniques sont entrées de manière irrégulière, lâche-t-il avec un sourire nerveux. C'est ce que nous appelons la *bolsa blanca*, parce qu'elles sont arrivées dans des sacs blancs, sans aucune indication de provenance...

– Mais elles venaient d'où ?

– Euh, principalement d'Argentine, mais aussi un peu du Brésil...

– Qui a organisé la contrebande ?

– Les grands producteurs de soja paraguayens, qui ont des liens étroits avec leurs collègues argentins...

– Pensez-vous que Monsanto a joué un rôle dans cette contrebande ?

– Euh... Nous n'avons aucune preuve... Mais il n'est pas impossible que les firmes impliquées dans cette technologie aient soutenu la promotion de leurs variétés... Face à cette situation, le gouvernement a dû réagir, car nous exportons la quasi-totalité de nos grains, dont 23 % vers l'Union européenne, qui exige que les produits agricoles soient étiquetés s'ils contiennent des OGM. Or nous n'avions aucun moyen de savoir si le soja était transgénique ou non. Pour éviter de perdre nos marchés – le soja représente 10 % de notre PNB –, nous avons donc dû... légaliser les cultures illégales...

– En clair, le gouvernement a été mis devant le fait accompli ?

– Oui... Nous avons le même problème aujourd'hui avec le coton Bt, qui est en train de se propager sans autorisation officielle ni loi pour l'encadrer.

– Vous ne pensez pas que ce fut un piège ?

– Euh... Nous ne sommes pas les seuls, le Brésil a connu le même sort que nous... »

Étrange coïncidence, en effet. En 1998, alors que le soja RR envahit les prairies nord-américaines et la pampa argentine, Monsanto ronge son frein au Brésil, deuxième producteur mondial de l'oléagineuse. Un recours déposé par

Greenpeace et l'IDEC (l'Institut brésilien de défense du consommateur) suspend provisoirement la mise sur le marché des OGM, au motif que celle-ci, « sans aucune étude préalable sur l'impact environnemental et sur le risque pour la santé des consommateurs, viole le principe de précaution de la Convention sur la biodiversité », signée en 1992 à... Rio de Janeiro.

Par un heureux hasard, la contrebande s'organise dans l'État brésilien de Rio Grande Do Sul : des semences sont importées clandestinement de l'Argentine toute proche, ce qui leur vaut d'être surnommées « Maradona ». Soutenue par l'AAPRESID, l'APASSUL (Association des producteurs de semences de l'État du Rio Grande do Sul) organise de généreuses *churrascadas*, des barbecues, pour promouvoir les cultures transgéniques, au nez et à la barbe des pouvoirs publics, qui laissent faire. « Il n'est pas rare de voir dans les champs brésiliens des techniciens argentins venus prêter main-forte à leurs collègues locaux », rapportait ainsi en 2003 Daniel Vernet, journaliste au *Monde*, qui citait le témoignage de Odacir Klein, le secrétaire d'État à l'Agriculture de l'État de Rio Grande do Sul : « La police fédérale fait des contrôles dans les fermes et sur les routes pour verbaliser les contrevenants, puis transmet les plaintes à la justice, qui, dans la quasi-totalité des cas, ne poursuit pas [1]. »

Résultat : lorsqu'en 2002 Luis Inácio Lula da Silva, dit « Lula », brigue pour la quatrième fois la présidence de la République, en faisant campagne contre les OGM, ceux-ci se sont déjà répandus dans tout l'État de Rio Grande do Sul, mais aussi dans les États voisins du Parana et du Mato Grosso do Sul. Neuf mois après l'installation de l'élu du Parti des travailleurs au palais présidentiel du Planalto à Brasilia, la Commission européenne adopte deux règlements, le 22 septembre 2003, sur la traçabilité et l'étiquetage des OGM pour les produits alimentaires destinés à la consommation humaine et animale. Comme au Paraguay, cette décision menace directement les exportations du Brésil, incapable de faire la distinction entre le soja conventionnel et le soja transgénique, puisque ce dernier n'existe pas officiellement.

Trois jours plus tard, Lula signe un décret autorisant – provisoirement – la vente du soja RR pour la récolte 2003, puis la plantation et la commercialisation pour la saison 2004 [a]. Il propose une amnistie à tous les producteurs d'OGM, invités à sortir du bois en déclarant leurs récoltes pour pouvoir organiser l'indispensable ségrégation. La décision provoque un tollé chez les organisations paysannes et écologistes, mais aussi au sein du Parti des travailleurs, qui s'était engagé à ne pas libérer les semences transgéniques tant que leur

a Le décret a été reconduit en octobre 2004. Puis, en mars 2005, la chambre basse du Congrès brésilien a adopté une loi autorisant définitivement les cultures transgéniques.

impact environnemental, sanitaire et sociétal n'aurait pas été sérieusement évalué.

Conscient des conséquences funestes que ne manquera de provoquer la « sojisation » en marche, João Pedro Stedile, le chef du Mouvement des paysans sans terre (MST), traite alors Lula de « transgénique de la politique », tandis que Marina Silva, la ministre de l'Environnement, envisage sérieusement sa démission. Pour les adversaires des OGM, le décret présidentiel signe l'abdication du nouveau gouvernement devant l'agrobusiness, incarné par le ministre de l'Agriculture Roberto Rodrigues, et surtout devant Monsanto...

Passez à la caisse !

Cela fait longtemps, en effet, que la compagnie de Saint Louis est dans les *starting-blocks*. Toute sa stratégie au Brésil prouve qu'elle avait largement anticipé la « sojisation » – et, au-delà, la « transgénisation » – du pays. Présente depuis les années 1950 au Brésil, où elle commercialisait ses herbicides, elle avait ouvert sa première usine de production de glyphosate en 1976, à São Paulo. Mais, dans les années 1990, alors que son soja RR se répand illégalement, elle se lance dans la construction d'un nouveau site de production que sa page Web brésilienne présente avec toute l'emphase requise : « En décembre 2001, Monsanto a inauguré, dans le pôle pétrochimique de Camaçari (Bahia), la première unité de la compagnie conçue pour produire les matériaux bruts pour l'herbicide Roundup en Amérique latine. L'usine de Camaçari, qui correspond à un investissement de 500 millions de dollars, [...] est la plus grande jamais installée par Monsanto à l'extérieur des États-Unis. [...] C'est aussi la seule produisant les éléments constitutifs du Roundup. La production alimentera les usines de São José dos Campos, Zarate (Argentine) et Anvers (Belgique). Auparavant, ces usines recevaient les produits de base des États-Unis [2]. »

Tandis qu'elle adaptait sa capacité de production de Roundup à l'énorme marché qu'elle cherchait à développer, la multinationale mettait la main sur les semences brésiliennes, en achetant, dès 1997, Agroceres, la plus grande entreprise semencière du Brésil, ou à travers les filiales brésiliennes des semenciers américains qui étaient tombés dans son escarcelle aux États-Unis, comme Cargill Seeds, DeKalb et Asgrow. En 2007, Monsanto était le premier fournisseur de semences de maïs au Brésil et le second pour le soja, juste après l'EMBRAPA, l'Institut national de la recherche agricole, qui se battait âprement pour sa survie...

Enfin, dernière étape de la stratégie, soigneusement calculée : la collecte de royalties, d'abord au Brésil, puis au Paraguay et, enfin, en Argentine. Banco ! À peine Lula avait-il légalisé les cultures illégales que Monsanto entreprenait des négociations avec les producteurs, les exportateurs et les transformateurs de la précieuse graine, en brandissant ses droits de propriété intellectuelle sur le gène RR. Devant les menaces de couper l'approvisionnement en semences, ceux-ci ne résistèrent pas longtemps : dès janvier 2004, ils signaient un accord prévoyant que la collecte des royalties s'effectuerait au moment où les producteurs livrent leurs récoltes dans les silos des négociants et exportateurs de soja, comme Bunge ou Cargill, le géant américain, dont Monsanto avait justement racheté les opérations extérieures... Le montant des royalties était fixé à dix dollars la tonne la première année, puis à vingt dollars pour la récolte 2004. Quand on sait qu'en 2003, 30 % du soja brésilien était transgénique, ce qui représentait environ 16 millions de tonnes récoltées, le calcul est simple : pour cette seule première année, les « droits de propriété intellectuelle » ont rapporté 160 millions de dollars à la firme de Saint Louis...

En octobre 2004, c'est aux producteurs paraguayens de passer à la caisse. À dire vrai, ils n'opposent pas non plus beaucoup de résistance, car finalement le paiement officiel de royalties entérine leur triomphe. L'accord prévoit un versement initial de trois dollars par tonne de soja, censés doubler dans un délai de cinq ans. Comme au Brésil, la taxe sera prélevée lors de la livraison des récoltes par les négociants, qui la reverseront à Monsanto, après avoir déduit une commission. Une semaine plus tard, le 22 octobre 2004, le ministre de l'Agriculture Antonio Ibáñez publie une circulaire autorisant la vente de quatre variétés de soja transgénique appartenant à Monsanto...

« En fait, dans cette affaire, le gouvernement s'est contenté de légaliser le délit ?, ai-je demandé à Roberto Franco.

– Euh, disons que nous avons accompagné le mouvement, bafouille le ministre-adjoint de l'Agriculture paraguayen... Ce sont les grands producteurs qui ont mené directement les négociations avec Monsanto. Ce n'est pas comme en Argentine où, dès le début, le gouvernement a conduit le dossier des royalties... »

Certes. Et on peut dire qu'en Argentine, Monsanto est tombé sur un os qui, depuis 2004, empoisonne ses relations avec son fidèle allié du Rio de la Plata. On se souvient que, lors du lancement de son soja RR, la compagnie avait fait preuve d'une infinie générosité en acceptant que les producteurs ne paient pas de royalties sur les semences. Huit ans plus tard, on estimait que seules 18 % des semences utilisées étaient certifiées, c'est-à-dire achetées au prix fort chez des négociants inféodés à Monsanto par le jeu des licences, le reste étant des graines sauvegardées ou achetées sur le marché noir. Monsanto n'a pas bougé, jusqu'en janvier 2004. Puis, subitement, la compagnie a menacé de se retirer d'Argentine si tous les producteurs ne payaient pas la « taxe technologique ».

Dans un premier temps, Miguel Campos, le secrétaire d'État à l'Agriculture, n'a pas tiqué. Il a même proposé de créer un « fonds de royalties », alimenté par un impôt que le gouvernement prélèverait auprès des producteurs et reverserait à Monsanto, soit la bagatelle de 34 millions de dollars par an... Pour entrer en vigueur, la mesure devait être approuvée par le Congrès, qui a traîné les pieds par crainte de se fâcher avec le secteur agricole. « Il n'est pas question que nous payions quoi que ce soit, m'a ainsi déclaré en avril 2005 Eduardo Buzzi, le président de la Fédération agraire argentine. D'abord, Monsanto n'a pas fait breveter son gène ici ; et puis, les paysans sont protégés par la loi 2247, qui garantit ce qu'on appelle le "principe d'exception du fermier", c'est-à-dire le droit pour celui-ci de ressemer une partie de sa récolte, même si les semences d'origine sont certifiées par des sélectionneurs. Il n'y a pas de raison que Monsanto jouisse d'un statut particulier.

– Pourtant, au début, votre organisation a encouragé le développement du soja transgénique ?

– C'est vrai, nous nous sommes complètement fait avoir ! Comment imaginer autant de cynisme ? La compagnie avait tout planifié à long terme, s'appuyant sur l'AAPRESID, une association qu'elle finance pour promouvoir ses produits, avec la complicité de fonctionnaires du gouvernement et des moyens de communication. Tout avait été calculé, y compris la contrebande vers le Paraguay et le Brésil, et nous sommes tombés dans le panneau !

– C'est la guerre ?

– Oui, la guerre des semences, sauf que, pour nous, il ne s'agit pas d'engranger des dividendes pour satisfaire les actionnaires, mais de vivre tout simplement... »

Quelques jours après notre rencontre, Eduardo Buzzi s'est envolé pour Munich, où siège l'Office européen des brevets, pour défendre sa cause. En effet, le 14 mars 2005, Monsanto adressait une lettre aux exportateurs de soja, les informant que la compagnie allait « poursuivre toute cargaison de grains, de farine ou d'huile de soja quittant les ports argentins à destination des pays dans lesquels le gène RR est breveté ». Pour cela, elle demandera « l'assistance des douanes afin de prélever des échantillons et détecter la présence du gène ». Si le test est positif, elle poursuivra les exportateurs devant les tribunaux européens, en réclamant une amende de quinze dollars par tonne, en sus des frais de justice. Pour l'heure, si l'Office européen des brevets a accordé un brevet sur le gène RR, seuls cinq pays reconnaissent celui-ci : la Belgique, le

Danemark, l'Italie, les Pays-Bas et l'Espagne. À eux seuls, en 2004, ils ont importé 144 000 tonnes de grains et près de 9 millions de tonnes de farine de soja d'Argentine. « La demande de Monsanto est complètement illégale, s'étrangle Miguel Campos. Le brevet ne porte que sur les semences, mais pas sur les grains, la farine ou l'huile ! Les lois européennes ne permettent pas à Monsanto de collecter des royalties sur des produits argentins ! »

À voir... Car, bien sûr, la compagnie de Saint Louis affirme, elle, que le gène lui appartient quel que soit l'endroit où il se trouve, dans la plante comme dans les produits dérivés de celle-ci. Et, à partir du moment où on accepte de mettre le doigt dans l'engrenage infernal du brevetage du vivant, le raisonnement paraît logique... En attendant, la multinationale n'a pas attendu pour mettre ses menaces à exécution : dès juin 2005, elle faisait arraisonner des bateaux en Hollande et au Danemark, puis, début 2006, trois cargaisons de farine de soja en Espagne. Les affaires ont été portées devant la justice européenne de Bruxelles. Ces précédents menacent sérieusement les exportations argentines, car, pour éviter des tracas à l'issue incertaine, les négociants européens ont commencé à se tourner vers d'autres sources d'approvisionnement. « C'est injuste, insiste Miguel Campos, car Monsanto a largement profité de l'audace de l'Argentine qui a autorisé ses semences à un moment où elles étaient très controversées. Et c'est grâce à l'Argentine que la compagnie a pu faire des avancées vers d'autres pays du continent... »

Les nouveaux conquistadors

Retour au Paraguay. L'« avancée » dont parle pudiquement le secrétaire Campos prend ici des allures de catastrophe écologique et sociale. « C'est une nouvelle conquête, déplore Jorge Galeano, le président du Mouvement agraire populaire (MAS). Rien ne semble pouvoir arrêter les *sojeros*, qui ont recours à la même brutalité que les conquistadors pour accroître leur empire. » Lors de ma visite en janvier 2007, le leader paysan a tenu à me montrer la dernière ligne de la « frontière du soja » qui ne cesse de progresser vers l'intérieur du pays. Nous sommes partis en 4 × 4 de Vaquería, une petite ville située à deux cents kilomètres au nord-est d'Asunción, dans le département de Caaguazú. Puis nous avons roulé sur des pistes rouges à travers un paysage vallonné et boisé d'une étonnante beauté. En chemin, nous avons croisé des Indiens guaranis, transportant des fagots de bois ; ici et là, de petites maisons au toit de chaume, perdues au milieu de la végétation luxuriante ; une rivière où s'ébrouaient des enfants nus sous le soleil brûlant. « Tout pousse ici, me dit Jorge, le maïs, la cassava, les patates douces, toutes sortes de haricots, le manioc, la canne à sucre, les fruits, comme les agrumes ou les bananes, le mate. Les familles vivent en autarcie sur un minuscule lopin de terre, car nous attendons toujours la réforme agraire que le soja menace définitivement. »

Et de me rappeler l'histoire de son pays, l'un des plus pauvres d'Amérique latine, où 2 % de la population détient 70 % des terres. Une injustice criante qui remonte à l'époque de la conquête espagnole, mais qui a été accentuée par la guerre de 1870 contre la Triple Alliance, où le Paraguay dut s'incliner devant l'Argentine, le Brésil et l'Uruguay. Pour s'acquitter des réparations réclamées par les vainqueurs, le gouvernement d'Asunción a bradé les terres du domaine public, en privatisant, entre 1870 et 1914, quelque 26 millions d'hectares, au profit d'entreprises et de citoyens brésiliens et argentins. De cette époque, subsistent encore des domaines faramineux de... 80 000 hectares. À partir de 1954, la dictature d'Alfredo Stroessner accentue encore la concentration des terres, au détriment des petits paysans : 12 millions d'hectares tombent dans les mains des alliés de ce général sanguinaire, fils d'un brasseur bavarois, qui les distribue à des caciques locaux ou à des compagnies étrangères, moyennant de juteux pots de vin. Dans les années 1970, lors de la première expansion du soja (non transgénique), un nouveau détournement de la réforme agraire, sans cesse repoussée, se solde par la vente d'immenses territoires du domaine public à des producteurs brésiliens du Rio Grande do Sul ou de la région de Parana, les fameux « Brésiguayens », qui organiseront, vingt ans plus tard, le trafic de semences RR. On estime aujourd'hui que 60 000 producteurs se partagent le gâteau transgénique, dont 24 % sont paraguayens, le reste étant des étrangers d'origine brésilienne, allemande et japonaise [a], ou des « investisseurs internationaux, qui placent leur argent dans le nouvel or vert », pour reprendre l'expression du vice-ministre de l'Agriculture, Roberto Franco. En clair : des compagnies étrangères qui achètent d'immenses propriétés pour planter des OGM, n'hésitant pas à chasser, par tous les moyens, les petits paysans qui se trouvent sur leur chemin.

« Regarde, me dit Jorge Galeano, c'est ici qu'arrive, aujourd'hui, la frontière du soja. » La vision est saisissante. Nous marchons désormais sur un sentier rectiligne qui court sur plusieurs kilomètres. À notre gauche, vers l'est, du soja à perte de vue d'où émergent rarement de minuscules bosquets. À notre droite, le paysage arboré et riche en biodiversité que nous avons traversé pendant deux bonnes heures. « Il y a moins de deux ans, ces vastes territoires étaient peuplés par des communautés paysannes et indigènes qui ont toutes

---

a L'Agence de coopération internationale du Japon encourage l'implantation de colons japonais.

fini par partir, m'explique Jorge. La technique des *sojeros* est toujours la même : d'abord, ils prennent contact avec les familles, en leur offrant de la nourriture et des jouets pour l'anniversaire des enfants. Puis ils reviennent et leur proposent de louer leurs lopins de terre en signant un contrat de trois ans. Les familles restent vivre sur place, en gardant un petit espace pour leurs cultures vivrières. Mais, très vite, elles sont affectées par les épandages, alors les *sojeros* leur proposent d'acheter carrément leurs terres. Comme ces terres n'ont généralement pas de titre de propriété, car elles sont destinées à la réforme agraire qui n'a jamais eu lieu, les producteurs achètent des fonctionnaires bien placés à Asunción et deviennent ainsi les propriétaires légaux des terrains ainsi "libérés", comme ils disent. Arrivent alors les bulldozers qui détruisent tout l'habitat naturel de ces territoires très fertiles et, l'année d'après, c'est la monoculture qui s'installe. C'est pourquoi je dis que c'est une nouvelle conquête, car l'expansion du soja est basée sur l'élimination pure et simple de communautés humaines et de modes de vie.

– Est-ce que ce phénomène est réversible ?

– Malheureusement, non ! À supposer que les petits paysans puissent un jour récupérer ces terres, celles-ci seront tellement contaminées par les produits chimiques qu'il faudra attendre des années avant de retrouver la qualité initiale des sols. Le soja transgénique est vraiment une entreprise de mort contre laquelle nous avons décidé de nous opposer quel qu'en soit le prix à payer... »

Les gros bras du soja et la répression

Contrairement à l'Argentine où l'expansion transgénique rencontre peu de résistance organisée, au Paraguay, les actions collectives contre le soja RR se sont multipliées à partir de 2002. Regroupées au sein du Front national pour la souveraineté et la vie, les organisations paysannes comme le MAS de Jorge Galeano ou le MCP (Movimiento campesino paraguayo) et les associations de la société civile comme la CONAMURI, à laquelle appartient Petrona Talavera, mènent campagne contre la sojisation du pays. Il ne se passe pas une semaine sans que soit organisée une manifestation, un blocage de route ou une occupation de terres pour freiner l'« avancée » des OGM de Monsanto.

Face à cette situation, le gouvernement du président Nicanor Duarte a choisi de répondre par la répression et la criminalisation du mouvement anti-soja. Depuis 2002, des centaines de paysans ont été incarcérés, et une dizaine assassinés. Dans certains cas, la police locale se comporte ouvertement comme une milice armée à la solde des *sojeros*, n'hésitant pas à tirer à vue sur les opposants. Comme ce jour de février 2004, où un camion transportant une cinquantaine de paysans venus bloquer la mise en route de *mosquitos* dans le département de Caaguazú, fut mitraillé par des fusils M16, faisant deux morts et dix blessés graves. Un peu partout dans le pays, avec l'aval du président Duarte, de gros bras armés ont été recrutés pour protéger les engins d'épandage et les grandes propriétés de soja.

Persuadés de leur impunité, certains *sojeros* renouent avec les techniques éprouvées par la longue dictature de Stroessner, en faisant purement et simplement éliminer les leaders paysans trop encombrants. C'est ainsi que le 19 septembre 2005, deux policiers ont tenté d'abattre Benito Gavilán, à Mbuyapey, dans le département de Paraguari, en lui tirant une balle dans la tête. Celui-ci a miraculeusement survécu, mais a perdu un œil. Un peu partout, dans les secteurs qui bordent la « frontière du soja » que les producteurs essayent de déplacer toujours plus vers l'intérieur du pays, sont menées des opérations musclées, visant à déloger par la force les petits producteurs récalcitrants. Le 3 novembre 2004, dans le département de l'Alto Paraná, 700 policiers ont ainsi été mobilisés pour expulser 2 000 paysans sans terre qui campaient avec leurs familles face aux 65 000 hectares de soja RR récemment acquis par Agropeco, entreprise appartenant à un Paraguayen d'origine allemande et à un investisseur italien [3]. Le duo avait racheté l'immense domaine au fils du dictateur Stroessner, qui l'avait obtenu grâce à un détournement de la réforme agraire ! Les familles cultivaient une bande de terre longeant la Ruta 6. Lors de l'opération où treize paysans furent incarcérés, les cultures et le campement furent détruits.

Mais le symbole des méthodes dictatoriales qu'entraîne le modèle transgénique, c'est la communauté rurale de Tekojoja, située à soixante-dix kilomètres de Caaguazú, à quelques kilomètres de la « frontière du soja ». Cinquante-six familles y mènent un combat désespéré contre les appétits de deux puissants *sojeros* d'origine brésilienne, Ademir Opperman, un potentat local, et Adelmar Arcario, qui possède 50 000 hectares au Paraguay et cinq importants silos dans la région. Le 3 décembre 2004, les deux complices organisent une première tentative d'éviction des familles par la force, en faisant brûler des maisons et détruire vingt hectares de récoltes [4]. Mais, soutenues par le MAS, les familles résistent et réoccupent leurs terres.

Le 24 juin 2005, à cinq heures du matin, cent vingt policiers, appuyés par des miliciens privés recrutés par Opperman, prennent d'assaut la communauté, en présence de deux avocats qui exhibent un ordre d'expulsion signé par un juge. « C'étaient de faux titres de propriété acquis illégalement auprès de l'INDERT (Instituto nacional de desarrollo rural y de la tierra), m'explique Jorge Galeano, accouru sur les lieux dès qu'il fut informé de l'opération.

La Cour suprême d'Asunción a reconnu l'irrégularité de l'acquisition, en septembre 2006, mais depuis les familles vivent dans une très grande précarité. »

En ce jour de janvier 2007, celles-ci ont quitté leurs tentes en plastique pour se réunir sur le lieu du drame qui a bouleversé leur vie, espérant que mon reportage les protégera d'une nouvelle action violente. « Ce fut terrible, raconte une vieille dame édentée. Les policiers ont arrêté cent soixante personnes, dont quarante enfants. Nous avons passé plusieurs jours en prison. Quand nous avons été relâchés, nos maisons avaient été brûlées, nos récoltes détruites et nos animaux tués. Et puis, nous avions perdu deux compagnons... »

En silence, les familles se sont rapprochées de deux mausolées fleuris qui s'élèvent au milieu d'une clairière. « C'est ici qu'ont été assassinés Angel Cristaldo, qui avait tout juste vingt ans, et Leoncio Torres, un père de famille de quarante-neuf ans, qui essayaient de barrer la route aux bulldozers, explique Jorge Galeano. La police a d'abord voulu faire croire qu'ils étaient morts lors d'un affrontement entre forces de l'ordre et paysans armés, mais nous avons la preuve qu'il s'agit bien de meurtres. » De fait, le jour de l'assaut, un anthropologue canadien, Kregg Hetherington, qui enquêtait dans la communauté de Tekojoja, a été témoin de toute l'opération et pris des photos. Sur les clichés, dont Jorge m'a remis une copie, on voit les policiers en uniforme qui encadrent les camions, chargés du mobilier que les hommes d'Opperman ont pillé dans les modestes baraques en planches, avant que celles-ci ne soient la proie des flammes. Des hommes en armes s'affairent autour des tracteurs qui ravagent les cultures, tandis que des paysans aux mains nues essayent de freiner leur progression. Un homme en T-shirt bleu gît sur le sol, la poitrine ensanglantée. Un autre, également en T-shirt bleu, a le bras explosé. Visages ravagés par la douleur. « Je portais aussi un T-shirt bleu, murmure Jorge Galeano, les hommes d'Opperman se sont trompés de personne... » Grâce au témoignage de Kregg Hetherington, un mandat d'arrêt a été lancé contre le *sojero* qui, au moment de ma visite à Tekojoja, était en fuite...

Mais, déjà, il faut repartir, car à une dizaine de kilomètres de là, une autre communauté nous attend qui veut témoigner aussi de son désarroi : celle de Pariri, où survivent tant bien que mal plusieurs centaines de familles, encerclées par les champs d'OGM. Moi qui ai voyagé du nord au sud des Amériques, où les cultures transgéniques prolifèrent, je n'avais jamais vu autant de soja. C'est un océan vert qui occupe le moindre espace jusqu'au parvis en terre battue de la petite église où se sont réunis les habitants de Pariri. Un homme s'approche de Jorge avec son fils d'une dizaine d'années, dont les jambes sont couvertes de brûlures. Pour se rendre à l'école, le petit doit traverser un champ de soja qui vient d'être arrosé de Roundup. Une femme se plaint de migraines persistantes, une autre de vomissements, un homme dit qu'il n'a plus la force de travailler depuis que les épandages ont repris. « Que pouvons-nous faire ?, interroge un vieil homme. Partir, comme l'ont déjà fait une quarantaine de familles ? Pour faire les poubelles dans un bidonville ? Aidez-nous ! »

Jorge est ému. Je suis en colère. J'allume une cigarette et j'écoute le discours qu'il improvise devant ces hommes et ces femmes qui crèvent pour que les cochons et les poulets de la grande Europe puissent manger du soja, parce que nous ne sommes plus fichus de les nourrir avec des aliments produits localement. « Ne partez pas !, s'écrie Jorge. Il faut résister au modèle de production transgénique que veulent nous imposer les multinationales comme Monsanto et qui conduit à une agriculture sans agriculteurs. L'agriculture familiale telle que nous la pratiquons fait travailler cinq personnes sur chaque hectare cultivé, tandis que le soja RR n'emploie qu'un ouvrier à temps plein sur vingt-cinq hectares [a]. À terme, l'objectif de Monsanto est de contrôler la production de la nourriture du monde, et c'est pour cela qu'elle veut nous empêcher de pratiquer notre métier. Nous ne voulons pas du modèle transgénique, parce qu'il est criminel : il pollue l'environnement, détruit les ressources naturelles, crée le chômage, la misère, l'insécurité et la violence. Il nous rend dépendants de l'extérieur pour quelque chose d'aussi fondamental que la nourriture : il tue la vie, mais une fois qu'il s'est installé, il est très difficile de revenir en arrière, c'est pourquoi nous devons lutter, pour nous et surtout pour l'avenir de nos enfants... »

La dictature du soja

Le 23 janvier 2007, Tomás Palau me reçoit dans une maison familiale située à une centaine de kilomètres d'Asunción, où il a pris l'habitude de se retirer pour écrire et lire loin de la fureur de la capitale. Ce jour-là, le sociologue spécialiste des questions agraires entame un article sur la « République unie du soja », un slogan publicitaire lancé début 2004 par Syngenta, le concurrent suisse de Monsanto. Sur le document, qui a été diffusé dans tout le Cône Sud, on voit une carte verte réunissant la Bolivie, le Paraguay, le Brésil et l'Argentine, dont les contours forment un grain de soja, avec ce titre : « República unida de la soja ». « Le soja ne connaît pas de frontières », précise la seconde page, qui vante les mérites d'un service d'assistance technique de la

a En Argentine, des chiffres fournis par le ministère de l'Agriculture font état d'un emploi salarié pour 250 hectares cultivés...

compagnie fournissant aux producteurs de soja RR engrais et produits phytosanitaires.

« On peut véritablement parler de "sojisation" du Cône Sud, m'explique Tomás Palau, car aujourd'hui, les OGM de Monsanto couvrent 40 millions d'hectares dans les quatre pays cités sur la carte. Mais cette expansion vertigineuse, qui se fait au détriment des petits paysans de la région, représente plus qu'un simple phénomène agricole, c'est aussi un véritable projet politique hégémonique et, en ce sens, le slogan publicitaire de Syngenta est tout à fait juste, il constitue même un aveu. De fait, Monsanto contrôle aujourd'hui la politique agroalimentaire et commerciale du Brésil, du Paraguay, de l'Argentine, de la Bolivie et bientôt de l'Uruguay ; et son pouvoir dépasse largement celui des gouvernements nationaux. C'est la compagnie qui décide quelles semences et quels produits chimiques vont être utilisés dans ces pays, quelles cultures vont être supprimées et *in fine* de quoi les peuples vont se nourrir, et à quel prix. Les récalcitrants sont traînés devant les tribunaux, car les brevets constituent l'ultime verrou de ce projet totalitaire. Tout cela se fait avec le relais des associations de producteurs comme l'AAPRESID ou la CAPECO, qui entretiennent des relations étroites avec l'ASA de Saint Louis. »

J'ai pu constater moi-même les liens qui unissent les trois relais de Monsanto. À la fin de notre entretien, Roberto Franco, le vice-ministre de l'Agriculture, m'avait proposé de l'accompagner à une réception organisée le lendemain sur la propriété de Jorge Heisecke, le président de la CAPECO. Était attendue, ce soir-là, une délégation de vingt membres de l'American Soybean Association, en provenance d'Argentine, avec à leur tête John Hofman, qui m'avait si bien reçue sur son exploitation de l'Iowa (voir *supra*, chapitre 9). J'avais bouleversé mon planning pour saisir cette opportunité. Las ! Après six heures de route, je n'ai jamais pu pénétrer sur l'immense domaine de Heisecke, gardé par des sentinelles en armes, malgré l'intervention du ministre qui s'est platement excusé... Vive la « République unie du soja » !

« Sait-on combien de petits paysans paraguayens ont abandonné l'agriculture à cause du soja ?, ai-je demandé à Tomás Palau.

– Lors du dernier recensement, les statistiques nationales parlent de 100 000 personnes qui quittent chaque année la campagne pour venir s'installer dans les villes, sur un total de 6 millions d'habitants, me répond le sociologue, que mes déboires n'ont pas surpris. Cela représente, entre 16 000 et 18 000 familles. On estime qu'environ 70 % des migrants partent à cause du soja. C'est énorme, quand on sait qu'en général ces familles atterrissent dans des bidonvilles où elles vivent dans une situation d'extrême pauvreté. Mais au-delà des problèmes sociaux que créent les OGM, l'impact le plus important, c'est la perte de la sécurité alimentaire. En quittant leurs terres, les petits paysans arrêtent de produire pour eux-mêmes, mais aussi pour les autres. Depuis 1995, le Paraguay est passé d'un solde alimentaire positif à un solde négatif, c'est-à-dire qu'aujourd'hui il importe plus d'aliments qu'il n'en exporte. C'est pourquoi je dis que Monsanto et ses alliés que sont finalement ses concurrents comme Syngenta ou Novartis (qui finiront d'ailleurs peut-être par fusionner) sont engagés dans une stratégie impérialiste, voire dictatoriale, qui vise à soumettre politiquement les peuples par la voie de l'étranglement alimentaire. On se souvient du fameux document dit "de Santa Fe", publié en 1980, qui constitua les fondements de la "doctrine Reagan", où les conseillers de la sécurité nationale présentaient l'alimentation comme une arme politique qu'il fallait contrôler pour anéantir les gouvernements ennemis. Eh bien, c'est précisément ce que fait Monsanto aujourd'hui... »

En repartant vers Asunción, où je vais embarquer pour rentrer en France, je repense à la conversation que j'avais eue, deux ans plus tôt, avec Walter Pengue, l'agronome argentin qui est devenu l'un des meilleurs spécialistes mondiaux des impacts du soja transgénique (voir chapitre précédent).

« Le modèle transgénique est le dernier avatar de l'agriculture industrielle, m'avait-il expliqué, alors que nous sirotions un cabernet sauvignon argentin. C'est le dernier maillon d'un modèle de production intensif, fondé sur un "paquet technologique" qui comprend non seulement les semences et l'herbicide, mais aussi toute une série d'intrants, comme les engrais ou les insecticides, sans lesquels il n'y a pas de rendement, et qui sont vendus par des multinationales du Nord aux pays du Sud. C'est pourquoi on peut parler de seconde révolution agricole : la première, celle des années d'après guerre, avait été pilotée par les organismes agronomiques nationaux, comme l'INTA (Instituto nacional de tecnología agropecuaria) en Argentine, et visait à développer les capacités agroalimentaires des pays en s'appuyant sur la classe paysanne ; la seconde est impulsée par des intérêts supranationaux et conduit à un modèle agricole tourné vers l'exportation, où il n'y a plus d'acteurs dans les champs. Ce modèle vise uniquement à approvisionner en fourrage à bas prix les grands élevages industriels des pays du Nord, et entraîne le développement de monocultures qui menacent la sécurité alimentaire des pays du Sud. En dix ans, l'économie argentine est revenue un siècle en arrière, en devenant dépendante de l'exportation de matières premières dont le cours est fixé sur des marchés mondiaux où le pouvoir des multinationales est déterminant. Le jour où le cours du soja s'effondrera, on peut craindre le pire...

– Quelles sont les conséquences du soja RR pour le soja conventionnel et biologique ?

– C'est un autre point très important de l'agriculture transgénique, qui conduit à la bio-uniformité, laquelle constitue un autre danger pour la sécurité alimentaire. Le soja OGM a pratiquement fait disparaître le soja conventionnel ou biologique, qui est contaminé et, de ce fait, connaît une baisse drastique des prix. Mais il y a plus grave : si la moitié d'un pays est cultivée avec une seule variété, cela crée une véritable autoroute pour des fléaux naturels qui peuvent anéantir toute la production d'un pays. Actuellement, une menace pèse sur l'oléagineuse, pour laquelle on n'a pas de réponse phytosanitaire, c'est la rouille du soja : elle a commencé au Brésil, a gagné le Paraguay, puis l'Argentine. Le fait de ne pas avoir de diversité d'espèces végétales empêche de résister à l'attaque des maladies. N'oublions pas ce qui s'est passé au XIXe siècle en Irlande, avec les pommes de terre : la grande famine qui a décimé, de 1845 à 1849, une grande partie de la population et contraint à l'exil des dizaines de milliers de personnes, fut due notamment à l'absence de biodiversité, laquelle a favorisé le développement du mildiou, qu'aucune barrière naturelle n'a pu arrêter.

– Quel est l'objectif à terme de Monsanto ?

– Je pense que la compagnie cherche à contrôler les aliments produits dans le monde. Pour cela, il lui faut mettre la main sur les semences là où elles sont utilisées, c'est-à-dire chez les agriculteurs. D'abord, elle s'approprie les semences, puis la transformation des grains, ensuite les supermarchés et, enfin, elle contrôle toute la chaîne alimentaire. Les semences sont le premier maillon de la chaîne alimentaire : celui qui contrôle les semences contrôle l'offre en aliments, et donc les hommes... »

Un mois avant ma visite au Paraguay en janvier 2007, c'est cette terrible logique dont j'avais pu observer les effets à l'autre bout de la planète, dans un contexte plus dramatique encore : en Inde, où la culture du coton transgénique de Monsanto semble désormais associée à la mort.

15

Inde : les semences du suicide

« Nos produits fournissent des bénéfices économiques importants non seulement aux grands producteurs, mais aussi aux petits. En général, ils permettent des récoltes de meilleure qualité et un rendement plus élevé. »

MONSANTO, *The Pledge Report 2006*, p 29.

En ce mois de décembre 2006, à peine sommes-nous arrivés que le cortège funèbre apparaît au détour d'une ruelle blanchie à la chaux, déchirant la torpeur de ce petit village indien écrasé par le soleil. Vêtus du costume traditionnel – tunique et pantalon de coton blanc –, les joueurs de tambour ouvrent la marche qui se dirige vers la rivière toute proche où le bûcher a déjà été dressé. Au milieu du cortège, des femmes en pleurs s'accrochent désespérément à de robustes jeunes gens au regard sombre, qui portent à bout de bras une civière recouverte de fleurs flamboyantes. Saisie d'émotion, j'aperçois le visage juvénile du mort qui émerge d'un drap blanc : paupières fermées, nez aquilin et moustache brune, je n'oublierai jamais cette image fugitive qui entache d'infamie les « belles promesses » de Monsanto.

« Trois suicides par jour »

« Pouvons-nous filmer ? », demandé-je, prise d'un doute subit, alors que mon cameraman m'interroge d'un signe de tête. « Bien sûr », me répond Kate Tarak, un agronome qui dirige une ONG spécialisée dans l'agriculture biologique et qui m'accompagne tout au long de ce périple dans la région cotonnière de Vidarbha, située dans l'État du Maharashtra, au sud-ouest de l'Inde. « C'est pour cela que Kishor Tiwari nous a emmenés dans ce village. Il savait qu'il y aurait les funérailles d'un paysan qui s'est suicidé… »

Kishor Tiwari est le leader du Vidarbha Jan Andolan Samiti (VJAS), un mouvement paysan dont les membres sont harcelés par la police parce qu'ils ne cessent de dénoncer le « génocide » que provoquerait le coton transgénique « Bt » dans cette région agricole autrefois réputée pour la qualité de son « or blanc ». Quand il entend la réponse de Kate Tarak, il opine du chef : « Je ne vous avais rien dit pour des raisons de sécurité. Les villageois nous informent dès qu'un agriculteur s'est suicidé, et nous participons à tous les enterrements. Actuellement, dans la région, il y a en moyenne trois suicides par jour. Ce jeune homme a bu un litre de pesticide. C'est comme cela que les paysans mettent fin à leurs jours : ils utilisent les produits chimiques que le coton transgénique était censé leur épargner… »

Tandis que le cortège s'éloigne vers la rivière où le corps du jeune supplicié sera bientôt incinéré, un groupe d'hommes s'approche de mon équipe de tournage. Les regards sont méfiants, mais la présence de Kishor les rassure : « Dites au monde que le coton Bt est un désastre, s'enflamme un vieil homme. Dans notre village, c'est le deuxième suicide depuis le début de la moisson, ça ne peut qu'empirer, car les semences transgéniques n'ont rien donné !

– Ils nous ont menti, renchérit le chef du village. Ils avaient dit que ces semences magiques allaient nous permettre de gagner de l'argent, mais nous sommes tous endettés et la récolte est nulle ! Qu'allons nous devenir ? »

Nous nous dirigeons ensuite vers le village tout proche de Bhadumari, où Kishor Tiwari veut me présenter une veuve de vingt-cinq ans dont le mari s'est suicidé trois mois plus tôt. « Elle a déjà reçu un journaliste du *New York Times*[1], m'explique le leader paysan, et elle est prête à témoigner de nouveau. C'est très rare car, en général, les familles ont honte… » Très digne dans son sari bleu, la jeune femme nous reçoit dans la cour de sa modeste maison de terre battue, entourée de ses deux fils, âgés de trois ans et dix mois. Le plus petit s'est assoupi dans un hamac qu'elle balance d'un geste de la main au fil de la conversation, tandis que, debout derrière elle, sa belle-mère exhibe sans mot dire la photo de son défunt fils. « Il s'est tué ici même, murmure la jeune veuve. Il a profité de mon absence pour boire un bidon de pesticide. Quand je suis arrivée, il agonisait... Nous n'avons rien pu faire. »

En l'écoutant, je repense à un article paru dans *The International Herald Tribune* en mai 2006, où un médecin décrivait le calvaire des victimes expiatoires de l'épopée transgénique : « Les pesticides agissent sur le système nerveux ; d'abord, elles ont des convulsions, puis les produits chimiques commencent à attaquer l'estomac, qui se met à saigner, ensuite elles ont de graves difficultés respiratoires, enfin elles souffrent d'un arrêt cardiaque[2]. »

Anil Kondba Shend, l'époux de la jeune veuve, avait trente-cinq ans. Il cultivait « trois acres et demie », soit un peu plus d'un hectare de terres. En 2006, il avait décidé d'essayer les fameuses semences du coton Bt de Monsanto, baptisées « Bollgard », tant vantées par la publicité télévisée de la firme où l'on voyait des chenilles dodues terrassées par les plants de coton transgénique : « Bollgard vous protège ! Moins d'épandage, plus de profit ! Les semences de coton Bollgard : le pouvoir de vaincre les insectes ! » Pour se procurer les précieuses semences, vendues quatre fois plus chères que les graines conventionnelles, le paysan avait dû emprunter : « À trois reprises, se souvient sa veuve, car à chaque fois qu'il a semé les graines, elles n'ont pas résisté à la pluie. Je crois qu'il devait aux négociants 60 000 roupies[a]... Je ne l'ai jamais vraiment su, car les semaines qui ont précédé sa mort, il ne parlait plus... Il était obsédé par sa dette.

– Qui sont les négociants ?, ai-je demandé.

– Ceux qui vendent les semences transgéniques, m'a répondu Kishor Tiwari. Ils fournissent aussi les engrais, les pesticides et prêtent de l'argent à des taux usuriers. Les agriculteurs sont enchaînés aux négociants de Monsanto par la dette...

– C'est un cercle vicieux, ajoute Kate Tarak, un désastre humain. Le problème, c'est que les OGM ne sont pas du tout adaptés à nos sols qui, dès qu'arrive la mousson, regorgent d'eau. De plus, les OGM rendent les paysans complètement dépendants des forces du marché : non seulement ils doivent payer leurs semences beaucoup plus cher, mais ils doivent aussi acheter des engrais – sans lesquels la culture est vouée à l'échec – et des pesticides, car Bollgard est censé protéger contre les attaques du "ver américain de la capsule" (un insecte ravageur du coton), mais pas contre les autres insectes suceurs. Si vous ajoutez à cela que, contrairement à ce qu'affirme la publicité, Bollgard

a Soit 1 090 euros (1 euro équivaut alors à environ 55 roupies). Il n'existe pas de salaire minimum en Inde, mais, en 2006, la plupart des ouvriers ou employés gagnaient moins de 6 000 roupies par mois.

ne suffit pas à repousser les vers américains, alors c'est la catastrophe, car il faut, en plus, utiliser des insecticides.

– Monsanto dit que les OGM sont adaptés aux petits paysans : qu'en pensez-vous ?, dis-je, en repensant aux affirmations de la firme dans son *Pledge* de 2006.

– Notre expérience prouve que c'est un mensonge, s'insurge l'agronome. Dans le meilleur des cas, elles peuvent convenir aux gros paysans qui possèdent les meilleures terres et ont les moyens de les drainer ou de les irriguer, selon les besoins, mais pas aux petits qui représentent 70 % de la population de ce pays !

– Regardez ! », intervient Kishor Tiwari, en déployant une carte monumentale qu'il est allé chercher dans le coffre de sa voiture.

La vision est saisissante : à tout touche, des têtes de mort recouvrent ce qu'on appelle, à Vidarbha, la « ceinture du coton ». « Ce sont tous les suicidés que nous avons enregistrés entre juin 2005, date de l'introduction du coton Bt dans l'État du Maharashtra, et décembre 2006, m'explique le leader paysan. Cela fait 1 280 morts. Un toutes les huit heures ! En revanche, ici en blanc, c'est la zone où l'on produit du riz : vous voyez qu'il n'y a pratiquement pas de suicides ! C'est pourquoi nous disons que le coton Bt est en train de provoquer un véritable génocide [a]... »

Plongé sur la carte, qu'il découvre en même temps que moi, Kate Tarak me montre un petit espace où il n'y a pas de têtes de mort : « C'est le secteur de Ghatanji, dans le district de Yavatmal, m'explique-t-il avec un sourire. C'est là que mon association promeut la culture biologique auprès de cinq cents familles, réparties dans vingt villages. Vous voyez, nous n'avons pas de suicidés...

– Certes, dis-je, mais le suicide des producteurs de coton n'est pas un phénomène nouveau, il existait avant l'arrivée des OGM ?

– C'est vrai, me répond l'agronome. Mais, avec le coton Bt, il s'est considérablement accentué. On constate la même évolution dans l'État de l'Andhra Pradesh, qui fut le premier à autoriser les cultures transgéniques, avant d'entrer en conflit avec Monsanto. »

Selon le gouvernement du Maharashtra, 1 920 paysans se sont suicidés entre le 1er janvier 2001 et le 19 août 2006 dans tout l'État, ce qui confirme l'accélération du phénomène après l'arrivée des semences Bt sur le marché en juin 2005 [3].

a De janvier à décembre 2007, l'organisation VJAS a recensé 1 168 suicidés.

Hold-up sur le coton indien

Avant de m'envoler vers l'immense État de l'Andhra Pradesh, situé au sud-est de l'Inde, Kishor Tiwari tient à me montrer le marché du coton de Pandharkawada, l'un des plus grands du Maharashtra. Sur la route qui y conduit, nous croisons une colonne de charrettes chargées de sacs de coton et tirées par des buffles. « Je vous préviens, me dit Kishor Tiwari, le marché est au bord de l'explosion. Les paysans sont exténués : les rendements ont été catastrophiques et le cours du coton n'a jamais été aussi bas. C'est le résultat des subventions que l'administration américaine accorde à ses agriculteurs, ce qui a un effet de dumping sur les prix internationaux [a]. »

À peine avons-nous franchi l'imposant portail du marché que nous sommes assaillis par des centaines de producteurs de coton en colère qui nous encerclent au point que nous ne pouvons plus bouger. « Cela fait plusieurs jours que nous sommes là avec notre récolte, dit l'un d'entre d'eux, en brandissant une balle de coton dans chaque main. Les négociants nous proposent un prix si bas que nous ne pouvons pas accepter. Nous avons tous une dette à payer...

– À combien s'élève votre dette ?, demande Kate Tarak.

– 52 000 roupies », répond le paysan.

S'ensuit une scène hallucinante où spontanément des dizaines de paysans clament, à tour de rôle, le montant de leur dette : « 50 000 roupies... 20 000 roupies... 15 000 roupies... 32 000 roupies... 36 000 roupies... » Rien ne semble pouvoir arrêter cette litanie qui parcourt la foule comme une irrésistible lame de fond.

« Nous ne voulons plus de coton Bt !, crie un homme que je ne parviens même pas à distinguer.

– Non !, rugissent des dizaines de voix.

– Combien d'entre vous ne vont pas replanter du coton Bt l'année prochaine ? », insiste Kate Tarak, visiblement très ému.

Se lève alors une forêt de mains que, par miracle, Guillaume Martin, le cameraman, parvient à filmer, alors que nous sommes littéralement écrasés au cœur de cette marée humaine, ce qui rend le tournage extrêmement difficile. « Le problème, soupire Kate Tarak, c'est que ces paysans auront beaucoup

---

a Les subventions accordées aux agriculteurs américains s'élevaient à 18 milliards de dollars en 2006 (voir Fawzan Husain, « On India's farms, a plague of suicide », *New York Times*, 19 septembre 2006). Trois jours après notre tournage, une émeute a éclaté sur le marché : plusieurs paysans ont été arrêtés par la police, dont Kishor Tiwari.

de mal à trouver des semences de coton non transgéniques, car Monsanto contrôle la quasi-totalité du marché... »

De fait, dès le début des années 1990, au moment où elle jetait son dévolu sur le Brésil, premier producteur mondial de soja (voir chapitre précédent), la firme de Saint Louis préparait minutieusement le lancement de ses OGM en Inde, troisième producteur mondial de coton après la Chine et les États-Unis. Plante éminemment symbolique au pays du Mahatma Gandhi, qui fit de sa culture le fer de lance de sa résistance non violente à l'occupant britannique, le coton est cultivé depuis plus de 5 000 ans dans le sous-continent indien. Aujourd'hui, il fait vivre plus de 17 millions de familles, principalement dans les États du Sud (Maharashtra, Gujerat, Tamil Nadu et Andhra Pradesh).

Implantée en Inde depuis 1949, la société Monsanto y représente l'un des premiers fournisseurs de produits « phytosanitaires », des herbicides et surtout des insecticides qui constituent un marché important, car le coton est très sensible à une foule de ravageurs comme le ver américain de la capsule, l'anthonome du cotonnier, la cochenille, l'araignée rouge, la chenille épineuse du cotonnier ou les pucerons. Avant l'avènement de la « révolution verte », qui poussa à la monoculture intensive du coton avec des variétés hybrides de haut rendement, les paysans indiens parvenaient à maîtriser l'attaque de ces insectes par un système de rotation des cultures et l'usage d'un insecticide biologique, obtenu à partir de feuilles de margousier. Les multiples propriétés thérapeutiques de cet arbre millénaire, appelé « neem » et vénéré comme l'« arbre gratuit » dans tous les villages du sous-continent, sont d'ailleurs tellement réputées qu'il a fait l'objet d'une dizaine de brevets déposés par des entreprises internationales. Des cas manifestes de biopiraterie qui ont conduit à d'interminables contentieux devant les offices de brevets. Ainsi, en septembre 1994, la firme chimique américaine W. R. Grace, une concurrente de Monsanto, obtenait-elle un brevet européen précisément sur la fonction fongicide du margousier, empêchant les entreprises indiennes de commercialiser leurs produits à l'étranger, sauf à payer des royalties à la multinationale, qui, par ailleurs, inonde le pays de pesticides chimiques [4]...

Or ce sont ces mêmes pesticides chimiques qui ont provoqué la première vague de suicides chez les producteurs de coton endettés, à la fin des années 1990. De fait, l'usage intensif d'insecticides synthétiques a entraîné un phénomène bien connu des entomologistes : le développement de la résistance des insectes aux produits censés les combattre. Résultat : pour venir à bout des parasites, les paysans ont dû augmenter les doses et recourir à des molécules toujours plus toxiques. C'est tellement vrai qu'en Inde, alors que la culture du coton ne représente que 5 % des terres cultivées, celle-ci totalise, à elle seule, 55 % des pesticides utilisés.

L'ironie de l'histoire, c'est que Monsanto a su parfaitement tirer parti de cette spirale infernale que ses produits avaient contribué à créer et qui, conjuguée à la chute des cours du coton (passés de 98,2 dollars par tonne en 1995 à 49,1 en 2001), avait conduit à la mort des milliers de petits paysans : la firme a vanté les mérites du coton Bt comme l'ultime panacée, censée « réduire ou éliminer » l'usage de pesticides, ainsi que le proclame le site de sa filiale indienne.

Dès 1993, en effet, le leader des OGM négocie une licence d'utilisation de la technologie Bt avec la Maharashtra Hybrid Seeds Company (Mahyco), la principale entreprise semencière d'Inde. Deux ans plus tard, le gouvernement indien autorise l'importation d'une variété de coton Bt cultivée aux États-Unis (la « Cocker 312 », qui contient le gène « Cry1Ac »), pour que les techniciens de Mahyco puissent la croiser avec des variétés hybrides locales. En avril 1998, la firme de Saint Louis annonce qu'elle a racheté 26 % des parts de Mahyco et qu'elle a créé avec son partenaire indien une *joint-venture* à 50-50, baptisée Mahyco Monsanto Biotech (MMB), destinée à la commercialisation des futures semences transgéniques de coton. Au même moment, le gouvernement indien autorise la multinationale à conduire les premiers essais en champ de coton Bt.

« Cette décision a été prise hors de tout cadre légal », dénonce Vandana Shiva, qui me reçoit dans les bureaux de sa Fondation de recherche pour la science, la technologie et l'écologie, à New Delhi, en décembre 2006. Physicienne et docteur en philosophie des sciences, cette figure internationale de l'altermondialisme a reçu en 1993 le « prix Nobel alternatif » pour son engagement en faveur de l'écologie et contre l'emprise des multinationales agrochimiques sur l'agriculture indienne. « En 1999, m'explique-t-elle, mon organisation a déposé un recours auprès de la Cour suprême pour dénoncer l'illégalité des essais réalisés par Mahyco Monsanto. En juillet 2000, alors que notre requête n'avait pas encore été examinée, ces essais ont été autorisés sur une plus grande échelle, à savoir sur une quarantaine de sites, répartis dans six États, mais les résultats n'ont jamais été communiqués, car on nous a dit qu'ils étaient confidentiels. Le Comité indien d'approbation du génie génétique avait demandé que soit testée la sécurité alimentaire des graines de coton Bt, utilisées comme fourrage pour les vaches et les buffles, et qui peuvent donc affecter la qualité du lait, ainsi que celle de l'huile de coton qui sert à la consommation humaine, mais cela n'a jamais été fait. En quelques années, Monsanto a réalisé un vrai hold-up sur le coton indien, avec la complicité des autorités gouvernementales, qui ont ouvert la porte aux OGM, en bafouant le principe de précaution que l'Inde avait pourtant toujours défendu.

– Comment cela fut-il possible ?, ai-je demandé.

– Ah !, soupire Vandana Shiva. Monsanto a fait un travail de lobbying considérable. Par exemple, en janvier 2001, une délégation américaine, composée de magistrats et de scientifiques, a rencontré fort opportunément le président de la Cour suprême, Justice A. S. Anand, à qui elle a vanté les bienfaits des biotechnologies, au moment où celui-ci devait se prononcer sur notre plainte. Dirigée par l'Institut Einstein pour la science, la santé et les tribunaux, elle lui a proposé de monter des ateliers pour former les juges sur la question des OGM [5]. Monsanto a aussi organisé plusieurs voyages à son siège de Saint Louis, auxquels étaient invités des journalistes, des scientifiques et des juges indiens. De même, la presse a été largement sollicitée pour propager la bonne parole. Il est atterrant de voir le nombre de personnalités qui sont capables de défendre mordicus les biotechnologies, alors que manifestement elles n'y connaissent rien... »

Soit dit en passant, il n'y a pas que les « personnalités » indiennes qui sont tombées dans le panneau de Monsanto. Un communiqué de presse de la firme, daté du 3 juillet 2002, rapporte ainsi, avec une satisfaction évidente, qu'une « délégation européenne » a participé à un « tour » à Chesterfield Village, le centre de recherche sur les biotechnologies de Saint Louis. « Cette délégation de visiteurs comptait des représentants des agences gouvernementales, d'organisations non gouvernementales, des institutions scientifiques, des agriculteurs, des consommateurs et des journalistes de douze pays qui s'intéressent aux biotechnologies et à la sécurité alimentaire », note l'auteur du communiqué [6].

« Pensez-vous qu'il y a eu aussi des opérations de corruption ?, ai-je demandé à Vandana Shiva.

– Hum !, sourit cette dernière, en cherchant manifestement ses mots. Je n'en ai pas la preuve, mais je ne l'exclus pas. Regardez ce qui s'est passé en Indonésie... »

De fait, le 6 janvier 2005, la Security and Exchange Commission (SEC), l'organisme américain chargé de la réglementation et du contrôle des marchés financiers, déclenchait une double procédure contre la multinationale, accusée de corruption en Indonésie. D'après le procureur de la SEC, dont les conclusions sont consultables sur Internet [7], les représentants de Monsanto à Jakarta auraient versé des pots de vin évalués à 700 000 dollars à cent quarante fonctionnaires indonésiens, entre 1997 et 2002, pour qu'ils favorisent l'introduction du coton Bt dans le pays. 374 000 dollars auraient ainsi été « offerts » à la femme d'un haut fonctionnaire du ministère de l'Agriculture pour la construction d'une demeure luxueuse. Ces donations généreuses auraient été couvertes par des fausses factures de vente de pesticides. De plus, en 2002, la filiale asiatique de la multinationale aurait versé 50 000 dollars à un haut fonctionnaire du ministère de l'Environnement pour qu'il fasse annuler un décret exigeant que soit évalué l'impact environnemental du coton Bt avant sa mise sur le marché. Loin de nier ces accusations, le leader des OGM a signé un arrangement à l'amiable avec la justice, en avril 2005, le condamnant à payer 1,5 million de dollars d'amende. « Monsanto accepte l'entière responsabilité pour ces conduites incorrectes, a déclaré Charles Burson, le chef du service juridique de la firme dans un communiqué de presse, nous regrettons sincèrement que des gens qui travaillent en notre nom se soient permis de se comporter de la sorte [8]... »

Le dramatique échec du coton transgénique de Monsanto

Toujours est-il que le 20 février 2002, au grand dam des organisations écologistes et paysannes, le Comité d'approbation du génie génétique du gouvernement indien donne son feu vert aux cultures de coton Bt. Cela fait déjà belle lurette que les fameux négociants de Mahyco Monsanto Biotech sillonnent les campagnes du sous-continent pour vendre leurs produits transgéniques à un moment où la première vague de suicides décime les villages. Pour attirer le chaland, la firme ne lésine pas sur les moyens : elle engage une star de Bollywood pour vanter les OGM à la télévision (très regardée en Inde), tandis que des dizaines de milliers d'affiches sont apposées dans tout le pays où l'on voit des paysans tout sourire posant à côté d'un tracteur flambant neuf, prétendument acquis grâce aux bienfaits du coton Bt.

La première année, 55 000 paysans, soit 2 % des producteurs de coton indiens, acceptent de se lancer dans l'aventure transgénique. « J'ai entendu parler de ces semences miraculeuses qui allaient me libérer de l'esclavage des pesticides, témoigne en 2003 pour *The Washington Post* un paysan de vingt-six ans de l'Andhra Pradesh, l'un des premiers États à avoir autorisé la commercialisation des OGM (en mars 2002). La saison dernière, dès que je voyais les parasites arriver, je paniquais. J'ai pulvérisé des pesticides sur mes cultures au moins vingt fois, mais cette année, ce ne fut que trois fois [9]. »

Indépendamment de cet avantage manifeste (qui, comme nous le verrons, disparaîtra rapidement en raison de la résistance développée par les insectes aux plantes Bt), le reste du tableau est beaucoup moins brillant, ainsi que le rapportent les paysans interrogés par *The Washington Post*, au terme de leur première récolte OGM : « J'ai été moins bien payé pour mon coton Bt, parce que les acheteurs ont dit que la longueur de sa fibre était trop courte, rapporte ainsi l'un d'entre eux. Les rendements n'ont pas augmenté, et comme le prix de la semence est si élevé, je me demande si cela valait la peine [10]. »

En effet, le brevetage des semences étant (pour l'heure) interdit en Inde, la firme de Saint Louis ne peut pas faire appliquer le même système qu'en Amérique du Nord, à savoir exiger que les paysans rachètent tous les ans leurs semences sous peine de poursuite ; pour compenser ses « pertes », elle a donc décidé de se rabattre sur le prix des semences, en le quadruplant : alors qu'un paquet de 450 grammes coûte 450 roupies pour les semences conventionnelles, son prix s'élève à 1 850 roupies pour les OGM. Enfin, note mon confrère du *Washington Post*, « le ruineux ver américain n'a pas disparu »... Ces résultats plus que médiocres n'empêchent pas Ranjana Smetacek, la directrice des relations publiques de Monsanto India [a], de déclarer avec un bel aplomb : « Le coton Bt a très bien marché dans les cinq États où il a été cultivé [11]. »

Les témoignages rapportés par *The Washington Post* ont pourtant été confirmés par plusieurs études. La première a été commanditée, dès 2002, par la Coalition pour la défense de la biodiversité (CDB) de l'Andhra Pradesh, qui regroupe cent quarante organisations de la société civile, dont la Deccan Development Society (DDS), une ONG très respectée, spécialiste de l'agriculture raisonnée et du développement durable. La CDB a demandé à deux agronomes, le docteur Abdul Qayum, ancien cadre du ministère de l'Agriculture de l'État, et Kiran Sakkhari, de comparer les résultats agricoles et économiques du coton Bollgard avec ceux du coton non transgénique, dans le district du Warangal, où 1 200 paysans avaient succombé aux promesses de Monsanto.

Pour cela, les deux scientifiques ont observé une méthodologie très rigoureuse, consistant à suivre mensuellement les cultures transgéniques, depuis les semis (août 2002) jusqu'à la fin de la saison (mars 2003), dans trois groupes expérimentaux : dans deux villages, où vingt-deux paysans avaient planté des OGM, quatre ont été sélectionnés par tirage au sort ; à la mi-saison (novembre 2002), vingt et un paysans, provenant de onze villages, ont été interrogés sur l'état de leurs cultures transgéniques, avec, à la clé, une visite de leurs champs ; enfin, à la fin de la saison (avril 2003), un bilan a été dressé auprès de 225 petits paysans, choisis de manière aléatoire parmi les

a On se souvient des « faux scientifiques » qui avaient lancé la campagne de diffamation contre Ignacio Chapela dans l'affaire du maïs mexicain (voir *supra*, chapitre 12) ; l'une d'entre eux s'appelait « Andura Smetacek » et Jonathan Matthews, le Britannique qui avait révélé le pot aux roses, avait noté l'étrangeté de ce « nom peu courant » : peut-être que les manipulateurs de Saint Louis l'ont tout simplement puisé dans leur vivier indien...

1 200 producteurs OGM du district, dont 38,2 % possédaient moins de cinq acres (deux hectares) de terres, 37,4 % entre cinq et dix acres et 24,4 % plus de dix acres (ces derniers étant considérés en Inde comme de gros paysans). Bien évidemment, dans le même temps, étaient enregistrées, avec la même rigueur, les performances des producteurs de coton conventionnel (groupe contrôle). Si je donne tous ces détails, c'est pour bien souligner qu'une étude scientifique digne de ce nom est à ce prix, à moins de n'être que de la propagande fumeuse...

Les résultats de cette vaste enquête de terrain sont sans appel : « Les coûts de production du coton Bt ont été en moyenne plus élevés de 1 092 roupies (par acre) que pour le coton non Bt, parce que la réduction de la consommation de pesticides a été très limitée, écrivent les deux agronomes. De plus, la baisse de rendement a été significative (35 %) pour le coton Bt, ce qui a entraîné une perte nette de 1 295 roupies en comparaison avec le coton non transgénique, lequel a enregistré un profit net de 5 368 roupies. 78 % des agriculteurs qui avaient cultivé du coton Bt ont déclaré qu'ils ne recommenceraient pas l'année prochaine [12]. »

Pour donner de la chair à ce dispositif irréprochable d'un point de vue scientifique, la Deccan Development Society (DDC) a joint à l'initiative une équipe de « camerawomen aux pieds nus », pour reprendre l'expression du docteur P. V. Satheesh [a], le fondateur et directeur de l'association écologiste. Ces six femmes qui sont toutes des paysannes illettrées et *dalit* (elles font partie des intouchables, situés tout en bas de l'échelle sociale traditionnelle) ont été formées aux techniques vidéo dans un atelier ouvert par la DDC, en octobre 2001, dans le petit village de Pastapur et baptisé « Community Media Trust ». D'août 2002 à mars 2003, elles ont filmé mensuellement chez six petits producteurs de coton Bt du district de Warangal, également suivis par les deux agronomes de l'étude.

En résulte un film qui constitue un document exceptionnel sur l'échec des cultures transgéniques : on comprend, d'abord, tout l'espoir que les paysans ont mis dans les semences Bt. Les deux premiers mois, tout va bien : les plants sont en bonne santé et les insectes absents ; arrive le désenchantement : la taille des plants est très petite et les capsules moins nombreuses que dans les champs de coton conventionnel adjacents ; en octobre, alors qu'avec la sécheresse, les parasites ont déserté les cultures traditionnelles, les plantes OGM sont assiégées par les thrips du cotonnier et les mouches blanches ; en novembre, alors que débute la moisson, l'angoisse se peint sur les visages : les

a Le nom exact du directeur de DDC est Periyapatna Venkatasubbaiah Satheesh, mais tout le monde l'appelle P. V. Satheesh.

rendements sont très bas, les capsules difficiles à cueillir, la fibre du coton plus courte, d'où un prix 20 % plus bas...

J'ai rencontré mes consœurs indiennes, un jour de décembre 2006, dans un champ de coton du Warangal, où elles étaient venues filmer, en compagnie de Abdul Qayum et Kiran Sakkhari. Je dois dire que j'ai été impressionnée par le professionnalisme de ces femmes magnifiques, qui, bébé dormant dans le dos, ont déployé caméra, pied, microphones et réverbérateur pour interviewer un groupe de paysans, désespérés par l'échec catastrophique de leurs cultures Bt.

Car, depuis le premier rapport publié par les deux agronomes, la situation n'a fait qu'empirer, déclenchant la seconde vague de suicides qui gagnera bientôt l'État du Maharashtra. Inquiet de cette situation dramatique, le gouvernement de l'Andhra Pradesh a conduit à son tour une étude qui a confirmé les résultats obtenus par Abdul Qayum et Kiran Sakkhari [13]. Conscient des conséquences électorales que ce désastre pouvait entraîner, le ministre de l'Agriculture Raghuveera Reddy a alors sommé Mahyco Monsanto d'indemniser les agriculteurs pour l'échec de leurs cultures, ce que la firme s'est empressée d'ignorer.

Propagande et monopole

Pour se défendre, la multinationale de Saint Louis a brandi une étude, publiée fort opportunément par le magazine *Science*, le 7 février 2003 [14]. Ah ! les études qui font la pluie et le beau temps, dès qu'elles sont cautionnées par des revues scientifiques prestigieuses, lesquelles ont rarement – pour ne pas dire « jamais » – la bonne idée de vérifier l'origine des données présentées... Ici, en l'occurrence, les auteurs, Matin Qaim, de l'université Berkeley (États-Unis) et David Zilberman, de l'université de Bonn (Allemagne), qui « n'ont jamais mis les pieds en Inde », pour reprendre l'expression de Vandana Shiva, ont conclu que, d'après des essais réalisés en plein champ dans « différents États indiens », le coton Bt « réduit les dégâts causés par les insectes nuisibles et augmente les rendements de manière substantielle », à savoir « jusqu'à 88 % » ! « Ce qui gêne réellement dans cet article qui glorifie la performance extraordinaire du coton Bt, commentera *The Times of India*, c'est qu'il est fondé exclusivement sur des données fournies par Mahyco Monsanto, concernant un petit nombre d'essais sélectionnés par la firme, et pas sur les résultats provenant des champs des paysans lors de la première récolte de coton Bt [15]. » Pourtant, poursuit le journal – et c'est bien cela le but recherché par la publication dans *Science* –, cet « article a été abondamment cité par plusieurs organismes comme la preuve des performances spectaculaires des cultures transgéniques ».

De fait, en 2004, l'étude sera longuement commentée dans un rapport de la FAO, l'Organisation des Nations unies pour l'alimentation et l'agriculture. Intitulé « La biotechnologie agricole répond-elle aux besoins des pauvres [16] ? », cet opus a fait couler beaucoup d'encre, parce qu'il constituait un plaidoyer en faveur des OGM qui seraient capables d'« augmenter partout la productivité agricole » et de « réduire les dommages environnementaux causés par les produits chimiques toxiques », selon le mot d'introduction de Jacques Diouf, le directeur général de l'organisation onusienne. Le rapport, en tout cas, a rempli d'aise Monsanto, qui s'est empressée de le mettre en ligne [17].

De même, en France, la veille de la publication de l'étude dans *Science*, l'Agence France Presse en diffusait un compte rendu élogieux, dont je cite un extrait, car il montre parfaitement comment la désinformation fait subrepticement son chemin, sans que l'on puisse jeter la pierre à l'agence de presse, car, après tout, elle n'a fait qu'extrapoler sur les non-dits savamment calculés de l'article d'origine : « Du coton génétiquement modifié pour résister à un insecte nuisible pourrait voir son rendement augmenter jusqu'à 80 %, *selon des chercheurs qui ont fait des essais en Inde* », explique la dépêche, qui précise « Les résultats de leurs travaux sont surprenants : on n'avait jusqu'à présent observé qu'une progression dérisoire des rendements, dans des études similaires menées en Chine et au États-Unis [18]... » On imagine l'impact que peut avoir cette information – largement reprise dans les médias, comme par exemple, au Québec, *Le Bulletin des agriculteurs* – sur des paysans (petits et moyens) qui se battent chaque jour pour leur survie. D'autant plus que, faisant fi de toutes les données enregistrées sur le terrain, Matin Qaim n'hésite pas à déclarer : « En dépit du coût plus élevé des semences, les fermiers ont quintuplé leur revenu avec le coton génétiquement modifié. » Quant à son collègue David Zilberman, il a le mérite d'exposer clairement le véritable objectif de l'« étude » dans une interview au *Washington Post*, en mai 2003 · « Ce serait une honte que les peurs distillées par les anti-OGM empêchent ceux qui le désirent de bénéficier de cette importante technologie [19]. »

En attendant, *The Times of India* est plus prosaïque : « Qui va payer pour l'échec du coton Bt ? », s'interroge le journal, qui rappelle qu'une loi indienne de 2001 sur la « protection des variétés végétales et des droits des agriculteurs » enjoint les sélectionneurs d'indemniser les paysans lorsque ceux-ci ont été « trompés » par les semences qu'on leur a vendues, que ce soit pour « la qualité, les rendements ou la résistance aux insectes nuisibles [20] ».

C'est précisément cette loi qu'a voulu faire appliquer le ministre de l'Agriculture de l'Andhra Pradesh. N'y parvenant pas, il a décidé en mai 2005 de bannir de l'État trois variétés de coton Bt produites par Mahyco Monsanto (lesquelles seront introduites peu après dans l'État du Maharashtra) [21]. En janvier 2006, le conflit avec la firme de Saint Louis franchissait un nouveau cap : le ministre Raghuveera Reddy portait plainte contre Mahyco Monsanto auprès de la Monopolies and Restrictive Trade Practices Commission (MRTPC), l'organisme indien chargé du contrôle des pratiques commerciales et des mesures antitrust, pour dénoncer le prix exorbitant des semences transgéniques ainsi que le monopole établi par le géant des OGM dans le sous-continent indien. Le 11 mai 2006, la MRTPC donnait raison au ministre de l'Andhra Pradesh, en exigeant que le prix du paquet de 450 grammes de semences soit ramené à celui pratiqué par Monsanto aux États-Unis ou en Chine, à savoir 750 roupies maximum (et non plus 1 850 roupies). Cinq jours plus tard, la multinationale contestait la décision devant la Cour suprême, mais elle était déboutée de sa requête le 6 juin 2006, les juges estimant qu'ils n'avaient pas à interférer dans une décision qui relève de la seule compétence des États [22].

Quand je suis arrivée en décembre 2006 dans l'Andhra Pradesh, la situation en était là : Mahyco Monsanto avait finalement baissé le prix de ses semences au niveau exigé par le gouvernement provincial, mais le conflit était loin d'être terminé, car il restait l'épineux problème des compensations financières. « En janvier 2006, m'explique Kiran Sakkhari, le ministère de l'Agriculture a menacé de retirer ses licences d'exploitation à la firme si elle n'indemnisait pas les paysans pour les trois dernières récoltes.

– Mais je croyais que l'Andhra Pradesh avait banni trois variétés de coton Bt en 2005 ?

– C'est exact, me répond l'agronome, mais Mahyco Monsanto les a immédiatement remplacées par de nouvelles variétés transgéniques ! Le gouvernement provincial n'a pas pu l'empêcher, à moins de demander à New Delhi d'interdire définitivement les OGM. Et le résultat fut aussi catastrophique, ainsi que nous l'avons révélé dans une seconde étude [23]. Cette année, cela risque d'être encore pire, car, comme vous le voyez dans ce champ de coton Bollgard, les plants sont atteints d'une maladie appelée "rhizoctonia" qui provoque des nécroses au niveau du collet, c'est-à-dire sur la partie entre la racine et la tige. À terme, la plante dessèche et meurt.

– Les agriculteurs disent qu'ils n'ont jamais vu ça, précise le docteur Abdul Qayum. Dans la première étude que nous avions conduite, nous avions observé la maladie uniquement dans quelques plants de coton Bt. Mais avec le temps, elle s'est répandue et maintenant on la constate dans de nombreux champs de coton Bt qui commencent à contaminer les champs non transgéniques. Personnellement, je pense qu'il y a une mauvaise interaction entre la plante réceptrice et le gène qui y a été introduit. Cela a provoqué une faiblesse dans la plante, qui ne résiste plus à la rhizoctonia.

– D'une manière générale, ajoute Kiran Sakkhari, le coton Bt ne résiste pas à des situations de stress comme la sécheresse ou, au contraire, de fortes précipitations.

– Pourtant, dis-je, d'après Monsanto, la vente de semences transgéniques ne cesse de progresser en Inde [24] ?

– C'est ce que l'entreprise affirme et globalement c'est vrai, même si les chiffres qu'elle avance sont difficiles à vérifier, me répond l'agronome. Mais cette situation s'explique en grande partie par le monopole qu'elle a su établir en Inde, où il est devenu très difficile de trouver des semences de coton non transgénique. Et c'est très inquiétant, car, comme nous l'avons constaté lors de notre seconde étude, la promesse que le Bt allait réduire la consommation de pesticides n'a pas été tenue, bien au contraire… »

La résistance des insectes aux plantes Bt : une « bombe à retardement »

Et l'agronome de me montrer les résultats de la seconde étude qui, je le rappelle, concerne la saison 2005-2006. Si lors de la saison 2002-2003, c'est-à-dire l'année qui a suivi l'introduction des semences Bt, la consommation d'insecticides était légèrement inférieure pour le coton transgénique que pour le coton conventionnel, trois ans plus tard la « belle promesse » est définitivement enterrée : les dépenses en pesticides ont été, en moyenne, de 1 311 roupies par acre pour les producteurs de coton conventionnel et de 1 351 roupies pour les adeptes du coton OGM. « Ce résultat ne nous a pas surpris et ne peut qu'empirer, m'explique le docteur Abdul Qayum, car n'importe quel agronome ou entomologiste sérieux sait très bien que les insectes développent des résistances aux produits chimiques censés les combattre. Le fait que les plantes Bt produisent en permanence la toxine insecticide constitue une bombe à retardement dont on paiera un jour la facture, qui risque d'être très élevée, d'un point de vue tant économique qu'environnemental. »

De fait, la perspective que les parasites du coton (ou du maïs) mutent en développant une résistance à la toxine Bt a été soulevée avant même que Monsanto mette ses OGM sur le marché. Dès le milieu des années 1990, la stratégie retenue par la multinationale, en accord avec l'Agence de protection de l'environnement des États-Unis (EPA), a été que les producteurs de plantes Bt s'engagent contractuellement à préserver des parcelles de cultures non Bt, baptisées « refuges », où sont censés pulluler les insectes « normaux » pour que ceux-ci se croisent avec leurs cousins devenus résistants au *Bacillus thurigiensis*, provoquant ainsi une « dilution génétique ». En effet, lorsque des insectes sont confrontés en permanence à une dose de poison *a priori* mortelle, ils sont tous exterminés, sauf quelques spécimens dotés d'un gène de résistance au poison. Les survivants s'accouplent avec leurs congénères, transmettant éventuellement le fameux gène à leurs descendants ; et ainsi de suite sur plusieurs générations. C'est ce qu'on appelle la « coévolution » qui, au cours de la longue épopée du vivant, a permis à des espèces menacées d'extinction de s'adapter pour survivre à un fléau fatal. Pour éviter que ce phénomène se développe chez les parasites des plantes Bt, les apprentis sorciers ont imaginé qu'il suffisait d'entretenir une population d'insectes « sains » sur des parcelles non transgéniques – les « zones refuges » – pour qu'ils batifolent avec leurs cousins devenus résistants au Bt, en les empêchant ainsi de se reproduire entre eux.

Une fois cela établi, restait à déterminer la taille que devaient avoir les fameux « refuges » pour que le scénario fonctionne. Le sujet fut l'objet d'âpres négociations entre Monsanto et les scientifiques, l'Agence de protection de l'environnement se contentant d'enregistrer l'issue du match. Au début, certains entomologistes prônaient que la surface des refuges soit au moins équivalente à celle des parcelles transgéniques. Monsanto, bien sûr, a protesté, en proposant un premier compromis généreusement chiffré à 3 % (la superficie du refuge devait être égale à 3 % de la surface OGM). En 1997, un groupe de chercheurs universitaires travaillant dans la « *corn belt* » (la « ceinture du maïs » qui couvre l'Iowa, l'Indiana, l'Illinois et l'Ohio, dans le nord-est des États-Unis) se lança courageusement dans l'arène en recommandant que les refuges soient équivalents à 20 % des parcelles transgéniques, et au double si ceux-ci étaient traités avec d'autres pesticides que le Bt.

Pour la firme de Saint Louis, c'était encore trop, comme le rapporte Daniel Charles dans son livre *Lords of the Harvest* : « Monsanto a regardé les recommandations et a dit : "Nous ne pourrons pas vivre avec ça", raconte Scott McFarland, un avocat qui a suivi le dossier de très près. La multinationale contacte alors l'association nationale des producteurs de maïs, dont le siège se trouve aussi à Saint Louis. Elle parvient à convaincre ses représentants que "de grands refuges constitueraient une menace pour la liberté des agriculteurs d'utiliser les semences Bt" [25]. » Jusqu'à ce jour de septembre 1998 où les parties se rencontrent à Kansas City pour trouver un accord. Alors que les débats s'enlisent dans des batailles de pourcentages surréalistes, un économiste de l'université du Minnesota, spécialiste de l'agriculture, démontre avec brio que, selon ses estimations, si les refuges ne font que 10 % des cultures transgéniques, alors les pyrales – le parasite cible du maïs Bt – auront 50 % de chances de développer une résistance à court terme et que cela coûtera très cher aux *farmers*. Touchés droit au porte-monnaie, ceux-ci basculent dans le camp des entomologistes.

Voilà pourquoi, un peu partout dans le monde, les manuels de cultures Bt exigent depuis que les zones refuges soient équivalentes à au moins 20 % des surfaces OGM. Mais, on en conviendra, tout cela relève une fois de plus du bricolage et de l'improvisation, puisque aucune étude sérieuse n'a été réalisée pour vérifier que ce compromis arraché dans un coin du Missouri ait une quelconque validité scientifique. Et quand, en 1998, le journaliste du *New York Times* Michael Pollan, dont j'ai déjà cité l'enquête décapante (voir *supra*, chapitre 11), interroge les représentants de Monsanto sur la question, ils répondent que, « si tout va bien, la résistance peut être repoussée de trente ans [26] », ce qui s'appelle de la politique à courte vue. Puis, quand mon confrère insiste auprès de Jerry Hjelle, le vice-président de la firme en charge des affaires réglementaires, pour savoir ce qui se passera après ce délai fatidique, « la réponse est encore plus troublante » : « Il y a des milliers d'autres Bt un peu partout, explique-t-il, nous pourrons traiter ce problème avec d'autres produits. Ceux qui nous critiquent ne savent pas tout ce que nous avons encore dans notre pipeline. [...] Faites-nous confiance ! »

En attendant, dix ans après le lancement des cultures Bt, il est possible d'établir un premier bilan de la jolie construction bureaucratique. D'abord, comme le soulignait dès janvier 2001 une dépêche de l'agence Associated Press, d'après un sondage conduit en 2000, « 30 % des producteurs [américains] de maïs Bt ne suivent pas les recommandations émises pour la gestion de la résistance [27] », parce qu'ils les jugent trop contraignantes. À dire vrai, je les comprends, sauf que, bien sûr, ils devraient arrêter de cautionner un système aussi absurde, qui finira tôt ou tard par s'écrouler comme un château de cartes, ainsi que l'indique une étude réalisée en 2006 par des chercheurs de l'université Cornell (États-Unis), en collaboration avec l'Académie chinoise de la science [28]. Considérée comme la « première étude sur l'impact économique à long terme du coton Bt », celle-ci a été conduite auprès de 481 producteurs d'OGM de Chine, parmi les 5 millions que compte le pays. Elle constate que les « profits substantiels engrangés pendant quelques années grâce à une économie sur les pesticides sont maintenant érodés ». En effet, écrivent les auteurs, si pendant les trois ans qui ont suivi l'introduction des cultures Bt, les paysans étaient parvenus à « réduire de 70 % leur usage de pesticides et à augmenter de 36 % leurs gains », en revanche, en 2004, « ils ont dû pulvériser autant d'insecticides que les producteurs conventionnels, ce qui s'est traduit par un revenu net moyen inférieur de 8 % à celui des producteurs conventionnels, parce que le coût des semences est trois fois plus élevé ». Enfin, au bout de sept ans, « les populations d'insectes [...] ont tellement augmenté que les paysans doivent asperger leurs cultures jusqu'à vingt fois au cours d'une saison pour pouvoir les contrôler ». La conclusion des auteurs, pourtant partisans des OGM, est sans appel : « Ces résultats constituent un signal d'alerte très fort en direction des chercheurs et des gouvernements, qui doivent trouver des solutions pour les producteurs de coton Bt, faute de quoi ceux-ci arrêteront les cultures transgéniques, ce qui serait très dommage. »

L'argument fait sourire Abdul Qayum et son collègue Kiran Sakkhari : « En Inde, où la majorité des paysans exploitent entre un et deux hectares de terres, la stratégie des zones refuges est carrément ridicule, m'explique le premier. Tout cela prouve que les OGM, qui représentent le dernier avatar de la révolution verte, ont été inventés pour les gros agriculteurs du Nord... »

16

Comment les multinationales contrôlent la nourriture du monde

> « Grâce au dialogue avec beaucoup de gens, Monsanto a pris conscience que l'agriculture transgénique soulève des questions morales et éthiques qui vont au-delà de la science. Ces questions concernent la liberté de choix, la démocratie, la globalisation, qui possède quoi et qui va en tirer les bénéfices ».
>
> MONSANTO, *The Pledge Report 2005*, p. 32.

S'il est quelqu'un en Inde qui connaît bien le sujet de la « révolution verte », c'est Vandana Shiva, dont l'un des ouvrages, publié en 1989, est intitulé *La Violence de la révolution verte. Dégradation écologique et conflit politique au Pendjab* [1]. Dans ce livre fondamental, cette figure féminine et féministe de l'altermondialisme décortique les méfaits de cette « révolution » agricole lancée au lendemain de la Seconde Guerre mondiale et qui sera plus tard qualifiée de « verte », parce qu'elle était censée freiner l'expansion de la « révolution rouge » dans les pays « sous-développés », notamment en Asie, où l'arrivée au pouvoir de Mao Dzedong en Chine en 1949 risquait de faire des émules.

« Le seul but de la seconde révolution verte est d'augmenter les profits de Monsanto »

« Je ne dis pas que la révolution verte ne partait pas de bonnes intentions, à savoir augmenter la production alimentaire dans les pays du tiers monde, m'explique Vandana Shiva, mais les effets pervers du modèle agricole industriel qui la sous-tend ont eu des conséquences environnementales et sociales dramatiques, en particulier pour les petits paysans. » Lors de cette deuxième rencontre, en décembre 2004, l'intellectuelle et militante indienne me reçoit dans la ferme de « Navdanya » (« les neuf graines »), association pour la conservation de la biodiversité et la protection des droits des agriculteurs qu'elle a créée en 1987, située dans l'État de l'Uttaranchal, dans le nord de l'Inde, aux confins du Tibet et du Népal. C'est à quelques kilomètres de Dehradun, sur les contreforts de l'Himalaya où elle est née, qu'elle a ouvert un centre de formation agricole destiné à promouvoir la culture des semences traditionnelles de blé et de riz que la « révolution verte » a bien failli faire disparaître, au profit de variétés dites « à haut rendement » importées du... Mexique.

En effet, le concept agro-industriel qui sera appelé « révolution verte » en 1968 [a] est né en 1943 dans la capitale mexicaine. Cette année-là, Henry Wallace, vice-président des États-Unis (et patron, comme nous l'avons vu au chapitre 9, de Pioneer Hi-Bred, qui inventa les hybrides de maïs), propose à son homologue mexicain de créer une « mission scientifique » destinée à augmenter la production nationale de blé. Parrainé par la Fondation Rockefeller, sous l'auspice du ministère de l'Agriculture mexicain, ce projet pilote s'installe dans la banlieue de Mexico, où il prendra en 1965 le nom de Centre international d'amélioration du maïs et du blé (CIMMYT, Centro internacional de mejoramiento de maíz y trigo).

En octobre 2004, je me suis rendue dans cet organisme de recherche réputé, qui fonctionne toujours sur le mode d'une association à but non lucratif et qui emploie aujourd'hui une centaine de chercheurs internationaux hautement qualifiés, ainsi que plus de cinq cents collaborateurs issus d'une quarantaine de pays. Dans le hall de l'entrée, un immense tableau rend hommage à celui qui est considéré comme le père de la révolution verte : Norman Borlaug, né sur une ferme de l'Iowa en 1914, qui fut recruté par la Fondation Rockefeller, en 1944, et obtint le prix Nobel de la paix en 1970 « en reconnaissance de son importante contribution à la révolution verte [2] », selon les termes de la vénérable institution. Pendant vingt ans, cet agronome, qui est aujourd'hui un fervent défenseur des OGM, n'eut qu'une obsession : augmenter la productivité du blé, en créant des variétés qui permettent de décupler les rendements. Pour y parvenir, il eut notamment l'idée de croiser les variétés du CIMMYT avec une variété japonaise naine, la « Norin 10 ». En

---

a L'expression a été utilisée pour la première fois, le 8 mars 1968, par William Gaud, administrateur de l'Agence des États-Unis pour le développement international (USAID), dans un discours prononcé à Washington.

effet, augmenter les rendements implique de contraindre la plante à produire des graines plus grosses et plus nombreuses, au risque de faire casser la tige. D'où l'astuce de « raccourcir les pailles », comme on dit dans le jargon des sélectionneurs, par l'introduction d'un gène de nanisme [a].

C'est ainsi qu'en l'espace d'un siècle, les rendements de blé sont passés de dix quintaux à l'hectare (en 1910) à une moyenne de quatre-vingts quintaux, tandis que la taille des épis de blé perdait près d'un mètre de hauteur. Mais cet exploit s'est accompagné d'une contrepartie, que dénoncent les adversaires de la « révolution verte » : l'augmentation de la consommation des produits phytosanitaires, sans lesquels les « semences miraculeuses », comme furent surnommées les variétés du CIMMYT, ne sont strictement bonnes à rien. Car, pour parvenir à produire une telle quantité de grains, la plante doit être littéralement gavée d'engrais (azote, phosphore, potassium), ce qui entraîne à terme un affaiblissement de la fertilité naturelle des sols. De plus, elle doit être copieusement arrosée, ce qui épuise les réserves d'eau. Par ailleurs, l'extrême concentration végétale fait le bonheur des insectes ravageurs et des champignons, d'où l'usage massif d'insecticides et de fongicides. Enfin, l'obsession des rendements a entraîné une baisse générale de la qualité nutritive des grains et une réduction de la biodiversité du blé, dont de nombreuses variétés ont tout simplement disparu.

Dans les années 1960, conscient du caractère irrémédiable des pertes liées à sa promotion des variétés à haut rendement, le CYMMIT a ouvert une « banque de germoplasme », dans laquelle sont conservées aujourd'hui, dans une chambre froide à – 3 degrés, quelque 166 000 variétés de blé. Pour l'alimenter, ses collaborateurs sillonnent les campagnes du monde à la recherche d'épis rares, comme ces spécimens de blé sauvage retrouvés aux confins iraniens du Croissant fertile, que ses techniciens étaient en train d'étiqueter au moment de ma visite dans le centre.

Toujours est-il que les variétés naines du CIMMYT ont fait le tour de la planète : au Nord, y compris dans les pays communistes, les sélectionneurs les ont utilisées dans leurs programmes de croisement. Quant aux pays du Sud, avec en tête l'Inde, ils ont envoyé des techniciens se former dans le centre, surnommé l'« École des apôtres du blé ». En 1965, une sécheresse exceptionnelle terrasse la récolte de blé dans le sous-continent indien, et la famine guette. Le gouvernement d'Indira Gandhi décide d'acheter 18 000 tonnes de semences à haut rendement, importées du Mexique. C'est le plus grand transfert de

a Aujourd'hui, pour raccourcir encore les pailles, les grands céréaliers n'hésitent pas à déverser sur leurs cultures une hormone, baptisée pudiquement « régulateur de croissance végétale »...

semences jamais réalisé dans l'histoire. Formés par le CIMMYT, les agronomes indiens propagent la révolution verte dans les régions du Pendjab et de l'Haryana, considérées comme le grenier à blé de l'Inde. Ils sont soutenus financièrement par la Fondation Ford, bien placée pour fournir tracteurs et machines agricoles. Au même moment, les variétés de riz à haut rendement sont introduites dans le pays, à l'instigation de l'Institut de la recherche internationale sur le riz (IRRI), créé en 1960 par les fondations Rockefeller et Ford, sur le modèle du CIMMYT.

« On dit toujours que grâce à la révolution verte l'Inde a atteint l'autosuffisance alimentaire et qu'en cinq ans, de 1965 à 1970, sa production de blé est passée de 12 à 20 millions de tonnes, me dit Vandana Shiva, dont le dernier livre s'appelle *Les Semences du suicide*[3]. Aujourd'hui, le pays représente le deuxième producteur mondial de blé, avec une production de 74 millions de tonnes, mais à quel prix ? Des sols épuisés, une baisse préoccupante des réserves d'eau, une pollution généralisée, une extension des monocultures au détriment des cultures vivrières et l'exclusion de dizaines de milliers de petits paysans qui ont rejoint les bidonvilles, parce qu'ils ne pouvaient pas s'intégrer dans un modèle agricole extrêmement coûteux. La première vague de suicides signe l'échec de la première révolution verte. Malheureusement, la seconde révolution verte, celle des OGM, sera encore plus meurtrière, même si elle s'inscrit dans la droite ligne de la première.

– Pourquoi ? En quoi sont-elles différentes ?

– La différence entre les deux, c'est que la première révolution verte était dirigée par le secteur public : les agences gouvernementales contrôlaient la recherche et le développement agricoles. La seconde révolution verte est dirigée par Monsanto. L'autre différence, c'est que la première révolution verte avait certes l'objectif caché de vendre plus de produits chimiques et de machines agricoles, mais sa motivation principale était tout de même de fournir plus de nourriture et d'assurer la sécurité alimentaire. Au bout du compte, même si cela s'est fait au détriment d'autres cultures, comme les légumineuses, on a produit plus de riz et de blé pour nourrir les gens. La seconde révolution verte n'a rien à voir avec la sécurité alimentaire. Son seul but est d'augmenter les profits de Monsanto, qui a réussi à imposer sa loi un peu partout dans le monde.

– C'est quoi, la loi de Monsanto ?

– C'est celle des brevets. La firme a toujours dit que la manipulation génétique était un moyen d'obtenir des brevets, c'est cela son vrai objectif. Si vous regardez la stratégie de recherche qu'elle déploie en ce moment en Inde, elle est en train de tester une vingtaine de plantes où elle a introduit des gènes Bt : la moutarde, le gumbo, l'aubergine, le riz et le chou-fleur… Une fois qu'elle aura imposé comme norme le droit de propriété sur les graines génétiquement modifiées, elle pourra encaisser des royalties ; nous dépendrons d'elle pour chaque graine que nous semons et chaque champ que nous cultivons. Si elle contrôle les semences, elle contrôle la nourriture, elle le sait, c'est sa stratégie. C'est plus puissant que les bombes, c'est plus puissant que les armes, c'est le meilleur moyen de contrôler les populations du monde.

– Pourtant, en Inde, il est interdit de breveter les semences, dis-je, un peu sonnée par le tableau que vient de décrire Vandana Shiva.

– Certes. Mais jusqu'à quand ? Cela fait dix ans que Monsanto et le gouvernement américain font pression sur le gouvernement indien pour qu'il applique l'accord ADPIC de l'Organisation mondiale du commerce (OMC), et je crains fort que les digues finissent par lâcher... »

Les brevets sur le vivant, ou la « colonisation économique »

Avant d'expliquer ce qu'est l'« accord ADPIC » (relatif aux « aspects des droits de propriété intellectuelle qui touchent au commerce »), qui constitue le casse-tête de l'OMC depuis sa création en janvier 1995, il me faut revenir sur la question des brevets, qui est effectivement d'une importance capitale pour l'avenir de la planète. À écouter Vandana Shiva, on pourrait penser qu'elle exagère et que le brevetage des semences est somme toute un « truc » qui ne nous concerne guère. Que le lecteur sceptique se détrompe : le brevetage du vivant, et tout particulièrement des semences, constitue effectivement l'outil grâce auquel Monsanto pourrait s'approprier le plus lucratif des marchés : celui de la nourriture du monde. Et la firme de Saint Louis a tout fait pour qu'il en soit ainsi.

Si Vandana Shiva s'est intéressée très tôt à cet enjeu colossal, auquel elle a consacré plusieurs livres[4], c'est « à cause de la catastrophe de Bhopal », ainsi qu'elle me l'a expliqué la première fois que nous nous sommes rencontrées, précisément à Bhopal, qui célébrait alors le vingtième anniversaire du drame. Celui-ci s'est déroulé dans la nuit du 2 au 3 décembre 1984, lorsqu'à minuit, un nuage de gaz toxique s'est abattu sur la ville indienne : en quelques heures, 10 000 personnes ont agonisé dans des souffrances atroces, et 20 000 sont décédées dans les semaines suivantes. Le gaz mortel provenait d'une usine de la multinationale américaine Union Carbide, un concurrent de Monsanto qui fabriquait des pesticides chimiques.

« C'est la tragédie de Bhopal qui m'a convaincue qu'il fallait promouvoir l'agriculture biologique, et donc le neem [margousier], comme alternative aux pesticides mortels des multinationales », se souvient Vandana Shiva. Le neem, comme on l'a vu, a fait l'objet d'un brevet accordé par l'Office des brevets européens à la firme chimique W. R. Grace, en septembre 1994. Dès lors, le brevetage du vivant est devenu le cheval de bataille de la militante indienne : avec le soutien notamment de Greenpeace, elle est parvenue dix ans plus tard à faire annuler le brevet sur le margousier, mais aussi un brevet américain sur une variété de riz basmati [a]. Elle se bat depuis contre un brevet américain et européen détenu par Monsanto sur une variété de blé réputée pour la production de chapatis et de biscuits en raison de sa faible teneur en gluten [5]. Selon les termes des brevets, la firme de Saint Louis possède un monopole sur la culture, le croisement et la transformation de cette variété issue du nord de l'Inde.

« Le brevetage du vivant est dans la continuité de la première colonisation, commente la physicienne indienne. Le mot "patente" lui-même (qui veut dire "brevet" en anglais, espagnol ou allemand) vient d'ailleurs de l'époque de la conquête. C'était par une "lettre patente", c'est-à-dire un document officiel et public – en latin, *patens* signifie "ouvert" ou "évident" – portant le sceau des souverains d'Europe, que ceux-ci accordaient un droit exclusif à des aventuriers ou pirates pour qu'ils conquièrent des terres étrangères en leur nom. Au moment où l'Europe colonisait le monde, les « patentes » visaient une conquête territoriale, tandis que les brevets d'aujourd'hui visent une conquête économique à travers l'appropriation des organismes vivants par les nouveaux souverains que sont les multinationales, comme Monsanto. À chaque fois, c'est le même principe, à savoir que les brevets d'hier et d'aujourd'hui reposent sur un déni de la vie qui préexistait avant l'arrivée de l'homme blanc. Quand les Européens ont colonisé l'Amérique, les terres du "nouveau monde" ont été déclarées *terra nullius*, c'est-à-dire les "terres vides", sous-entendu "vides d'hommes blancs". De la même manière, le brevetage du vivant et la biopiraterie sont fondés sur une allégation de "vie vide", car tant que les organismes vivants n'ont pas été dépecés de leurs gènes dans un laboratoire, ceux-ci n'ont pas de valeur. C'est un déni du travail et du savoir-faire de millions de personnes qui ont entretenu la biodiversité de la vie depuis des millénaires et qui, de surcroît, en vivent.

– Quelles sont les conséquences des brevets sur le vivant pour les populations du Sud, ai-je demandé, fascinée par la clarté de la pensée de mon interlocutrice, qui, je le rappelle, est aussi docteur en philosophie des sciences.

– Elles sont énormes !, me répond-elle, car les brevets jouent le même rôle que le mouvement des "*enclosures*" dans l'Angleterre du XVIe siècle. Né au début de la révolution industrielle, celui-ci a consisté à privatiser, en les

a Ce brevet avait été obtenu par la compagnie texane RiceTec, sous le numéro 5 663 454.

entourant de clôtures, des espaces communaux autrefois dévolus à l'usage collectif, où les villageois les plus pauvres pouvaient par exemple faire paître leurs animaux. De même, le brevet enclôt le vivant, comme les plantes qui servent à nourrir ou à soigner les hommes, et finalement contribue à l'exclusion des plus pauvres des moyens de vivre et survivre. Car, comme on le voit avec les semences ou les médicaments, dès qu'un brevet est déposé, il signifie "royalties" et donc augmentation des prix. C'est pourquoi les aliments, les produits d'entretien des cultures et les médicaments sont exclus de la loi indienne sur les brevets, pour qu'ils restent accessibles à tout le monde. L'extension du système occidental des brevets, telle qu'elle est prônée par l'Organisation mondiale du commerce et, avant elle, par le dernier cycle du GATT, sape directement les droits économiques des plus pauvres. »

Monsanto et les multinationales derrière l'accord sur les droits de propriété intellectuelle de l'OMC

Nous y voilà... Le GATT (Accord général sur les tarifs douaniers et le commerce) a été mis en place en 1947 par les grandes puissances capitalistes de l'époque, dans le but de réguler les droits de douane sur le commerce international. En 1986, s'ouvre la conférence ministérielle de Punta del Este, inaugurant ce qui restera dans l'histoire comme l'« *Uruguay Round* », parce qu'elle marque un tournant décisif dans l'histoire du GATT, au point de signer à terme son arrêt de mort. En effet, c'est lors de ce huitième et dernier cycle de négociations commerciales intergouvernementales, qui durera jusqu'en 1994, que le gouvernement américain obtient qu'y soient intégrés quatre domaines qui auparavant relevaient uniquement des politiques nationales : l'agriculture, les investissements, les services (télécommunications, transports, etc.) et... les droits de propriété intellectuelle (DPI). Concernant ce dernier domaine, qui nous intéresse tout particulièrement, le représentant du commerce de Washington a justifié son inclusion par le fait que « près de deux cents entreprises transnationales américaines étaient privées de 24 milliards de dollars de droits d'auteur par an en raison de la faiblesse ou du manque de protection de la propriété intellectuelle dans certains pays, principalement dans les pays du Sud », ainsi que le rapporte une étude de l'université du Québec [6].

L'intégration de ces nouveaux domaines dans le champ de compétence du GATT, qui n'était à l'origine qu'une simple union douanière, a donné lieu à d'âpres négociations, car ceux-ci « soulèvent des questions qui dépassent le commerce », à savoir des « droits fondamentaux » comme le « droit à l'emploi, à la santé, à la nourriture et l'autodétermination [7] », ainsi que le souligne Vandana Shiva. En décembre 1999, Arthur Dunkel, le directeur général du GATT, soumet un projet d'acte final, mais c'est seulement en avril 1994 que l'accord définitif sera signé par les cent vingt-trois pays membres, à Marrakech, entérinant la naissance de l'Organisation mondiale du commerce, qui succède officiellement au GATT le 1er janvier 1995.

L'acte fondateur de l'OMC, qui siège à Genève, compte vingt-neuf accords sectoriels permettant de soumettre aux lois du marché tout bien ou service et donc de transférer à des entreprises privées, sur lesquelles les gouvernements et les citoyens n'ont aucun moyen de contrôle, des domaines qui relevaient traditionnellement des politiques publiques. Le lien de ces secteurs avec le commerce est si peu évident que les rédacteurs des accords ont contourné le problème en ajoutant « qui touchent au commerce » (« *trade-related* »), signant du même coup un bel aveu.

C'est notamment le cas du fameux accord sur les « ADPIC » (« Aspects des droits de propriété intellectuelle qui touchent au commerce »), dont on apprendra qu'il « fut en grande partie conçu par une coalition d'entreprises réunies sous le nom de Comité de la propriété intellectuelle (Intellectual Property Committee, IPC) », comprenant les « principaux acteurs du domaine des biotechnologies », dont bien sûr le premier d'entre eux, comme le notent les universitaires canadiens [8]. Créé en mars 1986 aux États-Unis, l'IPC réunit treize multinationales, issues principalement des secteurs de la chimie, de la pharmacie et de l'informatique : Bristol-Myers, DuPont, FMC Corporation, General Electric, General Motors, Hewlett-Packard, IBM, Johnson and Johnson, Merck, Pfizer, Rockwell International, Warner Communications et... Monsanto.

Dès sa création, le comité contacte l'UNICE (Union of Industrial and Employers' Confederations of Europe), le porte-parole officiel du monde des affaires européen, et le Keidanren, le syndicat patronal des entreprises du Japon, pour rédiger un document commun, remis au GATT en juin 1988. Intitulé « Dispositions fondamentales de la protection des DPI pour le GATT. Point de vue des communautés d'entreprises européennes, japonaises et américaines », ce texte, qui servira de base à l'accord ADPIC, vise à étendre au reste du monde le système des brevets existant déjà dans les pays industrialisés, qui à eux seuls, à travers les offices de Washington, Munich et Tokyo, enregistrent 97 % des brevets déposés par les entreprises (issues dans leur écrasante majorité du Nord). « La disparité des systèmes de protection de la propriété intellectuelle entraîne des pertes exagérées en temps et en ressources lors de l'acquisition et la défense des droits, déplorent les auteurs. Les détenteurs constatent que l'exercice de leur droit est entravé par des lois et des règles limitant l'accès au marché et le rapatriement des profits. » S'ensuit alors un petit paragraphe, attribué par certains à

Monsanto : « La biotechnologie ou emploi des micro-organismes dans la production, forme un secteur où la protection des brevets a pris du retard sur les progrès rapides de la médecine, de l'agriculture, de la dépollution et de l'industrie. [...] Cette protection doit s'appliquer aux procédés des biotechnologies comme à leurs produits, qu'il s'agisse de micro-organismes, de parts de micro-organismes (plasmides et autres vecteurs) ou de plantes [9]. »

Sûre de son bon droit, la firme de Saint Louis, loin de nier ce qu'on peut considérer comme un « hold-up sur le GATT », l'a même pleinement revendiqué en juin 1990, dans une interview qui a fait depuis couler beaucoup d'encre, où l'on découvre que l'IPC (Intellectual Property Committee) fut précisément créé pour mener l'offensive auprès de l'union douanière : « À peine formé, la première tâche de l'IPC a été de prêcher la bonne parole non plus aux États-Unis, comme au début, mais en Europe et au Japon, raconte ainsi James Enyart, le directeur des affaires internationales de Monsanto. Il a fallu convaincre qu'on obtiendrait un code. Ce n'était pas facile, mais notre "trilatérale" a fini par distiller les principes essentiels de la protection de la propriété intellectuelle sous toutes ses formes, à partir de la législation des pays les plus avancés. Après avoir vendu ces concepts chez nous, nous sommes allés à Genève présenter le document au secrétariat du GATT. Nous en avons aussi profité pour le présenter aux représentants à Genève d'un grand nombre de pays... Je vous décris là une première au sein du GATT. L'industrie repère un problème grave du commerce international. Elle imagine une solution, en tire une proposition concrète et la vend aux divers gouvernements. Les industries et les acteurs du commerce mondial jouent tour à tour le rôle du patient, du médecin qui porte un diagnostic et du prescripteur [10]. »

Malgré ce lobbying collectif mené de main de maître, parmi les nombreux secteurs que couvre l'accord ADPIC (droits d'auteur, marques de fabrique, appellations d'origine, dessins et modèles industriels, renseignements non divulgués, y compris les secrets commerciaux), c'est celui suggéré fort opportunément par Monsanto qui grippe l'implacable machine de l'OMC depuis 1995. Très précisément, il s'agit de l'article 27.3(b), relatif aux « objets brevetables ». Que dit donc cette clause si controversée ? En voici le texte officiel : « Les membres pourront exclure de la brevetabilité : les végétaux et animaux autres que les micro-organismes, et les procédés essentiellement biologiques d'obtention de végétaux ou d'animaux, autres que les procédés non biologiques et microbiologiques. Toutefois, les membres prévoiront la protection des variétés végétales par des brevets, par un système *sui generis* efficace, ou par une combinaison de ces deux moyens. Les dispositions du présent alinéa seront réexaminées quatre ans après la date d'entrée en vigueur de l'Accord sur l'OMC. »

La rédaction de cet article est si absconse qu'elle a provoqué, en partie, la paralysie de la troisième conférence ministérielle de l'OMC, organisée à Seattle en décembre 1999. Après l'avoir lu et relu, on comprend que peuvent être exclus du système des brevets les animaux et les végétaux, à l'exception des micro-organismes. Mais, par ailleurs, il stipule que « les variétés végétales [qui sont des végétaux] doivent pouvoir être protégées soit par des brevets, soit par un système créé spécifiquement dans ce but ». Cette précision vise en fait directement les semences transgéniques : elles pourront désormais, sanctions à l'appui, être « protégées » (c'est-à-dire que les fabricants pourront toucher des royalties) au minimum par le système mis en place par l'Union pour la protection des obtentions végétales (UPOV). C'est précisément parce que la « protection » des semences entraîne aussi celle des aliments qui en découlent que de nombreux pays du Sud, Afrique, Inde et Brésil en tête, ont exigé la révision de l'article 27.3(b). Ceux-ci s'inquiètent aussi des conséquences du brevetage des « micro-organismes », dont les gènes font *a priori* partie, ce qui ne peut qu'encourager la biopiraterie, c'est-à-dire le vol des ressources génétiques et des savoirs traditionnels qui leur sont liés (voir *supra*, chapitre 10), au détriment des communautés rurales et indigènes qui les ont entretenues depuis des millénaires.

L'OMC, un « véritable cauchemar »

Pour en avoir le cœur net, le 13 janvier 2005, j'ai rencontré à Genève Adrian Otten, le directeur du département de la propriété intellectuelle de l'Organisation mondiale du commerce. Et je lui ai posé d'emblée une question basique, qui l'a subitement tendu comme une arbalète : « Quel est le but de l'accord ADPIC ? » Bafouillant un peu, mais non sans une certaine franchise, il finit par me répondre : « Euh... Je suppose que l'un des objectifs fondamentaux, c'est... d'établir des règles communes internationales pour que les gouvernements membres de l'OMC protègent les droits de propriété intellectuelle de... certains pays membres de l'OMC, ainsi que de... leurs citoyens et entreprises.

– Et quel est l'article qui pose problème ?, ai-je insisté, histoire de voir si j'avais bien compris le charabia de l'OMC.

– Euh, m'a répondu le Britannique. C'est l'article 27.3(b) qui établit une clause dans l'accord ADPIC selon laquelle les inventions liées aux plantes et aux animaux doivent pouvoir être brevetées... »

Dit comme cela, c'est en effet clair comme de l'eau de roche...

« Le but de l'accord ADPIC, c'est qu'un brevet obtenu aux États-Unis, par exemple par Monsanto, soit applicable automatiquement partout dans le monde », m'avait expliqué Devinder Sharma, un mois plus tôt à New Delhi, en allant quant à lui droit au but. Dirigeant le Forum pour la sécurité de la biotechnologie et de l'alimentation (Forum for Biotechnology & Food Security), ce journaliste indien réputé est un opposant farouche de l'OMC : « Si vous observez l'évolution internationale du système des brevets, elle suit exactement celle de l'Office américain de Washington. Avec l'accord ADPIC, tous les pays devront suivre le modèle des États-Unis, sous peine de sanctions commerciales graves, car l'OMC dispose d'un pouvoir de coercition et de représailles absolument exorbitant. Cela veut dire que si un pays ne fait pas respecter les droits de propriété intellectuelle de Monsanto, par exemple sur une semence brevetée, la multinationale saisira le gouvernement américain, qui déposera une plainte auprès de l'organe des règlements de l'OMC. Par ailleurs, l'accord ADPIC a été conçu par les multinationales pour s'emparer des ressources génétiques de la planète, principalement des pays du tiers monde qui détiennent la plus grande biodiversité. L'Inde est particulièrement visée, car c'est un pays dit *"mega-diverse"*, où l'on compte 45 000 espèces de plantes et 81 000 espèces d'animaux. C'est pourquoi nous sommes nombreux à dire que le domaine du vivant ne concerne pas l'OMC, mais qu'il relève de la convention sur la biodiversité signée en 1992 à Rio de Janeiro, sous l'auspice des Nations unies. Signé par deux cents pays, ce traité dit que les ressources génétiques sont la propriété exclusive des États, qui doivent s'engager à les préserver et à organiser un partage équitable de l'exploitation des savoirs traditionnels qui leur sont liés.

– Peut-on concilier l'accord ADPIC avec la convention sur la biodiversité ?

– Absolument pas, car les deux textes sont contradictoires. Et c'est bien pour cela que les États-Unis n'ont pas signé la convention. Le problème, c'est que l'accord ADPIC se situe au-dessus de la convention, car il dépend de l'OMC, laquelle obéit aux ordres des multinationales comme Monsanto qui, sous couvert de la mondialisation des échanges, dirigent en fait le monde. »

Pour ceux qui penseraient que ces paroles sont décidément bien excessives, je citerai un rapport des Nations unies, publié en juin 2000 par la sous-commission de la promotion et de la protection des droits de l'homme : « La majeure partie du commerce mondial est contrôlée par de puissantes entreprises transnationales. Dans un tel contexte, la notion de libre-échange sous-jacente à ces règles [de l'OMC] est une imposture. [...] Le résultat net en est que, pour certains groupes de l'humanité, en particulier les pays en voie de développement du Sud, l'OMC représente un véritable cauchemar [11]. »

Conclusion

Un colosse au pied d'argile

« Les gens de cette entreprise sont du poison : comme le dieu de la mort, ils prennent la vie. »

Une paysanne du « Community Media Trust »
de Pastapur (Andhra Pradesh).

La scène se passe au siège de TIAA-CREF (Teachers Insurance and Annuity Association, College Retirement Equities Fund), à New York, dans les beaux quartiers de Manhattan, en juillet 2006. Créé quatre-vingt-dix ans plus tôt, ce fonds de pension prestigieux représente l'une des plus importantes institutions financières des États-Unis, avec à son actif quelque 437 milliards de dollars d'avoirs. Classé au quatre-vingtième rang au palmarès des cinq cents entreprises les plus puissantes d'Amérique par le magazine *Fortune*, TIAA-CREF possède une particularité mise en avant sur tous ses documents officiels, à côté de son sigle : l'entreprise fournit des « services financiers pour le bien de tous ». Ne peuvent accéder au fonds de pension que ceux qui servent l'« intérêt général », en travaillant dans l'éducation, la recherche, la médecine, la culture ou l'associatif, soit 3,2 millions de membres. Depuis 1990, TIAA-CREF a ouvert un département spécialisé dans l'« investissement responsable », auquel adhèrent 430 000 clients. Si j'ai demandé à rencontrer des représentants de la vénérable maison, c'est que j'ai découvert qu'elle faisait partie des vingt premiers actionnaires de Monsanto, dont elle détenait alors 1,5 % des actions[a], ce qui m'a passablement intriguée...

« La réputation est un facteur de risque pour les entreprises... »

Ce jour-là, je suis en présence de John Wilcox, responsable de la « pratique de gouvernance de l'entreprise » et d'Amy O'Brien, directrice du département pour l'investissement responsable. « Étant donné la particularité de votre clientèle, y a-t-il des entreprises dans lesquelles vous refusez de placer votre argent ? », leur ai-je demandé, un peu stressée – outre mes deux interlocuteurs, le responsable des relations publiques, assis dans mon dos, prenait des notes.

« Bien sûr, me répond Amy O'Brien, nos investisseurs ne veulent pas, par exemple, que nous placions leur argent chez les fabricants de tabac, en raison de la charge qu'ils créent pour la société ; et, d'une manière générale, ils sont sensibles au comportement des firmes dans le domaine social et environnemental.

– Cela signifie que vous tenez compte de la réputation de la firme ?

– Absolument, me répond sans hésiter John Wilcox. La réputation est de plus en plus considérée comme un facteur de risque. Jusqu'à une date récente, ces critères non financiers de la performance d'une entreprise, comme sa réputation ou ses pratiques environnementales, n'intéressaient par les analystes de Wall Street, probablement parce qu'ils sont difficiles à mesurer et qu'ils concernent le long terme. Mais c'est très clairement en train de changer. Il y a de plus en plus de citoyens qui demandent que les entreprises dans lesquelles ils investissent leur épargne partagent les mêmes valeurs qu'eux-mêmes.

– J'ai lu que TIAA-CREF détenait 1,5 % des actions de Monsanto...

– C'est possible, lâche John Wilcox, en fait je ne sais pas...

– La réputation de cette firme est très controversée : comment expliquez-vous cet investissement ?

---

a En juin 2006, selon la US Security and Exchange Commission, les principaux actionnaires de Monsanto étaient : Fidelity Investment (9,1 %), Axa (6,1 %), Deutsche Bank (3,6 %), Primecap Mangement (3,6 %), State Street Corp (3 %), Barclays (3 %), Morgan Stanley (2,9 %), Goldman Sachs Group (2,7 %), Vanguard Group Inc. (2,5 %), Lord Abbett & Co (2,4 %), American Century Investment Management Inc. (2,4 %) et General Electric (2,3 %).

– Je ne crois pas que nous la proposions dans nos portefeuilles d'actions pour l'investissement responsable, hésite Amy O'Brien, visiblement gênée. Je ne suis pas sûre, mais de toute façon cette firme est surtout controversée en Europe à cause des organismes génétiquement modifiés, mais pas aux États-Unis...

– Mais l'agent orange, les PCB, l'hormone de croissance bovine, ce ne sont pas des histoires américaines ! Est-ce que vous avez informé vos clients des procès qu'a dû affronter Monsanto au cours des dernières années ?

– Non, répond John Wilcox. Je vais examiner les facteurs de risque de Monsanto et demander l'avis de ceux qui gèrent nos portefeuilles d'actions... »

Une entreprise à « risques » pour les investisseurs

Manhattan, toujours, à quelques encablures du siège de TIAA-CREF. Cette fois-ci, je rencontre Marc Brammer, qui travaille pour Innovest Strategic Value Advisor, le leader de ce qu'on appelle l'« analyse extra-financière », qui consiste à noter les performances sociales et environnementales des entreprises, selon un barème allant de AAA (pour les meilleures entreprises de la classe) à CCC (pour les cancres). Ces notes servent à conseiller les investisseurs pour qu'ils puissent réduire leurs risques financiers et augmenter le rendement de leurs placements. Installé à New York, mais aussi à Londres, Tokyo et, plus récemment, Paris, Innovest s'est fixé pour mission de développer la clientèle des portefeuilles axés sur le développement durable. En janvier 2005, Marc Brammer a publié un rapport intitulé « Monsanto et le génie génétique : les risques pour les investisseurs [1] », dans lequel il dresse un bilan de l'activité de la firme de Saint Louis et note sa « gestion et stratégie » dans le domaine des biotechnologies. Résultat : CCC. « C'est la plus mauvaise note environnementale, m'explique l'analyste financier. Or nous avons constaté que, dans presque tous les secteurs industriels, les compagnies ayant des notes environnementales au-dessus de la moyenne dépassent en général sur le marché des valeurs les entreprises en dessous de la moyenne, de 300 à 3 000 points par an. Cela veut dire que la firme représente une entreprise à risques pour les actionnaires à moyen ou long terme.

– Qui sont les actionnaires de Monsanto ?

– C'est un actionnariat très dispersé, mais les principaux investisseurs sont les fonds de pension et les banques, qui représentent des dizaines de milliers de petits porteurs.

– Comment expliquez-vous qu'un fonds comme TIAA-CREF ait investi dans Monsanto ?

– C'est surprenant, me répond Marc Brammer, car c'est une institution qui encourage vraiment l'investissement responsable. D'un autre côté, c'est assez caractéristique du mode de fonctionnement des fonds de pension, qui calculent à très court terme et sont très sensibles aux rumeurs de la Bourse. Or, dans le cas de Monsanto, il est clair que sa valeur est surévaluée, grâce à un soutien inconditionnel de Wall Street.

– Quels sont les principaux facteurs de risques pour les investisseurs ?

– Le premier d'entre tous, c'est le rejet des marchés, qui, pour Monsanto, constitue une véritable bombe à retardement. Les OGM font partie des produits les plus fortement rejetés qui aient jamais existé. Plus de trente-cinq pays ont adopté ou annoncé des législations limitant les importations d'OGM ou exigeant l'étiquetage des aliments contenant des ingrédients transgéniques. La plupart des distributeurs alimentaires européens ont mis en place des mesures pour s'assurer qu'aucun ingrédient transgénique n'est utilisé dans leurs produits. C'est le cas de Nestlé, Unilever, Heinz, ASDA (Wal-Mart), Carrefour, Tesco et bien d'autres. Hors d'Europe, il existe aussi une forte opposition des consommateurs aux OGM, en Asie ou en Afrique.

Même aux États-Unis, Monsanto a dû, par exemple, retirer ses pommes de terre Bt du marché, après que des firmes comme McDonald's, Burger King, McCain et Pringles ont refusé d'en acheter. Je suis sûr que si la Food and Drug Administration décidait d'étiqueter les OGM, Monsanto perdrait 25 % de son marché en une nuit... De fait, une vingtaine de sondages, réalisés entre 1997 et 2004, indiquent clairement que plus de 80 % des Américains veulent un étiquetage des produits transgéniques [a]. C'est tellement vrai que l'une des conséquences du non-étiquetage des OGM est le développement absolument exponentiel du marché des produits biologiques aux États-Unis. »

Monsanto a bien compris le danger que représentait l'étiquetage pour son business transgénique. Lorsqu'en 2002, une initiative citoyenne a obtenu de l'État de l'Oregon qu'il organise un référendum sur l'étiquetage des OGM, la firme de Saint Louis n'a pas hésité à monter une campagne, baptisée « Coalition contre la loi sur l'étiquetage coûteux », avec le renfort de ses « alliés des biotechnologies et de l'industrie alimentaire », qui a coûté la bagatelle de 6 millions de dollars. « Le sentiment général, a argumenté Shannon

a Les sondages cités dans le rapport d'Innovest sont : ABC News (93 %), Rutgers University (90 %), Harris Poll (86 %), *USA Today* (79 %), MSNBC (81 %), Gallup Poll (68 %), Grocery Manufacturers of America (92 %), *Time Magazine* (81 %), Novartis (93 %), Oxygen/Market-Pulse (85 %).

Troughton, le porte-parole de Monsanto, c'est que si cette mesure passe, elle créera un nouveau paquet de règles bureaucratiques, en fournissant une information sans importance aux frais des consommateurs [2]... » Finalement, l'initiative, qui constituait une première aux États-Unis, a été rejetée par 73 % des votants, au motif que l'étiquetage allait coûter trop cher...

« L'autre facteur de risque qui menace la performance de Monsanto, ce sont les failles du système réglementaire, qu'illustre parfaitement le désastre de StarLink, poursuit Marc Brammer. Nous avons calculé que si elle était confrontée à une affaire similaire, la firme perdrait 3,83 dollars par action. Le problème fondamental avec les OGM, c'est qu'il n'y a que Monsanto qui en tire des bénéfices : les risques sont pour les autres, alors que les agences réglementaires ont abdiqué leur rôle d'évaluation et de contrôle. L'opacité du processus réglementaire alimente le rejet des consommateurs aux États-Unis, où ceux-ci n'ont pas le droit de choisir ce qu'ils veulent manger, mais aussi en Europe, ainsi que le montre l'affaire du maïs MON 863. »

« Les failles du système réglementaire » : l'exemple du maïs MON 863

Alors que le gouvernement français a annoncé en janvier 2008 qu'il activait la « clause de sauvegarde » pour le maïs MON 810, suspendant la culture de ce maïs Bt de Monsanto jusqu'à ce que l'Union européenne ait examiné à nouveau son autorisation, je voudrais rappeler l'histoire du MON 863, un cousin très proche du MON 810 : le premier (MON 863) contient une toxine (Cry3Bb1) censée le protéger contre la chrysomèle des racines du maïs [a], tandis que le second (MON 810) a été manipulé (Cry1Ab) pour résister aux attaques de la pyrale. L'affaire du MON 863 constitue une illustration parfaite de la manière pour le moins préoccupante dont sont réglementés les OGM en Europe.

Tout commence en août 2002, lorsque la firme de Saint Louis dépose une demande d'autorisation de mise sur le marché auprès des autorités allemandes, à qui elle remet un dossier technique comprenant une étude toxicologique conduite pendant quatre-vingt-dix jours sur des rats. Conformément à la réglementation européenne (voir *supra*, chapitre 9), celles-ci examinent alors les données fournies par Monsanto, puis transmettent un avis... négatif à la Commission de Bruxelles, au motif que l'OGM contient un marqueur de

a D'après Greenpeace, cet insecte très nuisible a été introduit en Europe lors de la guerre des Balkans : il serait arrivé avec les avions de l'armée américaine.

résistance à un antibiotique qui enfreint la directive 2001/18 déconseillant fortement son utilisation. La Commission est alors tenue de distribuer le dossier aux États membres pour recueillir leurs avis, lesquels seront ensuite examinés par l'European Food Safety Authority (EFSA), le comité scientifique européen chargé d'évaluer la sécurité alimentaire des OGM.

En France, c'est la Commission du génie biomoléculaire (CGB) qui récupère le dossier, en juin 2003. Cinq mois plus tard, le 28 octobre 2003, la CGB émet à son tour un avis défavorable, non pas à cause de la présence du marqueur antibiotique, mais parce que, comme l'expliquera Hervé Kempf dans *Le Monde*, elle a été « très troublée par les malformations observées sur un échantillon de rats nourris au maïs 863 [3] ». « Ce qui m'a frappé dans ce dossier, c'est le nombre d'anomalies, explique Gérard Pascal, directeur de recherche à l'Institut national de la recherche agronomique (INRA) et membre de la CGB depuis sa création en 1986. Il y a ici trop d'éléments où l'on observe des variations significatives. Je n'ai jamais vu cela dans un autre dossier. Il faudrait le reprendre [4]. »

Les « variations » incluent une « augmentation significative des globules blancs et des lymphocytes chez les mâles du lot nourri au MON 863 ; une baisse des réticulocytes (les jeunes globules rouges) chez les femelles ; une augmentation significative de la glycémie chez les femelles ; et une fréquence plus élevée d'anomalies (inflammation, régénération...) des reins chez les mâles [5] », ainsi qu'une réduction du poids des cobayes. Or, comme le note mon confrère du *Monde*, « personne n'en aurait rien su » si l'avocate Corinne Lepage, ancienne ministre de l'Environnement d'Alain Juppé et présidente du CRII-GEN [a], « n'avait forcé la porte de la CGB » pour obtenir, après une bataille judiciaire d'un an et « grâce à la commission d'accès aux documents administratifs (CADA) », les procès-verbaux des débats qui ont conduit à l'avis négatif de la CGB, « exceptionnel chez une commission qui a toujours été plutôt favorable à l'autorisation des OGM ». En effet, les délibérations des comités scientifiques des pays membres de l'Union européenne, tout comme d'ailleurs ceux de l'European Food Safety Authority (EFSA), sont confidentielles, ce qui donne une idée de la transparence du processus d'évaluation des OGM...

Toujours est-il que l'affaire rebondit, le 19 avril 2004, lorsque l'EFSA, justement, émet un avis... favorable à la mise sur le marché du MON 863. D'après le Comité scientifique européen, les anomalies observées par la CGB « rentrent dans la variation normale des populations de contrôle » ; quant aux malformations rénales, elles sont « d'une importance minimale [6] ».

---

a Je rappelle que le CRII-GEN est le Comité de recherches et d'information sur le génie génétique, dont le professeur Gilles-Éric Séralini est membre (voir *supra*, chapitre 4).

Comment deux comités scientifiques peuvent-ils émettre des avis aussi différents sur un même dossier ? La réponse à cette question est fournie par la section européenne des Amis de la terre, qui a publié en novembre 2004 un rapport très détaillé (et très inquiétant) sur le fonctionnement de l'EFSA [7]. Créée en 2002, dans le cadre de la directive européenne 178/2002 sur la sécurité des produits alimentaires, cette institution compte huit comités scientifiques, dont un est chargé exclusivement de l'évaluation des OGM. C'est précisément ce dernier, que nous appellerons « comité OGM », qui est l'objet du rapport.

Premier constat des Amis de la terre : « Après un an d'activité, le comité a émis dix avis scientifiques, tous favorables à l'industrie des biotechnologies. Ces avis ont été utilisés par la Commission européenne, qui subit une pression croissante de la part des industriels et des États-Unis, pour pousser les nouveaux produits transgéniques sur le marché. Ils ont aussi servi à créer la fausse impression qu'il y avait un consensus scientifique, alors que la réalité est qu'il existe [au sein du comité] un débat intense et continu et beaucoup d'incertitudes. Des inquiétudes quant à l'utilisation politique de leurs avis ont été exprimées par des membres de l'EFSA eux-mêmes. »

D'après le rapport, cette situation serait due aux liens étroits qui unissent « certains membres » du comité OGM avec les géants des biotechnologies, avec en tête son président, le professeur Harry Kuiper. Celui-ci est en effet le coordinateur d'Entransfood, un projet soutenu par l'Union européenne pour « favoriser l'introduction des OGM sur le marché européen et rendre l'industrie européenne compétitive » ; à ce titre, il fait partie d'un groupe de travail comprenant Monsanto et Syngenta. De même, Mike Gasson travaille pour Danisco, un partenaire de Monsanto ; Pere Puigdomenech est le coprésident du septième congrès international sur la biologie moléculaire végétale, sponsorisé par Monsanto, Bayer et DuPont ; Hans-Yorg Buhk et Detlef Bartsch sont « connus pour leur engagement en faveur des OGM, au point d'apparaître sur des vidéos promotionnelles, financées par l'industrie des biotechnologies » ; parmi les (rares) experts extérieurs sollicités par le comité, il y a notamment le docteur Richard Phipps, qui a signé une pétition en faveur des biotechnologies pour AgBioWorld [8] (voir *supra*, chapitre 12) et apparaît sur le site de Monsanto pour soutenir l'hormone de croissance laitière [9]...

Les Amis de la terre examinent alors plusieurs cas, dont celui du MON 863. Il apparaît que les réticences émises par le gouvernement allemand sur la présence d'un marqueur de résistance à un antibiotique ont été évacuées d'un revers de main par le comité OGM, qui s'est fondé sur un avis qu'il a publié, le 19 avril 2004, dans un communiqué de presse : « Le comité confirme que les marqueurs de résistance aux antibiotiques sont, dans la majeure partie des cas, nécessaires pour permettre une sélection efficace des OGM », y déclarait son président, Harry Kuiper. Commentaire des Amis de la terre : « La directive européenne ne demande pas de confirmer si les marqueurs de résistance aux antibiotiques sont un outil efficace pour l'industrie de la biotechnologie, mais s'ils peuvent avoir des effets nocifs sur l'environnement et la santé humaine. »

La fin de l'histoire est tout aussi exemplaire : après la publication de l'avis positif de l'EFSA, Greenpeace demande au ministère de l'Agriculture allemand de rendre public le dossier technique fourni par Monsanto (1 139 pages), pour qu'il soit soumis à une contre-expertise. Réponse du ministère : impossible, Monsanto refuse que les données soient communiquées, parce qu'elles sont couvertes par le « secret commercial ». Après une bataille judiciaire de plusieurs mois, la firme de Saint Louis sera finalement contrainte de les rendre publiques par une décision de la cour d'appel de Munich, le 9 juin 2005.

« Il est tout de même incroyable que, s'agissant de vérifier l'innocuité d'une plante pesticide destinée à intégrer la chaîne alimentaire, Monsanto invoque, d'abord le "secret commercial", puis intente deux actions en justice pour empêcher l'accès aux données brutes de son étude », dénonce le professeur Gilles-Éric Séralini, qui a suivi toute l'affaire de très près. D'abord, le scientifique de l'université de Caen a réalisé, à la demande de Greenpeace et en même temps que le docteur Arpad Pusztai, le « dissident » de l'Institut Rowett, une évaluation du dossier toxicologique arraché à la firme de Saint Louis qui a confirmé les « anomalies » constatées par la Commission française du génie génétique [10]. Et puis, dans le cadre du CRII-GEN, il a conduit une contre-expertise des données brutes de l'étude en appliquant une méthodologie statistique plus fine, tenant compte notamment des organes, de la dose et du temps d'exposition aux OGM. Celle-ci a révélé que les effets du maïs 863 sur les rats étaient bien plus importants que ceux constatés initialement, « ce qui indique la nécessité de poursuivre les tests [11] ».

« En fait, commente le professeur Séralini, l'histoire du maïs MON 863 souligne l'insuffisance du processus d'homologation des OGM, qui devraient être évalués de la même manière que n'importe quel pesticide ou médicament, à savoir sur trois espèces mammifères et pendant deux ans, ce qui permettrait de mesurer leur toxicité à long terme, et pas seulement leurs éventuels effets toxiques aigus. » En attendant, face à ces révélations encombrantes, la Commission européenne a mis discrètement le maïs MON 863 sous le boisseau, en en interdisant la culture, mais pas l'importation, ni donc la consommation...

« Et si les OGM étaient l'agent orange de demain ? »

« Contrairement à ce qu'affirme Monsanto, elle n'est pas une entreprise agricole, mais chimique, affirme Marc Brammer. La preuve en est que les seuls OGM qu'elle a réussi à mettre sur le marché sont des plantes résistantes à son herbicide vedette, le Roundup, qui représente toujours 30 % de son chiffre d'affaires [a], ou des plantes insecticides. Ces produits n'ont aucun intérêt pour les consommateurs, qui attendent toujours les OGM miracles que la firme n'a cessé de leur promettre, comme le riz doré qu'elle a annoncé à grand renfort de publicité. »

Pour être précise, la firme de Saint Louis n'a pas inventé le fameux « riz doré », qui fut bricolé, avec les meilleures intentions du monde, par deux chercheurs européens : le Suisse Ingo Potrykus (Zurich) et l'Allemand Peter Beyer (Fribourg). Ce riz OGM était censé produire du bêta-carotène, la vitamine A, que l'on trouve abondamment dans les carottes, dont la déficience entraîne, chaque année, la mort d'un million d'enfants du tiers monde et provoque la cécité de 300 000 autres. Publiés dans *Science* [12] en 2000, les résultats de laboratoire semblaient si prometteurs que le « riz doré » fit la une de nombreux journaux comme l'incarnation des « belles promesses » des biotechnologies. Financés par la Fondation Rockefeller, les deux chercheurs décident de lancer leur bébé sur le marché, mais ils se trouvent confrontés à un inextricable problème de brevets : pour fabriquer leur « riz doré », ils ont utilisé des gènes et procédés couverts par pas moins de soixante-dix brevets appartenant à trente-deux entreprises ou centres de recherche ! Autant dire qu'à moins de vendre les précieuses graines à prix d'or, l'affaire est condamnée à l'échec. C'est là qu'intervient une association philanthropique, du nom de... Monsanto. Lors d'une conférence agricole organisée en Inde en août 2000, la firme annonce qu'elle va « faire don de certains de ses brevets pour accélérer l'utilisation du riz OGM, qui pourra sauver des millions d'enfants sous-alimentés [13] ». « Le développement de ce riz, assure alors Hendrik Verfaillie, qui succédera bientôt à Robert Shapiro, montre clairement que les biotechnologies peuvent aider non seulement les pays occidentaux mais aussi les pays en voie de développement [14]. »

Seulement voilà : le « riz doré » a fini dans les oubliettes de l'histoire, car dès qu'il a été cultivé dans des conditions réelles, il produisait une quantité de bêta-carotène si dérisoire qu'il ne servait absolument à rien... « On n'a jamais su pourquoi, commente Marc Brammer, mais cette histoire illustre bien les

---

a D'après le « 10K Form » le chiffre d'affaires de Monsanto s'est élevé à 7,3 milliards de dollars en 2006, dont 2,2 milliards pour le Roundup.

inconnues qui entourent le processus de manipulation génétique. Or celles-ci constituent un risque pour la performance de Monsanto à moyen et long terme : rien ne peut nous assurer que les OGM ne seront pas l'agent orange de demain... »

Je n'énumérerai pas toutes les surprises qu'ont réservées, au fil des années, les produits issus du bricolage génétique, comme par exemple la « découverte » par un scientifique belge d'un « fragment d'ADN inconnu [15] » dans le soja Roundup ready de Monsanto ; je me contenterai de renvoyer le lecteur à un site de la Commission européenne où sont recensées les études scientifiques qu'elle parraine sur la sécurité des OGM. Exemple : une recherche intitulée « Les mécanismes et le contrôle de la recombinaison génétique dans les plantes [16] ». Dans leur présentation du projet, les auteurs soulignent : « L'un des problèmes majeurs avec la technologie actuelle est qu'on ne peut pas prédire où les transgènes vont s'intégrer », ce qui peut « induire des mutations imprévisibles et indésirables dans le génome hôte »... Les chercheurs se proposent donc de vérifier ce qu'il en est, preuve que les OGM ont intégré la chaîne alimentaire sans que cette question capitale ait été préalablement vérifiée.

Autre exemple : une étude sur les « Effets et mécanismes des transgènes Bt sur la biodiversité des insectes non cibles : pollinisateurs, herbivores et leurs ennemis naturels [17] ». Je pense que le joli papillon monarque aurait apprécié que cette étude soit réalisée *avant* la mise sur le marché du maïs Bt... Enfin, un dernier exemple : « Évaluation sanitaire du transfert horizontal de gènes d'OGM vers la microflore de la chaîne alimentaire et de l'intestin humain [18] ». Les résultats de cette étude britannique ont depuis été publiés et le moins qu'on puisse dire, c'est qu'ils ne sont pas rassurants : les chercheurs ont donné à manger un hamburger et un milk-shake contenant du soja RR à sept volontaires, puis ils ont analysé les bactéries de leurs intestins. Dans trois cas sur sept, ils ont « détecté le gène de résistance à l'herbicide à un niveau très bas [19] ». Il serait certainement utile, au nom du fameux principe de précaution, que l'expérience soit répétée sur deux années, avec un apport quotidien du soja de Monsanto (une diète normale aux États-Unis) et qu'on observe les résultats...

« La contamination génétique est un facteur de risque majeur »

Quand on décortique les rapports d'activité de Monsanto depuis 1997 – les « 10K Form » –, on est frappé de voir la place qu'y occupent les « *litigations* » (contentieux). Ce sont d'abord les procès que lui ont intentés les victimes de ses activités chimiques, comme les habitants d'Anniston (voir *supra*, chapitre 1) ou, plus tard, les vétérans de la guerre du Viêt-nam (voir *supra*, chapitre 3).

« Si la deuxième *class action* des vétérans aboutissait, cela pourrait entraîner la faillite de Monsanto, estimait Marc Brammer quand je l'ai rencontré à l'été 2006. Sans oublier les PCB, les hormones de croissance et le Roundup, qui peuvent entraîner de nouveaux procès. Aux risques que lui font courir ses activités chimiques passées ou présentes, s'ajoutent ceux liés à la contamination génétique, qui est une source interminable de litiges potentiels. Jusqu'à présent, la catastrophe du StarLink a coûté un milliard de dollars à Aventis. Pourtant, la contamination continue et il est donc impossible d'estimer le coût définitif pour la multinationale. »

On se souvient du branle-bas de combat qu'a suscité en 2006 la découverte de « traces d'OGM non autorisé dans du riz américain [20] » : produit par Bayer CropScience, l'un des concurrents de Monsanto, ce riz n'avait jamais été autorisé à la consommation ou à la culture, puisqu'il provenait d'essais en champ réalisés sur une ferme de Louisiane entre... 1998 et 2001 ! La contamination, qui a affecté une trentaine de pays, a entraîné un effondrement des exportations américaines de riz et « au moins 250 millions de dollars » pour indemniser les négociants et distributeurs européens [21].

« Nous sommes impliqués dans différentes plaintes et procédures légales au sujet de la propriété intellectuelle, les biotechnologies, des délits, contrats, antitrust, avantages des employés, litiges environnementaux et autres, ainsi que dans des investigations gouvernementales [22]. » Voilà ce qu'écrit Monsanto dans son rapport d'activité de 2005, à la rubrique « contentieux et autres contingences », dans un anglais si chaotique qu'il est carrément intraduisible. À la rubrique « procédures légales [23] », la firme énumère, dans un inventaire dont je ne sais s'il relève de Prévert ou de Kafka, tous les procès dans lesquels elle est partie prenante, soit comme plaignante, soit comme accusée. Un certain nombre de procédures l'opposent à ses concurrents, le Suisse Syngenta, l'Allemand Bayer ou l'Américain Dow Chemicals, les autres géants des OGM, à propos de « qui est le premier à avoir découvert tel gène ou tel principe actif »... De même, l'université de Californie a déposé plainte contre elle pour violation d'un brevet portant sur... l'hormone de croissance laitière ! On découvre aussi que Syngenta l'a traînée en justice pour dénoncer son monopole sur les semences de maïs tolérant au glyphosate, dans le cadre d'une action antitrust. « De fait, s'interroge l'agence Reuters, la domination de Monsanto sur le marché des cultures transgéniques est indiscutable, mais est-elle légale [24] ? »

« Il plane sur Monsanto le même danger que, en son temps, sur Microsoft, m'a expliqué Marc Brammer. Il n'est pas exclu que la firme soit un jour condamnée pour violation des lois antitrust et antiracket américaines. Si c'était le cas, cela lui coûterait très cher... » Dès 1999, une première *class action*, regroupant des agriculteurs, avait attaqué la multinationale devant le tribunal de Saint Louis, l'accusant d'avoir « conspiré », notamment avec Pioneer Hi-Bred, pour « fixer le prix » des semences à un niveau très élevé Mais les plaignants avaient été déboutés en 2003 par le juge Rodney Sippel, celui-là même qui avait la dent si dure contre les paysans accusés d'avoir violé le brevet de Monsanto (voir *supra*, chapitre 10)[25].

Un an plus tard, le *New York Times* publiait une enquête très fouillée où, après avoir rencontré des « dizaines de patrons » de compagnies semencières, le journal confirmait les soupçons de « conspiration » pesant sur le leader mondial des OGM : celui-ci aurait, entre autres, approché Mycogen, un semencier californien, pour qu'il renonce « à entrer en compétition avec Monsanto et ses partenaires sur le prix des semences, en échange d'un accès à certaines technologies brevetées, d'après d'anciens cadres de l'entreprise[26] » (qui a depuis été rachetée par Dow Chemicals). Ces accusations ont été reprises ensuite dans quatorze *class actions*, déposées auprès d'autant de tribunaux américains, ainsi que le reconnaissait la multinationale elle-même dans son 10K Form de 2005.

« Nous dénonçons le monopole sur les semences que Monsanto a acquis avec des moyens que nous estimons illégaux », m'a expliqué Adam Levitt, l'un des avocats des plaignants, qui travaille pour un cabinet très réputé de Chicago, où il m'a reçue en octobre 2006. À savoir une utilisation abusive des droits que confèrent les brevets, comme l'interdiction faite aux paysans de conserver leurs semences ou l'obligation de n'acheter que du Roundup, et pas un générique de glyphosate ; comme aussi l'obligation faite aux négociants sous licence de vendre un pourcentage élevé de produits de Monsanto. Nous accusons aussi la firme d'avoir étouffé la concurrence avec des pratiques commerciales déloyales et d'avoir conspiré pour fixer le prix des semences à un niveau exorbitant. Tout cela nous semble constituer une violation des lois américaines . »

« Pensez-vous gagner ? » La question fait sourire Adam Levitt, qui me rappelle qu'il est « payé au pourcentage », et conclut avec un plaisir évident : « Le fait que Monsanto ait engagé les plus gros cabinets d'avocats du pays pour se défendre nous incite à penser que, pour la firme, l'affaire est sérieuse... »

J'ajouterai, en guise de conclusion, que pour nous aussi, les citoyens et citoyennes de la bonne vieille planète Terre, « l'affaire est sérieuse ». Après avoir, pendant quatre ans, suivi à la trace la firme de Saint Louis, je me crois en mesure de pouvoir affirmer qu'on ne peut plus dire qu'« on ne savait pas » et qu'il serait irresponsable de laisser la nourriture des hommes tomber en de pareilles mains. Car s'il y a désormais une chose dont je suis sûre que je ne veux pas, pour moi et encore moins pour mes trois filles et mes (futurs) petits enfants, c'est bien du monde de Monsanto...

Notes

Notes de l'introduction

1 Cette soirée a été diffusée le 15 novembre 2005.

2 Disponible en DVD dans la collection « Alerte verte » (<www.alerte-verte.com>), ce film a reçu le grand prix du Festival international du reportage d'actualité et du documentaire de société (FIGRA-Le Touquet), le prix Buffon du Festival international du film scientifique de Paris, les prix du meilleur reportage, grand prix et prix Ushuaïa TV du Festival international du film écologique de Bourges.

3 Ce reportage a été diffusé sur Arte le 18 octobre 2005. Il est également disponible en DVD, dans la collection « Alerte verte ».

4 Selon les termes de l'International Service for the Acquisition for the Agri-biotech Applications (ISAAA), une organisation pro-OGM qui fournit ces chiffres (<www.isaaa.org>).

5 MONSANTO, *The Pledge Report 2005*, p. 12 (<www.monsanto.com/pdf/pubs/2005/pledgereport.pdf>).

6 *Ibid.*, p. 3.

7 *Ibid.*, p. 30

8 *Ibid.*, p. 9.

9 *Ibid.*, p. 2.

Notes du chapitre 1

1 Voir Dennis LOVE, *My City was Gone. One American Town's Toxic Secret, its Angry Band of Locals and a $700 Million Day in Court*, William Morrow, New York, 2006.

2 « Technical report evaluation of Monsanto's polychlorinated biphenil (PCB). Process for PCB losses at the Anniston Plant », United States Environmental Protection Agency, mars 2005, <www.epa.gov/region4/waste/sf/annistonsf/10302197.PDF>.

3 <www.chemicalindustryarchives.org/dirty-secrets/annistonindepth/toxicity.asp>.

4 Soren JENSEN, « Report of a new chemical hazard », *New Scientist*, vol. 32, 1966, p. 612.

5 L'anecdote a été relatée par le résident lors d'une audition (« Trial transcript », *Owens v. Monsanto*, CV-96-J-440-E, N.D. Alabama, 5 avril 2001, p. 551).

6 *San Francisco Chronicle*, 24 septembre 1969.

7 *Le Dauphiné libéré*, édition Isère Nord, 17 août 2007

8 Il s'agit de la directive 96/59/CE. Voir : Marc LAIMÉ, « Le Rhône pollué par les PCB : un Tchernobyl français ? », Blog « Carnets d'eau », 14 août 2007.

9 *Industrie-Déchets*, février 2007, n° 30.

10 U.S. PUBLIC HEALTH SERVICE et U.S. ENVIRONMENTAL PROTECTION AGENCY, « Public health implications of exposure to polychlorinated biphenyls (PCBs) », <www.epa.gov/waterscience/fish/files/pcb99.pdf>.

11 Les deux études sont présentées dans l'ouvrage scientifique de Ruth STRINGER et

Paul Johnston, *Chlorine and the Environment. An Overview of the Chorine Industry*, Kluwer Academic Publishers, Dordrecht, 2001.

12 « Whales in Sound imperilled », *Anchorage Daily News*, 22 juillet 2001.

13 *Chemical and Engineering News*, 14 janvier 2002, <http://pubs.acs.org/cen/topstory/8002/8002notw1.html>.

14 J'invite à lire cet article très complet, que l'on peut consulter à l'adresse suivante : <www.washingtonpost.com/ac2/wp-dyn?pagename=article&contentId=A46648-2001Dec31>.

15 *Anniston Star*, 23 février 2002.

16 *Anniston Star*, 8 août 2003 ; *Wall Street Journal*, 21 août 2003.

17 « US : General Electric workers sue Monsanto over PCBs », *Reuters*, 4 janvier 2006.

18 *The Ecologist*, 22 mars 2007 ; *Sunday Times*, 3 juin 1973.

Notes du chapitre 2

1 Renate D. Kimbrough, « Epidemiology and pathology of a tetrachlorodibenzodioxin poisoning episode », *Archives of Environmental Health*, mars-avril 1977 ; et *The Lancet*, 2 avril 1977, p. 748.

2 *The New York Times*, 28 août 1974.

3 Coleman D. Carter, « Tetrachlorodibenzodioxin : an accidental poisoning episode in horse arenas », *Science*, 16 mai 1975.

4 Voir Robert Reinhold, « Missouri now fears 100 sites could be tainted by dioxin », *The New York Times*, 18 janvier 1983.

5 *The New York Times*, 13 août 1983, 18 novembre 1983, 29 novembre 1983 et 1er décembre 1983.

6 James Troyer, « In the beginning : the multiple discovery of the first hormon herbicides », *Weed Science*, n° 49, 2001, p. 290-297.

7 Raymond R. Suskind *et alii*, « Progress report. Patients from Monsanto Chemical Company, Nitro, West Virginia », *Unpublished Kettering Report*, 20 juillet 1950.

8 J. Kimmig et Karl Heinz Schulz, « Berufliche akne (sog. chlorakne) durch chlorierte aromatische zyklische äther [Occupational acne (so-called Chloracne) due to chlorinated aromatic cyclic ether] », *Dermatologia*, n° 115, 1957, p. 540-546.

9 Peter Downs, « Cover up : story of dioxin seems intentionally murky », *St. Louis Journalism Review*, 1er juin 1998. Voir aussi : Robert Allen, *The Dioxin Wars. Trues and Lies about a Perfect Poison*, Pluto Press, Londres, 2004.

10 « The Monsanto Files », *The Ecologist*, septembre/octobre 1998, <http://web.archive.org/web/20000902182550/www.zpok.hu/mirror/ecologist/SeptOct>. À consulter impérativement !

11 Brian Tokar, « Agribusiness, biotechnology and war », Institute for Social Ecology, 2 décembre 2003, <www.social-ecology.org/>.

12 William Buckingham Jr., *Operation Ranch Hand. The Air Force and Herbicides in Southeast Asia, 1961-1971*, Office of Air Force History, Washington, 1982, p. iv.

13 *Ibid.*, p. iii.

14 *Ibid.*, p. 10.

15 *Ibid.*, p. 30.

16 Les estimations les plus fiables ont été publiées par Jane Mager Stellman, « The extent and patterns of usage of Agent Orange and other herbicides in Vietnam », *Nature*, 17 avril 2003.

17 *Le Monde*, 26 avril 2005.

18 GAO, « Ground troops in South Vietnam were in areas sprayed with Agent Orange », FPCD 80-23, 16 novembre 1979, p. 1.

19 Rédigée le 9 septembre 1988, cette lettre a été lue par le sénateur Tom Daschle devant une commission sénatoriale, le 21 novembre 1989.

20 Diane Courtney, « Tetratogenic evaluation of 2,4,5-T », *Science*, 15 mai 1970.

21 En 1978, l'EPA ordonne l'arrêt des épandages de 2,4,5-T dans les forêts nationales après avoir constaté une « augmentation statistiquement significative des fausses couches » chez les femmes vivant près des forêts arrosées (*Bioscience*, n° 454, août 1979).

22 Joe Thornton, *Science for Sale. Critics of Monsanto Studies on Worker Health Effects Due to Exposure to 2,3,7,8 Tetrachlorodibenzo-P-Dioxin (TCDD)*, Greenpeace, 29 novembre 1990 ; cette étude a été présentée devant le Club national de la presse de Washington (*The Washington Post*, 30 novembre 1990).

23 Plaintiffs Brief, 3 octobre 1989 ; voir aussi Robert Allen, *The Dioxin Wars*, *op. cit.*

24 Judith A. Zack et Raymond R. Suskind, « The mortality experience of workers exposed to tetrachlorodibenzodioxin in a trichlorophenol process accident », *Journal of*

Occupational Medicine, vol. 22, n° 1, 1980, p. 11-14 ; Judith A. Zack et William R. Gaffey, « A mortality study of workers employed at the Monsanto Company plant in Nitro, West Virginia », *Environmental Science Research*, vol. 26, 1983, p. 575-91 ; Raymond R. Suskind et Vicki S. Hertzberg, « Human health effects of 2,4,5-T and its toxic contaminants », *Journal of the American Medical Association*, vol. 251, n° 18, 1984, p. 2372-2380.

25 Peter Schuk, *Agent Orange on Trial. Mass Toxic Disasters in the Courts*, Harvard University Press, Cambridge (Ma.), 1987, p. 86-87 et 155-164. Monsanto a produit 29,5 % de l'agent orange utilisé au Viêt-nam, contre 28,6 % pour Dow Chemicals, mais certains de ses lots contenaient quarante-sept fois plus de dioxine que ceux de Dow.

Notes du chapitre 3

1 *Wall Street Journal*, eastern edition, janvier 1987 (date illisible sur la copie dont je dispose).

2 *North Eastern Reporter*, 2d Series, p. 1340 III.

3 Kemner *v.* Monsanto, Plaintiffs Brief, 3 octobre 1989.

4 Marilyn Fingerhut, « Cancer mortality in workers exposed to 2,3,7,8-tetrachlorodibenzo-p-dioxin », *New England Journal of Medicine*, vol. 324, n° 4, 24 janvier 1991, p. 212-218.

5 Anthony B. Miller, « Public health and hazardous wastes », *Environmental Epidemiology*, vol. 1, National Academy Press, Washington, 1991, p. 207.

6 Joe Thornton, *Science for Sale*, *op. cit.*

7 Raymond R. Suskind, « Testimony and cross examination », *in* Boggess *et alii v.* Monsanto, Civil n°s 81-2098-265, *et seq* (USDC S.D. W.VA), 1986.

8 Alastair Hay et Ellen Silberberg, « Dioxin exposure at Monsanto », *Nature*, vol. 320, 17 avril 1986, p. 569.

9 Judith A. Zack et William R. Gaffey, « A mortality study of workers employed at the Monsanto company plant in Nitro, West Virginia », *loc. cit.*

10 Alastair Hay et Ellen Silberberg, « Assessing the risk of dioxin exposure », *Nature*, vol. 315, 9 mai 1985, p. 102-103.

11 *Report of Proceedings. Testimony of Dr. George Roush*, Kemner *v.* Monsanto Company, Civil n° 80-L-970, Curcuit Crt., St. Clair County, Illinois, 8 juillet 1985, p. 1-147 ; 9 juillet 1985, p. 1-137.

12 Kemner *v.* Monsanto, Plaintiffs Brief, 3 octobre 1989.

13 *Harrowsmith*, mars-avril 1990.

14 EPA, *Drinking Water Criteria Document for 2,3,7,8-Tetrachlorodibenzo-p-dioxin*, Office of Research and Development, Cincinnati, ECAO-CIN-405, avril 1988.

15 Cate Jenkins, « Memo to Raymond Loehr : Newly revealed fraud by Monsanto in an epidemiological study used by EPA to assess human health effects from dioxins », 23 février 1990.

16 « Sentinel at the EPA. An interview with William Sanjour by Dick Carozza », *Fraud Magazine*, septembre-octobre 2007, <www.fraud-magazine.com/FeatureArticle.aspx>.

17 La décision de la cour d'appel est en ligne à la page <www.whistleblowers.org/sanjourcase.htm>.

18 William Sanjour, *The Monsanto Investigation*, 20 juillet 1994, <http://pwp.lincs.net/sanjour/monsanto.htm>.

19 « Key dioxin study, a fraud, EPA says », *Carleston Gazette*, 23 mars 1990.

20 Case opening, EPA, n° 90-07-06-101 (10Q), 20 août 1990 ; Cate Jenkins, « Cover-up of dioxin contamination in products, falsification of dioxin health studies », 15 novembre 1990, EPA, <www.mindfully.org/Pesticide/Monsanto-Coverup-Dioxin-USEPA15nov90.htm>.

21 Cate Jenkins *v.* EPA, Case n° 92-CAA-6 before the Department. of Labor Office of Administrative Law Judges, Complainant's Post-Hearing Brief, 23 novembre 1992.

22 US Department of Labor, Washington, 18 mai 1994 (Case n° 92-CAA-6).

23 Jenkins *v.* EPA, transcript 29 septembre 1992.

24 *The Washington Post*, 17 mai 1990.

25 Elmo R. Zumwalt Jr., « Report to the secretary of the Department of veterans affairs on the association between adverse health effects and exposure to Agent Orange », 5 mai 1990, <www.gulfwarvets.com/ao.html>.

26 « A cover-up on Agent Orange ? », *Time*, 23 juillet 1990.

27 Thomas Daschle, « Agent Orange Hearing ». Congresssional Record, S 2550, 21 novembre 1989, <www.iom.edu/Object.File/Master/

38/545/Petrou%20Agent%20Orange%20 Statem>.

28 Alfred M. THIESS, R. FRENTZEL-BEYME et R. LINK, « Mortality study of persons exposed to dioxin in a trichlorophenol-process accident that occurred in the BASF AG on November 17, 1953 », *American Journal of Industrial Medicine*, vol. 3, n° 2, 1982, p. 179-189.

29 Stephanie WANCHINSKI, « New analysis links dioxin to cancer », *New Scientist*, 28 octobre 1989. La fraude avait également été révélée par Friedemann Rohleder lors d'un colloque sur la dioxine qui s'était tenu à Toronto, du 17 au 22 septembre 1989.

30 R. C. BROWNSON, J. S. REIF, J. C. CHANG, J. R. DAVIS, « Cancer risks among Missouri farmers », *Cancer*, vol. 64, n° 11, 1er décembre 1989, p. 2381-2386.

31 Aaron BLAIR, « Herbicides and non-Hodgkin's lymphoma : new evidence from a study of Saskatchewan farmers », *Journal of the National Cancer Institute*, vol. 82, 1990, p. 544-545.

32 Pier Alberto BERTAZZI *et alii*, « Cancer incidence in a population accidentally exposed to 2,3,7,8-Tetrachlorodibenzo-PARA-dioxin », *Epidemiology*, vol. 4, septembre 1993, p. 398-406.

33 Lennart HARDELL et A. SANDSTROM, « Case-control study : soft tissue sarcomas and exposure to phenoxyacetic acids or chlorophenols », *British Journal of Cancer*, vol. 39, 1979, p. 711-717 ; Mikael ERIKSSON, Lennart HARDELL, N.O. BERG, T. MOLLER, Olav AXELSON, « Soft tissue sarcoma and exposure to chemical substances : a case referent study », *British Journal of Industrial Medicine*, vol. 38, 1981, p. 27-33 ; Lennart HARDELL, Mikael ERIKSSON, P. LENNER, E. LUNDGREN, « Malignant lymphoma and exposure to chemicals, especially organic solvents, chlorophenols and phenoxy acids », *British Journal of Cancer*, vol. 43, 1981, p. 169-176 ; Lennart HARDELL et Mikael ERIKSON, « The Association between soft-tissue sarcomas and exposure to phenoxyacetic acids : a new case referent study », *Cancer*, vol. 62, 1988, p. 652-656.

34 Royal Commission on the Use and Effects of Chemical Agents on Australian Personnel in Vietnam, *Final Report*, vol. 1-9, Australian Government Publishing Service, Canberra, 1985.

35 « Agent Orange : the new controversy. Brian Martin looks at the royal commission that acquitted Agent Orange », *Australian Society*, vol. 5, n° 11, novembre 1986, p. 25-26.

36 MONSANTO AUSTRALIA LTD, « Axelson and Hardell. The odd men out », Submission to the Royal Commission on the Use and Effects on Chemical Agents on Australian Personnel in Vietnam, Monsanto Australia Limited, Exhibit 1881, 1985.

37 Cité *in* Lennart HARDELL, Mikael ERIKSSON et Olav AXELSON, « On the misinterpretation of epidemiological evidence, relating to dioxin-containing phenoxyacetic acids, chlorophenols and cancer effects », *New Solutions*, printemps 1994.

38 Richard DOLL et Richard PETO, « The causes of cancer : quantitative estimates of avoidable risks of cancer in the United States today », *Journal of the National Cancer Institute*, vol. 66, n° 6, juin 1981, p. 1191-1308.

39 « Renowned cancer scientist was paid by chemical firm for 20 years », *The Guardian*, 8 décembre 2006.

40 Lennart HARDELL, Martin J. WALKER, Bo WAHLJALT, Lee S. FRIEDMAN et Elihu D. RICHTER, « Secret ties to industry and conflicting interests in cancer research », *American Journal of Industrial Medicine*, 3 novembre 2006.

41 Du latin « épine (dorsale) fendue en deux », le spina bifida est une imperfection de la colonne vertébrale dans laquelle une ou plusieurs vertèbres ne se sont pas formées correctement pendant la vie embryonnaire, créant un espace qui laisse passer la moelle épinière et les méninges.

42 Arnold SCHEKTER, Hoang Trong QUYNH, Marian PAVUK, Olaf PÄPKE, Rainer MALISCH, John D. CONSTABLE, « Food as a source of dioxin exposure in the residents of Bien Hoa City, Vietnam », *Journal of Occupational and Environmental Medicine*, vol. 45, n° 8, août 2003, p. 781-788.

43 Le Cao DAI *et alii*, « A comparison of infant mortality rates between two Vietnamese villages sprayed by defoliants in wartime and one unsprayed village », *Chemosphere*, vol. 20, août 1990, p. 1005-1012.

44 *New Scientist*, 20 mars 2005.

45 *The New York Times*, 10 mars 2005.

46 *Corpwatch*, 4 novembre 2004.

Notes du chapitre 4

1 <www.roundup-jardin.com/page.php?rub =service_roundup_roundup>.

2 *Sustainable Agriculture Week*, vol. 3, n° 7, 11 avril 1994, Institute for Agriculture and Trade Policy, Minneapolis.

3 *Problems Palgue the EPA Pesticide Registration Activities*, US Congress, House of Representatives, House Report 98-1147, 1984.

4 EPA, Office of Pesticides and Toxic Substances, *Summary of the IBT Review Program*, Washington, juillet 1983.

5 EPA, *Data Validation. Memo from K. Locke, Toxicology Branch, to R. Taylor, Registration Branch*, Washington, 9 août 1978.

6 EPA, Communications and Public Affairs, *Note to Correspondents*, Washington, 1er mars 1991.

7 *The New York Times*, 2 mars 1991.

8 *Ibid.*

9 « Testing fraud . IBT and Craven Laboratories », juin 2005, <www.monsanto.com/pdf/products/roundup_ibt_craven_bkg.pdf>.

10 Caroline Cox, « Glyphosate factsheet », *Journal of Pesticide Reform*, vol. 108, n° 3, automne 1998, <www.mindfully.org/Pesticide/Roundup-Glyphosate-Factsheet-Cox.htm>. Cet article très complet constitue un excellent résumé de tous les problèmes soulevés par le Roundup.

11 <www.mindfully.org/Pesticide/Monsanto-v-AGNYnov96.htm>.

12 Attorney General of the State of New York, Consumer Frauds and Protection Bureau, Environmental Protection Bureau, *In the Matter of Monsanto Company, Respondent. Assurance of Discontinuance Pursuant to Executive Law § 63 (15)*, New York, avril 1998.

13 Isabelle Tron, Odile Piquet et Sandra Cohuet, *Effets chroniques des pesticides sur la santé : état actuel des connaissances*, Observatoire régional de santé de Bretagne, janvier 2001.

14 Sheldon Rampton et John Stauber, *Trust us, we're Experts ! How Industry Manipulates Science and Gambles with your Future*, Jeremy P. Tarcher/Putnam, New York, 2002.

15 Fabrice Nicolino et François Veillerette, *Pesticides, révélations sur un scandale français*, Fayard, Paris, 2007.

16 Julie Marc, *Effets toxiques d'herbicides à base de glyphosate sur la régulation du cycle cellulaire et le développement précoce en utilisant l'embryon d'oursin*, université de biologie de Rennes, 10 septembre 2004.

17 Helen H. McDuffie et *alii*, « Non-Hodgkin's lymphoma and specific pesticide exposures in men : cross-Canada study of pesticides and health », *Cancer Epidemiology Biomarkers and Prevention*, vol. 10, novembre 2001, p. 1155-1163.

18 Lennart Hardell, Michael Eriksson et Marie Nordström, « Exposure to pesticides as risk factor for non-Hodgkin's lymphoma and hairy cell leukaemia : pooled analysis of two Swedish case-control studies », *Leukaemia and Lymphoma*, vol. 43, 2002, p. 1043-1049.

19 Anneclaire J. De Roos *et alii*, « Integrative assessment of multiple pesticides as risk factors for non-Hodgkin's lymphoma among men », *Occupational Environmental Medecine*, vol. 60, n° 9, 2005.

20 Anneclaire J. De Roos *et alii*, « Cancer incidence among glyphosate-exposed pesticide applicators in the agricultural health study », *Environmental Health Perspectives*, vol. 113, 2005, p. 49-54.

21 Julie Marc, *Effets toxiques d'herbicides à base de glyphosate sur la régulation du cycle cellulaire et le développement précoce en utilisant l'embryon d'oursin*, *op. cit.*

22 Un rapport intitulé « Étude Phyto Air », financé par la région Nord-Pas-de-Calais et conduit par l'Institut Pasteur de Lille, constitue une bonne source d'informations sur les problèmes posés par les adjuvants que contiennent les herbicides. <www.pasteur-lille.fr/images/images_accueil/Rapport%20Phytoair.pdf>.

23 Institute for Science in Society, communiqué de presse du 7 mars 2005.

24 Julie Marc, Odile Mulner-Lorillon et Robert Bellé, « Glyphosate-based pesticides affect cell cycle regulation », *Biology of the Cell*, vol. 96, 2004, p. 245-249.

25 Tye E. Arbuckle, Zhiqiu Lin et Leslie S. Mery, « An exploratory analysis of the effect of pesticide exposure on the risk of spontaneous abortion in an Ontario farm population », *Environmental Health Perspectives*, vol. 109, 1er août 2001, p. 851-857.

26 John F. Acquavella *et alii*, « Glyphosate biomonitoring for farmers and their families results from the farm family exposure

study », *Environmental Health Perspectives*, vol. 112, 2004, p. 321-326.

27 Lance P. Walsh, « Roundup inhibits steroidogenesis by disrupting steroidogenic acute regulatory (StAR) protein expression », *Environmental Health Perspectives*, vol. 108, 2004, p. 769-776.

28 Eliane Dallegrave *et alii*, « The teratogenic potential of the herbicide glyphosate Roundup® in Wistar rats », *Toxicology Letters*, vol. 142, 2003, p. 45-52.

29 Gilles-Éric Séralini *et alii*, « Differential effects of glyphosate and Roundup on human placental cells and aromatase », *Environmental Health Perspectives*, vol. 113, n° 6, 25 février 2005 ; Nora Benachour *et alii*, « Time- and dose-dependent effects of Roundup on human embryonic and placental cells », *Archives of Environmental Contamination and Toxicology*, vol. 53, n° 1, juillet 2007, p. 126-133.

30 Christian Ménard, « Rapport fait au nom de la mission d'information sur les enjeux des essais et de l'utilisation des organismes génétiquement modifiés », Assemblée nationale, 13 avril 2005, <www.assemblee-nationale.fr/12/rap-info/i2254-t1.asp>.

31 Julie Marc, *Effets toxiques d'herbicides à base de glyphosate sur la régulation du cycle cellulaire et le développement précoce en utilisant l'embryon d'oursin, op. cit.*

32 Rick A. Relyea *et alii*, « Pesticides and amphibians : the importance of community context », *Ecological Applications*, vol. 15, n° 4, 1er juillet 2005.

33 Université de Pittsburgh, communiqué de presse, 1er avril 2005.

34 Hsin-Ling Lee *et alii*, « Clinical presentations and prognostic factors of a glyphosate surfactant herbicide intoxication : a review of 131 cases, *Academic Emergency Medicine*, 2000, vol. 7, n° 8, p. 906-910.

35 *Pesticides News*, n° 33, septembre 1996, p. 28-29.

36 Earthjustice Legal Defence Fund, « Spraying toxic herbicides on rural Colombian and Ecuadorian communities », 15 janvier 2002, <www.mindfully.org/Pesticide/2002/Roundup-Human-Rights24jan02.htm>.

Notes du chapitre 5

1 *The Los Angeles Times*, 1er août 1989. Dans le même temps, Samuel Epstein rédigera un article scientifique : « Potential public health hazards of biosynthetic milk hormones », *International Journal of Health Services*, vol. 20, n° 1, 1990, p. 73-84.

2 Samuel Epstein publie aussi un nouvel article : « Questions and answers on synthetic bovine growth hormones », *International Journal of Health Services*, vol. 20, n° 4, 1990, p. 573-582.

3 Les termes employés par le Congrès sont *knowing acts of non disclosure* et *reckless acts* (Samuel S. Epstein, *Testimony on White Collar Crime*, H.R. 4973, before the Subcommittee on Crime of the House Judiciary Committee, 13 décembre 1979).

4 « FDA accused of improper ties in review of drug for milk cows », *The New York Times*, 12 juin 1990.

5 Judith C. Juskevich et C. Greg Guyer, « Bovine growth hormone : human food safety evaluation », *Science*, vol. 249, n° 4971, 24 août 1990, p. 875-884.

6 Frederick Bever, « Canadian Agency questions approval of cow drug by US », Associated Press, 6 octobre 1998.

7 *Le Monde*, 30 août 1990.

8 Selon les sources, le taux d'IGF1 présent dans le lait issu de vaches piquées peut être de deux à dix fois supérieur à celui constaté dans le lait naturel. Dans la demande d'homologation que Monsanto a adressée aux autorités britanniques, la société parle d'un niveau « jusqu'à cinq fois supérieur » (T. Ben Mepham *et alii*, « Safety of milk from cows treated with bovine somatotropin », *The Lancet*, vol. 344, 19 novembre 1994, p. 1445-1446).

9 C. Xian, « Degradation of IGF-1 in the adult rat gastrointestinal tract is limited by a specific antiserum or the dietary protein casein », *Journal of Endocrinology*, vol. 146, n° 2, 1er août 1995, p. 215.

10 June M. Chan *et alii*, « Plasma insulin-like growth factor-1 [IGF-1] and prostate cancer risk : a prospective study », *Science*, vol. 279, 23 janvier 1998, p. 563-566.

11 Susan E. Hankinson *et alii*, « Circulating concentrations of insulin-like growth factor 1 and risk of breast cancer », *The*

Lancet, vol. 351, n° 9113, 1998, p. 1393-1396.

12 *The Milkweed*, août 2006. Cet article recense toute la littérature scientifique disponible sur les liens entre l'IGF1 et les cancers du sein.

13 *The Journal of Reproductive Medicine*, mai 2006 ; *The Milkweed*, juin 2006 ; *The New York Times*, 30 mai 2006. Le taux de jumeaux aux États-Unis est passé de 1,89 pour cent naissances en 1977 à 3,1 en 2002 (deux fois plus qu'au Royaume-Uni).

14 « NIH technology assessment conference statement on bovine somatotropin », *Journal of the American Medical Association*, vol. 265, n° 11, 20 mars 1991, p. 1423-1425.

15 Council on Scientific Affairs, American Medical Association, « Biotechnology and the American agricultural industry », *Journal of the American Medical Association*, vol. 265, n° 11, 20 mars 1991, p. 1433.

16 Eliot Marshall, « Scientists endorse ban on antibiotics in feeds », *Science*, vol. 222, 11 novembre 1983, p. 601.

17 Barry R. Bloom et Christopher J. L. Murray, « Tuberculosis : commentary on a reemergent killer », *Science*, vol. 257, 21 août 1992, p. 1055-1064.

18 Sharon Begley, « The end of antibiotics », *Newsweek*, vol. 123, 28 mars 1994, p. 47-52.

19 Le GAO a rédigé un rapport spécifique sur la question des résidus d'antibiotiques dans le lait : on y apprend qu'il existe peu de tests disponibles pour mesurer ces résidus ; la FDA n'en dispose que de quatre, dont un pour la pénicilline. Or trente médicaments sont autorisés pour les élevages laitiers, et soixante-deux seraient utilisés illégalement (GAO, *Food Safety and Quality. FDA Strategy Needed to Adress Drugs Animal Residues in Milk*, GAO/PMED-92-26, 1992).

20 Erik Millstone, Eric Brunner et Ian White, « Plagiarism or protecting public health ? », *Nature*, vol. 371, p. 647-648, 20 octobre 1994.

21 Jeremy Rifkin, *Le Siècle biotech*, La Découverte, Paris, 1998.

22 Samuel Epstein avait déjà exprimé une colère similaire dans *The Los Angeles Times*, 20 mars 1994.

Notes du chapitre 6

1 *Federal Register*, vol. 59, n° 28, 10 février 1994, p. 6279.

2 <www.cfsan.fda.gov/~lrd/fr940210.html>.

3 Ce texte de trente-deux pages a été signé par Richard A. Merrill, Jess H. Stribling et Frederick H. Degnan.

4 *Capital Times*, 19-20 février 1994.

5 *The Washington Post*, 18 mai 1994.

6 *The New York Times*, 12 juillet 2003.

7 « Oakhurst to alter its label », *The Portland Press Herald*, 25 décembre 2003.

8 Associated Press, 18 février 2005.

9 Mark Kastel, « Down on the farm : the real BGH story animal health problems, financial troubles », <www.mindfully.org/GE/Down-On-The-Farm-BGH1995.htm>.

10 *Metroland*, 11 août 1994.

11 *St. Louis Post-Dispatch*, 15 mars 1995.

12 Leur histoire fait l'objet d'un chapitre dans *Into the Buzzsaw. Leading Journalists Expose the Myth of a Free Press*, Prometheus Books, New York, 2002 (traduction française : *Black List. Quinze grands journalistes américains brisent la loi du silence*, Éditions des Arènes, Paris, 2003).

13 On peut les consulter sur le site <www.foxbghsuit.com>.

Notes du chapitre 7

1 Edward L. Tatum, « A case history in biological research », Nobel Lecture, 11 décembre 1958 (cité par Hervé Kempf, *La Guerre secrète des OGM*, Seuil, Paris, 2003, p. 16).

2 Arnaud Apotheker, *Du poisson dans les fraises*, La Découverte, Paris, 1999.

3 Cité par Robert Shapiro, « The welcome tension of technology : the need for dialog about agricultural biotechnology », Center for the Study of American Business, *CEO series issues*, n° 37, février 2000.

4 Cité par Hervé Kempf, *La Guerre secrète des OGM*, *op. cit.*, p. 23.

5 *Ibid.*, p. 25.

6 Susan Wright, *Molecular Politics. Developing American and British Regulatory Policy for Genetic Engineering, 1972-1982*, University of Chicago Press, Chicago, 1994, p. 107 (cité par Hervé Kempf, *La Guerre secrète des OGM*, *op. cit.*, p. 49).

7 Daniel Charles, *Lords of the Harvest*, Basic Books, New York, 2002, p. 24.

8 Cité par Hervé Kempf, *La Guerre secrète des OGM*, *op. cit.*, p. 57.

9 Cité par Daniel Charles, *Lords of the Harvest, op. cit.*, p. 38.
10 *Ibid.*, p. 37.
11 Luca Comai *et alii*, « Expression in plants of a mutant *aroA* gene from *Salmonella typhimurium* confers tolerance to glyphosate », *Nature*, n° 317, 24 octobre 1985, p. 741-744.
12 Cité par Daniel Charles, *Lords of the Harvest, op. cit.*, p. 67.
13 Stephanie Simon, « Biotech soybeans plant seed of risky revolution », *The Los Angeles Times*, 1er juillet 2001.
14 *Ibid.*
15 *CropChoice News*, 16 novembre 2003.
16 Cité par Daniel Charles, *Lord of the Harvest, op. cit.*, p. 75.
17 Stephanie Simon, « Biotech soybeans plant seed of risky revolution », *loc. cit.*
18 Arnaud Apotheker, *Du poisson dans les fraises, op. cit.*, p. 36-37.
19 Kurt Eichenwald, Gina Kolata et Melody Peterson, « Biotechnology food : from the lab to a debacle », *The New York Times*, 25 janvier 2001.
20 *Coordinated Framework for Regulation of Biotechnology*, Office of Science and Technology Policy, 51 FR 23302, 26 juin 1986, <http://usbiotechreg.nbii.gov/CoordinatedFrameworkForRegulationOfBiotechnolog>.
21 Kurt Eichenwald, Gina Kolata et Melody Peterson, « Biotechnology food : from the lab to a debacle », *loc. cit.*
22 *Ibid.*
23 Daniel Charles, *Lords of Harvest, op. cit.*, p. 28.
24 Kurt Eichenwald, Gina Kolata et Melody Peterson, « Biotechnology food : from the lab to a debacle », *loc. cit.*
25 Cité par Jeffrey M. Smith, *Seeds of Deception. Exposing Industry and Government Lies about the Safety of the Genetically Engineered Foods you're Eating*, Yes ! Books, Fairfield, 2003, p. 130 (traduction française : *Semences de tromperies. Dénoncer les mensonges de l'industrie agrochimique et des autorités sur la sécurité des aliments génétiquement modifiés*, Myoho, Paris, 2007).
26 Food and Drug Administration, « Statement of policy : foods derived from new plant varieties », *Federal Register*, vol. 57, n° 104, 29 mai 1992, p. 22983.
27 *Ibid.*, p. 22985. C'est moi qui souligne
28 Entretien avec l'auteur, juillet 2006
29 Entretien avec l'auteur, juillet 2006.
30 Entretien avec l'auteur, juillet 2006
31 Cité par Daniel Charles, *Lord of the Harvest, op. cit.*, p. 143.
32 FAO, *Les Organismes génétiquement modifiés . les consommateurs, la sécurité des aliments et l'environnement*, Rome, 2001, <www.fao.org/DOCREP/003/X9602F/x9602f05.htm>.
33 Jeffrey M. Smith, *Seeds of Deception, op. cit.*, p. 107-127 ; ainsi que, du même auteur, *Genetic Roulette. The Documented Health Risks of Genetically Engineered Foods*, Chelsea Green Publishnig, White River, 2007, p. 60-61. Voir le site <www.seedsofdeception.com/Public/Home/index.cfm>.
34 House of Representatives, *FDA's Regulation of the Dietary Supplement L-Tryptophan*, Human Resources and Intergovernmental Subcommittee of the Committee on Government Operations, U.S. House of Representatives, Washington, D.C., 1991.
35 Arthur N. Mayeno et Gerald J. Gleich, « Eosinophilia myalgia syndrome and tryptophan production : a cautionary tale », *Trends Biotechnology*, vol. 12, 1994, p. 346-352.
36 Cité par Jeffrey M. Smith, *Genetic Roulette, op. cit.*, p. 61.
37 Voir notamment : « Information paper on L-tryptophan and 5-hydroxy-L-tryptophan », U.S. Food and Drug Administration, Office of Nutritional Products, Labeling and Dietary Supplements, février 2001, <http://vm.cfsan.fda.gov/%7Edms/ds-tryp1.html>.
38 Mémorandum de James Maryanski, FDA, sur une rencontre avec Bill Layden et Michelle Bernard, FDA, 27 novembre 1991.
39 Food and Drug Administration, « Statement of policy : foods derived from new plant varieties », *loc. cit*, p. 22991.
40 Jeffrey M. Smith, *Genetic Roulette, op. cit.* p. 61.

Notes du chapitre 8

1 <www.biointegrity.org>
2 Voir notamment la déposition de Steven Druker devant la FDA, le 30 novembre 1999 : « Why FDA policy on genetically engineered foods violates sound science and US law », Panel on Scientific Safety and Regulatory Issues, <www.psrast.org/drukeratfda.htm>.
3 La plainte a été enregistrée sous le nom « Alliance for Bio-integrity *v.* Shalala *et al.* »

4 *The New York Times*, 4 octobre 2000.

5 « Genetically engineered foods », *FDA Consumer*, janvier-février 1993, p. 14.

6 <www.biointegrity.org/list.html>.

7 « Memorandum from the FDA Division of Food Chemistry & Technology to James Maryanski, FDA Biotechnology Coordinator », 1er novembre 1991.

8 Samuel Shibko, « Memorandum to Dr. James Maryansksi. Subject : revision of toxicology section of the statement of policy : foods derived from genetically modified plants », 31 janvier 1992, <www.biointegrity.org/FDAdocs/03/view1.html>.

9 Gerald Guest, « Memorandum to Dr. James Maryanski. Subject : regulation of transgenic plants, FDA draft *Federal Register* notice on food biotechnology », 5 février 1992, <www.biointegrity.org/FDAdocs/08/view1.html>.

10 Louis Pribyl, « Comments on biotechnology draft document », 27 février 1992 <www.biointegrity.org/FDAdocs/04/view1.html>.

11 Lettre de James Maryanski au docteur Bill Murray, président du Food Directorate, Canada, 23 octobre 1991. <www.biointegrity.org/FDAdocs/06/view1.html>.

12 Linda Kahl, « Memorandum to James Maryanski, FDA Biotechnology Coordinator », 8 janvier 1992. <www.biointegrity.org/FDAdocs/01/view1.html>.

13 « Statement of policy : foods derived from new plant varieties », *loc. cit.*, p. 23000 (point 17d).

14 Michael Hansen et Jean Halloran, « Why we need labeling of genetically engineered food », *Consumers International*, Consumer Policy Institute, avril 1998 ; et « Compilation and analysis of public opinion polls on genetically engineered foods », Center for Food Safety, 11 février 1999.

15 *Time Magazine*, 11 février 1999.

16 « Citizen Petition before the United States Food and Drug Administration », 21 mars 2000, <www.fda.gov/ohrms/dockets/dailys/00/mar00/032200/cp00001.pdf>.

17 Douglas Gurian-Sherman, « Holes in the biotech safety nest. FDA Policy does not assure the safety of genetically engineered foods », Center for Science in the Public Interest, Washington, 2001.

18 « Pathology branch's evaluation of rats with stomach lesions from three four-week oral (gavage) toxicity studies/Flavr Savr tomato », memorandum du docteur Fred Hines au docteur Linda Kahl, 16 juin 1993, <www.biointegrity.org/FDAdocs/18/view1.html>.

19 <www.biointegrity.org/FDAdocs/19/view1.html>. C'est moi qui souligne.

20 <www.ilsi.org>.

21 Sarah Boseley, « WHO "infiltrated by food industry" », *The Guardian*, 9 janvier 2003.

22 International Food Biotechnology Council, « Biotechnologies and food : assuring the safety of foods produced by genetic modification », *Regulatory Toxicology and Pharmacology*, vol. 12, n° 3, 1990, <www.ilsi.org/AboutILSI/IFBIC>.

23 « Statement of policy : foods derived from new plant varieties », *loc. cit.*, p. 23003

24 Jeffrey M. Smith, *Seeds of Deception*, *op. cit.* ; *Genetic Roulette*, *op. cit.*

25 « Monsanto employees and government regulatory agencies are the same people ! », *Green Block*, 8 décembre 2000, <www.purefood.org/Monsanto/revolvedoor.cfm>. Voir aussi *Agribusiness Examiner Newsletter*, 16 juin 1999 ; et *The Washington Post*, 7 février 2001.

26 Philip Mattera, « USDA ICN : how agribusiness has hijacked regulatory policy at the US Department of Agriculture », communication à la conférence sur les aliments et l'agriculture de l'Organisation des marchés compétitifs, qui s'est tenue à Omaha (Nebraska) le 23 juillet 2004.

27 *St. Louis Post-Dispatch*, 30 mai 1999.

28 Federal News Service, « Remarks of Secretary of Agriculture Dan Glickman before the Council for Biotechnology Information », 18 avril 2000.

29 Dan Glickman, « How will scientists, farmers and consumers learn to love biotechnology and what happens if they don't ? », 13 juillet 1999, <www.usda.gov/news/releases/1999/07/0285>. C'est moi qui souligne.

30 <www.ratical.org/co-globalize/MonsantoRpt.html>.

31 Judith C. Juskevich et C. Greg Guyer, « Bovine growth hormone : human food safety evaluation », *Science*, vol. 249, 24 août 1990, p. 875-884 (voir *supra*, chapitre 5).

32 Erik Millstone, Eric Brunner, Sue Mayer, « Beyond substantial equivalence », *Nature*, 7 octobre 1999.

33 Stephen PADGETTE, Nancy BIEST TAYLOR, Debbie NIDA, Michele BAILEY, John MACDONALD, Larry HOLDEN, Roy FUCHS, « The composition of glyphosate-tolerant soybean seeds is equivalent to that of conventional soybeans », *The Journal of Nutrition*, vol. 126, n° 4, avril 1996.

34 Barbara KEELER, Marc LAPPÉ, « Some food for FDA regulation », *Los Angeles Times*, 7 janvier 2001.

35 Marc LAPPÉ, Britt BAYLEY, Chandra CHILDRESS, Kenneth SETCHELL, « Alterations in clinically important phytoestrogens in genetically modified, herbicide-tolerant soybeans », *Journal of Medicinal Food*, vol. 1, n° 4, 1er juillet 1999.

36 <www.monsanto.co.uk/news/ukshowlib.phtml ?uid=1612>. À noter que le communiqué est daté du 23 juin 1999.

37 Marc LAPPÉ et Britt BAILEY, *Against the Grain. Biotechnology and the Corporate Takeover of your Food*, Common Courage Press, Monroe, 1998.

38 *The New York Times*, 25 octobre 1998.

39 Ian PRYME et Rolf LEMBCKE, « *In vivo* studies on possible health consequences of genetically modified food and feed-with particular regard to ingredients consisting of genetically modified plant materials », *Nutrition and Health*, vol. 17, 2003.

40 Bruce HAMMOND, John VICINI, Gary HARTNELL, Mark NAYLOR, Christopher KNIGHT, Edwin ROBINSON, Roy FUCHS, Stephen PADGETTE, « The feeding value of soybeans fed to rats, chickens, catfish and dairy cattle is not altered by genetic incorporation of glyphosate tolerance », *The Journal of Nutrition*, avril 1996, vol. 126, n° 3, p. 717-727.

41 Manuela MALATESTA *et alii*, « Ultrastructural analysis of pancreatic acinar cells from mice fed on genetically modified soybean », *Journal of Anatomy*, vol. 201, novembre 2002, p. 409-415 ; Manuela MALASTESTA *et alii*, « Fine structural analyses of pancreatic acinar cell nuclei from mice fed on genetically modified soybean », *European Journal of Histochemistry*, octobre-décembre 2003, p. 385-388. Voir aussi, « Nouveaux soupçons sur les OGM », *Le Monde*, 9 février 2006.

Notes du chapitre 9

1 Voir François DUFOUR, « Les savants fous de l'agroalimentaire », *Le Monde diplomatique*, juillet 1999. À noter que, pour la campagne 1996-1997, le taux d'autosuffisance de la France pour les trois oléagineuses était de 22 %...

2 « Scientist's potato alert was false, laboratory admits », *Times*, 13 juillet 1998.

3 « Doctor's monster mistake », *Scottish Daily record & Sunday Mail*, 13 octobre 1998.

4 *Daily Telegraph*, 10 juin 1999.

5 « Le transgénique, la pomme de terre et le soufflé médiatique », *Le Monde*, 15 août 1998.

6 « Genetically modified organisms. Audit report of Rowett research on lectins », Press release, Rowlett Institute, 28 octobre 1998.

7 *The Guardian*, 12 février 1999 ; « Le rat et la patate, chronique d'un scandale britannique », *Le Monde*, 17 février 1999 ; « Peer review vindicates scientist let go for "improper » warning about genetically modified food », *Natural Science Journal*, 11 mars 1999.

8 *The Scotsman*, 13 août 1998.

9 « Testimony of Professor Phillip James and Dr. Andrew Chesson », Examination, of witnesses, Question 247, 8 mars 1999, <www.parliament.the-stationery-office.co.uk/pa/cm199899/cmselect/cmsctech/286/9030817.htm>.

10 « Loss of innocence : genetically modified food », *New Statesment*, 26 février 1999, p. 47 (cité par Jeffrey SMITH, *Seeds of Deception*, *op. cit.*, p. 24).

11 « Furor food : the man with the worst job in Britain », *The Observer*, 21 février 1999.

12 Cité par Jeffrey SMITH, *Seeds of Deception*, *op. cit.*, p. 24.

13 « People distrust government on GM foods », *Sunday Independant*, 23 mai 1999.

14 « Labour's real aim on GM food », *Sunday Independant*, 23 mai 1999.

15 Memorandum submitted by Dr Stanley William Barclay Ewen, Department of Pathology, University of Aberdeen, 26 février 1999, <www.parliament.the-stationery-office.co.uk/pa/cm199899/cmselect/cmsctech/286/9030804.htm>.

16 Laurie Flynn et Michael Sean Gillard, « Pro-GM food scientist "threatened editor" », *The Guardian*, 1er novembre 1999.

17 Stanley Ewen et Arpad Pusztai, « Effects of diets containing genetically modified potatoes expressing Galanthus Nivalis lectin on rat small intestines », *The Lancet*, n° 354, 1999, p. 1353-1354.

18 Steve Connor, « Scientists revolt at publication of "flawed GM study" », *The Independant*, 11 octobre 1999 (cité par Hervé Kempf, *La Guerre secrète des OGM*, *op. cit.*, p. 181).

19 Laurie Flynn et Michael Sean Gillard, « Pro-GM food scientist "threatened editor" », *loc. cit.*

20 Andrew Rowell, « The sinister sacking of the world's leading GM expert – and the trail that leads to Tony Blair and the White House », *The Daily Mail*, 7 juillet 2003.

21 Rapport annuel 1997 de Monsanto (cité par *The Washington Post*, 1er novembre 1999).

22 *The New Yorker*, 10 avril 2000.

23 *The Ecologist*, septembre-octobre 1998.

24 Hervé Kempf, *La Guerre secrète des OGM*, *op. cit.*, p. 110.

25 *The New Yorker*, 10 avril 2000.

26 « Growth through global sustainability. An interview with Robert Shapiro, Monsanto's CEO », *Harvard Business Review*, 1er janvier 1997

27 *Ibid.*

28 « Interview Robert Shapiro : can we trust the maker of Agent Orange to genetically engineer our food ? », *Business Ethics*, janvier-février 1997.

29 Je recommande aux anglophones la lecture de cet article passionnant : Michael Specter, « The pharmaggedon riddle », *The New Yorker*, 10 avril 2000.

30 « Interview Robert Shapiro : can we trust the maker of Agent Orange to genetically engineer our food ? », *loc. cit.*

31 *The Ecologist*, vol. 28, n° 5, septembre-octobre 1998.

32 Cité par Daniel Charles, *Lords of the Harvest*, *op. cit.*, p. 119.

33 *Ibid.*, p. 120.

34 *Ibid.*, p. 179.

35 *Ibid.*, p. 151.

36 *Ibid.*, p. 177.

37 *Ibid.*, p. 200.

38 *Chemistry and Industry*, 20 juillet 1998.

39 *The Daily Telegraph*, 7 juin 1998.

40 Associated Press, 7 juin 1998.

41 Reuters, 11 août 1998. En février 1999, la firme sera finalement condamnée pour publicité mensongère (*The Guardian*, 28 février 1999). En tout, trente plaintes ont été déposées.

42 *The Ecologist*, septembre-octobre 1998. Pour les anglophones, à lire absolument ! Les francophones peuvent lire la traduction de l'article de Brian Tokar qui ouvre le dossier : <www.fairelejour.org/article.php3 ?id_article=82>. Par ailleurs, le 1er juillet 1999, l'hebdomadaire français *Courrier international* a publié le dossier en français, ce qui lui valut une demande de droit de réponse de Monsanto, publié dans l'édition du 29 juillet. On peut y lire notamment : « En ce qui concerne l'agent orange, les auteurs de *The Ecologist* ont oublié de signaler que des études approfondies menées pendant plusieurs années par l'armée de l'air américaine et d'autres organismes ont montré qu'il n'existe aucun effet nocif majeur pour la santé pouvant être associé à ce défoliant. »

43 *The Guardian*, 29 septembre 1998.

44 Justin Gillis et Anne Swardson, « Crop busters take on Monsanto backlash against biotech foods exacts a high price », *The Washington Post*, 27 octobre 1999. Le 26 octobre 1999, l'action de Monsanto cotait 39,18 dollars à la Bourse de New York, contre 62,72 dollars en août 1998.

45 Véronique Lorelle, « L'arrogance de Monsanto a mis à mal son rêve de nourrir la planète », *Le Monde*, 8 octobre 1999.

46 Justin Gillis et Anne Swardson, « Crop busters take on Monsanto backlash against biotech foods exacts a high price », *loc. cit.*

47 Michael Watkins, « Robert Shapiro and Monsanto », Harvard Business School, 2 janvier 2003.

48 Véronique Lorelle, « Le patron de Monsanto, prophète des OGM, démissionne pour cause de mauvais résultats », *Le Monde*, 20 décembre 2002. En 2002, l'entreprise a enregistré une perte nette de 1,7 milliard de dollars.

Notes du chapitre 10

1 Pour plus de détails sur le brevetage du vivant, voir mon documentaire *Les Pirates du vivant*, diffusé sur Arte le 15 novembre 2005.

2 MONSANTO, *The Pledge Report 2005*, p. 42. C'est moi qui souligne. Le lecteur peut consulter ces morceaux d'anthologie à l'adresse suivante : <www.monsanto.com/who_we_are/our_pledge/recent_reports.asp>.

3 MONSANTO, *2005 Technology Use Guide*, art. 19. C'est moi qui souligne (cité par le rapport du CENTER FOR FOOD SAFETY, *Monsanto vs. U.S. Farmers*, novembre 2005, p. 20, <www.centerforfoodsafety.org/Monsantovsusfarmersreport.cfm>).

4 Daniel CHARLES, *Lords of the Harvest*, *op. cit.*, p. 185.

5 *Ibid.*, p. 155.

6 *Ibid.*, p. 187.

7 Rich WEISS, « Seeds of discord : Monsanto's gene police raise alarm on farmer's rights, rural tradition », *The Washington Post* 3 février 1999.

8 CENTER FOR FOOD SAFETY, *Monsanto vs. U.S Farmers*, *op. cit.*

9 *The Chicago Tribune*, 14 janvier 2005.

10 « Lawsuits filed against American farmers by Monsanto » (source : Administrative Office of the US Courts, <http://pacer.uspci.uscourts.gov>).

11 Cité par Daniel CHARLES, *Lords of the Harvest*, *op. cit.*, p. 187.

12 *Ibid.*

13 Rich WEISS, « Seeds of discord », *loc. cit.*

14 *Associated Press*, 28 avril 2004.

15 Cité par le CENTER FOR FOOD SAFETY, *Monsanto vs. U.S. Farmers*, *op. cit.*, p. 44.

16 Interview réalisée par Robert Schuman pour *Cropchoice News*, 6 avril 2001.

17 Cette histoire est rapportée par le Center for Food Safety (*op. cit.*, p. 23). De plus, j'ai parlé avec l'avocat de Mitchell Scrugg, James Robertson, qui dispose d'images filmées du dispositif mis en place par les agents de Monsanto.

18 *Associated Press*, 10 mai 2003.

19 Andrew MARTIN, « Monsanto "ruthless » in suing farmers, food group says », *Chicago Tribune*, 14 janvier 2005. D'après l'article, sur les 90 procès intentés par Monsanto à la date de 2005, 46 se sont déroulés à Saint Louis.

20 *St Louis Business Journal*, 21 décembre 2001.

21 <http://record.wustl.edu/archive/2000/10-09-00/articles/law.html>.

22 <www.populist.com/02.18.mcmillen.html>.

23 Hervé KEMPF, « Percy Schmeiser, un rebelle contre les OGM », *Le Monde*, 17 octobre 2002.

24 J'invite le lecteur à consulter le site de Percy Schmeiser, où il donne tous les détails de son affaire : <www.percyschmeiser.com/>.

25 Hervé KEMPF, « Le trouble d'une plaine du Saskatchewan », *Le Monde*, 26 janvier 2000

26 *Toronto Star* et *Star Phenix*, 6 juin 2000.

27 Hervé KEMPF, « Percy Schmeiser, un rebelle contre les OGM », *loc. cit.*

28 « Monsanto Canada Inc. *v.* Percy Schmeiser », 29 mars 2001, p. 51-55 (*Star Phenix*, 30 mars 2001).

29 *The Washington Post*, 30 mars 2001.

30 Cité par Hervé KEMPF, « Percy Schmeiser, un rebelle contre les OGM », *loc. cit.*

31 *The Sacramento Bee*, 22 mai 2004

32 *Ibid.*

33 MONSANTO CO., *The Pledge Report 2001-2002*, p. 19, <www.monsanto.com/monsanto/content/media/pubs/dialogue-pledge.pdf>.

34 *CBC News and Current Affairs*, 21 juin 2001.

35 Canadian Bar Association's annual conference, août 2001.

36 SOIL ASSOCIATION, *Seeds of Doubt. North American Farmers' Experiences of GM Crops*, septembre 2002, <www.soilassociation.org/seedsofdoubt>. J'invite le lecteur à lire ce document fondamental.

37 *New Scientist*, 24 novembre 2001. Depuis, le site du gouvernement canadien sur les OGM affirme que « le pollen peut se déplacer sur une distance d'au moins 4 kilomètres » (<www.ogm.gouv.qc.ca/envi_canolagm.html>). Ce qui a été confirmé par des études britanniques et australiennes.

38 « GM volunteer canola causes havoc », *The Western Producer*, 6 septembre 2001.

39 *The Guardian*, 8 octobre 2003.

40 SOIL ASSOCIATION, *Seeds of Doubt*, *op. cit.*, p. 47.

41 « Firms move to avoid risk of contamination », *The Times*, 29 mai 2000.

42 Hervé KEMPF, « Le trouble d'une plaine du Saskatchewan », *loc. cit.*

43 <www.patentstorm.us/patents/6239072-claims.html>.

44 SOIL ASSOCIATION, *Seeds of Doubt, op. cit.*, p. 24 ; voir aussi : « Monsanto sees opportunity in glyphosate resistant volunteer weeds », *Cropchoice News*, 3 septembre 2001.
45 *Science* et *The Independant*, 10 octobre 2003.
46 « Introducing Roundup Ready soybeans. The seeds of revolution », document non daté que j'ai en ma possession.
47 MONSANTO, *The Pledge Report 2005*, p. 18.
48 Charles BENBROOK, « Genetic engineered crops and pesticides use in the United States : the first nine years », octobre 2004, <www.biotech-info.net/Full_version_first_nine.pdf>.
49 *AgBioTech InfoNet Technical Paper*, n° 4, 3 mai 2001.
50 *Ibid.* Cette même année, un document de Monsanto affirmait que « la consommation d'herbicides était en moyenne plus basse dans les champs de soja Roundup ready que dans les autres champs » (« The Roundup Ready soybean system : sustainability and herbicide use », Monsanto, avril 1998).
51 D'après *The Los Angeles Times* du 1er juillet 2001, le Roundup était utilisé sur 20 % des cultures américaines en 1995 et sur 62 % quatre ans plus tard.
52 Charles BENBROOK, « Genetic engineered crops and pesticides use in the United States : the first nine years », *loc. cit.*, p. 7.
53 *Indianapolis Star*, 20 février 2001.
54 <www.mindfully.org/GE/GE4/Glyphosate-Resistant-SyngentaDec02.htm>.
55 Charles BENBROOK, « Pew initiative on food and biotechnology », 4 février 2002, <http://pewagbiotech.org/events/0204/benbrook.php3>.
56 « Introducing Roundup Ready soybeans. The seeds of revolution », *loc. cit.*
57 Roger ELMORE *et alii*, « Glyphosate-resistant soybean cultivar yields compared with sister lines », *Agronomy Journal*, n° 93, 2001, p. 408-412.
58 Charles BENBROOK, « Evidence of the magnitude and consequences of the Roundup ready soybean yield drag from university-based varietal trials in 1998 », *AgBioTech InfoNet Technical Paper*, n° 1, 13 juillet 1999, <www.biotech-info.net/RR_yield_drag_98.pdf>.
59 C. Andy KING, Larry C. PURCELL, Earl D. VORIES, « Plant growth and nitrogenase activity of glyphosate-tolerant soybeans in response to foliar glyphosate application », *Agronomy Journal*, vol. 93, p. 179-186, 2001.
60 Charles BENBROOK, « Pew initiative on food and biotechnology », *loc. cit.*
61 Andy COGHLAN, « Splitting headache. Monsanto's modified soybeans are cracking up in the heat », *New Scientist*, 20 novembre 1999.
62 Michael DUFFY, « Who benefits from biotechnology ? ». Considéré comme une référence, ce document a été présenté à la réunion de l'American Seed Trade Association, à Chicago, 5-7 décembre 2001, <www.econ.iastate.edu/faculty/duffy/Pages/biotechpaper.pdf>.
63 D'après un sondage réalisé en 1997 par Eurobarometer, la grande majorité des citoyens européens étaient en faveur d'un étiquetage des OGM : Autriche 73 %, Belgique 74 %, Danemark 85 %, Finlande 82 %, France 78 %, Allemagne 72 %, Grèce 81 %, Irlande 61 %, Italie 61 %, Espagne 69 %, Royaume-Uni 82 % (« European opinions on modern biotechnology », European Commission Directorate General XII, n° 46.1, 1997).
64 *The Washington Post*, 12 novembre 1999.
65 « US Agriculture loses huge markets thanks to GMO's », Reuters, 3 mars 1999.
66 Reuters, 17 septembre 2002.

Notes du chapitre 11

1 <www.monsanto.com/monsanto/layout/media/04/05-10-04.asp>.
2 MONSANTO, *The Pledge Report 2004*, p. 24.
3 Voir mon documentaire *Le Blé : chronique d'une mort annoncée ?*, diffusé, avec *Les Pirates du vivant* dans la « Thema » d'Arte du 15 novembre 2005, « Main basse sur le vivant ».
4 Stewart WELLS et Holly PENFOUND, « Canadian wheat board speaks out against Roundup Ready wheat », *Toronto Star*, 25 février 2003.
5 « Italian miller to reject genetically modified wheat », *St Louis Business Journal*, 30 janvier 2003.
6 « Japan wheat buyers warn against biotech wheat in US », Reuters, 10 septembre 2003.
7 *The New York Times*, 11 avril 2004.
8 Robert WISNER, « The commercial introduction of genetically modified wheat would severely depress U.S. wheat industry », Western Organization of Resource Councils, Press Release, 30 octobre 2003.

9 Justin GILLIS, « The heartland wrestles with biotechnology », *The Washington Post*, 22 avril 2003.

10 *Ibid.*

11 Pierre-Benoît JOLY et Claire MARRIS, « Les Américains ont-ils accepté les OGM ? Analyse comparée de la construction des OGM comme problème public en France et aux États-Unis », *Cahiers d'économie et de sociologie rurales*, n° 68-69, 2003, p. 19.

12 *Ibid.*, p. 18.

13 John LOSEY, Linda RAYOR et Maureen CARTER, « Transgenic pollen harms monarch larvae », *Nature*, vol. 399, n° 6733, 20 mai 1999.

14 Hervé MORIN, « Les doutes s'accumulent sur l'innocuité du maïs transgénique », *Le Monde*, 26 mai 1999. Parmi les études : Angelika HILBECK *et alii*, « Effects of transgenic *bacillus thurigiensis* corn-fed prey on mortality and development time of immature chrysoperla carnea », *Environmental Entomology*, n° 27, 1998, p. 480-487.

15 Hervé MORIN, « Les doutes s'accumulent sur l'innocuité du maïs transgénique », *loc. cit.*

16 *Ibid.*

17 Carol Kaesuk YOON, « Pollen from genetically altered corn threatens monarch butterfly, study finds », *The New York Times*, 20 mai 1999.

18 Lincoln BROWER, « Canary in the cornfield. The monarch and the Bt corn controversy », *Orion Magazine*, printemps 2001, <www.orionmagazine.org/index.php/articles/article/85/>.

19 « Scientific symposium to show no harm to monarch butterfly », Press release, Biotechnology Industry Organization, 2 novembre 1999.

20 Carol Kaesuk YOON, « Non consensus on the effects of engineering on corn crops », *The New York Times*, 4 novembre 1999.

21 Voir par exemple : « Scientists discount threat to butterflies from altered corn », *St. Louis Post-Dispatch*, 2 novembre 1999.

22 Laura HANSEN et John OBRYCKI, « Field deposition of Bt transgenic corn pollen : lethal effects on the monarch butterfly », *Œcologia*, vol. 125, n° 2, 2000, p. 241-248.

23 *News in Science*, 24 août 2000 ; voir aussi *Le Monde*, 25 août 2000.

24 Marc KAUFMAN, « "Biotech corn is test case for industry. » Engineered food's future hinges on allergy study », *The Washington Post*, 19 mars 2001.

25 Pierre-Benoît JOLY et Claire MARRIS, « Les Américains ont-ils accepté les OGM ? », *loc. cit.*, p. 21.

26 Michael POLLAN, « Playing God in the garden », *The New York Times Sunday Magazine*, 25 octobre 1998.

27 On peut consulter ce document exemplaire à l'adresse : <www.cfsan.fda.gov/~acrobat2/bnfl041.pdf>.

28 « Life-threatening food ? More than 50 Americans claim reactions to recalled StarLink corn », *CBS News*, 17 mai 2001.

29 Bill FREESE, « The StarLink Affair. A Critique of the government/industry response to contamination of the food supply with StarLink corn and an examination of the potential allergenicity of StarLink's Cry9C protein », Friends of the Earth, 17 juillet 2001, <www.foe.org/safefood/starlink.pdf>.

30 *Ibid.*, p. 36.

31 Jeffrey SMITH, *Seeds of Deception*, *op. cit.*, p. 171.

32 Marc KAUFMAN, « EPA rejects biotech corn as human food : federal tests do not eliminate possibility that it could cause allergic reactions, Agency told », *The Washington Post*, 28 juillet 2001.

33 *The Washington Post*, 18 mars 2001 ; *Boston Globe*, 3 mai et 17 mai 2001.

34 *Nature*, 23 novembre 2000.

35 Reuters, 18 mars 2001.

36 *Financial Times*, 27 juin 2003.

37 Éric DARIER et Holly PENFOUND, « Lettre à Paul Steckle », Greenpeace Canada, 27 mai 2003.

38 Dans une interview à *Canadian Press*, Jim Bole, un représentant de AAC, indiquait que le « contrat du ministère avec Monsanto était confidentiel ». Selon lui, AAC a dépensé 500 000 dollars canadiens et Monsanto 1,3 million de dollars pour développer le blé RR (*Canadian Press*, 9 janvier 2004).

39 *Ibid.*

40 Voir le site de Marc et Anita Loiselle : <http://loiselle.ma.googlepages.com/home>.

41 *Canadian Press*, 10 avril 2004. Pour le détail des péripéties de cette *class action*, voir le site du Organic Agriculture Potection Fund <www.saskorganic.com/oapf/>.

42 René VAN ACKER, Anita BRULÉ-BABEL et Lyle FRIESEN, « An environmental safety assessment

of Roundup Ready wheat : risks for direct seeding systems in Western Canada », A report prepared for the Canadian Wheat Board for Submission to Plant Biosafety Office of the Canadian Food Inspection Agency, juin 2003 ; « Study : modified wheat poses a threat », *Canadian Press*, 9 juillet 2003.

43 « New survey indicates strong grain elevator concern over GE wheat », Institute for Agriculture and Trade Policy, Minneapolis, Press release, 8 avril 2003.

44 Note obtenue par Ken Ruben, aidé de Greenpeace Canada, en vertu de la loi sur l'accès à l'information. Voir aussi : Tom SPEARS, « Federal memo warns against GM wheat ; Canada still working with Monsanto to create country's first modified seed », *The Ottawa Citizen*, 1er août 2001 (disponible à l'adresse : <www.thecampaign.org/newsupdates/august01a.htm#Federal>).

45 GREENPEACE EU, « EU suppresses study showing genetically engineered crops add high costs for all farmers and threaten organic », Press release, 16 mai 2002 (disponible à l'adresse : <www.biotech-info.net/high_costs.html>).

Notes du chapitre 12

1 Stuart LAIDLAW, « Starlink fallout could cost billions », *The Toronto Star*, 9 janvier 2001 (disponible à l'adresse : <www.biotech-info.net/starlink_fallout.html>).

2 David QUIST et Ignacio CHAPELA, « Transgenic DNA introgressed into traditional maize landraces in Oaxaca, Mexico », *Nature*, n° 414, 2001, p. 541-543.

3 University of California, Berkeley press release, 28 novembre 2001.

4 *The New York Times*, 2 octobre 2001 ; *The Guardian*, 29 et 30 novembre 2001.

5 Kara PLATONI, « Kernels of truth », *East Bay Express*, 29 mai 2002.

6 MONSANTO, *The Pledge Report 2001-2002*, p. 13. C'est aussi le terme que Monsanto emploiera dans son 10K Form de 2006, *op. cit.*, p. 47.

7 Robert MANN, « Has GM corn "invaded » Mexico ? », *Science*, vol 295, n° 5560, 1er mars 2002, p. 1617-1619.

8 Kara PLATONI, « Kernels of truth », *loc cit.*

9 Marc KAUFMAN, « The biotech corn debate grows hot in Mexico », *The Washington Post*, 25 mars 2002.

10 Robert MANN, « Has GM corn "invaded » Mexico ? », *loc. cit.*

11 Fred PEARCE, « Special investigation : the great Mexican maize scandal », *New Scientist*, 15 juin 2002

12 Ce courriel peut être consulté dans les archives du site Web d'AgBioWorld : <www.agbioworld.org/newsletter_wm/index.php ?caseid=archive&newsid=1267>.

13 <www.agbioworld.org/newsletter_wm/index.php ?caseid=archive&newsid=1268>.

14 George MONBIOT, « Corporate ghosts », *The Guardian*, 29 mai 2002.

15 <www.agbioworld.org/about/index.html>.

16 « Scientists in support of agricultural biotechnology », <www.agbioworld.org/declaration/petition/petition.php>.

17 <www.bivings.com/client/index.html>.

18 George MONBIOT, « The fake persuaders. Corporations are inventing people to rubbish their opponents on the Internet », *The Guardian*, 14 mai 2002.

19 George MONBIOT, « Corporate ghost », *The Guardian*, *loc. cit.*

20 Cité par George MONBIOT, « The battle to put a corporate GM padlock on our food chain is being fought on the net », *The Guardian*, 19 novembre 2002.

21 MONSANTO, *The Pledge Report 2001-2002*, p. 1.

22 « Amazing disgrace », *The Ecologist*, vol. 32, n° 4, mai 2002.

23 « Journal editors disavow article on biotech corn », *The Washington Post*, 4 avril 2002.

24 « Special investigation : the great Mexican maize scandal » *New Scientist*, *op. cit.*

25 Wil LEPKOWSKI, « Maize, genes, and peer review », Center for Science, Policy and Outcomes, n° 14, 31 octobre 2002.

26 Andrew SUAREZ, « Conflict around a study of mexican crops », *Nature*, 27 juin 2002.

27 Kara PLATONI, « Kernels of truth », *loc. cit.*

28 *Ibid.*

29 Robert MANN, « Has GM corn "invaded » Mexico ? », *loc. cit.*

30 « Corn row », *Science*, 6 novembre 2002.

31 Sol ORTIZ-GARCÍA, Exequiel EZCURRA, Bernd SCHOEL, Francisca ACEVEDO, Jorge SOBERÓN et Allison A. SNOW, « Absence of detectable transgenes in local landraces of maize in

Oaxaca, Mexico, 2003-2004 », *Proceedings of the National Academy of Sciences*, 30 août 2005, vol. 102, n° 35, p. 12338-12343.

32 David A. Cleveland, Daniela Soleri, Flavio Aragon Cuevas, José Crossa et Paul Gepts, « Detecting (trans)gene flow to landraces in centers of crop origin : lessons from the case of maize in Mexico », *Environmental Biosafety Research*, vol. 4, n° 4, 2005, p. 197-208.

33 Hervé Morin, « La contamination du maïs par les OGM en question », *Le Monde*, 7 septembre 2005.

34 Voir Elena R. Alvarez-Buylla et Berenice García-Ponce, « Unique and redundant functional domains of APETALA1 and CAULIFLOWER, two recently duplicated *Arabidopsis thaliana* floral MADS-box genes », *The Journal of Experimental Botany*, vol. 57, n° 12, 7 août 2006, p. 3099-3107.

Notes du chapitre 13

1 *Ámbito financiero*, Sec. Ámbito agropecuario, p. 4-5, 11 août 2000.

2 *La Nación*, 23 juillet 2000.

3 Voir notamment Walter Pengue, *Cultivos transgénicos : hacia dónde vamos ?*, Lugar Editorial, Buenos Aires, 2000.

4 *Revista Gente*, 29 janvier 2002.

5 *Ibid.*

6 *Clarín*, 11 janvier 2003.

7 <www.sojasolidaria.org.ar>.

8 *La Nación*, 14 février 2003.

9 *La Capital*, 25 mars 2005.

Notes du chapitre 14

1 Daniel Vernet, « Libres OGM du Brésil », *Le Monde*, 27 novembre 2003.

2 <www.monsanto.com/monsanto/layout/about_us/locations/brazil01.asp>.

3 Javiera Rulli, Stella Semino, Lilian Joensen, *Paraguay Sojero. Soy Expansion and its Violent Attack on Local and Indigenous Communities in Paraguay*, Grupo de reflexión rural, <www.grr.org.ar>, Buenos Aires, mars 2006.

4 *Ibid.*

Notes du chapitre 15

1 Fawzan Husain, « On India's farms, a plague of suicide », *New York Times*, 19 septembre 2006.

2 Amelia Gentleman, « Despair takes toll on Indian farmers », *International Herald Tribune*, 31 mai 2006.

3 Jaideep Hardikar, « One suicide every 8 hours », *DNA India*, 26 août 2006. Dans cet article, le journal de Mumbai (ex-Bombay) précise que, de source gouvernementale, 2,8 millions de paysans de l'État (sur un total de 3,2 millions) sont endettés.

4 Il s'agit du brevet n° 0436257 B1 (voir mon film *Les Pirates du vivant*, *op. cit.*).

5 Gargi Parsai, « Transgenics : US team meets CJI », *The Hindu*, 5 janvier 2001.

6 « Food, feed safety promote dialogue with european delegation », Monsanto News Release, 3 juillet 2002.

7 <www.sec.gov/litigation/litreleases/lr19023.htm>. Voir aussi : Peter Fritsch et Timothy Mapes, « Seed money. In Indonesia, tangle of bribes creates trouble for Monsanto », *The Wall Street Journal*, 5 avril 2005 ; AFP, 7 janvier 2005.

8 Cité par Peter Fritsch et Timothy Mapes, *ibid.* ; et AFP, 7 janvier 2005.

9 Cité par *The Washington Post*, 4 mai 2003.

10 *Ibid.*

11 *Ibid.*

12 Abdul Qayum et Kiran Sakkhari, « Did Bt cotton save farmers in Warangal ? A season long impact study of Bt Cotton – Kharif 2002 in Warangal District of Andhra Pradesh », AP Coalition in Defence of Diversity and Deccan Development Society, Hederabad, juin 2003, <www.ddsindia.com/www/pdf/English%20Report.pdf>.

13 « Performance report of Bt cotton in Andhra Pradesh. Report of State Department of Agriculture », 2003, <www.grain.org/research_files/AP_state.pdf>.

14 Matin Qaim et David Zilberman, « Yield effects of genetically modified crops in developing countries », *Science*, vol. 299, n° 5608, 7 février 2003, p. 900-902.

15 *The Times of India*, 15 mars 2003.

16 *The State of Food and Agriculture 2003-2004. Agricultural Biotechnology Meeting the Needs of the Poor ?*, FAO, Rome, 2004, <www.fao.org/docrep/006/Y5160E/Y5160E00.HTM>.

17 <www.monsanto.co.uk/news/ukshowlib.phtml ?uid=7983>.

18 « Le coton génétiquement modifié augmente sensiblement les rendements », AFP, 6 février 2003. C'est moi qui souligne.
19 *The Washington Post*, 4 mai 2003.
20 *The Times of India*, 15 mars 2003.
21 *The Hindu Business Line*, 23 janvier 2006. Il s'agit des variétés Mech-12 Bt, Mech-162 Bt et Mech-184 Bt.
22 « Court rejects Monsanto plea for Bt cotton seed price hike », *The Hindu*, 6 juin 2006.
23 Abdul Qayum et Kiran Sakkhari, « False hope, festering failures. Bt Cotton in Andhra Pradesh 2005-2006. Fourth successive year of the study reconfirms the failure of Bt cotton », AP Coalition In Defence of Diversity and Deccan Development Society, novembre 2006, <www.grain.org/research_files/APCIDD%20report-bt%20cotton%20in%20AP-2005-06.pdf>.
24 « Monsanto boosts GM cotton seed sales to India five-fold », *Dow Jones Newswires*, 7 septembre 2004. D'après cet article, la firme aurait vendu 1,3 million de paquets de semences Bt en 2004 contre 230 000 en 2003.
25 Daniel Charles, *Lords of the Harvest*, *op. cit.*, p. 182.
26 Michael Pollan, « Playing God in the garden », *The New York Times Sunday Magazine*, 25 octobre 1998.
27 « Farmers violating biotech corn rules », Associated Press, 31 janvier 2001.
28 Susan Lang, « Seven-year glitch : Cornell warns that Chinese GM cotton farmers are losing money due to "secondary" pests », *Cornell Chronicle Online*, 25 juillet 2006, <www.news.cornell.edu/stories/July06/Bt.cotton.China.ssl.html>.

Notes du chapitre 16

1 Vandana Shiva, *The Violence of the Green Revolution. Ecological Degradation and Political Conflict in Punjab*, Dehra Dun, Natraj, 1989.
2 <www.nobel-paix.ch/bio/borlaug.htm>.
3 Vandana Shiva et Kunvar Jalees, *Seeds of Suicide. The Ecological and Human Costs of Globalisation of Agriculture*, Navdanya, mai 2006.
4 Vandana Shiva, *La Vie n'est pas une marchandise. Les dérives des droits de propriété intellectuelle*, Enjeux Planète, Paris, 2004 ; *Le Terrorisme alimentaire. Comment les multinationales affament le monde*, Fayard, Paris, 2001 ; *Éthique et agro-industrie. Main basse sur la vie*, L'Harmattan, Paris, 1996.
5 C'est en rachetant le département blé de l'entreprise britannique Unilever, en 1998, que Monsanto a récupéré ce brevet (voir « Monsanto wheat patent disputed », *The Scientist*, 5 février 2004).
6 Mounira Badro, Benoît Martimort-Asso et Nadia Karina Ponce Morales, « Les enjeux des droits de propriété intellectuelle sur le vivant dans les nouveaux pays industrialisés : le cas du Mexique », *Continentalisation, Cahiers de recherche*, vol. 1, n° 6, août 2001, p. 8.
7 Vandana Shiva, *Éthique et agro-industrie*, *op. cit.*, p. 8.
8 Mounira Badro, Benoît Martimort-Asso et Nadia Karina Ponce Morales, « Les enjeux des droits de propriété intellectuelle sur le vivant… », *loc. cit.*, p. 8.
9 Cité par Vandana Shiva, *Éthique et agro-industrie*, *op. cit.*, p. 12-13 ; mais aussi par Mounira Badro, Benoît Martimort-Asso et Nadia Karina Ponce Morales, « Les enjeux des droits de propriété intellectuelle sur le vivant… », *loc. cit.*, p. 9.
10 James R. Enyart, « A GATT intellectual property code », *Les Nouvelles*, juin 1990 (cité par Vandana Shiva, *Éthique et agro-industrie*, *op. cit.*, p. 12-13).
11 « La mondialisation et ses effets sur la pleine jouissance de tous les droits de l'homme », Rapport préliminaire présenté par Joseph Oloka-Onyango et Deepika Udagama, commission des droits de l'homme de l'ONU, 15 juin 2000.

Notes de la conclusion

1 « Monsanto & genetic engineering : risks for investors », janvier 2005. <www.asyousow org/publications/2005_GE_Innovest_Monsanto.pdf>.
2 « Monsanto helps battle Oregon voter initiative on food labeling », *St. Louis Post-Dispatch*, 20 septembre 2002.
3 Hervé Kempf, « L'expertise confidentielle sur un inquiétant maïs transgénique », *Le Monde*, 23 avril 2004.
4 *Ibid.*
5 *Ibid.*
6 *Ibid.*

7 Friends of the Earth Europe, « Throwing caution to the wind. A review of the European Food Safety Authority and its work on genetically modified foods and crops », novembre 2004, <www.foeeurope.org/GMOs/publications/EFSAreport.pdf>.

8 <www.agbioworld.org/declaration/petition/petition_fr.php>.

9 <www.monsanto.co.uk/news/ukshowlib.phtml ?uid=2330>.

10 Gilles-Éric Séralini, « Report on MON 863 GM maize produced by Monsanto Company », juin 2005, <www.greenpeace.de/fileadmin/gpd/user_upload/themen/gentechnik/bewertung_monsanto_studie_mon863_seralini.pdf> (version française : <www.criigen.org/m_fs_cz.htm>). Voir aussi : « Uproar in EU as secret Monsanto documents reveal significant damage to lab rats fed GE Corn », *The Independant*, 22 mai 2005.

11 Gilles-Éric Séralini, Dominique Sellier et Joël Spiroux de Vendomois, « New analysis of a rat feeding study with a genetically modified maize reveals signs of hepatorenal toxicity », *Archives of Environmental Contamination and Toxicology*, 2007, n° 52, p. 596-602.

12 Ingo Potrykus *et alii*, « Engineering the provitamin A (beta-carotene) biosynthetic pathway into (carotenoid-free) rice endosperm », *Science*, 2000, vol. 287, p. 303-305.

13 « Monsanto offers patent waiver », *The Washington Post*, 4 août 2000. Plus de sept ans plus tard, la bonne nouvelle était toujours en ligne sur le site de Monsanto : <www.monsanto.co.uk/news/ukshowlib.phtml ?uid=3791>.

14 « Monsanto plans to offer rights to its altered rice technology », *New York Times*, 4 août 2000.

15 *Le Monde*, 19 août 2001.

16 « The mechanisms and control of genetic recombination in plants », <http://ec.europa.eu/research/quality-of-life/gmo/01-plants/01-14-project.html>.

17 « Effects and mechanisms of Bt transgenes on biodiversity of non-target insects : pollinators, herbivores and their natural enemies », <http://ec.europa.eu/research/quality-of-life/gmo/01-plants/01-08-project.html>.

18 « Safety evaluation of horizontal gene transfer from genetically modified organisms to the microflora of the food chain and human gut », <http://ec.europa.eu/research/quality-of-life/gmo/04-food/04-07-project.html>.

19 Reuters, 7 juillet 2002.

20 AFP, 22 août 2006.

21 Reuters, 5 novembre 2007.

22 10K Form, 2005, p. 49.

23 *Ibid.*, p. 10-11.

24 « Monsanto market power scrutinized in law suit », Reuters, 25 août 2004.

25 *The New York Times*, 17 octobre 2003.

26 David Barboza, « Questions seen on seed prices set in the 90's », *The New York Times*, 6 janvier 2004.

Table

II

OGM : la grande machination

BUSSIÈRE
GROUPE CPI

Composition Facompo, Lisieux
Impression réalisée par Bussière
à Saint-Amand-Montrond (Cher)
Dépôt légal du 1er tirage : mars 2008.
Suite du 1er tirage (6) : avril 2008.
N° d'impression : 081144/1.
Imprimé en France